JN410719

東洋古典譯註叢書 18

譯註 禮記集說大全 5

集說 陳澔 大全 胡廣 等
책임번역 成百曉
공동번역 延錫煥

傳統文化研究會

東洋古典譯註叢書를 발간하면서

우리의 古典國譯事業은 민족문화 진흥의 기초사업으로 1960년대부터 政府 支援으로 古文獻 現代化 작업을 추진하여 많은 成果를 거두었다. 당시 이 사업 추진의 先行課題로 東洋古典이라 일컬어지는 중국의 基本古典을 먼저 飜譯하여야 한다는 學界의 주장이 있었음에도 불구하고 우리 고전이 아니라는 일부의 偏狹한 視角과 財政 事情 등으로 인하여 배제되어 왔다.

전통적으로 중국의 기본고전은 우리 歷史와 함께 숨쉬며 각종 교육기관의 教科書로 활용됨은 물론이고 지식인들의 必讀書가 되어 왔으며, 우리 文化의 基底에 자리잡고 거의 모든 방면의 體系와 根幹을 형성하여 왔다. 그래서 학문연구의 기본서 역할을 해 왔을 뿐만 아니라 오늘날에도 우리의 國學徒 및 東洋學 研究者들에게 같은 역할을 하고 있음은 주지의 사실이다. 그럼에도 불구하고 中國古典은 우리 것이 아니라 하여 專門機關의 飜譯對象에 포함하지 않음으로써, 대부분 原典에서의 직접 번역이 아닌 重譯이나 拔萃譯의 방식이 주를 이루면서 教養水準으로 出版되어 왔다.

오늘날 東洋 三國 중에서 우리의 東洋學 연구가 가장 부진한 이유는, 東洋基本古典에 대한 폭넓은 이해의 부족과 漢文古典 讀解力의 저하에 기인함을 우리는 솔직히 인정하여야 한다. 따라서 이들 중국고전에 대한 신뢰할 만한 國譯이 이루어지는 것이 한국학 연구를 촉진시키는 시급한 先行課題라 할 수 있다.

이에 韓國學 및 東洋學의 연구와 古典現代化의 基盤構築을 위해서는, 전문기관으로 하여금 동양고전을 단기간에 각 분야의 專門 研究者와 漢學者가 상호 협동하여 연구번역하여 飜譯의 傳統性과 效率性, 研究의 專門性을 높일 수 있도록 政策的 配慮가 있어야 한다.

이에 本會에서는 元老 및 中堅 漢學者와 斯界의 專攻者로 하여금 協同研究飜譯하여 공부하는 사람들이 믿고 引用하거나 깊이 있는 註釋 등을 활용할 수 있게 하고, 知識人들의 教養을 증진시켜 줄 수 있는 東洋古典의 國譯書 간행을 지속적으로 추진해 왔다. 근래에 다행히 이 사업에 대하여 각계 지도층의 폭넓은 이해와 지원에 힘입어 2001년도부터 國庫補助를 받아 東洋古典譯註叢書를 간행하게 되었다. 이를 계기로 우리 先學의 註釋과 見解를 반영하는 등 국역사업의 內實을 기하게 되었음을 이 자리를 빌려 衷心으로 감사드리며, 아울러 國譯에 參與하신 관계자 여러분의 勞苦에 깊은 謝意를 표한다.

끝으로 우리의 이러한 작업은 오랜 역사 위에 축적된 先賢들의 業績과 現代學問을 이어주는 튼튼한 架橋와 礎石이 되어 진정한 韓國學과 東洋學 발전에 기여할 것을 굳게 믿으며, 21세기를 우리 文化의 世紀로 열어 가는 밑거름이 되도록 우리의 力量을 本 事業에 경주하고자 한다. 江湖諸賢의 부단한 관심과 지원을 기대해 마지않는다.

社團法人 傳統文化研究會 理事長 李啓晃

凡 例

1. 본서는 ≪譯註 禮記集說大全≫의 제5책이다.
2. 본서의 底本은 戊申字本 ≪禮記集說大全≫(藏書閣 所藏本(K1-71))이다.
3. 본서는 원전의 傳統性과 번역의 現代化를 구현하기 위해 노력하였다.
4. 原文에는 우리나라 전통방식의 懸吐를 하되, 戊申字本인 ≪禮記大文言讀≫(국립중앙도서관 소장본(한古朝 06-1))와 木版本(戊申字 飜刻本)인 ≪禮記集說大全≫(장서각 소장본(K1-73))의 墨書口訣을 참조하였다. 또한 北京大와 上海古籍出版社에서 나온 十三經注疏 ≪禮記正義≫의 標點을 참조하였다.
5. 원문의 分節은 저본에 의거하였다. 아울러 각 문단 및 구절은 일련번호를 다음과 같이 부여하였다.
   ex) 113006 → 권11의 30번째 문단이고 문단 내에서 6번째로 나오는 句節
6. 飜譯은 原義에 충실하게 하되, 이해가 어려운 부분은 意譯 또는 補充譯을 하였다.
7. 飜譯文은 한글과 漢字를 混用하였으며, 맞춤법과 띄어쓰기는 한글 맞춤법과 표준어 규정을 따르는 것을 원칙으로 하였다.
8. 譯註는 校勘, 異說, 인용문의 出典, 故事, 역사적 사건, 전문용어, 難解語, 難解文, 人物, 制度, 官職 등에 관한 사항을 밝혔다.
9. 校勘은 원문의 誤字, 脫字, 衍字, 倒文 등을 대상으로 하였다.
10. 圖版은 地圖, 人物, 故事, 器物 등을 수록하였다. ≪三才圖會≫, ≪三禮圖≫, ≪欽定書經圖說≫, ≪欽定周官義疏≫ 등을 참고하였으며, 도판목록은 부록에 첨부하였다.
11. 본서의 校勘에 사용된 符號는 다음과 같다.
    ( )〔 〕: (저본의 誤字)〔교감한 正字〕
    〔 〕: 저본의 脫字 보충
    ( ): 저본의 衍字 삭제
12. 본서에 사용된 주요 符號는 다음과 같다.
    " ": 對話, 각종 引用
    ' ': " " 안에서 再引用, 强調
    「 」: ' ' 안에서 再引用, 强調
    ( ): 원문에서는 讀音이 특수한 글자나 僻字의 音, 번역문에서는 간단한 譯註
    〔 〕: 번역문의 이해를 돕기 위한 原文의 漢字나 句節, 譯註에서 인용한 原文, 疏에서 설명 대상으로 제시한 經이나 傳의 단어나 구절
    ≪ ≫: 書名이나 典據
    < >: 篇章名, 作品名, 補充譯

目 次

〔附 錄〕

≪禮記集說大全 5≫ 解 說

≪禮記集說大全≫은 明나라 成祖 永樂帝 때 胡廣 등에 의해 편찬된 五經大全의 하나로, 陳澔(元)의 ≪禮記集說≫을 바탕으로 宋나라와 元나라의 학설들을 모아 만든 책이다. 진호는 朱子의 四傳 제자로, 性理學에 지대한 영향을 받은 인물이다. 기존 ≪禮記≫ 해석의 주류였던 鄭玄(後漢)의 注와 孔穎達(唐)의 疏를 刪削하고 성리학자들의 학설을 종합하여 편찬한 책이 바로 ≪예기집설≫이다. 이 책은 조선시대 유학자들의 필독서로 당시 ≪예기≫ 해석의 표준이 되었다. 특히 金在魯(朝鮮, 1682~1759)의 ≪禮記補註≫는 ≪예기집설대전≫에 수록된 진호 및 諸家의 설에 잘못이 있거나 부족한 부분을 각종 禮書를 참조하여 보완한 것으로 조선시대 학자들의 ≪예기≫ 관련 저술 가운데 가장 방대하고 정밀하다고 할 수 있다. 본서에서는 ≪예기보주≫의 학설도 참조하였다.

≪예기집설대전 5≫에는 제10권인 〈禮器〉, 제11권인 〈郊特牲〉이 수록되어 있다.

〈예기〉는 각종 제사에 사용되는 器物과 그 의미에 대해 서술하고 있는데, 禮를 행하는 자가 기물의 제도를 밝게 아는 것과 기물을 완성하듯 예를 배우는 자가 道德과 度量을 이루는 것을 의미한다고 한다. 〈교특생〉은 맨 앞의 세 글자를 따서 편명으로 삼은 것이다. 郊祭뿐만 아니라 蜡祭·社祭·冠禮·婚禮 등을 다루고 있고, 그와 관련된 각종 예법·犧牲·기물·음악·술 및 그와 관련된 의미 등을 서술하고 있다.

禮記集說大全 卷之十

禮器 第10

≪集說≫

100000 器有二義하니 一은 是學禮者成德器之美요 一은 是行禮者明用器之制니라

器에는 두 가지 뜻이 있으니, 하나는 禮를 배우는 자가 道德과 度量의 아름다움을 이루는 것이고, 하나는 예를 행하는 자가 사용하는 器物의 제도를 밝게 아는 것이다.

≪大全≫

嚴陵方氏曰 禮運엔 言道之運하고 禮器엔 言器之用하니 道散而爲器故로 繼禮運而後에 有禮器焉이라 然禮運이 非不及器로되 以道爲主爾요 禮器非不及道로되 以器爲主爾라 故로 記者各以所主名篇하니라

嚴陵方氏 : 〈禮運〉에서는 道의 운용을 말하였고, 〈禮器〉에서는 기물의 쓰임을 말하였으니, 도가 흩어져서 기물이 되었기 때문에 〈예운〉을 뒤이어 〈예기〉가 있는 것이다. 그러나 〈예운〉이 기물을 언급하지 않은 것이 아니나 도를 위주로 말하였고, 〈예기〉가 도를 언급하지 않은 것이 아니나 기물을 위주로 말하였으므로, 기록하는 자가 각기 주로 말한 것을 가지고 편에 이름을 붙인 것이다.

100101 禮는 器라 是故로 大備하니 大備면 盛德也라 禮는 釋回하고 增美質이라 措則正하고 施則行하나니 其在人也에 如竹箭之有筠也하며 如松柏之有心也하니 二者는 居天下之大端矣라 故로 貫四時而不改柯易葉하나니 故로 君子有禮면 則外諧而內無怨이라 故로 物無不懷仁하며 鬼神饗德하나니라

禮는 〈몸을 닦는〉 기물이다. 이 때문에 〈成人의 행실이〉 크게 갖추어지

니, 크게 갖추어지면 덕이 성대해진다. 예는 간사함을 사라지게 하고 자질을 더 아름답게 해준다. 몸에 두면 몸이 바루어지고 일에 시행하면 일이 시행되니, 사람에게 있어서는 큰 대나무와 작은 대나무〔竹箭〕에 〈견고하고 윤택한〉 푸른 껍질이 있는 것과 같으며 소나무와 측백나무〔松柏〕에 〈단단한〉 속이 있는 것과 같으니, 〈竹箭과 松柏〉 이 두 가지는 천하의 큰 절개를 갖추고 있기 때문에 사철 내내 가지가 바뀌거나 잎이 변하지 않는다. 그러므로 군자가 예를 갖추면 外人들이 화합하고 內人들이 원망하지 않는다. 따라서 사람들이 〈禮를 갖춘 군자의〉 仁을 그리워하지 않음이 없고 귀신들이 〈군자의〉 덕을 〈祭物로 삼아〉 흠향하는 것이다.

≪集說≫

以禮爲治身之器라 故能大備其成人之行이니 至於大備면 則其德盛矣라 禮之爲用은 能消釋人回邪之心하고 而增益其材質之美하나니 措諸(저)身則無往不正이요 施諸事則無往不達이라 以人之一身言之컨대 如竹箭之有筠하야 足以致飾於外요 如松柏之有心하야 足以貞固於內라 箭은 竹之小者也요 筠은 竹之靑皮也라 大端은 猶言大節이니 二物이 比他草木에 有此大節이라 故能貫串四時하야 而柯葉無所改易也라 君子之人이 惟其有此禮也라 故外人之疏遠者 無不諧協하고 內人之親近者 無所怨憾하야 人歸其仁[1]하고 神歆其德也라

禮로써 몸을 다스리는 기물을 삼기 때문에 成人의 행실을 크게 갖출 수 있으니, 크게 갖추게 되면 덕이 성대해진다. 예의 쓰임은 사람의 간사한 마음을 없애주고 자질을 더욱더 아름답게 해주니, 몸에 두면 가는 곳마다 바르지 않음이 없고 일에 시행하면 가는 곳마다 통달하지 않음이 없다.

사람의 한 몸을 가지고 말하면, 큰 대나무와 작은 대나무가 〈단단하고 윤택한〉 푸

1) 人歸其仁 : ≪論語≫ 〈顔淵〉 제1장에 "顔淵이 仁에 대해 묻자, 孔子가 말씀하였다. '克己復禮가 仁이니, 하루라도 私慾을 이기고 禮를 회복하면 천하 사람들이 仁에 귀의하게 된다. 仁을 하는 것은 자기에게 달려 있으니 남에게 달려 있겠느냐.'〔顔淵問仁 子曰 克己復禮爲仁 一日克己復禮 天下歸仁焉 爲仁由己 而由人乎哉〕"라고 한 말을 원용한 것이다. 극기복례는 사욕을 이기고 禮를 회복한다는 말이다.

른 껍질이 있는 것과 같아서 충분히 外表의 꾸밈을 지극히 하고, 소나무와 측백나무가 〈단단한〉 속이 있는 것과 같아서 충분히 내부를 貞固하게 한다. 箭은 여러 대나무 가운데 작은 대나무이고, 筠은 대나무의 푸른 껍질이다. '大端'은 '大節'이란 말과 같으니, 〈竹箭과 松柏〉 두 가지 물건이 다른 초목에 비해 이러한 큰 절개가 있으므로 사철 내내 가지와 잎이 바뀌거나 변하는 바가 없다.

군자다운 사람은 오직 이 禮를 갖추고 있기 때문에 소원한 관계의 外人이 화합하지 않음이 없고 친근한 관계의 內人(친척이나 朋友)이 원망하는 바가 없어서 사람들은 〈禮를 갖춘 군자의〉 仁에 귀의하고 귀신들은 〈그 군자의〉 덕을 〈祭物로 삼아〉 흠향하는 것이다.

≪大全≫

嚴陵方氏曰 人稟五行之秀氣면 則其質이 未始不美也라 然或不美者는 蔽於回邪以損之爾라 故로 釋回然後에 可以增美質也라 然禮之於人에 豈能予之以其所無哉아 亦因其所有以增之爾라 故로 於美質에 言增焉하니라

嚴陵方氏 : 사람이 五行의 빼어난 氣를 품부 받았으면 자질이 본래 아름답지 않은 것이 아니다. 그러나 혹 아름답지 않기도 한 것은 간사함에 가려져 아름다운 자질이 줄어들기 때문이다. 그러므로 간사함을 사라지게 한 뒤에 아름다운 자질을 더할 수 있는 것이다. 그러나 禮가 사람에게 어찌 없는 것을 만들어주겠는가. 또한 있는 것을 인하여 더해줄 뿐이므로 아름다운 자질에 '增'을 말한 것이다.

○ 馬氏曰 先王以人情爲田하사 始於修禮以耕之하고 陳義以種之하야 以至播樂(악)而達於順[2)]이면 則無所不備也라 故로 曰 大備라 回者는 僞之自外入者也요 美質者는 誠之由中出者也니 禮는 所以去僞故로 在回則釋之하고 禮는 所以著誠故로 在質則增之라 以措則正은 致之以治己者也요 以施則行은 施之以治人者也라 竹箭之有筠은 言其和澤於外也요 松柏之有心은 言其堅實於內也라 故로 爲天下之大端[3)]이요 而禮者는 亦人道之大端也라 堅實於內者는 猶言實以君子之德也요 和澤於外者는 猶言

2) 先王以人情爲田……以至播樂(악)而達於順 : 〈禮運〉의 '092201' 이하 내용을 두고 한 말이다.

3) 大端 : 陳澔가 集說에서 '大節(큰 절개)'로 본 것과 달리, 馬氏는 원문 그대로 '大端(큰 단서)'으로 본 것이다.

文以君子之容也[4)]라 禮는 所以理萬物이라 故로 物無不懷仁하고 所以順鬼神이라 故로 鬼神饗德이니라

馬氏 : 先王이 인정을 田地로 삼아서 禮를 닦아 밭을 갈고 義를 진열하여 곡식을 심음에서 비롯하여 樂을 퍼트려 順함을 통달하는 경지에 이르면 갖춰지지 않는 것이 없으므로 "크게 갖추어진다."고 말한 것이다.

回(간사함)는 거짓이 외부로부터 들어온 것이고, 美質(아름다운 자질)은 誠實이 마음속으로부터 나온 것이니, 예는 거짓을 제거하는 것이기 때문에 回에 대해서는 사라지게 한 것이고, 예는 성실을 드러내는 것이기 때문에 자질에 대해서는 더한 것이다. 몸에 두면 몸이 바루어짐은 〈禮를〉 지극히 하여 자기 몸을 다스리는 것이고, 일에 시행하면 일이 시행됨은 禮를 시행하여 남을 다스리는 것이다.

큰 대나무와 작은 대나무가 푸른 껍질이 있음은 외면에 온화한 광택이 나게 함을 말한 것이고, 소나무와 측백나무가 속이 있음은 내면을 堅實하게 함을 말한 것이므로, 〈竹箭과 松柏은〉 천하의 큰 단서가 되고 禮 또한 人道의 큰 단서이다. 내면을 견실하게 함은 '군자의 덕으로 채운다.'는 말과 같고, 외면에 온화한 광택이 나게 함은 '군자의 용모로써 文彩를 낸다.'는 말과 같다.

禮는 만물을 다스리는 방도이므로 사람들이 仁을 그리워하지 않음이 없고, 귀신을 順히 따르는 방도이므로 귀신이 덕을 〈祭物로 삼아〉 흠향하는 것이다.

100201 先王之立禮也 有本有文하니 忠信은 禮之本也요 義理는 禮之文也니 無本이면 不立이요 無文이면 不行이니라

先王이 제정하신 禮가 근본이 있고 文飾이 있으니, 忠信(眞誠과 信實)은 禮의 근본이고 義理는 禮의 문식인데, 근본이 없으면 〈禮를〉 확립하지 못하고 문식이 없으면 〈禮를〉 행하지 못한다.

≪集說≫

先王制禮 廣大精微하야 惟忠信者 能學之라 然而纖悉委曲之間에 皆有義焉하고 皆

4) 堅實於內者……猶言文以君子之容也 : 여기에서 인용한 '實以君子之德'과 '文以君子之容'은 모두 ≪禮記≫ 〈表記〉의 글이다.

有理焉하니 無忠信則禮不可立이요 昧於義理則禮不可行이니 必內外兼備하고 而本末具擧하면 則文因於本하야 而飾之也 不爲過하고 本因於文하야 而用之也 中其節矣니라

선왕이 만든 禮가 광대하고 정미해서 오직 忠信한 자만이 배울 수 있다. 그러나 상세하고 곡진한 〈禮儀들〉 사이에 모두 義가 있고 모두 理가 있으니, 충신이 없으면 禮를 확립할 수 없고 의리에 어두우면 禮를 행할 수 없다. 반드시 內(忠信)와 外(義理)가 겸하여 갖추어지고 本(忠信)과 末(義理)이 모두 거행된다면 문식(義理)이 근본(忠信)을 말미암기 때문에 문식하는 것이 지나치지 않고, 근본이 문식을 말미암기 때문에 쓰는 것이 節度에 맞는다.

≪大全≫

長樂陳氏曰 有忠有信이면 則內有主而能正이라 故曰 禮之本이요 有義有理면 則外有主而能行이라 故曰 禮之文이라 下曰 甘受和하고 白受采하고 忠信之人이라야 可以學禮라하니 此는 忠信所以爲禮之本也라 孔子去麻冕以從衆[5)]은 則適於義요 從拜下以違衆[6)]은 則歸於理니 此는 義理所以爲禮之文也니라

長樂陳氏 : 忠이 있고 信이 있으면 내면에 주장함이 있어서 바르게 될 수 있으므로 "〈충신은〉 禮의 근본이다."라고 말한 것이고, 義가 있고 理가 있으면 외면에 주장함이 있어서 능히 행할 수 있으므로 "〈의리는〉 禮의 문식이다."라고 말한 것이다.

아래(103301)에서 "〈여러 맛의 바탕이 되는〉 단맛이어야 調味를 받아들이고 〈여러 색의 바탕이 되는〉 백색이어야 채색을 받아들이니, 〈바탕이〉 忠信한 사람이어야 禮儀를 배울 수 있다."고 말하였으니, 이것이 忠信이 禮의 근본이 되는 이유이다.

孔子께서 베로 만든 면류관을 버리고서 〈生絲로 만든 면류관을 쓰는〉 여러 사람을 따르신 것은 義에 맞게 한 것이고, 堂 아래에서 절하는 것을 따름으로써 〈당 위

5) 孔子去麻冕以從衆 : ≪論語≫ 〈子罕〉에서, 공자가 "베로 만든 면류관이 예에 맞는 것인데 지금은 生絲로 만드니 검소하다. 나는 여러 사람을 따르겠다.〔麻冕禮也 今也純儉 吾從衆〕"라고 한 데서 온 말이다.

6) 從拜下以違衆 : ≪論語≫ 〈子罕〉에서, 공자가 "신하가 堂 아래에서 절을 하는 것이 예법에 맞지만 지금 사람들은 당 위에 올라가 절을 하고 있으니 이는 교만한 것이다. 비록 여러 사람을 어긴다 하더라도 나는 당 아래에서 절을 하겠다.〔拜下禮也 今拜乎上 泰也 雖違衆 吾從下〕"라고 한 데서 온 말이다.

에서 절하는〉 여러 사람을 거스른 것은 理에 맞게 한 것이니, 이것이 의리가 예의 문식이 되는 이유이다.

○ 嚴陵方氏曰 孟子言理義人心之所同然[7)]이라하고 此以爲禮之文者한대 彼主於體요 此主於用故也니라

嚴陵方氏 : ≪孟子≫에서는 "理와 義는 사람의 마음에 똑같이 옳게 여기는 것이다." 하였고, 여기에서는 "〈의리는〉 禮의 문식이다."라고 말하였는데, 〈말이 다른 이유는〉 저기(≪맹자≫)는 〈의리의〉 體에 주안점이 있고, 여기는 〈의리의〉 用에 주안점이 있기 때문이다.

100301 禮也者는 合於天時하며 設於地財하며 順於鬼神하며 合於人心하야 理萬物者也라 是故로 天時有生也하며 地理有宜也하며 人官有能也하며 物曲有利也라 故로 天不生하고 地不養이어든 君子不以爲禮하며 鬼神弗饗也하나니 居山에 以魚鼈爲禮하고 居澤에 以鹿豕爲禮를 君子謂之不知禮라하나니라

禮는 天時(계절·節候 따위)에 부합하며 땅의 財貨에 의해 베풀어지며 귀신에 순응하며 사람의 마음에 부합하여 만물을 다스리는 것이다. 이 때문에 천시에는 〈때에 맞게〉 생장하는 것이 있으며 地理에 마땅한 생산물이 있으며 사람의 직무에 〈사람 각각의〉 재능이 있으며 물건의 곡진한 성질에 〈각각의〉 이로운 점이 있다.

그러므로 하늘이 생장시키지 않고 땅이 기르지 않은 것이면 군자가 〈이것으로〉 禮를 행하지 않으며 귀신이 흠향하지 않으니, 산에 있을 때에 물고기나 자라를 가지고 예를 행하고 못에 있을 때에 사슴이나 돼지를 가지고 예를 행하는 것을 군자가 "예를 알지 못한다."고 말한다.

---

7) 孟子言理義人心之所同然 : ≪孟子≫ 〈告子 上〉에 "사람들이 마음속으로 똑같이 옳다고 여기는 것은 무엇인가? 理와 義라는 것이다. 성인은 사람들이 마음속으로 똑같이 옳다고 여기는 것을 먼저 알았다. 따라서 의리가 우리의 마음을 즐겁게 하는 것은 마치 고기 음식이 우리의 입을 즐겁게 하는 것과 같다.〔心之所同然者 何也 謂理也義也 聖人先得我心之所同然耳 故理義之悅我心 猶芻豢之悅我口〕"라고 보인다.

≪集說≫

合於天時는 天時有生也니 謂四時各有所生之物하니 取之를 當合其時라 設於地財는 地理有宜也니 謂設施行禮之物이 皆地之所產財利也라 然이나 土地各有所宜之產하니 不可强其地之所無라 如此면 自然順鬼神하고 合人心하야 而萬物이 各得其理也라 人官有能은 謂助祭執事之官을 各因其能而任之니 蓋人各有能有不能也라 物曲有利者는 謂物之委曲이 各有所利하니 如麴櫱(국얼)은 利於爲酒醴하고 桐竹은 利於爲琴笙之類也라 天不生은 謂非時之物이요 地不養은 如山之魚鼈과 澤之鹿豕之類니라

'合於天時'는 天時에 생장하는 것이 있으니, '四時에 각각 생장하는 물건이 있으니 물건을 취하기를 마땅히 〈생장하는〉 계절에 부합해야 한다.'는 말이다.

'設於地財'는 地理에 마땅한 것이 있으니, '禮를 행하는 물건으로 베풀어놓는 것들이 모두 땅에서 생산되는 財貨이다.'라는 말이다. 그러나 토지는 〈토지마다〉 각각 마땅한 생산물이 있으니 그 땅에서 생산되지 않는 것을 억지로 쓰려고 해서는 안 된다. 이와 같이 하면 자연히 귀신에 순응하고 사람의 마음에 부합해서 만물이 각각 마땅한 이치를 얻는다.

'人官有能'은 제사를 도와 일을 집행하는 직무를 각각 재능에 따라 맡김을 이르니, 사람은 각각 잘하는 것도 있고 못하는 것도 있기 때문이다.

'物曲有利'는 물건의 곡진한 성질에 각각 이로운 점이 있음을 이르니, 예컨대 누룩〔麴〕과 엿기름〔櫱〕은 〈각각〉 술과 단술을 만드는 데 이롭고 오동나무와 대나무는 〈각각〉 琴과 笙을 만드는 데 이로운 따위이다.

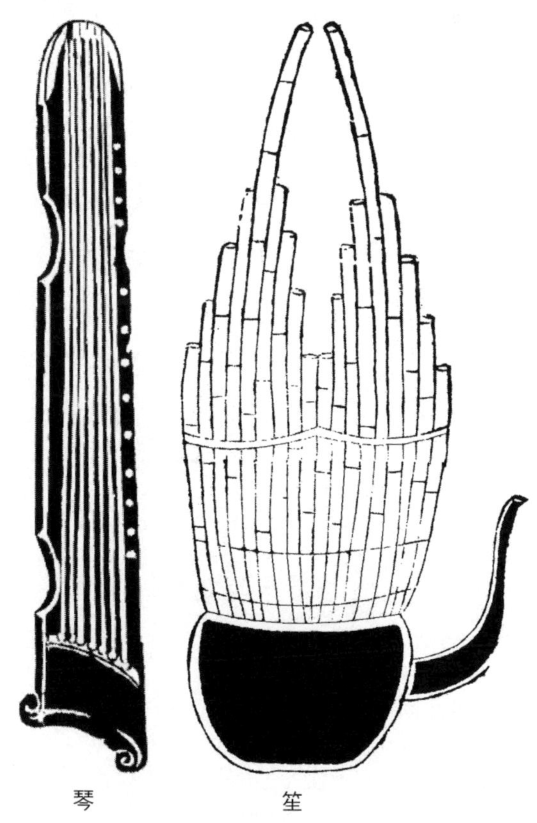

琴　　笙

'天不生'은 때에 맞지 않는 물건을

이르고, '地不養'은 예컨대 산에서 사는 물고기와 자라, 못에서 사는 사슴과 돼지 따위를 이른다.

≪大全≫

虙(복)氏[8]曰 天時有生이면 則陰陽寒煖之不齊요 地理有宜면 則高下燥濕之不一이며 人官有能이면 則當因任其能而不廢요 物曲有利면 則當曲成其利而不遺니 苟非禮之會通이면 孰能與於此哉리오

虙氏 : 天時에 〈각각의 때에〉 생장하는 것이 있으면 陰의 추위와 陽의 따뜻함이 〈1년 내내〉 똑같지 않을 것이고, 地理에 〈각각〉 마땅한 생산물이 있으면 건조한 高原과 습한 저지대가 똑같지 않을 것이며, 사람의 직무에 〈각각의〉 재능이 있으면 마땅히 재능에 따라 일을 맡겨서 폐하는 일이 없을 것이고, 물건의 곡진한 성질에 〈각각〉 이로운 점이 있으면 그 이로운 점을 곡진히 이루어 빠트리는 일이 없을 것이니, 만약 禮를 자세하게 통달한 사람이 아니면 누가 여기에 참여할 수 있겠는가.

○ 嚴陵方氏曰 以天所不生者로 爲禮면 則逆天之時矣요 以地所不養者로 爲禮면 則逆地之理矣니 天時地理之不可逆이 如此면 則人官物曲을 固可知라 言地所不養之物하고 而不及天所不生者는 亦擧此以見(현)彼也니라

嚴陵方氏 : 하늘이 생장시키지 않은 것으로 禮를 행하면 天時를 거스르게 되고, 땅이 기르지 않은 것으로 예를 행하면 地理를 거스르게 되니, 천시와 지리를 거스를 수 없음이 이와 같다면 사람의 직무와 물건의 곡진한 성질을 진실로 알 수 있다. 〈이 글에서〉 땅이 기르지 않는 물건만 말하고 하늘이 생장시키지 않는 것을 말하지 않은 것은 또한 이것(地所不養)을 들어서 저것(天所不生)을 드러낸 것이다.

○ 延平周氏曰 合於天時而天時有生也요 設於地財而地理有宜也요 合於人心而人官有能也요 理萬物而物曲有利也니 禮至於曲利萬物而不遺는 非禮之妙면 孰能與於此리오 然이나 言順於鬼神하고 合於人之心하고 而止曰人官有能이라하니 則是特言

8) 虙(복)氏 : 淸나라 盛世佐가 편찬한 ≪儀禮集編≫ 〈引用姓氏〉에 따르면 宋나라 때 사람인데 이름과 字는 모두 未詳이다. 宋나라 衛湜의 ≪禮記集說≫에 그의 설이 몇 가지 실려 있다.

人之爲成材하고 而不及於鬼神者는 何也오 人者는 鬼神之所依니 言人則見鬼神矣라 君子之爲禮는 順於天地而已矣니 非天地之所宜而以爲禮者라 故로 君子謂之不知禮라하니라

延平周氏 : 〈禮가〉 天時에 부합하면 천시에 생장하는 것이 있고, 땅의 재화에 의해 베풀어지면 地理에 마땅한 생산물이 있고, 사람의 마음에 부합하면 사람의 직무에 재능이 있고, 만물을 다스리면 물건의 곡진한 성질에 이로운 점이 있으니, 예가 만물을 곡진히 이용하여 빠트리지 않는 경지에 이르는 것은 禮의 妙理가 아니면 어찌 참여할 수 있겠는가.

그러나 〈經文에〉 "귀신에 순응하고 사람의 마음에 부합한다."고 말하고서 단지 "사람의 직무에 재능이 있다."라고만 말하였으니, 여기에서 사람이 재능을 이루는 것에 대해서만 말하고 귀신까지 말하지 않은 것은 어째서인가? 사람은 귀신이 의지하는 것이니, 사람을 말하면 귀신을 알 수 있는 것이다. 군자가 예를 행함은 하늘과 땅을 순히 따라서 행할 뿐이니, 하늘과 땅의 마땅한 것이 아닌 것으로 예를 행하기 때문에 군자가 "예를 알지 못한다."고 말한 것이다.

100302 故로 必擧其定國之數하야 以爲禮之大經하나니 禮之大倫은 以地廣狹이요 禮之薄厚는 與年之上下라 是故로 年雖大殺(쇄)나 衆不匡懼는 則上之制禮也節矣일새니라

그러므로 반드시 나라를 이루는 賦稅의 숫자를 들어서 禮의 큰 법으로 삼는 것이니, 예의 큰 조리는 땅의 넓고 좁음을 따르고 예의 후함과 박함은 그해 농사의 豐凶을 따른다. 이 때문에 1년 농사가 비록 큰 흉년이라 하더라도 백성들이 두려워하지 않는 것은 윗사람이 예를 제정함이 절도에 맞기 때문이다.

≪集說≫

定은 猶成也요 數는 稅賦所入之數也라 王制에 言祭用數之仂(륵)이라하니 禮는 非財不行이라 故必以此數로 爲行禮經常之法也라 禮之大倫以地之廣狹은 天子諸侯卿

大夫地有廣狹이라 故禮之倫類不同하야 地廣者는 禮備하고 地狹者는 禮降也라 禮之厚薄은 則與年之上下爲等이니 王制言豐年不奢하며 凶年不儉이라하니 是는 專言祭禮요 此는 兼言諸禮耳라 大殺는 謂年凶하야 而稅斂之入이 大有減殺也라 匡은 與恇通하니 恐也라 衆不匡懼는 謂無溝壑之憂也니 此其制禮有節하야 財不過用이라 故로 能如此니라

'定'은 '成'과 같고, '數'는 부세로 거두어들이는 숫자이다. 〈王制〉에 "제사에는 1년 경비의 10분의 1을 쓴다." 하였으니, 禮는 재물이 있지 않으면 행하지 못하므로 반드시 이 숫자로 禮를 행하는 經常의 법으로 삼는 것이다.

'禮之大倫以地之廣狹'은 천자와 제후, 卿·大夫가 소유한 땅의 넓고 좁은 차이가 있기 때문에 예의 조리가 똑같지 않아서 땅이 넓은 자는 예가 완비되고 땅이 좁은 자는 예가 줄어드는 것이다.

예의 후하고 박함은 1년 농사의 풍흉으로 등급을 삼으니, 〈王制〉에 "〈제사는〉 풍년에도 사치하게 지내지 않고 흉년에도 검소하게 지내지 않는다."라고 하였는데, 이는 전적으로 祭禮를 말한 것이고, 여기서는 여러 가지 예를 겸하여 말한 것이다. '大殺'는 1년 농사가 흉년이어서 세금으로 거두어들인 것이 크게 줄어들었음을 이른다.

'匡'은 '恇'과 통하니, 두려워함이다. '衆不匡懼'는 〈굶어 죽어서〉 시신이 도랑에 나뒹굴게 되는 근심이 없음을 이르니, 이는 예를 제정함에 절도가 있어서 재물을 지나치게 쓰지 않기 때문에 이와 같을 수 있는 것이다.

≪大全≫

長樂陳氏曰 經은 言其常이요 倫은 言其理니 擧其定國之數면 則有常故로 言大經하고 以地廣狹이면 則有理故로 言大倫이라 夫擧其定國之數하야 以爲禮之大經은 則王制所謂必於歲之(抄)〔杪〕[9]에 五穀皆入然後에 制國用者是也요 禮之大倫以地廣狹은 則王制所謂用地小大是也라 禮之厚薄與年之上下는 則王制所謂視年之豐耗是也라 先王之爲禮에 節以制則有所裁하고 節以度則有所限이라 故로 能於財則不傷하고 於民則不害하니 此其所以年雖大殺나 而衆不匡懼也니라

9) (抄)〔杪〕: 저본에는 '抄'로 되어 있으나, ≪禮記≫ 〈王制〉의 원문에 의거하여 '杪'로 바로잡았다.

長樂陳氏 : '經'은 〈禮의〉 일정함을 말한 것이고, '倫'은 〈禮의〉 조리를 말한 것이니, 나라를 이루는 부세의 숫자를 들어보면 일정함이 있기 때문에 '大經'이라고 말하였고, 땅의 넓고 좁음을 가지고 말하면 조리가 있기 때문에 '大倫'이라고 말한 것이다.

나라를 이루는 부세의 숫자를 들어서 예의 大經으로 삼음은 〈王制〉에 이른바 "〈冢宰가 국가의 재정을 제정하되〉 반드시 연말에 하는 것은 五穀이 모두 수확된 뒤에 국가의 재용을 제정하기 위해서이다."는 것이 여기에 해당하고, 예의 큰 조리는 땅의 넓고 좁음을 따름은 〈왕제〉에 이른바 "〈조세는〉 田地의 크고 작음을 따른다."는 것이 여기에 해당하고, 예의 후함과 박함은 그해 농사의 豐凶을 따름은 〈왕제〉에 이른바 "그해 농사의 豐凶을 살핀다."는 것이 여기에 해당한다.

先王이 예를 만드실 적에 節制시킬 경우에는 制裁하는 바가 있고 節度 있게 할 경우에는 일정한 限度가 있었으므로 능히 재물에 대해서는 손상시키지 않고 백성에 대해서는 해롭게 하지 않았으니, 이것이 1년 농사가 비록 크게 흉년이더라도 사람들이 두려워하지 않았던 까닭이다.

○ 龍泉葉(섭)氏曰 禮는 無定經也하야 以擧國之數爲經也하고 無常倫也하야 以地之廣狹爲倫也하고 不自爲厚薄也하야 以年之上下爲薄厚也라 制禮之節과 用財之數를 常相知而不相離하나니 不獨於其隆也에 盛禮以自尊이요 而又於其殺也에 貶禮以自卑라 蓋稱財以爲禮요 而不以空文言禮也나 計其有而不虞其無하고 喜其備而不憂其闕하면 聖人之於禮也에 必不然矣시니라

龍泉葉氏(葉適) : 禮는 일정한 법이 없어서 온 나라의 부세의 숫자로 법을 삼고, 떳떳한 조리가 없어서 땅의 넓고 좁음을 따라 조리를 삼고, 본래 후하게 하거나 박하게 함이 없어서 1년 농사의 풍흉으로 후함과 박함을 삼는 것이다.

예를 제정하는 절도와 재물을 쓰는 숫자를 항상 모두 인지하여 그 사이를 분리시키지 않아야 하니, 높여야 하는 것에 대해서는 예를 성대하게 하여 자연스럽게 높이는 것일 뿐만 아니라 낮추어야 하는 것에 대해서는 예를 줄여서 자연스럽게 낮추는 것이다.

이는 재물에 걸맞게 예를 행하는 것이고 虛飾을 예라고 말하지 않는 것이나, 가지고 있는 것만 헤아리고 없는 것을 걱정하지 않으며 구비한 것만 기뻐하고 빠뜨린 것

을 근심하지 않는다면 성인이 〈그러한〉 예에 대해서 반드시 옳게 여기지 않으실 것이다.

100401 **禮**는 **時爲大**하고 **順次之**하고 **體次之**하고 **宜次之**하고 **稱次之**하니 **堯授舜**하고 **舜授禹**하고 **湯放桀**하고 **武王伐紂**는 **時也**라 **詩云 匪革**(극)**其猶**라 **聿追來孝**라하니라

禮는 때가 큰 것이 되고 순함이 그다음이 되고 體가 그다음이 되고 마땅함이 그다음이 되고 걸맞음이 그다음이 되니, 堯임금이 〈천자의 자리를〉 舜에게 물려주고 舜임금이 禹에게 물려주고, 湯王이 桀을 추방하고 武王이 紂를 정벌한 것은 때를 따른 것이다. ≪詩經≫에 "그 계책을 빨리 이루려는 것이 아니라 오직 〈先王의 일을〉 따라서 장래의 孝를 이르게 하려는 것이다."라고 하였다.

≪集說≫

時者는 天之所爲라 故爲大하니 堯舜湯武之事不同者는 各隨其時耳라 聖王이 受命得天下에 必定一代之禮制하야 或因或革을 各隨時宜라 故云 時爲大也라 順體宜稱四者는 下文析之하니라 詩는 大雅文王有聲之篇이라 革은 急也라 猶는 與猷通하니 謀也라 聿은 惟也라 言文王之作豐邑이 初非急於成己之謀라 惟欲追先人之事하사 而致其方來之孝하야 以不墜先業耳라 今詩文에 作匪棘其欲이라 遹追來孝라하니라

때는 하늘이 하는 바이므로 큰 것이 되니, 堯임금과 舜임금, 湯王과 武王의 일이 똑같지 않은 것은 각각 하늘의 때를 따른 것이다. 聖王이 천명을 받아 천하를 얻을 적에 반드시 한 왕조의 禮制를 정하여 혹은 인습하고 혹은 개혁함을 각각 때의 마땅함을 따랐으므로 "때가 큰 것이 된다."고 말한 것이다. 順·體·宜·稱 네 가지는 아랫글에서 분석하였다.

詩는 ≪詩經≫ 〈大雅 文王有聲〉편이다. 革은 급함이다. 猶는 猷와 같으니, 도모함이다. 聿은 오직이다. 이는 문왕이 豐邑을 만든 것이 애초에 자기의 계책을 이루려는 데 급급했던 것이 아니라 오직 先人의 일을 따라 장래의 孝를 이루어서 선대의

基業을 실추시키지 않고자 하였을 뿐임을 말한 것이다. 지금 ≪시경≫의 글에는 〈'匪革其猶 聿追來孝'가〉 '匪棘其欲 遹追來孝'로 되어 있다.

≪大全≫

江陵項氏曰 時者는 天地之大運이요 順者는 人道之大倫이요 體者는 其支體요 宜者는 其義理요 稱者는 其度數니 五者는 自綦大로 至綦細也라

江陵項氏 : 때는 天地의 大運이고, 順은 人道의 큰 조리이고, 體는 〈禮를 행하는 대상의〉 肢體이고, 宜는 〈禮를 대상에 합당하게 행해야 하는〉 義理이고, 稱은 〈대상에 걸맞는 禮의〉 度數(표준)이니, 〈時・順・體・宜・稱〉 다섯 가지는 〈禮의〉 가장 큰 것으로부터 가장 작은 것에 이른 것이다.

100402 天地之祭와 宗廟之事와 父子之道와 君臣之義는 倫也라

天地의 제사와 宗廟의 일과 부자간의 道와 군신간의 義는 조리이다.

≪集說≫

王者 父事天하고 母事地라 故天地宗廟父子君臣四者는 乃自然之序라 故曰倫也요 倫不可紊이라 故順次之니라

王者는 하늘을 아버지로 섬기고 땅을 어머니로 섬기므로 천지와 종묘, 부자와 군신 네 가지는 바로 자연의 차례이다. 이 때문에 '倫(조리)'이라 말하였고, 조리는 문란할 수 없으므로 順함이 〈時의〉 다음인 것이다.

100403 社稷山川之事와 鬼神之祭는 體也라

社稷과 山川의 〈제사 지내는〉 일과 귀신의 제사는 體이다.

≪集說≫

社稷山川鬼神之禮는 各隨其體之輕重하야 而爲禮之隆殺라 故曰 體次之니라

사직과 산천, 귀신의 祭禮는 각각 體의 경중에 따라서 禮를 높이고 줄이므로 "體가 그다음이다."라고 말한 것이다.

≪大全≫

嚴陵方氏曰 天之運之謂時요 人之倫之謂順이요 形之辨之謂體요 事之義之謂宜요 物之平之謂稱이라 堯舜以德而授受하고 湯武以兵而放伐은 非人力之能爲요 蓋天運然也라 故로 謂之時니 引詩者는 言武王聿追文王之道하야 以趨時也라 天地宗廟父子君臣은 皆出乎自然之理한대 而人則順而序之라 故로 謂之倫이라 社稷山川鬼神은 自有形以至於無形히 莫不各有所辨이라 故로 謂之體니라

嚴陵方氏 : 하늘의 運數를 時라 이르고, 사람의 조리를 順이라 이르고, 형체를 구별함을 體라 이르고, 일의 마땅함을 宜라 이르고, 물건의 걸맞음을 稱이라 이른다. 堯임금과 舜임금은 〈천자의〉 덕을 〈갖추었느냐를〉 가지고 〈천자의 자리를〉 물려주고 물려받았으며, 湯王과 武王은 군대를 가지고 〈桀을〉 추방하고 〈紂를〉 정벌하였는데, 이것은 인력으로 능히 할 수 있는 것이 아니고 天運이 그러하였기 때문이다. 그러므로 이것을 時라 이르니, ≪詩經≫을 인용한 것은 무왕이 오직 文王의 도를 좇아서 〈하늘의〉 때를 따랐음을 말한 것이다.

천지와 종묘, 부자와 군신은 모두 자연의 이치에서 비롯된 것인데 사람이 順함을 따라 차례를 나누었으므로 '倫'이라 이른 것이다. 사직과 산천, 귀신은 形體가 있는 것으로부터 형체가 없는 것에 이르기까지 각각 분별할 바가 없지 않으므로 '體'라 이른 것이다.

100404 喪祭之用과 賓客之交는 義也라

喪禮와 祭禮의 씀씀이와 賓과 客의 교유는 〈일에 따라 합당하게 해야 하는〉 義이다.

≪集說≫

旣於義에 不得不然하면 必須隨事合宜라 故曰 宜次之니라

이미 義에 있어서 그렇게 하지 않을 수 없다면 반드시 일에 따라 합당하게 해야 하므로 "宜가 그다음이다."라고 한 것이다.

100405 **羔豚而祭**에 **百官皆足**하며 **大**(태)**牢而祭**에 **不必有餘**하니 **此之謂稱也**라 **諸侯**는 **以龜爲寶**하고 **以圭爲瑞**하며 **家不寶龜**하고 **不藏圭**하고 **不臺門**은 **言有稱也**라

새끼 양과 새끼 돼지로 제사함에 〈公卿 이하의〉 百官이 모두 〈쓰기에〉 충분하며 〈天子가 社稷에〉 太牢로 제사함에 반드시 〈쓰기에〉 넉넉한 것은 아니니, 이것을 稱이라 이른다. 제후는 거북껍질을 보물로 삼고 圭를 瑞信(신표)으로 삼으며, 대부의 집에서는 거북껍질을 보물로 여기지 않고 규를 보관하지 않고 문에 臺를 쌓지 않음은 걸맞음이 있음을 말한다.

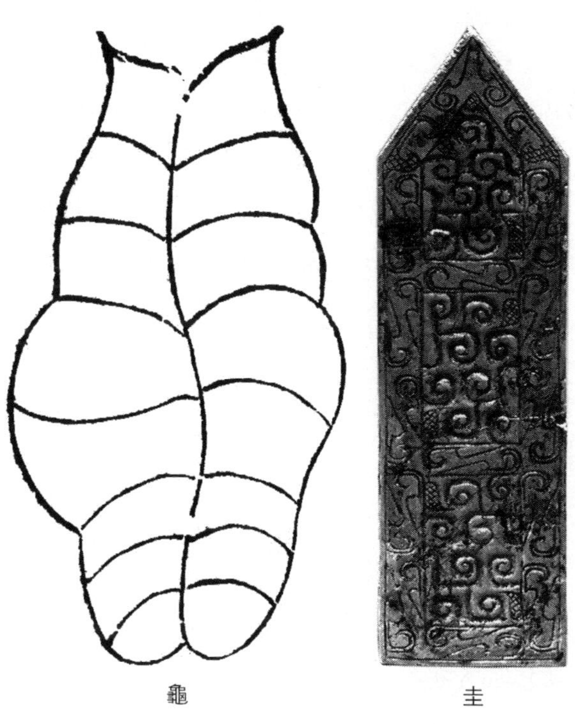

龜　　圭

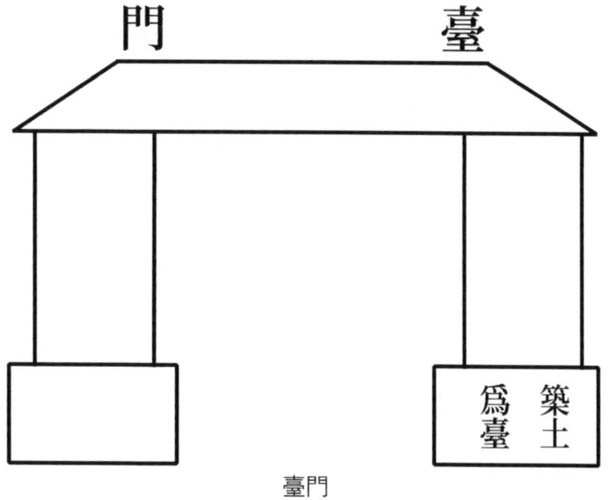

臺門

≪集說≫

諸侯有國하니 宜之占詳吉凶이라 故以龜爲寶也라 家는 謂大夫也니 大夫卑하야 不當寶藏이라 五等諸侯各有圭璧하야 以爲瑞信하고 又以天子所賜를 如祥瑞之降於天이라 故以爲瑞라 大夫는 非爲君使하야 不得執이라 故不當藏之라 臺門者는

門之兩旁에 築土爲臺하고 於其上에 起屋이니 大夫不然은 各稱其分守也라 故曰 稱次之라하니라

제후는 나라를 소유하였으니, 마땅히 점을 쳐서 길흉의 상세함을 알아야 하므로 거북껍질을 보물로 삼는 것이다. 家는 大夫를 이르니, 대부는 신분이 낮아서 〈거북껍질을〉 보배로 보관해서는 안 되는 것이다.

다섯 등급의 제후(公·侯·伯·子·男)가 각각 圭璧을 소유하여 瑞信(신표)으로 삼았고, 또 천자가 하사한 것(圭璧)을 마치 상서로운 물건이 하늘에서 내려온 것처럼 여겼기 때문에 '瑞'라 하였다. 대부는 〈封地를 받은 제후와 같이〉 군주의 使臣이 되지 않아서 〈규벽을〉 잡을 수 없으므로 이것을 보관하는 것이 마땅하지 않다.

'臺門'은 문의 양쪽에 흙을 쌓아 대를 만들고 그 위에 집을 세운 것이니, 대부가 이렇게 하지 않음은 각각 자기 分守에 걸맞게 한 것이므로 "걸맞음이 그다음이다." 라고 한 것이다.

≪大全≫

長樂陳氏曰 時는 在天하고 順體宜稱은 在人하니 在天者는 大하고 在人者는 小라 故로 時爲大하고 順次之하고 體次之하고 宜次之하고 稱次之라 堯授舜하고 舜授禹는 天與賢也요 湯放桀하고 (成)〔武〕[10]王伐紂는 天吏[11]也니 順天者存하고 逆天者亡하니 時之所以爲大也라 天地之祭則有所尊하고 宗廟之事則有所親하니 天地宗廟는 尊親之倫也요 父子君臣은 尊卑之倫也라 社稷山川地祇(기)之祀와 人鬼天神之祭는 三者之體固異하니 蓋天神則以陽爲體하고 地祇則以陰爲體하고 人鬼則魂은 以陽爲體하고 魄은 以陰爲體也라 喪之用은 則不儉其親하고 祭之用은 則必盡其物하고 賓之交則禮殺하고 客之交則禮隆하니 皆從其義而已矣라 羔豚而祭는 薄也니 宜若不足이로되 而百官皆足하고 大(태)牢而祭는 豐也니 宜若有餘로되 而不必有餘者니 求其稱而已矣라 蓋順主仁하고 體主禮하고 宜與稱은 主義하니 其所主雖殊나 而其爲禮는 一也니라

---

10) (成)〔武〕: 저본에는 '成'으로 되어 있으나, 經文(100401)에 의거하여 '武'로 바로잡았다.

11) 天吏 : ≪孟子≫ 〈公孫丑 下〉에 나오는 말인데, 呂氏(呂大臨)가 "天命을 받들어 행함을 天吏라 이른다. 〈천리는〉 폐하고 흥하며 보존시키고 멸망시킴을 오직 하늘의 명령대로 하여 감히 따르지 않을 수 없는 것이니, 湯王과 武王 같은 분들이 여기에 해당한다.〔奉行天命 謂之天吏 廢興存亡 惟天所命 不敢不從 若湯武是也〕"라고 설명하였다.(≪孟子集註≫)

長樂陳氏 : 時는 하늘에 달려 있고 順・體・宜(마땅함)・稱(걸맞음)은 사람에게 달려 있으니, 하늘에 있는 것은 크고 사람에게 있는 것은 작으므로 時가 큰 것이 되고 順이 그다음이 되고 體가 그다음이 되고 宜가 그다음이 되고 稱이 그다음이 된다. 堯임금이 〈천자의 지위를〉 舜임금에게 물려주고 순임금이 禹임금에게 물려준 것은 하늘이 賢者에게 물려준 것이고, 湯王이 桀을 추방하고 武王이 紂를 정벌한 것은 天吏이니, 하늘을 순히 따르는 자는 보존되고 하늘을 거스르는 자는 망한다. 이는 時가 큰 것이 되는 이유이다.

天地의 제사는 높이 여기는 점이 있고 宗廟의 제사는 친히 여기는 점이 있으니, 천지와 종묘는 높이 여김과 친히 여김의 조리이고 부자간과 군신 간은 높음과 낮음의 조리이다. 社稷과 山川에 지내는 地祇의 祀와 人鬼와 天神의 祭는 〈천신・지기・인귀〉 세 가지의 體가 진실로 다르니, 천신은 陽으로 체를 삼고 지기는 陰으로 체를 삼으며, 인귀의 경우 魂은 양으로 체를 삼고 魄은 음으로 체를 삼는다.

喪事의 씀씀이는 어버이의 상을 검소하게 치르지 않고 祭事의 씀씀이는 반드시 祭物을 극진히 마련하며, 賓의 교유에서는 禮가 줄어들고 客의 교유에서는 예가 융성하니, 모두 義(宜)를 따른 것이다.

새끼 양과 새끼 돼지로 제사 지냄은 박한 것이니 마땅히 〈祭物로 쓰기에〉 충분하지 못할 것 같으나 〈公卿 이하의〉 百官이 모두 〈쓰기에〉 충분하고, 太牢(소・양・돼지)로 제사 지냄은 풍성한 것이니 마땅히 〈제물로 쓰기에〉 넉넉할 것 같으나 반드시 〈쓰기에〉 넉넉한 것은 아니다. 그러니 걸맞음을 구할 뿐이다.

順은 仁을 위주로 삼고 體는 禮를 위주로 삼고 宜와 稱은 義를 위주로 삼으니, 위주로 삼는 바가 비록 다르나 禮가 됨은 똑같다.

○ 嚴陵方氏曰 龜는 所以決國疑요 圭는 所以申國信이니 諸侯는 有國者也라 故以龜爲寶하고 以圭爲瑞라 大夫는 有家而已라 故로 不寶龜하고 不藏圭라 變瑞言藏이면 則以藏猶不可니 而況於瑞乎아 門之有臺는 所以壯國體라 故로 家不臺門하니 凡此則以國家之辨에 各有稱焉일새라

嚴陵方氏 : 거북껍질은 나라의 의심스러운 일을 결단하는 도구이고 圭는 나라의 신용을 表明하는 것이니, 제후는 나라를 소유한 자이므로 거북껍질을 보배로 삼고 圭를 瑞信(신표)으로 삼는다. 대부는 집을 소유한 자일 뿐이므로 거북껍질을 보배로

삼지 않고 규를 보관하지 않는다. 〈대부의 경우〉 '瑞(瑞信으로 삼다)'를 '藏(보관하다)'이라고 바꾸어 말했으면 보관하는 것도 오히려 가능하지 않으니 하물며 瑞信으로 삼음에 있어서이겠는가.

문에 臺가 있음은 나라의 體統을 웅장하게 하는 것이므로 〈대부의〉 집에서는 문에 臺를 쌓지 않는다.

무릇 이것들은 나라와 집의 구분에 각각 걸맞음이 있기 때문이다.

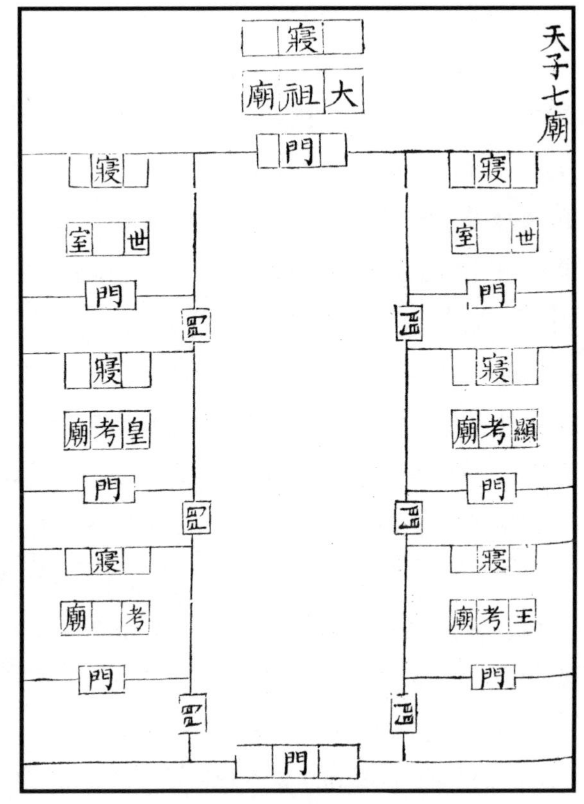

天子七廟

100501 **禮**에 **有以多爲貴者**하니 **天子**는 **七廟**[12]요 **諸侯**는 **五**요 **大夫**는 **三**이요 **士**는 **一**이며

禮에는 많은 것을 귀하게 여

---

12) 天子七廟 : ≪禮記≫ 〈祭法〉에 "천하에 임금이 있으니, 〈九州의〉 땅을 분봉하여 제후국을 건립하고서 〈王畿와 제후국에 公卿의 采地로〉 都를 두고 〈대부와 공이 있는 士에게 하사하는〉 邑을 세우며, 廟·祧·壇·墠을 설치하여 제사 지내되 마침내 〈다음과 같은〉 親疏와 多少의 수를 만들었다. 그러므로 왕은 7廟와 1壇 1墠을 세운다. 〈7묘 중 5묘는 부친의 사당인〉 考廟와 〈조부의 사당인〉 王考廟와 〈증조의 사당인〉 皇考廟와 〈고조의 사당인〉 顯考廟와 〈시조의 사당인〉 祖考廟니 모두 매달 제사를 지내고, 〈2묘는 체천해야 하지만 공덕이 있어 체천하지 않은〉 遠廟가 祧이니 〈문왕과 무왕의〉 두 祧가 있는데 〈月祭가 아닌〉 四時의 제사만 지낸다. 〈1단 1선은 고조의 부친을 위해〉 祧를 떠나면 壇을 만들고 〈고조의 조부를 위해〉 단을 떠나면 墠을 만드니, 단과 선은 기도할 일이 있으면 제사하고 기도할 일이 없으면 제사하지 않는다. 선을 떠나면 〈石函으로 옮기고〉 鬼라 한다.〔天下有王 分地建國 置都立邑 設廟祧壇墠而祭之 乃爲親疏多少之數 是故王立七廟 一壇一墠 曰考廟 曰王考廟 曰皇考廟 曰顯考廟 曰祖考廟 皆月祭之 遠廟爲祧 有二祧 享嘗乃止 去祧爲壇 去壇爲墠 壇墠有禱焉 祭之 無禱 乃止 去墠曰鬼〕"라고 보인다. '天子七廟'는 ≪禮記≫ 〈王制〉에도 보이는 내용인데, 그에 대한 孔穎達의 疏에 "천자는 7묘라는 것은, 고조의 아버지와 고조의 할아버지 묘가 2조가 되고 始祖 하나와 親廟 넷(考·王考·皇考·顯考)을 아울러서 7묘가 된다.〔天子七廟者 謂高祖之父及高祖之祖廟爲二祧 幷始祖及親廟四爲七〕"라는 王肅의 설을 소개하였다.(≪禮記正義≫)

기는 경우가 있으니, 천자는 7廟이고 제후는 5묘이고 대부는 3묘이고 士는 1묘이며,

≪集說≫

一廟는 下士也니 適士[13)]則二廟니라

1廟는 下士이니, 適士는 2묘이다.

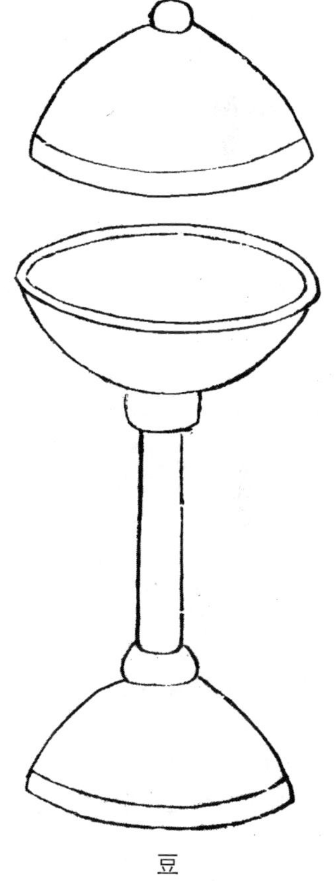
豆

100502 天子之豆는 二十有六이요

天子가 사용하는 豆는 26개이고

≪集說≫

此는 天子朔食[14)]之豆數니라

이것은 天子의 초하룻날의 盛饌 때 사용하는 豆의 수이다.

100503 諸公은 十有六이요

여러 上公은 〈豆의 수가〉 16개이고

≪集說≫

上公[15)]也니 更相朝時堂上之豆數라

---

13) 適士 : 上士로, 고대 관직 품계의 하나인데, 지위가 下大夫의 아래이고 中士보다 높다. 중사 아래는 下士이다. ≪禮記≫ 〈祭法〉에 "적사는 두 사당과 한 壇이다.〔適士 二廟一壇〕"라고 하였는데, 鄭玄의 注에 "적사는 상사이다.〔適士 上士也〕"라고 보인다.(≪禮記正義≫)

14) 朔食 : 고대 예법의 하나로, 제왕 및 귀족들이 매월 초하루에 평소보다 음식을 풍성하게 차려서 먹는 것을 이른다.

15) 上公 : 천자국의 재상인 三公(太師·太傅·太保)이 8命의 작위인데 이 중에 德이 출중한 두 사람을 伯으로 봉해줄 때 1命을 더하여 그를 上公이라 칭하였다. ≪周禮≫ 〈春官 典命〉의 상공에 대한 鄭玄의 注에 "상공은 천자가 삼공 중에 덕이 있는 〈두 사람을 가려서〉 1命을 더하여 두 伯으로 임명한 자를 이르는데, 二王(夏나라의 禹王과 殷나라의 湯王)의 후예도 상공으로 삼았다.〔上公 謂王之三公有德者 加命爲二伯 二王之後 亦爲上公〕" 하였

〈諸公의 公은〉 上公이니, 〈상공들이〉 서로 만날 때 堂 위에서 사용하는 豆의 수이다.

100504 **諸侯**는 **十有二**요

제후는 〈豆의 수가〉 12개이고

≪集說≫

通侯伯子男也니 亦相朝時堂上之豆數라

〈제후는〉 侯・伯・子・男을 통틀어 말한 것이니, 또한 〈이들이〉 서로 만날 때 堂 위에서 사용하는 豆의 수이다.

100505 **上大夫**는 **八**이요 **下大夫**는 **六**이며

〈다른 제후국에서 聘問하러 온〉 上大夫는 〈豆의 수가〉 8개이고 下大夫는 〈豆의 수가〉 6개이며,

≪集說≫

皆謂主國食使臣堂上之豆數라

〈여기서 8개와 6개는〉 모두 빙문을 받는 나라가 〈빙문하러 온〉 사신에게 음식을 먹일 때 堂 위에서 사용하는 豆의 수를 이른다.

≪大全≫

山陰陸氏曰 天子는 朝踐[16]八豆요 饋食(사)[17]八豆요 又加豆[18]八이요 羞豆[19]二니

다.(≪周禮注疏≫) 참고로 ≪주례≫ 〈春官 大宗伯〉에 "구명을 백으로 삼는다.〔九命 作伯〕" 하였으며, ≪春秋公羊傳≫ 隱公 5년 조에 "'삼공'은 무엇인가? 천자의 재상이다. 陜(섬)을 기준으로 동쪽은 〈삼공 중에 덕이 출중한〉 周公이 주관하고, 섬을 기준으로 서쪽은 〈삼공 중에 덕이 출중한〉 召公이 주관하고, 한 명의 相은 畿內에 처하였다.〔三公者何 天子之相也 自陜而東者 周公主之 自陜而西者 召公主之 一相處乎內〕" 하였다.

16) 朝踐 : 제사 의식 중 하나로, 朝事(종묘에 아침 일찍 제사하는 일)에서 쓸 豆를 올리는 것까지 포괄하는 의식이다. ≪周禮≫ 〈春官 司尊彝〉에 "조천에는 두 개의 犧尊(사준)을 쓴다.〔其朝踐用兩獻尊〕" 하였는데, 鄭玄의 注에 "조천은, 희생의 피와 날고기를 올리고 醴齊를

所謂二十有六이라 諸公十六은 倍上大夫하야 朝事八[20]이요 饋食八이라 諸侯十二는 倍下大夫하야 朝事六이요 饋食六이라 上大夫八은 朝事之豆也요 下大夫六은 去茅菹(저)麋臡(미니)也니라

山陰陸氏 : 천자는 朝踐에 8豆를 사용하고, 饋食에 8두를 사용하고, 또 加豆가 8개이고 羞豆가 2개이니, 〈經文의〉 이른바 '二十有六'이다. '諸公十六'은 상대부의 2배가 되어서 朝事에 8두를 사용하고, 궤사에 8두를 사용한다. '諸侯十二'는 하대부의 2배가 되어서 조사에 6두를 사용하고, 궤사에 6두를 사용한다. '上大夫八'은 조사의 두이고, '下大夫六'은 〈8두에서〉 순채절임과 큰사슴고기육젓을 뺀 것이다.

100506 諸侯는 七介七牢요 大夫는 五介五牢며

제후는 〈천자를 조회할 때〉 介가 일곱에 太牢가 일곱이고, 대부는 介가 다섯에 태뢰가 다섯이며,

≪集說≫

介는 副也라 上介一人이요 餘爲衆介라 牢는 太牢也니 謂諸侯朝天子時에 天子以太牢之禮로 賜之라 周禮에 公은 九介九牢요 侯伯은 七이요 子男은 五[21]하니 今言七은 擧中

떠서 올리면 비로소 제사를 거행하는데 왕후가 이에 朝事의 豆와 籩을 올리는 것을 이른다.〔朝踐 謂薦血腥 酌醴 始行祭祀 后於是薦朝事之豆籩〕"라고 하였다.(≪周禮注疏≫)

17) 饋食(사) : 제사 의식 중 한 가지로, 익힌 음식을 올리기 때문에 '饋孰(熟)'이라고도 하였는데, 고대의 천자나 제후가 매월 초하루 朝廟에서 행하였다. ≪周禮≫ 〈春官 大宗伯〉에 "궤사로써 선왕들에게 제향한다.〔以饋食享先王〕"라고 보인다.

18) 加豆 : 종묘의 제사에서 尸童에게 加爵할 때 올리는 豆이다. 가작이란 九獻을 마친 뒤에 제사에 참여한 신하들이 다시 시동에게 술을 올리는 것을 말한다.

19) 羞豆 : 종묘의 제사에서 九獻을 올리고 나서 술을 더 올리기 전에 籩과 豆에 음식을 담아 올리는 것을 '羞籩'과 '수두'라고 하는데, 加籩과 加豆 전에 올리는 것이다.(≪周禮注疏≫ 〈天官 籩人, 醢人〉)

20) 朝事八 : ≪周禮≫ 〈天官 醢人〉에 "四豆(朝事豆・饋食豆・加豆・羞豆)를 채우는 것을 관장한다. 朝事의 豆에는 〈8豆에 각각〉 韭菹(부추절임), 醓醢(肉醬), 昌本(창포뿌리절임), 麋臡(큰사슴육젓), 菁菹(순무절임), 鹿臡(사슴육젓), 茆菹(순채절임), 麇臡(노루고기육젓)를 채운다.〔掌四豆之實 朝事之豆 其實韭菹醓醢昌本麋臡菁菹鹿臡茆菹麇臡〕" 하였다. 茆菹는 茅葅와 같다.

21) 公九介九牢……子男五 : ≪周禮≫ 〈秋官 大行人〉의 내용에서 介와 牢에 대한 것만 간추린 것이다.

以言之也라 大夫五介五牢者는 諸侯之大夫爲君使而來하면 各降其君二等하니 此五介五牢는 謂侯伯之卿이니 亦擧中言之也라

介는 副(보좌관)이다. 上介는 한 명이고, 나머지는 衆介가 된다. 牢는 太牢(소·양·돼지)이니, 제후가 천자에게 조회할 때에 천자가 태뢰의 예를 하사함을 이른다. ≪周禮≫에 公은 9개와 9뢰, 侯와 伯은 7개와 7뢰, 子와 男은 5개와 5뢰라고 하였으니, 지금 여기서 〈侯에 대해〉 7이라고 말한 것은 중간을 들어 말한 것이다. '大夫五介五牢'는 제후국의 대부가 〈本國〉 임금의 사신이 되어서 왔으면 각각 그 〈대부의〉 임금보다 두 등급을 낮추는데, 여기서의 5개와 5뢰는 侯와 伯의 卿이 사용하는 豆를 이르니, 이 또한 중간을 들어 말한 것이다.

100507 天子之席은 五重이요 諸侯之席은 三重이요 大夫는 再重이며

천자의 돗자리는 다섯 겹으로 깔고 제후의 돗자리는 세 겹으로 깔고 대부는 두 겹으로 깔며,

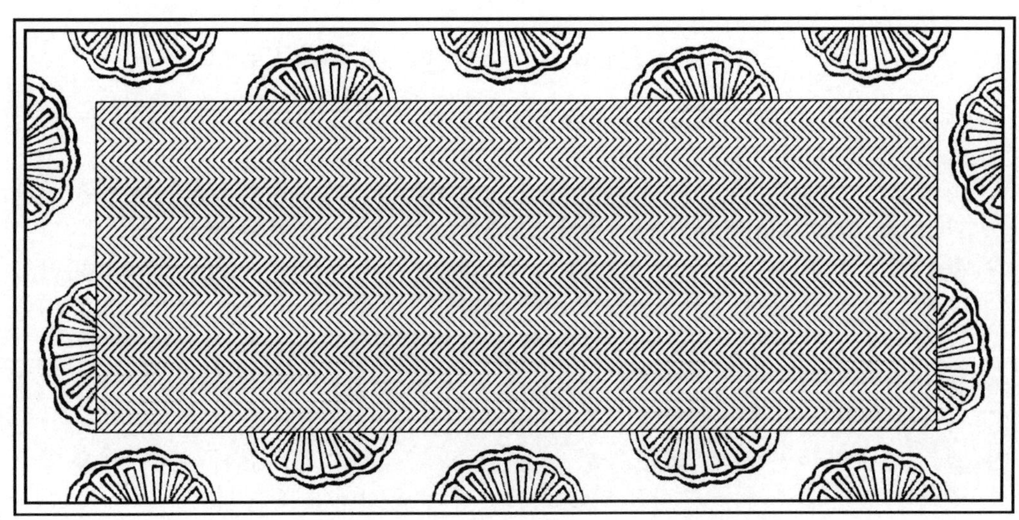

席

≪集說≫

天子祫祭에 其席이 五重이라 諸侯席三重者는 謂相朝時賓主皆然也니 三重則四席이요 再重則三席이니라

천자는 〈先王에게 올리는 큰 제사인〉 祫祭에 돗자리가 다섯 겹이다. '諸侯席三重'은 〈제후들끼리〉 서로 만날 때에 손님과 주인이 모두 그러함을 이르니, 三重이면 총 4개의 돗자리를 까는 것이고, 再重이면 총 3개의 돗자리를 까는 것이다.

≪大全≫

嚴陵方氏曰 豆는 以實地産爲主故로 每用陰數라 介는 謂僎(준)介[22]之介니 此引諸侯牢介는 謂朝天子之禮也요 卿大夫牢介는 諸侯使聘天子之禮也라 止言諸侯之席三重이면 則通五等을 可知요 言大夫再重이면 則兼卿을 可知니라

嚴陵方氏 : 豆는 땅에서 나는 물품을 채우는 것이 주가 되기 때문에 매번 陰의 수(2・4・6・8・10)를 사용하는 것이다. 介는 '僎과 介'의 介를 이르니, 여기에 제후의 牢와 介를 인용함은 천자에게 조회하는 예를 말한 것이고, 卿・大夫의 牢와 介는 제후의 사신으로서 천자를 聘問하는 예를 말한 것이다. 다만 제후의 돗자리가 세 겹임을 말했으면 다섯 등급의 제후(公・侯・伯・子・男)에 공통된 것임을 알 수 있고, 대부가 두 겹임을 말했으면 卿을 겸하는 것임을 알 수 있다.

100508 天子崩이어든 七月而葬호되 五重八翣(삽)[23]이요 諸侯는 五月而葬호되 三重六翣이요 大夫는 三月而葬호되 再重四翣이니 此는 以多爲貴也니라

천자가 崩御하면 7개월 만에 장례를 지내되 5重 8翣을 하고, 제후는 5개월 만에 장례를 지내되 3중 6삽을 하고, 대부는 3개월 만에 장례를 지내되 2중 4삽을 하니, 이것은 많음을 귀함으로 여기는 것이다.

---

22) 僎(준)介 : 〈大傳〉에 "客爵은 왼쪽에 두고 그 마시려는 술잔은 오른쪽에 두며, 介爵과 酢爵과 僎爵은 모두 오른쪽에 둔다.〔客爵居左 其飮居右 介爵酢爵僎爵 皆居右〕"라고 한 데에 각각 보이는데, 孔穎達의 疏에 "介는 賓을 보좌하는 사람이다.〔介 賓副也〕" 하고, "僎은 향인 중에 찾아와서 禮를 살펴보고 주인을 도와주는 자이다.〔僎 鄕人來觀禮 副主人者也〕" 하였다.(≪禮記正義≫)

23) 翣 : 靈柩가 殯에서 나갈 때 상여를 따라가는 사람들이 들고 가는 도구로, 긴 자루가 있고 손처럼 생긴 부채 모양이며 그리는 무늬에 따라 黼翣(보삽), 黻翣(불삽), 〈구름 모양을 그리는〉 畫翣 등으로 나뉘는데, 下棺한 뒤에는 壙中에 세운다.(≪禮記正義≫ 〈喪大記〉)

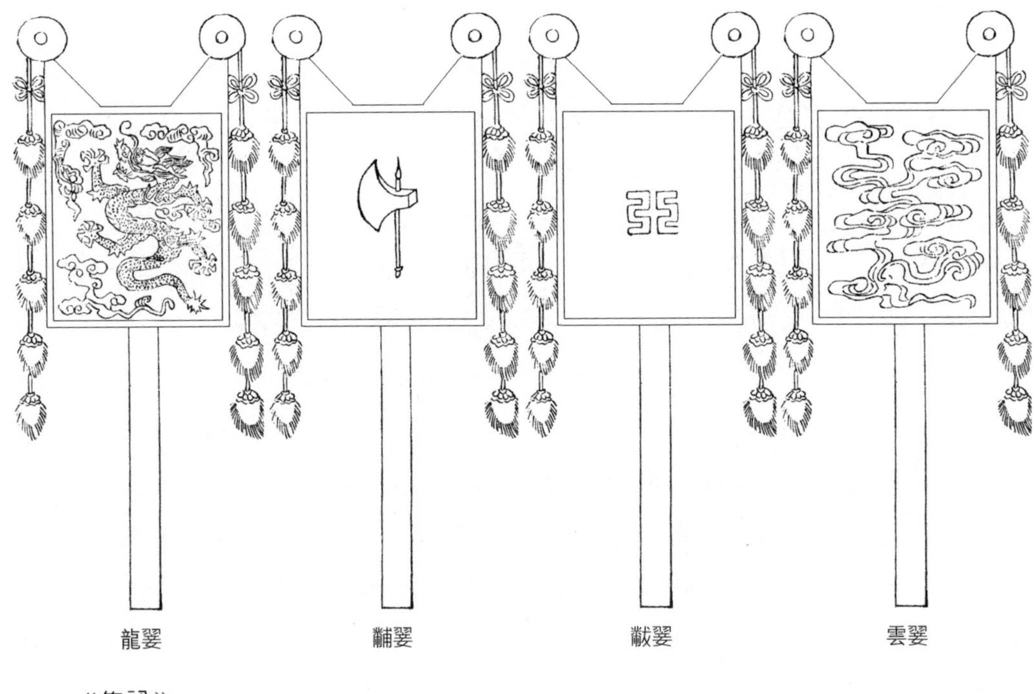

龍翣　　黼翣　　黻翣　　雲翣

≪集說≫

五重者는 謂抗木與茵也라 茵以藉棺하니 用淺色緇布하야 夾爲之하고 以茅秀及香草著(저)其中하야 如今褥子中用絮然이니 縮者二요 橫者三이 爲一重이라 抗木은 所以抗載於土니 下棺之後에 置抗木於椁之上하니 亦橫者三이요 縮者二에 上加抗席[24)]三이 此爲一重이라 如是者五면 則爲五重也라 翣은 見(현)檀弓하니라

5重은 抗木(덧널 위에 올리는 나무 시렁)과 茵(덧널 아랫부분의 깔개)을 〈다섯 겹으로 함을〉 이른다. 茵은 棺에 까는 것이니, 연한 색의 검은 삼베를 사용하여 겹으로 만들고 띠〔茅〕의 이삭과 香草를 그 속에 보충하여 오늘날 요 속에 솜을 넣는 것과 같이 만든 것인데, 세로로 놓은 것이 둘이고 가로로 놓은 것이 셋이 1重이 된다. 抗木

24) 上加抗席 : 抗木은 흙이 들어오지 않도록 막는 나무로, ≪儀禮≫ 〈既夕禮〉에 "항목은 가로로 3개, 세로로 2개를 진열한다. 항목 위에 抗席을 올려놓는데 세 겹으로 한다.〔抗木 橫三縮二 加抗席三〕"라고 보이는데, 鄭玄의 注에 "'席'은 먼지를 막는 것이다.〔席 所以禦塵〕" 하였다.(≪儀禮注疏≫) 참고로 金在魯의 ≪禮記補註≫에 "≪의례≫ 〈기석례〉를 살펴보건대 茵은 棺에 깔려는 것이기 때문에 먼저 들어온다. 하관한 뒤에 折을 올려서 抗席을 받드니, 다음에 항석을 올리고 다음에 抗木을 올리는 것이다. 鄭玄의 注에 '折은 方形으로 깎아서 나무를 잇대어 床처럼 만든다.' 하였으니, 지금 陳澔의 주에 '항목 위에 항석을 올린다.' 한 것은 잘못이다." 하였다.

은 〈棺 위의〉 흙을 들어 올려 받드는 것이니, 下棺한 뒤에 항목을 덧널[椁]의 위에 놓는데, 또한 가로로 놓은 것이 셋이고 세로로 놓은 것이 둘에 그 위에 抗席 셋을 올려놓은 것이 1重이 된다. 이와 같이 다섯 번을 하면 5重이 된다. 〈부채 모양의 널 장식인〉 翣은 ≪禮記≫ 〈檀弓〉에 보인다.

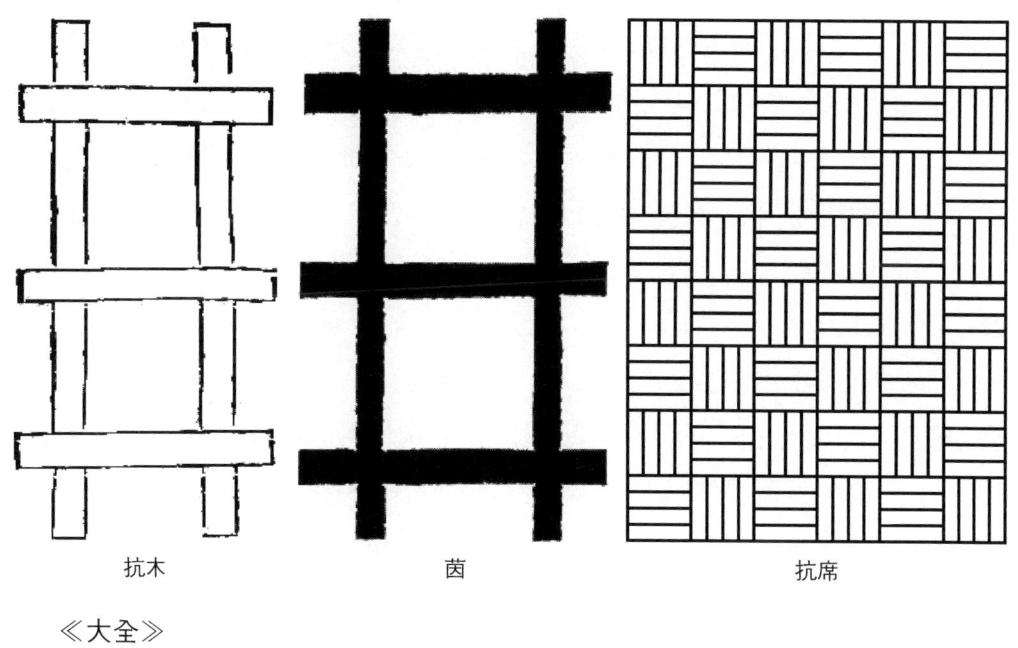

抗木 茵 抗席

≪大全≫

長樂陳氏曰 多少者는 禮之數요 大小高下者는 禮之度요 文素者는 禮之容이니 是雖所設之不同이나 皆緣情以制宜하고 隨宜以爲貴하야 以求其稱而已라 其言以多爲貴에 則先之以廟하고 而繼之豆介牢席者는 先神后人之序也요 由豆介牢席하야 而繼之以葬者는 養生送死之序也니 至於多少大小高下文素之間하야도 其先後之序를 蓋可以理考니라

長樂陳氏 : 많고 적음은 禮의 數이고, 크고 작고 높고 낮음은 예의 程度이고, 문식과 바탕은 예의 용모이니, 이는 비록 베푸는 대상이 똑같지 않으나 모두 인정을 따라 마땅한 것을 만들고 마땅한 것을 따라 귀한 것을 만들어 걸맞기를 구할 뿐이다.

'많음을 귀하게 여김'을 말한 데에서 사당을 먼저 하고 豆·介와 牢·席으로 뒤를 이은 것은 神을 우선으로 삼고 사람을 나중으로 삼은 차례이며, 豆·介와 牢·席을 말미암아서 장례로 그 뒤를 이은 것은 산 사람을 봉양하고 죽은 사람을 장송하는 차례이니, 많고 적음과 크고 작음과 높고 낮음과 문식과 바탕의 사이에 이르러서도 그 선후의 차례를 이치로 상고할 수 있다.

○ 許氏曰 裁群物制庶事하고 安上治民은 莫善於禮라 究其裒(부)多益寡와 別嫌明微하야 使禮之或多或寡하고 或小或大하며 或高或下하고 或文或質하야 各當其位而不相亂하고 各稱其情而不相悖하야 循其名하고 列其器하야 而義以修焉하고 禮以藏焉은 則非聖人이면 莫能爲矣라 故로 祧廟之設이 天子則七이요 諸侯則降而五焉이요 大夫三焉이요 士則一焉이니 非特以誠深孝篤하야 獨隆於天子也라 蓋以天下有王[25]하면 尊祖親禰(녜)之道 當如是也일새라 堂上正羞가 天子則二十有六豆요 諸公則殺(쇄)而十六焉이요 諸侯則十二焉이요 上大夫八而下大夫六焉이니 非以備味多品이 獨宜於天子也요 不如是면 無以極九州之美하고 備四時之和也일새라 牢介異數하야 諸侯之七은 則多於大夫之五하고 席重異宜하야 諸侯之三은 則多於大夫之再라 事莫大於天子之喪이라 故로 葬必七月하고 抗木與茵之數가 至于五重而翣以八焉하며 至諸侯면 則五月而葬하고 三重六翣而已라 夫葬月之或七或五也와 抗茵柳翣之數의 五之與三과 八之與六은 天子諸侯之儀가 亦或幾於相亂矣라 夫其禮之相亂者 其間이 不能以寸이어늘 聖人이 乃惓惓致意焉하시니 蓋以爲毫釐之際에 所以明嫌表微者 舍是면 無以自見(현)也일새니라

許氏 : 여러 물건을 재단하고 여러 일을 제재하며 윗사람을 편안히 하고 백성을 다스리는 방법으로는 禮보다 더 좋은 것이 없다. 많은 사람에게서 거두어 적은 사람에게 보태주는 것과 혐의를 분별하고 은미함을 밝히는 것을 궁구해서 예를 많게 하기도 하고 적게 하기도 하며 작게 하기도 하고 크게 하기도 하며 높게 하기도 하고 낮게 하기도 하며 문채 나게 하기도 하고 소박하게 하기도 하여, 각각 지위에 합당하여 서로 어지럽지 않고 각각 情에 걸맞아 서로 어그러지지 않아서 명칭을 따르고 기물을 나열하여 義로써 수식하고 禮로써 보관하는 것은, 성인이 아니면 제대로 하지 못한다.

그러므로 祧廟를 설치하는 것이 천자는 7廟이고 제후는 등급을 깎아서 5묘이고 대부는 3묘이고 士는 1묘인 것이니, 이는 다만 〈천자가〉 정성이 깊고 효심이 돈독

25) 天下有王 : ≪禮記≫ 〈祭法〉에 보인다. 자세한 내용은 '100501'의 '天子七廟'에 대한 각주 참조.

해서 오직 천자에게만 융성하게 할 뿐만이 아니고, 천하에 임금이 있으면 〈천자는〉 선조를 높이고 할아버지를 높이고 아버지를 친애하는 도리가 마땅히 이와 같아야 하기 때문이다.

堂 위에 正式으로 올리는 음식이 천자는 26豆이고 諸公은 줄여서 16두이고 제후는 12두이고 上大夫는 8두이고 下大夫는 6두이니, 맛있는 것을 구비하고 물품을 많이 사용하는 것이 오직 천자에게만 마땅한 것이 아니고, 이와 같이 하지 않으면 9州의 훌륭한 음식을 지극히 하고 四時의 조화로운 기운을 갖출 수 없기 때문이다.

牢・介는 數가 달라서 제후의 7은 대부의 5보다 많고, 돗자리의 겹은 마땅함이 달라서 제후의 3重은 대부의 2重보다 많다.

일은 천자의 喪보다 더 큰 것이 없으므로 장례를 반드시 7개월을 기다려서 지내고 抗木과 茵의 수가 5重에 이르고 〈부채 모양의 장식인〉 翣을 8개 사용하며, 제후의 경우 5개월에 장례를 지내고 3重과 6翣을 사용할 뿐이다. 장례를 지내는 달을 7개월로 하거나 5개월로 하는 것과 抗木과 茵, 〈나무로 만든 상여틀인〉 柳와 翣의 수가 5重과 3重이 되고 8翣과 6翣이 되는 것은 천자와 제후의 의식이 또한 거의 서로 무질서하게 된 것이다.

예가 서로 무질서한 부분은 그 차이가 한 치도 되지 못하는데, 성인이 마침내 여기에 뜻을 간절하게 다 쏟으셨으니, 〈禮의〉 털끝만한 차이에 대해서 혐의스러운 일을 밝히고 은미한 일을 표명하는 것이 이렇게 하지 않으면 자연스럽게 드러날 수 없다고 여기셨기 때문이다.

100601 **有以少爲貴者**하니 **天子**는 **無介**하며 **祭天**에 **特牲**이니라

작은 것을 귀하게 여기는 경우가 있으니, 천자는 介가 없고 하늘에 제사 지낼 적에는 한 마리 소를 사용한다.

≪集說≫

介는 所以佐賓이라 天子는 以天下爲家하니 無爲賓之義故로 無介也라 特은 獨也니라

介는 賓을 보좌하는 자이다. 천자는 천하를 자기 집으로 삼으니, 손님이 되는 의리가 없으므로 介가 없는 것이다. '特'은 홀로이다.

100602 **天子適諸侯**어든 **諸侯膳以犢**하고 **諸侯相朝**에 **灌用鬱鬯**호되 **無籩豆之薦**하고 **大夫聘禮**에 **以脯醢**하나니라

천자가 제후국에 가면 제후가 송아지 한 마리로써 반찬을 올리고, 제후가 서로 만나볼 적에는 울창주를 따라서 손님에게 올리되 籩과 豆를 올림이 없고, 대부의 聘禮에는 포와 젓갈을 쓴다.

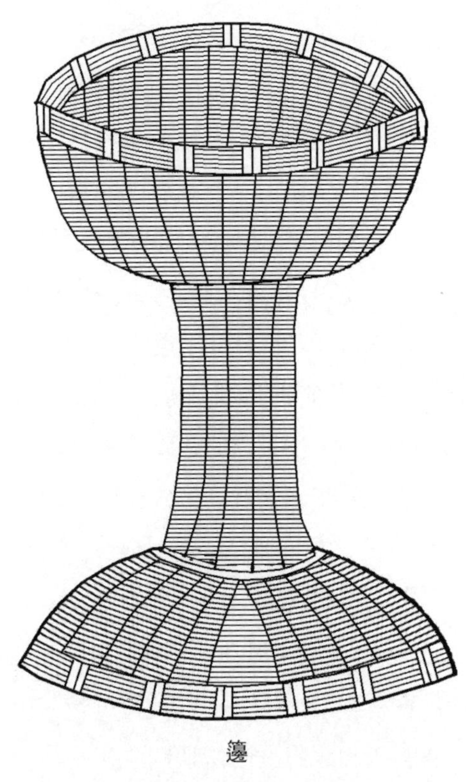

籩

≪集說≫

天子祭天에 惟用一牛라 若巡守而過諸侯之境이면 則諸侯奉膳도 亦止一牛하니 其尊君之禮를 亦如君之尊天也라 諸侯相朝에 享禮畢이면 主君이 酌鬱鬯之酒하야 以獻하되 賓不用籩豆之薦者는 以其主於相接以芬芳之德이요 不在殽味也일새라 大夫出使行聘禮에 主國禮之하야 酌以酒하고 而又有脯醢之薦하니 此見少者貴多者賤也니라

천자가 하늘에 제사 지낼 적에 오직 한 마리 소를 사용한다. 만약 巡狩하다가 제후국의 境內를 지나게 되면 제후가 받들어 올리는 반찬 또한 단지 한 마리의 소이니, 군주를 높이는 예를 또한 군주가 하늘을 높임과 같이 하는 것이다. 제후끼리 서로 만나볼 적에 宴享하는 예가 끝나면 주인 나라의 군주가 울창주를 따라서 손님에게 올리되 籩과 豆를 올리는 예를 사용하지 않는 것은, 주안점이 서로 향기로운 덕으로써 접함에 있고 맛있는 음식을 먹는 데 있지 않아서이다. 대부가 사신으로 나가 聘禮를 행할 적에 주인 나라에서 그를 예우하여 술을 따라주고 또 포와 젓갈을 올리는 예가 있으니, 여기에서 적은 것이 귀하고 많은 것이 천함을 알 수 있다.

100603 **天子**는 **一食**이요 **諸侯**는 **再**요 **大夫士**는 **三**이요 **食力**은 **無數**하며

천자는 한 번만 먹고 제후는 두 번 먹고 대부와 士는 세 번 먹고 노동을 해서 먹고 사는 사람들은 무수히 먹는다.

≪集說≫

食은 **餐也**라 **位尊者**는 **德盛**하니 **其飽以德**이요 **不在於食味**라 **故每一餐**에 **輒告飽**하니 **須御食者勸侑**라야 **乃又餐**이라 **故云 一食也**라 **諸侯則再餐而告飽**하고 **大夫士則三餐而告飽**호되 **皆待勸侑則再食**이라 **食力**은 **自食其力之人**이니 **農工商賈**(고)**庶人之屬也**라 **無德不仕**하고 **無祿代耕**하니 **禮不下庶人**이라 **故無食數**하고 **飽卽自止也**니라

食은 먹는 것이다. 지위가 높은 자는 덕이 성대해야 하니, 덕으로써 속을 채워야 하고 맛있는 음식을 먹어서 〈속을 채우려고 해서는〉 안 된다. 이러한 까닭에 한 번 음식을 먹을 때마다 배부르게 먹었다고 고하니, 모시고 먹는 자가 더 드시기를 권한 뒤에야 또다시 먹으므로 "한 번 먹는다."고 말한 것이다.

제후는 두 번 먹고서 배부르게 먹었다고 고하고 대부와 士는 세 번 먹고서 배부르게 먹었다고 고하는데, 모두 〈옆에서 모시고 먹는 자가〉 더 들기를 권유한 뒤에야 다시 먹는다.

'食力'은 직접 노동을 하여 먹고 사는 사람이니, 농민과 工人, 商賈 등 서인의 등속이다. 덕이 없으면 벼슬하지 못하고 祿이 없으면 그 대신 농사를 짓는 것이니, 禮는 서인에게까지 내려가지 않으므로 〈이들은〉 일정하게 먹는 횟수가 없고 배부를 때까지 먹으면 스스로 그만 먹는 것이다.

100604 **大路**는 **繁**(반)**纓**이 **一就**요 **次路**는 **繁纓**이 **七就**[26)]며

〈천자가 타는 수레인〉 大路(大輅)는 繁과 纓이 1就이고, 次路는 繁과 纓이 5就이다.

---

26) 七就 : 陳澔 集說의 설에 의거하여 '五就'로 번역하였다.

大路(大輅)

≪集說≫

殷世尙質하야 其祭天所乘之車 木質而已요 無別雕飾하니 謂之大路라 繁은 馬腹帶也라 纓은 鞅也니 在馬膺前이니 染絲而織하야 以爲罽(계)라 五色一帀(잡)曰就니 就는 猶成也라 繁與纓을 皆以此罽爲之하니 車朴素故로 馬亦少飾也라 大路之下에 有先路次路하니 次路는 殷之第三路也니 供卑雜之用이라 故就數多라 郊特牲云 次路五就어늘 此蓋誤爲七就라

殷나라 때에는 질박함을 숭상하여 하늘에 제사 지낼 적에 타는 수레는 나무 성질 그대로 만들었을 뿐이고 별도로 조각이나 장식을 하지 않았으니, 이것을 大路라 이른다. 繁은 말의 배에 두르는 띠이다. 纓은 가슴걸이이니, 말의 가슴 앞에 거는 것인데 물들인 生絲로 짜서 毛布처럼 만든 것이다. 다섯 가지 색깔이 한 번 갖추어진 것을 就라 하니, 就는 成과 같다. 繁과 纓을 모두 이 모포로 만드니, 수레가 소박하므로 말 또한 장식이 적은 것이다.

大路의 아래 등급에 先路와 次路가 있는데 차로는 은나라의 세 번째 등급의 수레이니, 천하고 잡된 용도로 사용하기 때문에 就의 수가 많은 것이다. 〈郊特牲〉(110102)에 "차로는 5취이다."라고 하였는데, 여기서는 잘못하여 7취라고 하였다.

≪大全≫

嚴陵方氏曰 繁纓은 蓋路馬之飾이라 一就는 言五色一帀이니 蓋色至於五然後에 備故也라 色을 謂之就는 猶樂(악)謂之成歟인저 大路繁纓一就次路繁纓七就者는 殷尙質故로 就之少者爲大하고 就之多者爲次也라

嚴陵方氏：繁과 纓은 〈임금이 타는 수레를 끄는 말인〉 路馬의 꾸밈이다. 1就는 다섯 가지 색깔이 한 번 갖추어진 것을 말하니, 색깔이 다섯 가지가 된 뒤에야 완비되기 때문이다. 색깔이 〈한 번 갖추어짐을〉 就라고 이르는 것은 樂이 〈한 번 이루어진 것을〉 成이라고 이름과 같을 것이다. '大路繁纓一就次路繁纓七就'는, 殷나라는 질박함을 숭상하기 때문에 就가 적은 것이 大路가 되고 就가 많은 것이 次路가 되는 것이다.

璋

100605 圭璋은 特이요

圭와 璋은 한 가지만 사용하고,

≪集說≫

圭璋形制는 見考工記[27)]하니라 諸侯朝王以圭하고 朝后則執璋[28)]하니 玉之貴者는 不以他物儷(려)之故로 謂之特이니 言獨用之也라 周禮小行人이 掌合六幣[29)]하니 圭以馬하고 璋以皮나

27) 圭璋形制 見考工記：圭와 璋의 형상과 제도에 대해서 ≪周禮≫ 〈冬官 考工記 玉人〉에 "鎭圭는 〈크기가〉 1척 2촌이니 천자가 지키고, 〈왕이 명한 圭인〉 명규가 9촌인 것을 桓圭라 하니 公이 지키고, 명규가 7촌인 것을 信圭라 하니 侯가 지키고, 명규가 7촌인 것을 躬圭라 하니 평상시에 伯이 지킨다.〔鎭圭 尺有二寸 天子守之 命圭九寸 謂之桓圭 公守之 命圭七寸 謂之信圭 侯守之 命圭七寸 謂之躬圭 伯守之〕" 하였고, "大璋과 中璋은 〈크기가〉 9촌이고 邊璋은 7촌인데, 〈깎는 부위인〉 射(석)은 4촌이고 두께는 1촌이다.〔大璋中璋九寸 邊璋七寸 射四寸 厚寸〕" 하였다.

28) 諸侯朝王以圭 朝后則執璋：이 내용은 ≪禮記正義≫의 孔穎達의 疏를 옮겨온 것인데, 제후가 천자나 왕후를 조회할 때 어떤 圭나 璋을 잡는지에 대해서는 자세한 설명이 보이지 않는다. 단, ≪周禮≫ 〈冬官 考工記 玉人〉의 내용에 의거하면 公·侯·伯의 제후가 각각 천자에게 조회할 적에 桓圭·信圭·躬圭를 잡았던 것으로 보인다.

然皮與馬 皆不升堂하고 惟圭璋이 特升於堂하니 亦特之義也라

圭와 璋의 형상과 제도는 ≪周禮≫ 〈考工記〉에 보인다. 제후가 천자에게 조회할 적에는 圭를 사용하고 〈천자의〉 왕비에게 조회할 적에는 璋을 잡는데, 옥의 귀함은 다른 물건을 가지고 짝할 수 없기 때문에 이것을 '特'이라 이르니, 한 가지만 사용함을 이른다. ≪周禮≫ 〈秋官〉에 "小行人이 〈玉에〉 여섯 가지 폐백을 배합하는 것을 관장하니, 〈그 가운데〉 圭에는 말을 배합하고 璋에는 짐승 가죽을 배합한다." 하였으나, 짐승 가죽과 말은 모두 堂 위로 올라가지 못하고 오직 圭와 璋만 단독으로 당 위에 올라가니, 이 또한 '特'의 뜻이다.

100606 琥璜은 爵이며

琥와 璜은 술잔을 권할 때 사용하며,

≪集說≫

琥는 爲虎之形이요 璜則半環之形也니 此二玉이 下於圭璋하야 不可專達일새 必待用爵이라 蓋天子享諸侯와 及諸侯自相享에 至酬酒時면 則以幣將送酬爵한대 又有琥璜之玉하야 以將幣라 故로 云 琥璜은 爵也라하니라

琥는 호랑이의 형상이고 璜은 반쪽 가락지의 형상이니, 이 두 옥은 圭와 璋보다 등급이 낮아서 이것만 홀로 올릴 수가 없으므로 반드시 술잔을 사용할 때를 기다린다. 천자가 제후에게 연향을 베풀거나 제후가 자기들끼리 연향할 적에 술을 권할 때가 되면 폐백을 받들어 보내며 술잔을 권하

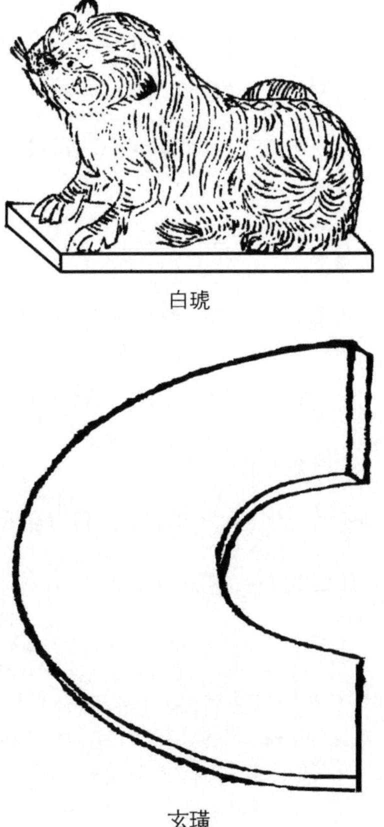

白琥

玄璜

29) 周禮小行人掌合六幣 : ≪周禮≫ 〈秋官 小行人〉에 "〈玉에〉 여섯 가지 폐백을 배합하는 것을 관장하니, 圭에는 말을 배합하고 璋에는 짐승 가죽을 배합하고 璧에는 비단을 배합하고 琮에는 물들인 비단을 배합하고 琥에는 수놓은 비단을 배합하고 璜에는 여러 색으로 아름답게 수놓은 비단을 배합한다.〔合六幣 圭以馬 璋以皮 璧以帛 琮以錦 琥以繡 璜以黼〕" 하였다.

는데, 또 琥와 璜의 옥이 있어서 이것을 폐백으로 받들어 올린다. 그러므로 "琥와 璜은 술잔을 권할 때 사용한다."고 말한 것이다.

≪大全≫

延平周氏曰 饗은 至於酬爵이면 則禮成矣라 圭璋은 春夏迎氣之玉이니 有生物之意하고 琥璜은 秋冬迎氣之玉이니 有成物之意라 有生物之意故로 不待禮成而特達於天子하고 有成物之意故로 必待禮成然後에 附爵而通也니라

延平周氏 : 宴饗은 잔을 권할 때가 되면 〈연향의〉 禮가 이루어진다. 圭와 璋은 봄과 여름에 기운을 맞이하는 옥이니 물건을 낳는 뜻이 담겨 있고, 琥와 璜은 가을과 겨울에 기운을 맞이하는 옥이니 물건을 이루는 뜻이 담겨 있다. 〈圭와 璋에는〉 물건을 낳는 뜻이 담겨 있기 때문에 예가 이루어지기를 기다리지 않고 단독으로 천자에게 도달하게 하고, 〈琥와 璜에는〉 물건을 이루는 뜻이 있기 때문에 반드시 예가 이루어지기를 기다린 뒤에 술잔에 덧붙여 통하게 하는 것이다.

100607 鬼神之祭에 單席이니라

귀신의 제사에는 돗자리를 한 겹만 사용한다.

≪集說≫

鬼神은 異於人하니 不假多重以爲溫暖也라

귀신은 사람과 다르니, 돗자리를 여러 개 겹쳐서 따뜻하게 할 필요가 없다.

100608 諸侯視朝할새 大夫는 特이요 士는 旅之니 此는 以少爲貴也니라

제후가 조회를 볼 적에 대부에게는 한 사람씩 〈揖을〉 하고, 士에게는 〈한꺼번에〉 여러 사람에게 〈읍을〉 하니, 이것은 적은 것을 귀하게 여기는 것이다.

≪集說≫

君視朝之時에 於大夫則特揖之하니 謂每人一揖也라 旅는 衆也라 士는 卑하니 無問人數多少하고 君이 一揖而已니라

군주가 조회를 볼 적에 대부에게는 한 사람씩 揖을 하니, 사람마다 각각 한 번씩 읍을 함을 이른다. 旅는 무리이다. 士는 신분이 낮으니, 인원의 다소를 따지지 않고 군주가 〈한꺼번에 여러 사람에게〉 한 번 읍할 뿐이다.

≪大全≫

長樂陳氏曰 諸侯膳天子以犢은 以天子祭天之禮로 事其天子也요 諸侯相朝에 灌用鬱鬯은 以人敬神之禮로 敬諸侯也라 用鬱鬯호되 無籩豆之薦者는 謂其用鬱鬯之時에 而無籩豆也라 君子는 食德하고 小人은 食力하나니 食德則謀道故로 食以薄하고 食力則謀食故로 食以厚하니 此는 天子至士히 所以有一食再食三食之數하고 而食力者則無數也라 夫不待酧爵而特達於天子者는 圭璋也요 必待酧爵而不可以特達者는 琥璜也라 圭璋은 禮東南之玉而主乎陽하고 琥璜은 禮西北之玉而主乎陰하니 主乎陽이면 則可以特達於天子요 主乎陰이면 則必附爵而后通이라 故로 易之陽卦畫(획)奇하고 陰卦畫耦하니 以其陽故로 可以特而不必有附요 陰必資於所附하야 而不可以特也라 聘義曰 圭璋特達은 德也라하니 豈非所謂陽德歟아 周官之法에 祀先王之席은 如朝覲饗射之數[30]로되 而天神之祭엔 則藁秸(고갈)而已[31]니 此言鬼神之祭單席者는 非周制也[32]라 諸侯視朝에 大夫特揖하고 士旅之者는 蓋大夫之德尊하고 而士之德卑일새니

30) 周官之法……如朝覲饗射之數 : ≪周禮≫ 〈春官 司几筵〉에 "무릇 大朝覲이나 大享射 및 제후에게 나라를 封하거나 명을 내릴 때 왕의 자리에 黼依를 설치하고 黼依의 앞에 남향으로 인끈 모양의 무늬가 있는 莞筵(왕골로 짠 자리)을 설치하고, 거기에 구름 모양의 무늬가 있는 藻席(마름으로 짠 자리)을 더 설치하고, 거기에 도끼 무늬가 있는 次席(桃枝竹으로 짠 자리)을 더 설치하고, 좌우에 玉几를 놓는다. 선왕에게 제사 지낼 때와 술잔을 받을 때의 자리 또한 이와 같다.〔凡大朝覲 大享射 凡封國命諸侯 王位設黼依 依前南鄕設莞筵紛純 加繅席畫純 加次席黼純 左右玉几 祀先王 昨席亦如之〕" 한 내용을 근거로 한 말이다. 黼依는 천자의 자리 뒤에 흑백색 도끼 모양의 무늬를 수놓은 병풍이다.

31) 天神之祭 則藁秸(고갈)而已 : 〈禮器〉 '102402'의 "부들자리와 왕골자리를 편안한 것으로 여기되 거친 볏짚을 깐다.〔莞簟之安 而稿鞂之設〕" 한 데 대한 鄭玄의 注에 "〈天地의 신에게 올리는〉 郊祭에 편안한 부들자리와 왕골자리를 사용하지 않고 볏집으로 만든 거친 자리를 설치하는 것 또한 옛 법도를 좇아 행하는 것이다.〔郊祭 不用莞簟之可安 而用設稿鞂之麤席 亦修古也〕" 한 내용을 근거로 한 말이다.(≪禮記正義≫)

32) 此言鬼神之祭單席者 非周制也 : 金在魯의 ≪禮記補註≫에서, '100507'의 '天子五重'에 대한 孔穎達의 疏에 "천지와 일월과 산천과 五祀에 대한 제사에는 돗자리를 한 겹만 사용하니, 이른바 '귀신에 대한 제사에는 돗자리를 한 겹만 사용한다.'라는 것이 바로 이것이

德尊者寡故로 特揖하고 德卑者衆故로 旅揖而已라 諸侯之覗朝는 如此요 至於天子則不然하니 周官之司士云 孤卿特揖하고 大夫以其等旅揖하고 士旁三揖[33]이라하니라

長樂陳氏 : 제후가 반찬으로 천자에게 송아지 한 마리를 올림은 천자가 하늘에 제사 지내는 禮로 천자를 섬기는 것이고, 제후가 서로 만나볼 적에 울창주를 따라서 손님에게 올림은 사람이 神을 공경하는 禮로 제후를 공경하는 것이다. 울창주를 사용하되 籩과 豆를 올림이 없는 것은 울창주를 사용할 적에 籩과 豆가 없음을 이른다.

君子는 德을 써서 먹고 살고 小人은 노동력을 써서 먹고 사니, 덕을 써서 먹고 산다면 道를 도모하기 때문에 음식을 박하게 먹고, 노동력을 써서 먹고 산다면 먹을 것을 도모하기 때문에 음식을 후하게 먹으니, 이는 천자로부터 士에 이르기까지 한 번 먹고 두 번 먹고 세 번 먹는 수가 있으며, 노동력으로 먹고 사는 자는 일정한 수가 없는 것이다.

술잔을 권하기를 기다리지 않고 단독으로 천자에게 올리는 것은 圭와 璋이고, 반드시 술잔을 권하기를 기다려서 단독으로 올릴 수 없는 것은 琥와 璜이다. 圭와 璋은 동남쪽을 예우하는 옥이어서 陽을 주장하고, 琥와 璜은 서북쪽을 예우하는 옥이어서 陰을 주장하니, 양을 주장하면 단독으로 천자에게 올릴 수 있고 음을 주장하면 반드시 술잔에 덧붙인 뒤에야 통할 수 있는 것이다. 그러므로 ≪周易≫의 陽卦는 畫이 奇數(홀수)이고 陰卦는 획이 耦數(짝수)이니, 양이기 때문에 단독으로 사용할 수 있어서 굳이 덧붙임이 있을 필요가 없고, 음은 반드시 덧붙이는 것을 의뢰해야 하기 때문에 단독으로 올릴 수 없는 것이다. ≪禮記≫ 〈聘義〉에 "규와 장을 단독으로 올림은 덕이다." 하였으니, 어찌 이른바 '陽의 德'이라는 것이 아니겠는가.

周나라의 관직 법제에 따르면 先王에게 제사 지낼 때 사용하는 돗자리는 朝覲과 饗射 때 사용하는 돗자리의 수와 같은데 天神에 제사 지낼 때에는 멍석 돗자리만 사용할 뿐이다. 그런데 여기에서 "귀신의 제사에는 돗자리를 한 겹만 사용한다."라고

다.〔天地日月山川五祀則單席 所謂鬼神之祭單席是也〕"라고 한 것을 근거로 제시하여 '鬼神之祭單席'은 周나라의 제도가 맞다고 하였다.

33) 孤卿特揖……士旁三揖 : ≪周禮≫ 〈夏官 司士〉에 보이는데, '士旁三揖'에 대해 鄭玄의 注에 "여러 士가 자리에서 東面을 하고 있고 王이 서남쪽을 바라보고 읍을 하는데, '三揖'은 士에 上·中·下가 있어서 王이 〈각각에게〉 읍을 하면 모두 물러났다가 끝난 뒤에 자리로 돌아오는 것이다.〔群士位東面 王西南鄉而揖之 三揖者 士有上中下 王揖之 皆逡遁 既復位〕" 하였다.(≪周禮注疏≫)

말한 것은 周나라 제도가 아니다.

제후가 조회를 볼 적에 대부에게는 한 사람씩 揖을 하고 士에게는 〈한꺼번에〉 여러 사람에게 읍을 하는 것은 대부는 덕이 높고 士는 덕이 낮기 때문이니, 덕이 높은 자는 적으므로 한 사람씩 읍을 하고 덕이 낮은 자는 많으므로 여러 사람에게 읍을 할 뿐이다. 제후가 조회를 보는 것은 이와 같고, 천자가 조회 보는 경우에는 그렇지 않으니, ≪周禮≫ 〈夏官 司士〉에 "〈천자가 三公의 다음 등급인〉 孤卿(少師·少傅·少保)에게는 한 사람씩 읍을 하고 대부에게는 등급별로 〈한꺼번에〉 여러 사람에게 읍을 하고 士에게는 〈上士·中士·下士에게 각각 등급별로〉 일제히 〈읍을 하여 총〉 세 번 읍을 한다." 하였다.

100701 **有以大爲貴者**하니 **宮室之量**과 **器皿之度**와 **棺椁之厚**와 **丘封之大**는 **此以大爲貴也**[34)]니라

큰 것을 귀하게 여기는 경우가 있으니, 宮室의 수량과 器皿의 규격과 棺椁의 두께와 封墳의 크기는 큰 것을 귀하게 여기는 것이다.

100801 **有以小爲貴者**하니 **宗廟之祭**에 **貴者**는 **獻以爵**하고 **賤者**는 **獻以散**하며 **尊者**는 **擧觶**(치)하고 **卑者**는 **擧角**하며 **五獻之尊**(준)은 **門外**엔 **缶**요 **門內**엔 **壺**며 **君尊**(준)은 **瓦甒**(무)니 **此**는 **以小爲貴也**니라

작은 것을 귀하게 여기는 경우가 있으니, 宗廟의 제사에 귀한 자는 〈祭酒를 한 되 들이 술잔인〉 爵으로 올리고 천한 자는 〈닷 되 들이의 술잔인〉 散으로 올리며, 높은 자는 〈두 되 들이의 술잔인〉 觶를 들고 낮은 자는 〈넉 되 들이의 술잔인〉 角을 든다. 그리고 五獻의 술동이는 문 밖에는 질항아리〔缶〕가 있고 문 안에는 壺尊(호준)이 있으며, 군주의 술동이는 〈질로 만든 술동이인〉 瓦甒이니, 이것은 작은 것을 귀하게 여기는 것이다.

---

34) 有以大爲貴者……此以大爲貴也 : 저본에는 '100801'과 연결되어 있는 章인데, 다른 장을 준례로 삼아 두 장으로 나누었다.

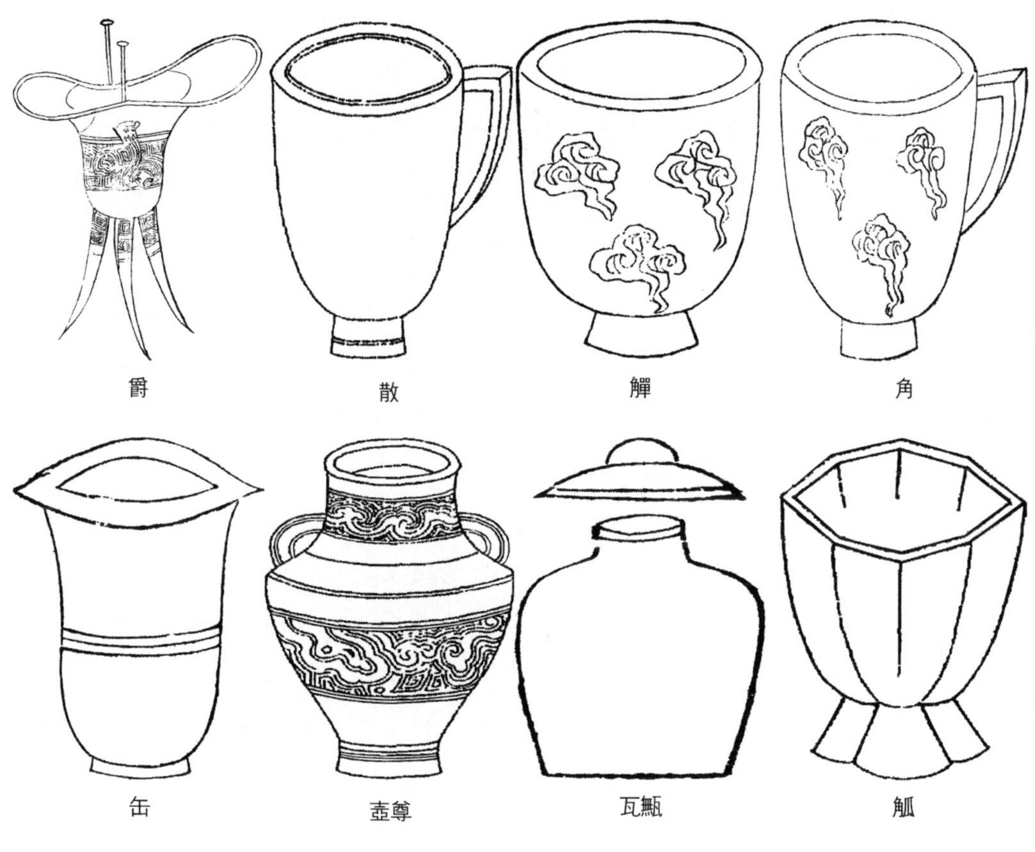

≪集說≫

爵은 一升이요 觚는 二升이요 觶는 三升이요 角은 四升이요 散은 五升이라

爵은 〈술잔의 용량이〉 한 되이고, 觚는 두 되이고, 觶는 석 되이고, 角은 넉 되이고, 散은 닷 되이다.

疏曰 特牲〔注〕[35)]云 主人獻尸에 用角[36)]이라하고 佐食이 洗散以獻尸[37)]라하니 是尊者

35) 〔注〕: 저본에는 '注'가 없으나, ≪禮記正義≫에 의거하여 보충하였다.

36) 主人獻尸 用角 : ≪儀禮≫ 〈特牲饋食禮〉의 "주인이 〈堂을 내려가 당 아래의 篚 안에 두었던 술잔인〉 角을 씻어 들고 당에 올라가 술을 따라 〈室 안으로 들어가〉 시동에게 입가심하도록 술을 올린다.〔主人洗角 升 酌 酳尸〕"라는 내용에 대한 鄭玄의 注에 보인다.(≪儀禮注疏≫)

37) 佐食洗散以獻尸 : ≪儀禮≫ 〈特牲饋食禮〉의 "利(佐食)가 〈南洗에서〉 散을 씻어 〈堂에 올라가 술을 따라 室 안으로 들어가〉 시동에게 술을 올린다.〔利洗散 獻于尸〕"라는 내용에 대한 정현의 주에 보인다.(≪儀禮注疏≫)

小요 卑者大라 按天子諸侯及大夫 皆獻尸以爵이어늘 無賤者獻以散之文하니 禮文이 散亡不具也라 特牲에 主人이 獻尸用角者는 下大夫也[38]라 特牲少牢禮에 尸入擧奠觶[39]하니 是尊者擧觶요 特牲에 主人이 受尸酢할새 受角飮者는 是卑者擧角이니 此是士禮耳라 天子諸侯祭禮는 亡이라 五獻은 子男之享禮也라 凡王享臣과 及其自相享에 行禮獻數를 各隨其命하니 子男五命[40]이라 故知五獻是子男列尊(준)之法이라 門外缶者는 缶는 尊名이니 盛酒在門外하고 壺亦尊也니 盛酒在門內라 君尊은 子男之尊也라 子男은 用瓦甒爲尊하니 不云內外면 則陳之在堂이니 人君이 面尊而專惠也라 其壺, 缶는 但飮諸(神)〔臣〕[41]이라 小尊은 近君하고 大尊은 在門하니 是以小爲貴라 壺는 大一石이요 瓦甒는 五斗요 缶는 又大於壺니라

〈孔穎達의〉 疏 : ≪儀禮≫ 〈特牲饋食禮〉의 〈鄭玄의〉 注에 "주인이 尸童에게 술을 올릴 적에 角을 사용한다." 하고, "佐食이 散을 씻어서 시동에게 술을 올린다." 하였으니, 이는 높은 자(主人)가 〈사용하는 술잔이〉 작고 낮은 자(佐食)가 〈사용하는 술잔이〉 큰 것이다. 살펴보건대 〈귀한 자인〉 천자와 제후, 대부가 모두 시동에게 爵으로 술을 올리는데, 천한 자가 散으로 술을 올린다는 글이 없으니, 禮文이 흩어지고 없어져서 갖추어지지 못한 것이다. 〈특생궤사례〉에서 주인이 시동에게 술을 올릴 적에 角을 사용하는 것은 下大夫의 禮에 해당하는 것이고, 〈특생궤사례〉와 〈少牢饋食禮〉에 시동이 〈祠堂의 室로〉 들어가서 〈祝이〉 올려놓았던 觶를 든다는 것은 높은 자(尸童)가 觶를 드는 것이고, 〈특생궤사례〉에 주인이 시동이 주는 답잔을 받을 적에 角을 받아 마신다는 것은 낮은 자(主人)가 角을 드는 것이니, 이것은 士의 예일

---

38) 特牲……下大夫也 : 〈特牲饋食禮〉는 士의 제례인데 下大夫의 禮라고 한 것은 자세하지 않다. 참고로 ≪禮記≫ 〈雜記 下〉의 "상대부의 우제에는 少牢(양·돼지)를 쓰고 卒哭成事(졸곡제)와 祔祭에는 모두 太牢(소·양·돼지)를 쓰고, 하대부의 우제에는 特牲 한 종류의 희생을 쓰고 졸곡성사와 부제에는 모두 소뢰를 쓴다.〔上大夫之虞也 少牢 卒哭成事附 皆大牢 下大夫之虞也 特牲 卒哭成事附 皆少牢〕"라는 내용에 따르면 하대부가 우제 때에는 특생을 쓴다.

39) 特牲少牢禮 尸入擧奠觶 : 시동이 사당에 들어가 觶를 드는 것은 ≪儀禮≫에서 〈特牲饋食禮〉에만 보이는 내용인데 〈少牢饋食禮〉까지 언급한 이유는 자세하지 않다.

40) 子男五命 : ≪周禮≫ 〈春官 典命〉에 "子·男은 5命이니, 國家·宮室·수레와 깃발·의복의 禮儀가 모두 5를 절도로 삼는다.〔子男五命 其國家宮室車旗衣服禮儀 皆以五爲節〕" 하였고, ≪禮記≫ 〈王制〉에 "小國의 군주는 5命을 넘지 못한다.〔小國之君 不過五命〕" 하였다.

41) (神)〔臣〕 : 저본에는 '神'으로 되어 있으나, ≪禮記正義≫에 의거하여 '臣'으로 바로잡았다.

뿐이다. 〈이와 관련한〉 천자와 제후의 제례는 망실되었다.

5獻은 〈公·侯·伯·子·男의 제후들 중에〉 子·男의 연향하는 예이다. 무릇 왕이 신하에게 연향을 베풀 때와 자기들끼리 서로 연향하여 예를 행할 때에 술잔을 올리는 수는 각각 그 命數를 따르니, 子·男은 5命을 받은 제후이므로 5獻이 바로 子·男이 술동이를 진열하는 법임을 알 수 있는 것이다.

'門外缶'는, 缶는 술동이의 이름이니 술을 여기에 담아서 문 밖에 두는 것이고, 壺 또한 술동이이니 술을 여기에 담아서 문 안에 두는 것이다. '君尊'은 子·男의 술동이이다. 子·男은 瓦甒를 술동이로 삼으니, 문의 안과 밖을 말하지 않았으면 〈술동이를〉 堂 위에 진열하는 것인데, 임금이 술동이를 자기 앞에 두고 〈술을 따라주는〉 은혜를 자기 마음대로 베푸는 것이다. 壺와 缶는 오직 여러 신하에게만 마시게 하는 것이다. 작은 술동이는 군주의 가까이에 있고 큰 술동이는 문 밖에 있으니, 이것은 작음을 귀함으로 여기는 것이다. 壺는 크기가 한 石(열 말)이고, 瓦甒는 다섯 말이고, 缶는 또 壺보다 크다.

≪大全≫

嚴陵方氏曰 周官典命에 宮室을 以命數爲節하야 自上公至子男히 或以九어나 或以五하야 各有差하니 此는 宮室은 以大爲貴也라 天子之路를 謂之大路요 弓을 謂之大弓이요 斗를 謂之大斗[42]요 房을 謂之大房[43]이니 此는 器皿은 以大爲貴也라 尊者之棺은 至於四重하고 卑者는 止於一重하고 椁則周於棺이니 此는 棺椁은 以大爲貴也라 周官冢人에 以爵等爲丘封之度하니 此는 丘封을 以大爲貴也라 量은 言其所容이요 度는 言其所至니 度量은 宮室器皿에 皆有之로되 於宮室言量하고 於器皿言度는 互相備也라 既曰器하고 又曰皿者는 若車旗之屬은 可謂之器나 而不可謂之皿이요 若籩豆之屬은 正謂之皿하고 亦可謂之器니 此는 大小之辨也라 既曰丘요 又曰封者는 自積土言之則曰丘요 自度(탁)土言之則曰封이니 曰丘則必高矣요 曰封則不必高

42) 斗謂之大斗 : 斗는 술을 풀 때 쓰는 국자로 자루가 있는 것인데, 大斗는 자루 길이가 3尺인 큰 국자를 이른다.(≪毛詩正義≫ 〈大雅 行葦〉)

43) 房謂之大房 : 房은 제사 때 犧牲을 담는 데 쓰는 俎를 칭하는 말로, 俎의 발 아래에 받침이 있는 것이 마치 堂의 뒤에 房이 있는 것과 같다고 하여 이렇게 칭한 것인데, 大房은 犧牲의 반토막을 올릴 수 있는 큰 俎이다.(≪毛詩正義≫ 〈魯頌 閟宮〉)

也라 故王公曰丘요 諸臣曰封이니 此亦大小之辨也라 獻은 謂獻之於尸也요 擧는 謂自擧而飮也라 貴賤은 以位言이요 尊卑는 以體言이라 獻爵者는 主人이요 獻散者는 佐食이니 主人之與佐食은 則有貴賤之別焉이라 故以位言之하고 擧觶者는 皇尸요 擧角者는 主人이니 皇尸之與主人은 特有尊卑之別爾라 故以體言之라 於瓦甒言君尊(준)이면 則知壺, 缶爲飮諸臣之尊이요 於甒言瓦면 則知壺缶皆瓦矣니라

嚴陵方氏 : ≪周禮≫ 〈春官 典命〉에 宮室의 양식을 命數로 節度를 삼아서 上公으로부터 子·男에 이르기까지 혹은 9를 절도로 삼거나 혹은 5를 절도로 삼아서 각기 차등이 있었으니, 이는 궁실의 양식은 큰 것을 귀함으로 여긴다는 것이다. 천자의 수레를 大路라 이르고 활을 大弓이라 이르고 斗를 大斗라 이르고 房을 大房이라 이르니, 이는 器皿의 규격은 큰 것을 귀함으로 여긴다는 것이다.

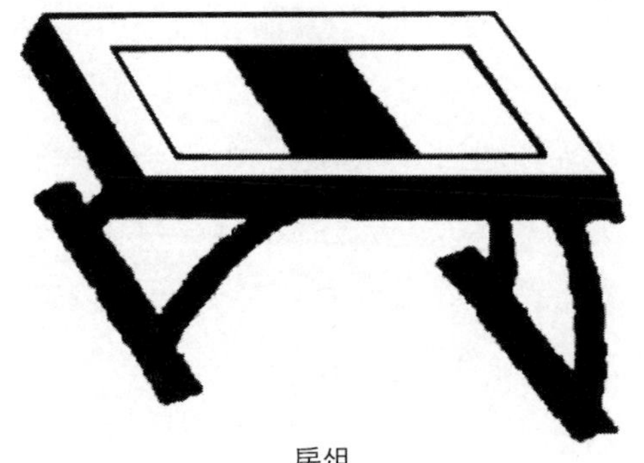
房俎

〈지위가〉 높은 자의 棺은 네 겹에 이르고 낮은 자의 관은 한 겹에서 그치고 〈덧널인〉 椁은 棺의 외부를 둘러싸는 것이니, 이는 棺槨의 두께는 큰 것을 귀함으로 여긴다는 것이다. ≪周禮≫ 〈春官 冢人〉에 작위의 등급에 따라 封墳의 규모를 제정하였으니, 이는 봉분은 큰 것을 귀함으로 여긴다는 것이다.

量은 그 容量을 말하고 度는 그 이르는 규모를 말하니, 度와 量은 궁실과 器皿에 모두 있는 것이지만 궁실에는 量을 말하고 기명에는 度를 말한 것은 서로 구비한 것이다. 이미 器라고 말하고 또 皿이라고 말한 것은 수레·깃발과 같은 등속은 器라고 이를 수는 있으나 皿이라고 이를 수는 없기 때문이며, 籩·豆와 같은 등속은 바로 皿이라고 이를 수 있으며 또한 器라고도 이를 수 있으니, 이는 크고 작은 크기를 분별한 것이다.

이미 丘라고 말하고 또 封이라고 말한 것은 흙을 높이 쌓는 것에 초점을 두고 말하면 丘라 이르고 쌓은 흙의 높이를 헤아리는 것에 초점을 두고 말하면 封이라 이르니, 丘라고 말하면 〈봉분이〉 반드시 높고 封이라고 말하면 〈봉분이〉 반드시 높은 것은 아니다. 그러므로 王公의 무덤을 丘라 하고 여러 신하의 무덤을 封이라 하니, 이

또한 크고 작은 크기를 분별한 것이다.

獻은 시동에게 술을 올림을 이르고, 擧는 직접 술잔을 들어 마심을 이른다. 貴와 賤은 지위를 가지고 말한 것이고, 尊과 卑는 체통을 가지고 말한 것이다. 爵을 올리는 자는 주인이고 散을 올리는 자는 佐食이니, 주인과 좌식은 귀하고 천한 구별이 있으므로 지위로써 말한 것이다. 그리고 觶를 드는 자는 皇尸(임금의 시동)이고 角을 드는 자는 주인이니, 황시와 주인은 다만 높고 낮은 〈체통의〉 구별이 있을 뿐이므로 체통으로써 말한 것이다.

瓦甒에 대해 임금의 술동이라고 말하였으면 壺와 缶는 여러 신하를 마시게 하는 술동이라는 것을 알 수 있고, 甒에 대해 瓦(질)라고 말하였으면 壺와 缶도 모두 瓦라는 것을 알 수 있다.

100901 **有以高爲貴者**하니 **天子之堂**은 **九尺**이요 **諸侯**는 **七尺**이요 **大夫**는 **五尺**이요 **士**는 **三尺**이며 **天子諸侯**는 **臺門**하나니 **此**는 **以高爲貴也**니라

높은 것을 귀하게 여기는 경우가 있으니, 천자의 堂은 높이가 9척이고 제후는 7척이고 대부는 5척이고 士는 3척이며, 천자와 제후는 문에 臺를 쌓는다. 이것은 높은 것을 귀하게 여기는 것이다.

≪集說≫

九尺以下之數는 皆謂堂上高於堂下也라 考工記에 堂崇三尺이라하니 是殷制요 此는 周制耳라 臺門은 見前章하니라

9尺 이하의 尺 수는 모두 堂 아래에서부터 堂 위까지의 높이를 이른다. ≪周禮≫ 〈冬官 考工記〉에 "당의 높이가 3척이다." 하였으니 이것은 殷나라 제도이고, 여기서 말한 것은 周나라 제도이다. 臺門은 〈설명이〉 앞 장(100405)에 보인다.

≪大全≫

嚴陵方氏曰 陽數는 窮於九하니 天子則體陽道之極故也라 故로 堂階之高가 其尺以九爲節이요 自是而下는 降殺(쇄)以兩이라 故로 或以七이어나 或以五어나 或以三焉이라 前言家不臺門이로되 而有國者는 得用之矣라 故로 天子諸侯는 臺門이라 凡此皆以高

爲貴故也니라

嚴陵方氏 : 陽의 수는 9에 지극하니, 천자는 陽道의 지극함을 체행하기 때문에 堂 계단의 높이가 9尺을 절도로 삼는 것이고, 이 이하는 2씩 줄어들기 때문에 혹은 7척을 절도로 삼거나 혹은 5척을 절도로 삼거나 혹은 3척으로 절도를 삼는 것이다. 앞 장(100405)에서는 "〈대부의 집에서는〉 집에 臺를 쌓지 않는다." 하였는데 나라를 소유한 자는 〈臺를〉 사용할 수 있으므로 천자와 제후는 문에 臺를 쌓는 것이다. 이것은 모두 높은 것을 귀함으로 여기는 것이다.

101001 **有以下爲貴者**하니 **至敬**은 **不壇**하고 **埽地而祭**하며 **天子諸侯之尊**(준)은 **廢禁**하고 **大夫士**는 **棜**(어)**禁**하나니 **此**는 **以下爲貴也**니라

낮은 것을 귀하게 여기는 경우가 있으니, 지극히 공경함은 壇을 쌓지 않고 땅을 소제하고서 제사 지내며, 천자와 제후의 술동이는 禁(받침대)를 없애고 대부와 사는 棜와 禁을 사용한다. 이것은 낮은 것을 귀하게 여기는 것이다.

禁　　　棜

≪集說≫

封土爲壇하니 郊祀則不壇은 至敬無文也일새라 禁與棜는 皆承酒樽之器니 木爲之라 禁은 長이 四尺이요 廣이 二尺四寸이요 通局足하야 高三寸이니 漆赤하고 中畫青雲氣菱苕(초)華爲飾하고 刻其足호되 爲褰帷之形이라 棜는 長이 四尺이요 廣이 二尺四寸이요 深이 五寸이니 無足하며 亦畫青雲氣菱苕華爲飾也라 棜는 是轝名이요 禁者는 因爲酒戒也라 天子諸侯之尊(준)廢禁者는 廢去其禁而不用也요 大夫士棜禁者는 謂大夫用棜하고 士用禁也라 棜는 一名斯禁[44]이니 見鄕飮酒禮[45]하니라

땅을 모아서 壇을 만드니, 郊祭에 壇을 만들지 않는 것은 지극한 공경에는 文飾이 없기 때문이다. 禁과 棜는 모두 술동이를 받치는 기구이니 나무로 만든다. 禁은 길이가 4척이고 너비가 2척 4촌이며 판과 다리를 통틀어 높이가 3寸이니, 붉은색을 칠하고 가운데에 푸른 구름 문양과 凌霄花를 그려서 꾸미고, 다리를 조각하되 휘장을 추어 올린 모양으로 만든다. 棜는 길이가 4척이고 너비가 2척 4촌이고 깊이가 5촌이니, 다리가 없으며 또한 푸른 구름 문양과 능소화를 그려서 꾸민다. 棜는 바로 〈실어 나를 때 쓰는〉 들것의 이름이고, 禁은 〈글자를〉 인하여 술의 경계로 삼은 것이다. '天子諸侯之尊廢禁'은 禁을 제거하여 쓰지 않는 것이고, '大夫士棜禁'은 대부는 棜를 사용하고 士는 禁을 사용함을 이른다. 棜는 일명 '斯禁'이라고 하니, ≪儀禮≫ 〈鄕飮酒禮〉에 보인다.

≪大全≫

嚴陵方氏曰 祭天之禮를 謂之至敬이니 下言至敬無文이 是也라 壇은 特人爲高요 非體之自然也라 故로 掃除其地하야 以致其潔也니 郊特牲所謂掃地而祭於其質也 是矣라 禁은 所以承酒尊이라 且棜也禁也는 皆所以爲酒戒니 曰棜則欲其不流요 曰禁則欲其不犯이니 別而言之하면 固如此요 合而言之하면 棜亦禁也니 猶之旗常을 通謂之九旗[46]也라 且有足者爲禁이요 無足者爲棜니 有足則高하고 無足則下라 此는 主以下爲貴하야 於大夫用棜요 至廢禁則又下矣라 故로 天子諸侯之貴如此하니라

嚴陵方氏 : 하늘에 제사 지내는 禮를 지극한 공경이라 이르니, 아래에서 "지극한 공경은 문식이 없다."고 말한 것이 이것이다. 壇은 다만 사람이 높게 만든 것이고, 자연스러운 體裁가 아니다. 그러므로 땅을 소제하여 깨끗함을 지극히 하는 것이니,

---

44) 棜一名斯禁 : 鄭玄의 注에 "'어'는 '사금'이다.〔棜 斯禁〕" 하였다.(≪禮記正義≫)

45) 見鄕飮酒禮 : ≪儀禮≫ 〈鄕飮酒禮〉에 "房戶의 사이에 두 개의 壺를 두는데, 사금으로 받친다.〔尊兩壺于房戶間 斯禁〕"라고 보이는데, 鄭玄의 注에 "사금은 禁 중에서도 다리가 없어 바닥에 닿는 것이다.〔斯禁 禁切地無足者〕" 하였고, 賈公彦의 疏에 "'斯'는 '다하다'는 뜻이니, '다하다'는 이름을 붙였기 때문에 다리가 없어서 바닥에 닿는다는 것을 정현이 안 것이다.〔斯 澌也 澌盡之名 故知切地無足〕" 하였다.(≪儀禮注疏≫)

46) 猶之旗常通 謂之九旗 : 九旗는 徽號나 等級의 차이를 표시하기 위한 아홉 가지 종류의 깃발로, 常·旂·旜·物·旗·旟·旐·旞·旌을 이르는데, 이 가운데 常과 旗를 대표로 들어 말한 것이다.(≪周禮≫ 〈春官 司常〉)

〈郊特牲〉(112402)에 이른바 "땅을 소제하여 제사하는 것은 질박함을 따른 것이다."는 것이 여기에 해당한다.

禁은 술동이를 받치는 것이다. 또 棜와 禁은 모두 술의 경계로 삼은 것이니, 棜라고 함은 〈滿醉하여〉 방탕한 데로 흐르지 않고자 한 것이고, 禁이라고 함은 〈만취하여〉 잘못을 범하지 않고자 한 것이다. 구별하여 말하면 참으로 이와 같고 합하여 말하면 棜 또한 禁이니, 旗와 常을 통틀어 九旗라고 말하는 것과 같다. 또 다리가 있는 것은 禁이 되고 다리가 없는 것은 棜가 되니, 다리가 있으면 높고 다리가 없으면 낮다. 여기에서는 낮은 것을 귀함으로 여김이 위주가 되어서 대부의 禮에서는 〈받침대로 다리가 없는〉 棜를 쓰는 것이고, 禁을 없애는 데에 이르면 더 낮은 것이다. 그러므로 천자와 제후의 귀함이 이와 같은 것이다.

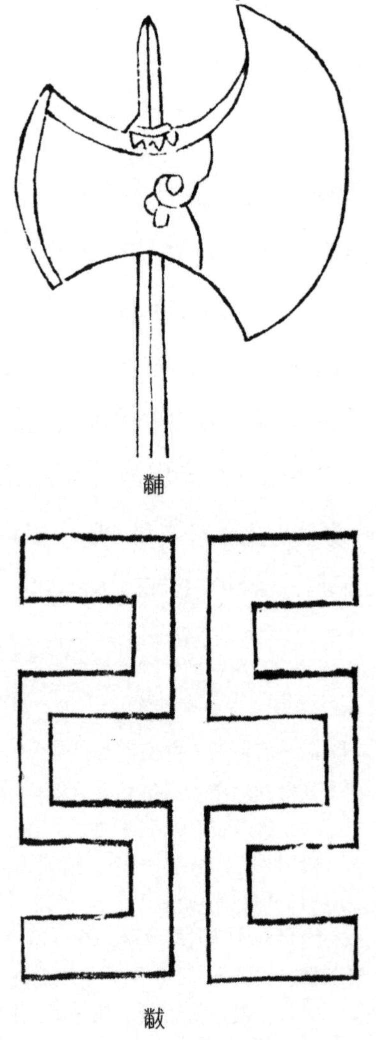
黼

黻

101101 禮에 **有以文爲貴者**하니 **天子**는 **龍袞**이요 **諸侯**는 **黼**요 **大夫**는 **黻**이요 **士**는 **玄衣纁裳**이며 **天子之冕**은 **朱綠藻**에 **十有二旒**요 **諸侯**는 **九**요 **上大夫**는 **七**이요 **下大夫**는 **五**요 **士**는 **三**이니 **此**는 **以文爲貴也**니라

禮에 문채 나는 것을 귀하게 여기는 경우가 있으니, 천자는 龍을 그린 袞衣를 입고 제후는 黼를 그리고 대부는 黻을 그리고 士는 검은 윗옷에 붉은색 치마를 입으며, 천자의 면류관은 붉은색과 초록색 끈에 열두 개의 술이 있고 제후는 〈술이〉 아홉 개이고 상대부는 〈술이〉 일곱 개이고 하대부는 〈술이〉 다섯 개이고 士는 〈술이〉 세 개이다. 이는 문채 나는 것을 귀하게 여기는 것이다.

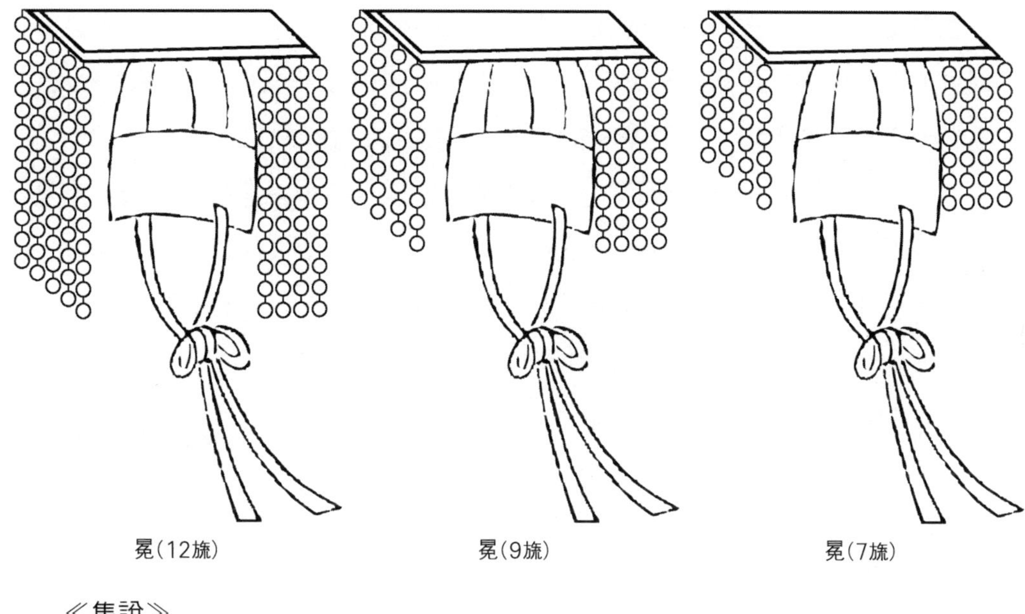

冕(12旒) 冕(9旒) 冕(7旒)

≪集說≫

龍袞은 畫龍於袞衣也라 白與黑을 謂之黼니 黼는 如斧形하니 刺之於裳하고 黑與青을 謂之黻이니 其狀이 兩己相背하니 亦刺於裳也라 纁은 赤色이라 冕은 祭服之冠也라 上玄下纁하고 前後有旒하니 前低一寸二分이니 以其略俛(면)而謂之冕[47)]이라 冕同而服異하니 一은 袞冕이요 二는 鷩(별)冕이요 三은 毳(취)冕이요 四는 絺(치)冕이요 五는 玄冕[48)]이니 各

---

47) 以其略俛(면)而謂之冕 : '俛'이 '숙이다', '굽히다'는 뜻일 때 '부'라고도 읽지만 '면'이라고도 읽기 때문에 음이 같은 글자인 '冕'으로 이름을 붙인 것이라는 말이다.

48) 一袞冕……五玄冕 : 천자가 입는 여섯 종류의 吉服 가운데 다섯 가지를 말한 것인데, 이 다섯 가지에 大裘를 입고 면류관을 쓰는 복장까지 합하여 六冕이라고 칭한다. ≪周禮≫ 〈春官 司服〉에 "〈사복은〉 왕이 길사와 흉사에 입는 의복을 관장하여 의복의 종류와 의복이 필요한 때를 판단하여 때에 알맞은 의복을 제공한다. 왕의 길복은, 昊天의 상제에게 제사할 적에는 大裘를 입고 면류관을 쓰고 五帝에게 제사할 적에도 이와 같이 한다. 선왕에게 제사할 적에는 袞冕을 착용하고 先公에게 제사하거나 연회를 베풀어 빈객을 접대하거나 활쏘기할 적에는 鷩冕을 착용한다. 四望이나 산천을 바라보고 제사할 적에는 毳冕을 착용하고 사직이나 五祀에 제사할 적에는 希冕(치면)을 착용하고, 모든 작은 제사에는 玄冕을 착용한다.〔掌王之吉凶衣服 辨其名物 與其用事 王之吉服 祀昊天上帝 則服大裘而冕 祀五帝亦如之 享先王則袞冕 享先公饗射則鷩冕 祀四望山川則毳冕 祭社稷五祀則希冕 祭群小祀則玄冕〕"라고 보이는데, 鄭玄의 注에 "袞의 윗옷은 5章이고 치마는 4장이니 총 9장이다. 鷩은 꿩을 그린 것으로 華蟲을 이른다. 그 윗옷은 3장이고 치마는 4장이니 총 7장이다. 毳는 虎蜼(범과 원숭이)를 그린 것으로 宗彝(종이)를 이른다. 그 윗옷은 3장이고 치마는 2장이니 총 5장이다. 絺는 粉米를 수놓은 것으로 그림이 없다. 그 윗옷은 1장이고

以服之異而名之耳라 冕之制는 雖同이나 而旒有多少라 朱綠藻者는 以朱綠二色之絲로 爲繩也라 以此繩으로 貫玉而垂於冕하야 以爲旒하니 周用五采어늘 此言朱綠은 或是前代之制라 十有二旒者는 天子之冕은 前後各十二旒니 每旒에 十二玉이라 玉之色은 以朱白蒼黃玄으로 爲次하야 自上而下하고 徧則又從朱起하나니라 袞冕은 十二旒요 鷩冕은 九旒요 毳冕은 七旒요 絺冕은 五旒요 玄冕은 三旒니 此數雖不同이나 然皆每旒에 十二玉이요 繅(조)玉五采也라 此는 皆周時天子之制라 諸侯九와 上大夫七과 下大夫五와 士三은 此亦非周制라 周家는 旒數隨命數하니 詳見儀禮冕弁圖[49]하니라

'龍袞'은 龍을 袞衣에 그린 것이다. 백색과 흑색을 黼라 하는데 黼는 도끼의 문양과 같으니, 치마에 黼 문양의 수를 놓은 것이다. 그리고 흑색과 청색을 黻이라 하는데 그 문양은 두 개의 '己'자가 서로 등지고 있는 모양이니, 이 또한 치마에 수를 놓은 것이다. 纁은 붉은색이다. 冕(冕旒冠)은 祭服의 冠이다. 위는 검고 아래는 붉고 앞뒤에 술이 있는데 앞이 1寸 2푼이 낮으니, 〈앞쪽이〉 약간 수그린 모양이라 하여 冕이라 이른 것이다.

袞冕

冕은 똑같으나 의복은 다르니, 첫 번째는 袞冕이고 두 번째는 鷩冕이고 세 번째는 毳冕이고 네 번째는 絺冕이고 다섯 번째는 玄冕인데, 각각 의복의 차이에 따라 이름을 붙인 것이다.

冕의 제도는 비록 똑같으나 술에 많고 적음이 있다. '朱綠藻'는 붉은색과 초록색 두 가지의 실을 가지고 끈을

치마는 2장이니 총 3장이다. 玄은 윗옷에 문장이 없고 치마에는 黻을 수놓았을 뿐이다. 이 때문에 玄이라고 하였다.〔袞之衣五章 裳四章 凡九也 鷩 畫以雉 謂華蟲 其衣三章 裳四章 凡七也 毳 畫虎蜼 謂宗彛 其衣三章 裳二章 凡五也 絺 刺粉米無畫也 其衣一章 裳二章 凡三也 玄者 衣無文 裳則刺黻而已 是以謂玄焉〕" 하였다. 정현의 주에 따르면 '希'는 '絺'로 읽으며 혹 '絺'로도 쓴다.(≪周禮注疏≫)

49) 儀禮冕弁圖 : 宋나라 楊復이 지은 ≪儀禮旁通圖≫ 〈冕弁門〉에 실려 있는 〈冕服圖〉와 〈弁圖〉를 이른다. 이 가운데 〈冕服圖〉의 내용에 〈王冕服〉·〈公侯伯子男冕服〉·〈王公卿大夫及諸侯孤卿大夫冕服〉이 자세하게 설명되어 있다.

만들어서 이 끈으로 옥을 꿰어 冕에 드리워 술을 만드니, 周나라는 다섯 가지 채색을 사용하였는데, 여기서 붉은색과 초록색을 말한 것은 아마도 前代의 제도인 듯하다. '十有二旒'는, 천자의 冕은 앞뒤에 각각 열두 개의 술을 드리우니, 술마다 열두 개의 옥을 꿴다. 옥의 색깔은 붉은색(朱)·흰색(白)·푸른색(蒼)·노란색(黃)·검은색(玄)을 차례로 삼아 위에서부터 아래로 꿰고 한 번씩 다 꿰고 나면 또 붉은색부터 시작해서 꿴다.

곤면은 술이 열두 개이고 별면은 술이 아홉 개이고, 취면은 술이 일곱 개이고 치면은 술이 다섯 개이고 현면은 술이 세 개이니, 이 숫자는 비록 똑같지 않으나 모두 술마다 열두 개의 옥이 있고 옥 끈은 다섯 가지의 채색을 사용한다.

이것은 모두 주나라 때 천자의 제도이다. '諸侯九 上大夫七 下大夫五 士三'이라는 것은 또한 주나라 제도가 아니다. 주나라는 술의 수를 命數를 따랐으니, ≪儀禮旁通圖≫의 〈冕弁圖〉에 자세히 보인다.

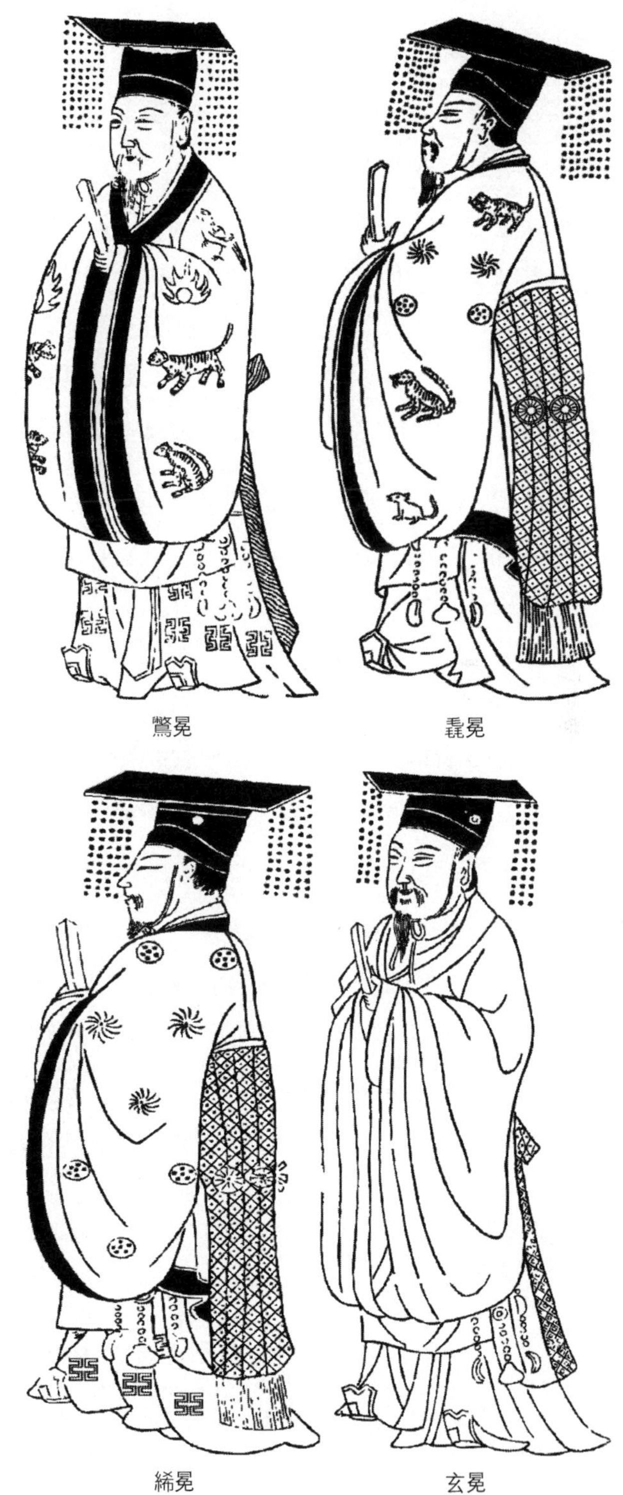

鷩冕　毳冕

絺冕　玄冕

○ 疏曰 諸侯雖九章이나 七章以下는 其中에 有黼也요 孤絺冕而下는 其中에 有黻故로 特擧黼黻而言耳라 詩采菽云 玄(裳)〔袞〕[50] 及黼라하니 是는 特言黼요 終南云 黻衣繡裳이라하니 是는 特言黻也니라

〈孔穎達의〉 疏 : 제후는 비록 9章이지만 7장 이하는 이 가운데에 黼가 포함되어 있고 孤의 絺冕 이하는 이 가운데에 黻이 포함되어 있으므로 특별히 黼와 黻을 들어서 말한 것이다. ≪詩經≫ 〈小雅 采菽〉에 "검은색 袞衣 및 黼를 수놓은 치마로다." 하였으니 이것은 단지 黼만 말한 것이고, ≪詩經≫ 〈國風 終南〉에 "黻을 수놓은 윗옷과 수놓은 치마로다." 하였으니 이것은 다만 黻만을 말한 것이다.

○ 陳氏曰 藻潔而文하니 衆采如之故로 曰藻라하니라

陳氏 : 마름〔藻〕은 깨끗하고 문채가 나니, 여러 채색이 이와 같기 때문에 藻라고 말한 것이다.

≪大全≫

長樂陳氏曰 此經은 主以文爲貴라 故로 於天子에 不言大裘하고 曰龍袞而已라 諸侯之服이 雖曰自袞冕而下나 然其德則貴乎能斷이라 故言黼하고 抑亦擧其下者而言之라 卿大夫之服이 自玄冕而下면 則有章有黻而已라 故言黻하니 以其德貴乎能辨也라 諸侯는 有君道하야 以治邦國하고 以蕃[51] 王室하니 其於政治之義에 必貴乎能斷이요 大夫는 有臣道하야 道合則從하고 不合則去하니 其於去就之義에 不可以無辨也라 士之服은 止於玄衣纁裳하니 則質而已라 衣는 正色[52]이니 則天子至於士히 皆玄衣也요 裳은 間色이니 自天子至士히 皆纁裳也라 玄以象道之在上하고 纁以象事之在下하니 此는 貴賤之所通也요 所異者는 特繡繢(회)之功이 或多或寡하고 或有或無而已니라

---

50) (裳)〔袞〕 : 저본에는 '裳'으로 되어 있으나, ≪詩經≫과 ≪禮記正義≫에 의거하여 '袞'으로 바로잡았다.

51) 蕃 : '藩(울타리)'과 같다.

52) 衣正色 : ≪禮記≫ 〈玉藻〉에 "윗옷은 正色으로 하고 치마는 間色으로 한다.〔衣 正色 裳 間色〕"라고 보이는데, 鄭玄의 注에 "冕服에서 상의를 검은색〔玄〕으로 하고 하의를 붉은색〔纁〕으로 함을 이른다.〔謂冕服 玄上纁下〕" 하였고, 孔穎達의 疏에 "玄은 하늘의 색이기 때문에 정색이 된다. 纁은 땅의 색이니, 또한 황색이 섞였기 때문에 간색이 된다.〔玄是天色 故爲正 纁是地色 亦黃之雜 故爲間色〕" 하였다.(≪禮記正義≫)

長樂陳氏 : 이 經文은 문채 나는 것을 귀하게 여김을 위주로 삼았기 때문에 천자에 대해 大裘를 말하지 않고 龍袞이라고 하였을 뿐이다. 제후의 복식은 비록 "袞冕으로부터 이하로는 〈왕의 의복과 같다.〉"라고 말하나 그 덕은 능히 결단함을 귀하게 여기기 때문에 黼를 말하고 또한 그 아래의 것을 들어서 말하였다. 경과 대부의 복식은 玄冕으로부터 이하로는 문장이 있는데 黻이 있을 뿐이기 때문에 黻을 말하였으니, 그 덕이 능히 변별함을 귀하게 여기기 때문이다. 제후는 군주의 도가 있으니 이로써 나라를 다스리고 천자의 왕실에 울타리가 되는데, 그 정치를 행하는 뜻에 반드시 능히 결단함을 귀하게 여긴다. 대부는 신하의 도가 있으니 도가 부합하면 따르고 부합하지 않으면 떠나가는데, 그 거취의 의리에 분변이 없을 수 없다. 士의 복식은 검은색 윗옷과 붉은색 치마에 그치니, 이는 질박함일 뿐이다.

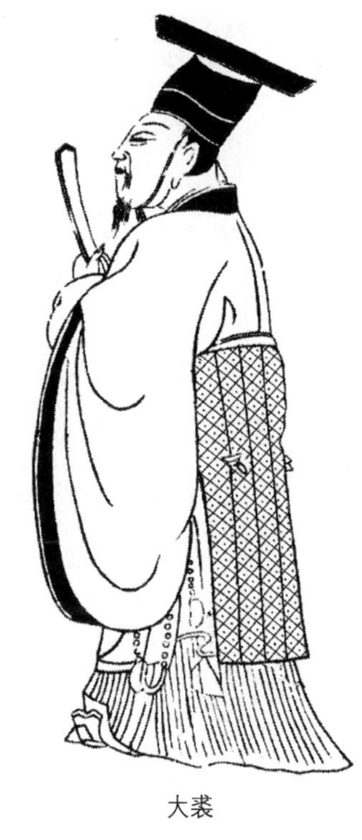

大裘

윗옷은 正色이니 그렇다면 천자로부터 士에 이르기까지 모두 검은색 윗옷을 입고, 치마는 間色이니 천자로부터 士에 이르기까지 모두 붉은색 치마를 입는다. 검은색은 道가 위에 있음을 형상하고 붉은색은 일이 아래에 있음을 형상하니, 이는 귀한 사람과 천한 사람에게 통용되는 것이다. 다른 점은 다만 수를 놓고 그림을 그리는 일이 많기도 하고 적기도 하며 있기도 하고 없기도 한 것일 뿐이다.

101201 **有以素爲貴者**하니 **至敬**은 **無文**이요 **父黨**엔 **無容**이요 **大圭**는 **不琢**(전)[53]이요 **大**(태)**羹**은 **不和**요 **大路**는 **素而越**(활)**席**이요 **犧尊**(사준)은 **疏布鼏**(멱)이요 **樿杓**(전작)이니 **此**는 **以素爲貴也**니라

---

53) 大圭不琢(전) : '鄭玄의 注에 "琢은 마땅히 〈'새기다'는 뜻의〉 '篆'이 되어야 하니, 이는 글자를 잘못 기록한 것이다.〔琢 當爲篆 字之誤也〕" 한 것에 의거한 것이다. 또 陸德明의 音義에 "'琢'자는 또 〈'아로새기다'는 뜻의〉 '瑑'자로 쓰니, 그 음은 丈轉의 반절이다.〔字又作瑑 丈轉反〕" 하였다.(≪禮記正義≫) 그리고 金在魯의 ≪禮記補註≫에 "瑑은 바로 ≪周禮≫ 〈春官 典瑞〉의 '瑑圭璋璧琮'의 瑑이다.〔瑑 卽周禮瑑圭璋璧琮之瑑〕" 하였다.

소박한 것을 귀하게 여기는 경우가 있으니, 지극한 공경은 文飾이 없고 아버지의 친족에게는 용모를 꾸밈이 없고 大圭는 무늬를 곱게 새기지 않고 太羹은 간을 맞추지 않고 大路는 소박한 데다가 부들자리를 깔고 犧尊은 거친 삼베로 위를 덮고 〈흰색 무늬가 있는 나무인〉 樿으로 만든 구기를 쓴다. 이것은 소박한 것을 귀하게 여기는 것이다.

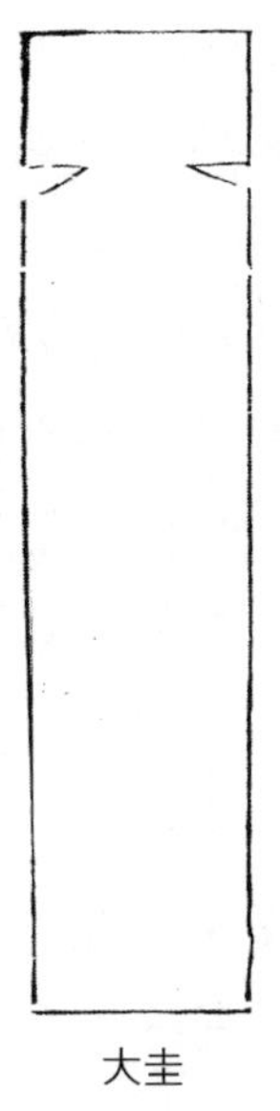
大圭

犧尊

≪集說≫

敬之至者는 不以文爲美니 如祭天而服黑羔裘니 亦是尙質素之意라 折旋[54)]揖讓之禮容은 所以施於外賓이니 見(현)父之族黨엔 自當以質素爲禮요 不爲容也라 大圭는 天子所搢者니 長三尺이라 不琢(전)은 不爲鐫刻文理也라 大(태)羹은 太古之羹也니 肉汁에 無鹽梅之和라 後王存古禮故로 設之니 亦尙玄酒[55)]之意라 大路는 殷祭天之車니 朴素無飾하고 以蒲越爲席이라 犧尊은 刻爲犧牛之形이니 讀爲娑音者는 謂畫爲鳳羽婆娑然也라 此尊은 以麤疏之布로 爲覆鼏(부멱)이라 樿은 白木之有文理者요 杓은 沃盥之具也라

공경이 지극한 경우는 문식을 아름답게 여기지 않으니, 예컨대 하늘에 제사 지내면 검은색의 새끼 양 갖옷을 입는데, 이 또한 소박함을 숭상하는 뜻이다. 꺾어 이동하고 揖하고 사양하는 禮貌는 외부에서 온 손님에게 베푸는 禮이니, 아버지의 친족을 뵐 때에는 마땅히 소박함을 예로 삼고 예모를 갖추지 않는다. 大圭는 천자가 꽂

54) 折旋 : 禮를 행할 때 꺾어서 이동하는 것을 이른다. ≪韓詩外傳≫ 권1에 "보행은 規(원형의 자)에 맞게 하고 꺾어서 이동하는 것은 矩(곱자)에 맞게 한다.〔行步中規 折旋中矩〕" 하였다.

55) 尙玄酒 : ≪禮記≫ 〈玉藻〉에 "모든 술동이는 반드시 玄酒를 상등으로 높인다.〔凡尊 必尙玄酒〕" 하였는데, 陳澔의 集說에 "이는 옛날을 잊지 않는 것이다.〔不忘古也〕" 하였다.

는 것이니, 길이가 3尺이다. '不琢'은 무늬를 새기지 않는 것이다. 太羹은 태고시대의 국이니, 고기즙에 〈짠〉 소금이나 〈시큼한〉 매실로 간을 맞춤이 없다. 후대의 임금들이 옛 禮를 보존하기 때문에 이것을 진설하니, 또한 玄酒(물)를 숭상하는 뜻이다. 大路는 殷나라 때 하늘에 제사할 적에 사용한 수레이니, 소박하여 꾸밈이 없고 까는 돗자리를 부들로 만들었다. 犧尊에는 犧牲으로 사용하는 소의 형상을 새기니, 〈'犧'를〉 '娑(사)'로 소리 내어 읽는 것은 여기에 너울너울 춤추는 형상〔婆娑〕의 봉황새를 그려 넣었음을 말한 것이다. 이 술동이는 거친 삼베로 덮개를 만든다. 樿은 흰색 나무 중에 무늬가 있는 것이고, 杓은 세숫물을 붓는 도구이다.

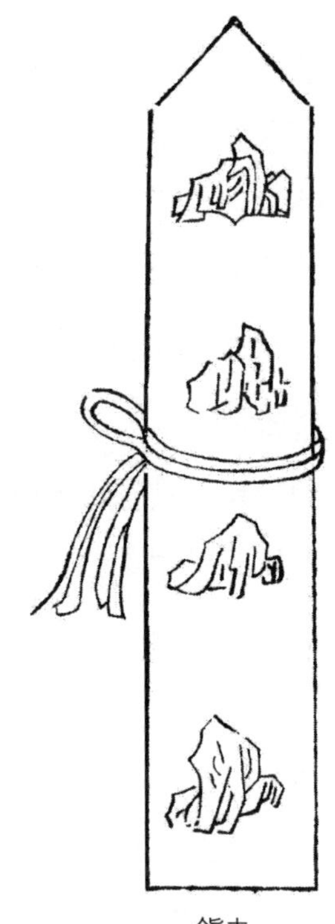
鎭圭

≪大全≫

嚴陵方氏曰 大圭之用은 卽其體而無琢刻之功하니 所以爲大요 若鎭圭[56]之類則小矣라 太羹之湆(읍)은 遺其味而無調和之齊하니 所以爲大요 若(調)〔鉶〕羹[57]之類則小矣라 大路之制는 因其質而唯朴素之尙하니 所以爲大요 若金路[58]之類則小矣라 禮之不同者固多나 而大槪不過於多少大小高下素文이니라

嚴陵方氏：大圭의 쓰임은 본체를 그대로 사용하여 쪼거나 조각하는 공력이 없으니 이 때문에 큰 것이 되고, 鎭圭와 같

56) 鎭圭：옥으로 만든 禮器 가운데 하나로, ≪周禮≫ 〈春官 典瑞〉에 "왕은 대규를 꽂고 진규를 잡는데, 이것으로 朝日에 대한 禮를 행한다.〔王搢大圭 執鎭圭 以朝日〕" 하였고, ≪周禮≫ 〈冬官 考工記 玉人〉에 "진규는 1척 2촌이니 평상시에 천자가 지킨다.〔鎭圭 尺有二寸 天子守之〕" 하였다.

57) (調)〔鉶〕羹：저본에는 '調'로 되어 있으나, 四庫全書本에 의거하여 '鉶'으로 바로잡았다. 鉶은 나물국을 담는 祭器의 이름인데, 또한 鉶羹을 칭하기도 한다. ≪儀禮≫ 〈特牲饋食禮〉의 '鉶'에 대해 鄭玄의 注에 "鉶은 고기 육수에 채소와 조미료가 들어간 국이다.〔鉶 肉味之有菜和者〕" 하였다.(≪儀禮注疏≫)

58) 金路：'路'는 수레로 '輅'로도 표기하는데, 금로는 천자가 사용하는 다섯 종류의 수레인 '五路'에 포함되는 것으로, ≪周禮≫ 〈春官 巾車〉에 "금로는 鉤를 하고 〈말의 띠 장식인〉 樊纓을 아홉 겹으로 하고 大旂를 세워서 賓의 회동에 쓰고 동성의 제후를 봉하는 데에 쓴다.〔金路 鉤 樊纓九就 建大旂以賓 同姓以封〕" 하였고, 鄭玄의 注에 "금로는 금으로 끝을 장식한 것이다.〔金路 以金飾諸末〕" 하였다.(≪周禮注疏≫)

鉶

은 종류는 작은 것이 된다. 太羹의 육즙은 맛을 빼버려 조화로운 맛을 배합하지 않았으니 이것이 큼이 되는 까닭이고, 鉶羹과 같은 종류는 작은 것이 된다. 大路의 제도는 본질을 따라서 오직 소박함을 숭상하니 이 때문에 큰 것이 되고, 金路와 같은 종류는 작은 것이 된다.

禮가 똑같지 않은 것이 진실로 많으나 대개는 많고 적음과 크고 작음과 높고 낮음과 소박하고 문채 남의 차이가 있는 것에 지나지 않는다.

○ 長樂陳氏曰 至敬無文은 篤於誠也요 父黨無容은 篤於愛也라 天子大圭는 則搢之不琢而(抒)〔杼〕[59] 上이니 所以象乎天之藏物而無爲也라 羹不和를 謂之大(태)羹이요 路不飾을 謂之大路니 以其道之所寓而非功之所致也라 以蒲爲席을 謂之越席이라 畫牛於尊(준)을 謂之犧尊이니 牛取其能耕하고 犧言其共祭[60]니 言犧而不言牛는 以共祭爲主也라 八尊은 所以祭天地故로 尙質하고 六彝는 所以祭宗廟故로 尙文[61]하니 則疏布之所鼏은 唯尊而已니라

---

59) (抒)〔杼〕: 저본에는 '抒'로 되어 있으나, ≪周禮注疏≫의 鄭玄의 注에 의거하여 '杼'로 바로잡았다.

60) 犧言其共祭 : 長樂陳氏는 孔穎達의 疏와 陳澔의 集說에서 '犧'의 음을 '娑(사)'라고 한 것과 달리 犧牲을 뜻하는 '犧(희)'자 그대로 본 것이다.

61) 八尊……尙文 : ≪周禮≫ 〈天官 冪人〉에 "제사 지낼 적에 거칠고 성근 베로 만든 무늬가 없는 수건으로 八尊을 덮고, 가늘고 고운 베로 만든 무늬가 있는 수건으로 六彝를 덮는다.〔祭祀以疏布冪八尊 以畫布巾冪六彝〕" 하고, 이에 대한 鄭玄의 注에 "천지의 신은 질박함을 숭상해서이고, 종묘는 문식할 수 있기 때문이다.〔天地之神尙質 宗廟可以文〕" 한 것을 근거로 한 말이다.(≪周禮注疏≫)

여기에서 八尊은 賈公彦의 소에 의하면 五齊와 三酒를 담은 각각의 술동이를 이른다. ≪周禮≫ 〈天官 酒正〉에 "오제의 명칭과 종류를 변별하니, 첫 번째는 泛齊이고 두 번째는 醴齊이고 세 번째는 盎齊이고 네 번째는 緹齊(제제)이고 다섯 번째는 沈齊이다. 그리고 삼주의 명칭과 종류를 변별하니, 첫 번째는 事酒이고 두 번째는 昔酒이고 세 번째는 淸酒이다.〔辨五齊之名 一曰泛齊 二曰醴齊 三曰盎齊 四曰緹齊 五曰沈齊 辨三酒之物 一曰事酒 二曰昔酒 三曰淸酒〕" 하였다. 오제는 종묘 등의 大祭에 사용하는 다섯 가지 술로, 범제는 지게미가 둥둥 떠 있는 술이고, 예제는 지게미를 거르지 않은 술이고, 앙제는 탁주이고,

長樂陳氏 : '至敬無文'은 성실을 돈독히 하는 것이고, '父黨無容'은 사랑을 돈독히 하는 것이다. 천자의 大圭는 무늬를 새기지 않고 윗부분을 깎아낸 것을 꽂으니, 하늘이 물건을 감추고서 작위적으로 하는 것이 없음을 형상한 것이다. 국에 간을 맞추지 않은 것을 太羹이라 이르고 路(수레)의 꾸미지 않은 것을 大路라 이르니, 〈근원적인〉 道가 깃들어 있는 것을 가지고 〈예를 행하고〉 공력을 지극히 들인 것을 가지고 〈예를 행하지〉 않는 것이다. 부들로 만든 돗자리를 '越席'이라 한다. 소를 술동이에 그린 것을 犧尊이라 하는데, 소에서는 밭을 잘 경작하는 점을 취하였고 犧(희생)는 제사에 바침을 말한 것이니, 犧라고 말하고 牛라고 말하지 않음은 제사에 바침을 위주로 삼은 것이다. 八尊은 하늘과 땅에 제사 지내는 도구이므로 질박함을 숭상하는 것이고, 六彝는 종묘에 제사 지내는 도구이므로 문식을 숭상하는 것이니, 거친 삼베로 덮는 것은 오직 尊뿐이다.

○ 許氏曰 禮貴乎多者는 蓋非多則不足爲禮之稱也라 然物欲有盡而人情亡(무)藝하니 使天下而皆饜足其好多之心이면 則雖窮天下之物이라도 適以亂天下之禮而已라 是以로 聖人之制 有推而進焉하야 以不奪其情하고 亦有抑而反焉하야 以深求其本이라 是故로 天子無介하고 祭天用特하며 天子之膳을 諸侯非不能備多品也로되 而用止一犢하고 諸侯相朝에 主國이 豈不能備籩豆也리오마는 而灌止用鬯하며 繁(반)纓은 美於多就나 而大路一就也요 琥璜은 用於爵幣나 而圭璋之特也라 不特禮之多少爲然이라 推之於小大高下文質之間에도 亦莫不然이라 故로 宮室器皿이 尊者極其大로되 而宗廟之尊(준)은 彝爵之貴於散也하고 觶之崇於角也하고 瓦甒之尊於壺缶也하니 無非不廢其大而隆其小也요 堂筵門臺는 尊者極其高로되 而祭天之地不壇也하고 天子之尊而廢禁也하니 又無非樂其高而不忘其下也라 龍袞玉藻는 文采之隆於天子極矣로되 而祭天之用엔 圭不瑑(전)하고 羹不和하고 大路質素而越席之用하고 犧

제제는 지게미가 밑에 가라앉아 있고 빛깔이 붉은 술이고, 침제는 탁주와 청주가 반씩 섞여 있는 술이다. 삼주는 찌끼를 걸러낸 세 가지 술로, 사주는 일이 있어서 술이 필요할 때마다 만든 것으로 비교적 탁하고, 석주는 겨울에 빚어 이듬해 봄에 익은 술로 비교적 맑고, 청주는 겨울에 빚어 이듬해 여름에 익은 술로 더욱 맑다. 또 여기에서 六彝는 제사에 사용하는 여섯 가지 酒器이다. ≪周禮≫ 〈春官 小宗伯〉에 "육이의 명칭과 종류를 변별하여 降神祭를 대비한다.〔辨六彝之名物 以待果將〕"라고 하였는데, 鄭玄의 注에 "육이는 계이, 조이, 가이, 황이, 호이, 유이이다.〔六彝 雞彝鳥彝斝彝黃彝虎彝蜼彝〕" 하였다.

尊布冪而樿杓之貴하니 豈以文采之用而盡廢其質哉아 多少不同其用이로되 而各惟其宜하고 文質不一其施로되 而悉惟其稱하야 或大或小하고 或高或下하야 狹不可豐이요 廣不可殺(쇄)하야 情文幷施하고 條理不紊하야 而禮之本末이 始得以竝著於天下니라

許氏：禮에서 많음을 귀하게 여기는 것은 많지 않으면 예에 걸맞음이 될 수 없기 때문이다. 그러나 물건은 고갈되려고 하는데 인정은 끝이 없으니, 천하 사람들로 하여금 모두 많이 갖춤을 좋아하는 마음을 충족하게 한다면 비록 천하의 물건을 다 쓰더라도 다만 천하의 예를 어지럽히고 말 것이다. 이 때문에 성인의 제도가 〈禮를〉 미루어 〈情을〉 진전시켜서 〈사람들의〉 情을 빼앗지 않음이 있게 하고, 또한 〈情을〉 억제하여 〈禮로〉 돌아와서 근본을 깊이 구함이 있게 한 것이다.

이 때문에 천자는 介가 없고 하늘에 제사 지낼 적에 한 마리의 송아지를 사용하며, 천자에게 바치는 반찬을 제후가 많은 물건을 구비할 수 없는 것이 아니나 단 한 마리의 송아지를 사용하는 것이다. 그리고 제후가 서로 만나볼 적에 주인의 나라가 어찌 籩과 豆를 구비하지 못하겠는가마는 〈손님에게 술을〉 올릴 적에 단지 울창주만 사용하며, 〈말의 腹帶 장식인〉 繁과 〈말의 가슴걸이 장식인〉 纓은 就가 많음을 아름답게 여기나 大路는 1就이며, 〈술잔을 권할 때 사용하는 玉인〉 琥와 璜은 〈堂에 올라가서〉 술잔과 폐백에 〈함께〉 사용하지만 圭와 璋은 〈堂에 올라가서〉 한 가지만 사용한다. 이는 예의 많고 적음에 대해서만 그러할 뿐만 아니라 〈禮의〉 작고 큼과 높고 낮음과 문채 나고 질박함의 사이에 미루어 가더라도 또한 그러하지 않음이 없다.

그러므로 宮室과 器皿은, 높은 자가 그 크기를 지극히 하더라도 종묘의 제사에 사용하는 술동이는 彝와 爵이 散보다 귀하고 觶가 角보다 높고 瓦甒가 壺와 缶보다 높으니, 이는 큰 것을 없애지 않으면서도 작은 것을 높이지 않음이 없는 것이다. 堂筵(堂 안의 자리)과 門臺는 높은 자가 그 높이를 지극히 하더라도 하늘에 제사 지내는 땅은 壇을 쌓지 않고 천자의 높은 신분으로도 禁을 없애고 쓰지 않으니, 이는 또 높은 것을 좋아하면서도 낮은 것을 잊지 않음이 없는 것이다.

龍袞과 玉藻는 문채를 천자에게 지극히 높인 것이지만 하늘에 제사 지낼 때 사용하는 것에는 圭에 무늬를 곱게 새기지 않고 국에 간을 맞추지 않으며 大路는 질박하고 부들자리를 사용하며 犧尊은 거친 삼베로 덮고 〈흰색 무늬가 있는 나무인〉 樿으로 만든 구기를 귀하게 여기니, 어찌 문채 나는 것을 쓴다 하여 질박한 것을 모두 버리겠는가.

많고 적음이 그 쓰임이 똑같지 않으나 각각의 마땅함에 적합하게 할 뿐이고, 문채

나고 질박함이 그 베푸는 곳이 똑같지 않으나 모두 오직 〈그 대상에〉 걸맞게 하여 크게 하기도 하고 작게 하기도 하며 높게 하기도 하고 낮게 하기도 해서, 협소한 곳에 풍성하게 행해서도 안 되고 넓은 곳에 줄여서 행해서도 안 된다. 그리하여 情과 文이 아울러 베풀어지고 條理가 문란하지 않아 禮의 本과 末이 비로소 천하에 모두 드러날 수 있는 것이다.

101301 **孔子曰 禮不可不省也**니 **禮不同**하나 **不豐不殺**(쇄)라하시니 **此之謂也**니 **蓋言稱也**니라

孔子께서 "禮를 자세히 살피지 않을 수 없으니, 예가 똑같지 않으나 너무 지나치게 풍성하게 하지 않고 너무 지나치게 줄이지 않는다." 하셨으니, 이것을 말씀한 것이다. 이는 걸맞아야 함을 말씀한 것이다.

≪集說≫

省은 察也라 禮之等이 雖不同이나 而各有當然之則(칙)하니 豐則踰하고 殺(쇄)則不及이라 惟稱之爲善이니라

省은 살핌이다. 禮의 등급이 비록 똑같지 않으나 각각 당연한 법칙이 있으니, 너무 풍성하게 하면 〈禮를〉 넘게 되고 너무 줄이면 〈禮에〉 미치지 못하게 된다. 오직 알맞게 하는 것이 좋다.

≪大全≫

馬氏曰 自禮以多爲貴로 而至於禮以素爲貴는 皆禮之寓於形名數度之間하야 其用不同者 有如此也라 其用雖不同이나 要之歸於稱則一也라 故로 豐之而不以爲有餘하고 殺之而不以爲不足하고 唯其稱而已니 此爲禮不可不察也니라

馬氏 : 禮는 많음을 귀하게 여긴다는 것으로부터 예는 질박함를 귀하게 여긴다는 것까지는 모두 예가 形名(實在와 名稱)과 度數의 사이에 깃들어 있어서 그 쓰임이 똑같지 않음이 이와 같음이 있는 것이다. 그 쓰임이 비록 똑같지 않지만 요컨대 걸맞음으로 돌아가는 것은 똑같기 때문에 풍성하게 하더라도 남게 하지 않고 줄여도 부족하게 하지 않고 오직 걸맞게 할 뿐이니, 이것이 예를 살피지 않을 수 없는 것이다.

101401 **禮之以多爲貴者**는 **以其外心者也**니라 **德發揚**하야 **詡**(허)**萬物**이니 **大理**라 **物博**이니라 **如此則得不以多爲貴乎**아 **故**로 **君子樂**(요)**其發也**니라

禮에서 많음을 귀하게 여기는 것은 마음을 外物에 두기 때문이다. 〈천지의〉 덕이 發揚하여 만물에 두루 미치니, 큰 이치이기 때문에 물건의 이루어짐이 넓은 것이다. 이와 같다면 많음을 귀하게 여기지 않을 수 있겠는가. 그러므로 군자가 발양함을 좋아하는 것이다.

≪集說≫

用心以致備物之享이면 則心在於物이라 故로 曰外心이라 然所以貴於備物者는 聖人이 蓋見夫天地之德이 發揚昭著하야 盛大溥徧於萬物이라 是其理之所該者大故로 物之所成者博이니 如此면 豈得不以多爲貴乎리오 此制禮之君子 所以樂其用心於外하야 以致備物也니라

마음을 써서 물건을 구비하여 향유하는 것을 지극히 하면 마음이 外物에 있는 것이므로 '外心'이라고 한 것이다. 그러나 물건을 구비함을 귀하게 여기는 까닭은 聖人이 천지의 덕이 발양하고 밝게 드러나서 盛大하여 만물에 두루 미침을 보았기 때문이다. 이치가 포함하는 것이 크기 때문에 물건의 이루어짐이 넓은 것이니, 이와 같다면 어찌 많은 것을 귀하게 여기지 않을 수 있겠는가. 이것은 禮를 제정한 군자가 마음을 외물에 쓰는 것을 좋아하여 물건을 구비함을 지극히 하는 이유이다.

101501 **禮之以少爲貴者**는 **以其內心也**니라 **德産之致也精微**[62)]하니 **觀天下之物**컨대 **無可以稱其德者**라 **如此則得不以少爲貴乎**아 **是故**로 **君子**는 **愼其獨也**니라

---

62) 德産之致也精微 : 陳澔의 集說에서는 '致'를 '緻密'로 해석하였는데, ≪禮記補註≫에서는 "천지가 물건을 냄이 비록 이와 같이 성대하지만 그 극치를 연구해보면 정미하다."는 楊梧의 설과 "'致'는 바로 '極致'의 '致'이다."라는 權近의 설이 옳다고 하고서, 진호의 주는 古註를 근본으로 삼았으나 文勢가 옳지 않다고 보았다. 즉 '德産之致也 精微(〈천지의〉 덕이 생산하는 극치가 精微하다.)'로 본 것이다. 그러나 본서에서는 진호의 설에 따라 번역하였다.

禮에 적음을 귀하게 여기는 것은 마음을 내면에 쓰기 때문이다. 〈천지의〉 德이 만물을 발생시킨 것이 치밀하고 정미하니, 천하의 물건을 살펴보더라도 그 덕에 걸맞을 만한 것이 없다. 이와 같다면 적음을 귀하게 여기지 않을 수 있겠는가. 이 때문에 군자는 홀로 있을 때를 삼가는 것이다.

≪集說≫

散齊致齊[63]하야 祭神如在[64]는 皆是內心之義라 惟其主於存誠하야 以期感格이라 故로 不以備物爲敬이라 所以然者는 蓋有見夫天地之德所以發生萬彙者에 其流行賦予之理 密緻而精微하니 卽大傳[65]所言天地絪縕에 萬物化醇也라 縱使徧取天下所有之物하야 以祭天地라도 終不能稱其德而報其功이니 不若事之以誠敬之爲極致라 是以로 行禮之君子 主於存誠於內하야 以交神明也니 愼獨者는 存誠之事也라

散齋하고 致齋하여 神에게 제사 지낼 적에 신이 계신 듯이 여기는 것은 모두 내면에 마음을 쓰는 義이다. 오직 정성을 보존함을 주장하여 신이 감동하여 이르시기를 기약하므로 물건을 구비하는 것을 공경으로 여기지 않는 것이다.

이렇게 하는 이유는 천지의 덕이 만물을 발생시킬 적에 유행하며 부여해주는 이치가 치밀하고 정미함을 보았기 때문이니, 바로 ≪周易≫ 〈繫辭傳 下〉에 이른바 "천지의 기운이 얽히고설킴에 만물이 和하여 엉긴다."는 것이다.

비록 천하에 있는 물건을 두루 취해서 천지에 제사 지낸다 하더라도 끝내 〈천지의〉 덕에 걸맞아서 〈천지의〉 공에 보답할 수가 없으니, 정성과 공경으로 섬기는 것이 극치가 됨만 못하다. 이 때문에 禮를 행하는 군자가 내면에 정성을 보존해서 神明과 사귐을 주장하는 것이니, 홀로 있을 때를 삼가는 것은 정성을 보존하는 일이다.

---

63) 散齊致齊 : 여기서 '齊'자는 '齋(재계하다)'의 의미인바, ≪禮記≫ 〈祭統〉에 "7일 동안 散齋하여 마음을 안정시키고 3일 동안 致齋하여 마음을 가지런하게 한다.〔散齊七日以定之 致齊三日以齊之〕" 하였고, 〈祭義〉에 "안으로 致齋를 하고 밖으로 散齋를 한다.〔致齊於內 散齊於外〕" 하였다. 鄭玄의 注에 따르면 '散齋'는 7일 동안 여자를 가까이 하지 않고〔不御〕, 음악을 연주하지 않고〔不樂〕, 조문 가지 않는 것〔不弔〕이며, '致齋'는 居處·笑語·志意·所樂·所嗜 다섯 가지를 생각하는 것이다.(≪禮記正義≫ 〈祭義〉)

64) 祭神如在 : ≪論語≫ 〈八佾〉에 "제사를 지내실 적에는 〈先祖가〉 계신 듯이 하셨으며, 神을 제사 지낼 적에는 神이 계신 듯이 하셨다.〔祭如在 祭神如神在〕" 하였다.

65) 大傳 : ≪周易≫의 經(卦辭·爻辭)을 해설한 傳으로, 〈彖傳〉·〈象傳〉·〈文言傳〉·〈繫辭傳〉·〈說卦傳〉·〈序卦傳〉·〈雜卦傳〉을 가리키며, 여기서는 〈繫辭傳 下〉를 이른다.

≪大全≫

嚴陵方氏曰 心은 一而已로되 以示禮於外故로 有外心焉하고 以體禮於內故로 有內心焉하니 用心於外故로 以多爲貴하고 用心於內故로 以少爲貴라 德之發揚하면 則其和足以詡萬物矣니 詡는 言能翕張也라 德雖不言이나 而翕張萬物을 如之一翕一張하야 相濟而和하면 則大得其理하야 而功之所施者博矣니 以多爲貴가 乃其稱歟인저 故로 君子樂(요)於發也라 易言 天地之大德曰生[66)]이라하니 則天下之物이 皆德之所生也라 故로 曰 德產이라 物生之迹이 雖粗나 而其道則致精이요 物生之迹이 雖顯이나 而其道則致微라 故로 曰 德產之致也精微라하니 德之所致如此라 觀天下之物컨대 固無可以稱其德者矣니 以少爲貴가 乃其稱歟인저 故君子愼其獨也니라

嚴陵方氏 : 마음은 하나일 뿐인데 禮를 외면에 드러내 보이기 때문에 마음을 외물에 씀이 있고, 예를 내면에 체득하기 때문에 마음을 안으로 씀이 있으니, 외면에 마음을 쓰기 때문에 많음을 귀함으로 여기고 내면에 마음을 쓰기 때문에 적음을 귀함으로 여기는 것이다.

덕이 發揚하면 조화로움이 충분히 만물을 거두어들이거나 널리 퍼트릴 수 있으니, 詡는 능히 거두어들이거나 퍼트림을 말한다. 덕은 비록 말하지 않으나 만물을 거두어들이거나 퍼트리기를 마치 한 번 거두어들이고 한 번 퍼트리는 것처럼 하여 서로 구제해서 조화롭게 하면 이치를 크게 얻어서 功을 베푸는 것이 넓어지니, 많은 것을 귀하게 여기는 것이 곧 그에 걸맞을 것이다. 그러므로 군자가 발양함을 좋아하는 것이다.

≪周易≫ 〈繫辭傳 上〉에 "천지의 큰 德을 生이라 한다." 하였으니, 그렇다면 천하의 물건이 모두 덕이 낳은 것이므로 "덕이 만물을 발생시켰다."라 한 것이다. 물건이 생성되는 자취가 비록 거칠더라도 〈물건을 생성하는〉 도는 지극히 정미하고, 물건이 생성되는 자취가 비록 드러나더라도 〈물건을 생성하는〉 도는 지극히 은미하므로 "덕이 만물을 발생시킨 것이 치밀하고 정미하다." 하였으니, 덕이 이루는 것이 이와 같다. 천하의 물건을 살펴보건대 진실로 그 덕에 걸맞을 만한 것이 없으니, 작은 것을 귀하게 여기는 것이 곧 그에 걸맞을 것이다. 그러므로 군자가 홀로 있을 때를 삼가는 것이다.

---

66) 天地之大德曰生 : ≪周易≫ 〈繫辭傳 上〉에 보인다.

101601 古之聖人은 內之爲尊하고 外之爲樂(락)하며 少之爲貴하고 多之爲美라 是故로 先王之制禮也는 不可多也며 不可寡也요 唯其稱也니라

옛 聖人은 내면의 〈정성과 공경을〉 받들어 지키고 외면의 〈儀式과 물건을〉 즐거워하며, 적은 것을 귀하게 여기고 많은 것을 아름답게 여기셨다. 이 때문에 先王이 禮를 만드신 방도는 〈적게 해야 할 것을〉 많게 해서도 안 되며 〈많게 해야 할 것을〉 적게 해서도 안 되는 것이고 오직 걸맞게 하는 것일 뿐이었다.

≪集說≫

尊은 如中庸尊德性[67]之尊이니 恭敬奉持之意也라 尊其在內之誠敬故로 少物도 亦足以爲貴요 樂其在外之儀物이면 必多物이라야 乃可以爲美니 宜少者를 不可多요 宜多者를 不可寡요 或稱其內하고 或稱其外也니라

尊은 ≪中庸≫에서 말한 '尊德性'의 尊과 같으니, 공경하여 받들어 지킨다는 뜻이다. 내면에 있는 정성과 공경을 높이기 때문에 적은 물건도 귀함이 될 수 있는 것이고, 외면에 있는 儀式과 물건을 즐거워하면 반드시 물건을 많이 구비하여야 아름다움이 될 수 있는 것이니, 마땅히 적게 해야 할 것을 많게 해서도 안 되고 마땅히 많게 해야 할 것을 적게 해서도 안 되는 것이고, 혹은 내면에 걸맞게 하거나 혹은 외면에 걸맞게 하는 것이다.

≪大全≫

嚴陵方氏曰 內外는 以心言이요 多少는 以物言이니 卽上文所言者 是也라 外心은 不止於多니 則或高或大或文도 亦外心耳요 內心은 不止於少니 則或下或小或素도 亦內心耳라 稱其內心이면 則以少爲貴故로 不可多요 稱其外心이면 則以多爲美故로 不可寡니 此先王制禮之道也니라

---

67) 中庸尊德性 : ≪中庸章句≫ 제27장에 "군자는 덕성을 높이고 학문을 말미암는다.〔君子尊德性而道問學〕"라고 보이는데, 尊德性은 하늘로부터 부여받은 덕성을 공경하여 받들어 지키는 것이고, 道問學은 학문을 통하여 이치를 궁구하는 것을 이른다.

嚴陵方氏 : 內와 外는 마음을 기준으로 말한 것이고 多와 少는 물건을 기준으로 말한 것이니, 바로 윗글에 말한 것이 이것이다.

外心(마음을 外物에 두는 것)은 많음을 귀하게 여기는 것에 국한된 것이 아니니 높거나 크거나 문채 남을 귀하게 여기는 것도 외심일 뿐이고, 內心(마음을 내면에 쓰는 것)은 적음을 귀하게 여기는 것에 국한된 것이 아니니 낮거나 작거나 소박함을 귀하게 여기는 것도 내심일 뿐이다.

내심에 걸맞게 하면 적은 것을 귀하게 여기기 때문에 많게 해서는 안 되고, 외심에 걸맞게 하면 많은 것을 아름답게 여기기 때문에 적게 해서는 안 되니, 이는 先王이 禮를 제정한 방도이다.

101602 **是故로 君子大(태)牢而祭를 謂之禮요 匹士大(태)牢而祭를 謂之攘이니라**

이 때문에 군자가 太牢로 제사 지내는 것을 禮라 이르고, 匹士가 태뢰로 제사 지내는 것을 攘(도둑질)이라 이른다.

≪集說≫

謂之禮는 稱也요 謂之攘은 不稱也라

禮라고 이른 것은 걸맞기 때문이고, 攘이라고 이른 것은 걸맞지 않기 때문이다.

○ 疏曰 匹은 偶也니 士는 賤하야 不得特使하야 爲介乃行故로 謂之匹士라 庶人을 稱匹夫者는 惟與妻偶耳니라

〈孔穎達의〉 疏 : 匹은 짝이니, 士는 신분이 천하여 홀로 使者가 될 수 없어서 〈正使의 보좌인〉 介(副使)가 되어야 비로소 갈 수 있으므로 匹士라 이른 것이다. 庶人을 匹夫라 칭하는 것은 오직 아내와 더불어 짝이 될 뿐이기 때문이다.

≪大全≫

馬氏曰 君子者는 以位之貴者言之요 匹士者는 以位之賤者言之라 古者에 天子諸侯卿大夫 皆君子也니 天子諸侯卿大夫는 位之尊하니 其禮可以致其隆이라 故로 曰 天子以犧牛하고 諸侯以肥牛하고 大夫以索牛[68]라하니 此大(태)牢而祭를 謂之禮也어늘

至於匹士하야도 大牢而祭라 故謂之攘이니 攘者는 非其有而取之也니라

馬氏 : 군자는 지위가 귀한 자로 말하였고, 匹士는 지위가 천한 자로 말하였다. 옛날 천자와 제후, 경・대부가 모두 군자인데, 천자와 제후, 경・대부는 지위가 높으니, 그 禮가 높음을 지극히 할 수 있다. 그러므로 "천자는 〈털 색깔이 순수한〉 소를 희생으로 사용하고, 제후는 〈우리에서 잘 길러〉 살찌운 소를 사용하고, 〈천자의〉 대부는 구하여 얻어온 소를 사용한다." 하니, 이는 〈군자가〉 太牢로 제사 지냄을 예라 이른 것이다. 그런데 필사의 경우에도 태뢰로 제사 지내므로 이것을 攘이라 이르니, 攘은 자기 소유가 아닌데 취하는 것이다.

101603 管仲이 鏤簋(누궤)[69]하고 朱紘(굉)하며 山節하고 藻棁(절)[70]한대 君子以爲濫矣라하니라

管仲이 簋에 조각을 하고 면류관 끈을 붉은색으로 하며 斗栱에 山을 조

---

68) 天子以犧牛……大夫以索牛 : ≪禮記≫ 〈曲禮 下〉에 "천자는 〈털 색깔이 순수한〉 소를 희생으로 사용하고, 제후는 〈우리에서 잘 길러〉 살찌운 소를 사용하고, 〈천자의〉 대부는 구하여 얻어온 소를 사용하고, 〈천자의〉 士는 양과 돼지를 사용한다.〔天子以犧牛 諸侯以肥牛 大夫以索牛 士以羊豕〕"라고 보이는데, 이에 대해 孔穎達의 疏에 "'大夫以索牛 士以羊豕'는 천자의 대부와 士를 말한 것이다. 제후의 대부는 곧 소뢰를 쓰고 士는 특생을 쓴다. 喪祭에는 대부 또한 소를 희생으로 쓸 수 있고, 士 또한 양과 돼지를 쓴다.〔大夫以索牛士以羊豕者 天子大夫士也 若諸侯大夫 卽用少牢 士則用特牲 其喪祭 大夫亦得用牛 士亦用羊豕〕" 하였다.(≪禮記正義≫)

69) 鏤簋 : ≪禮記正義≫의 鄭玄의 注에 "누궤는 조각하고서 장식함을 이른다. 대부는 거북을 조각할 뿐이며, 제후는 상아로 장식하고 천자는 옥으로 장식한다.〔鏤簋 謂刻而飾之 大夫刻爲龜耳 諸侯 飾以象 天子 飾以玉〕" 하였고, 孔穎達의 疏에 "누궤와 주굉은 모두 천자의 장식인데 관중이 분수에 넘치게 행한 것이다.〔鏤簋朱紘 是天子之飾 而管仲僭濫爲之也〕" 하였다. 金在魯의 ≪禮記補註≫에 "대부도 조각이 있는데 여기에서 참람하다고 말한 것은 조각에 또 장식을 더하였기 때문이다. 그러므로 정현이 '조각하고서 장식한 것이다.'라고 하였다. 다만 천자와 제후가 모두 장식이 있는데 이것이 무슨 장식인지 자세하지 않음에도 불구하고 疏에서 천자의 일로 단정한 것은 아마도 그 아래의 세 가지 일이 모두 천자의 예이기 때문인 듯하다.〔大夫亦有刻 而此謂之濫者 蓋又加之以飾 故鄭以爲刻而飾之也 但天子諸侯皆有飾 未詳此爲何飾 而疏斷爲天子之事者 豈以其下三事 皆天子之禮故歟〕" 하였다.

70) 山節 藻棁(절) : 孔穎達의 疏에 "여기에서 관중이 참람하게 행한 것이 모두 천자의 예임을 아는 것은 〈明堂位〉에 '기둥머리의 斗栱에 산을 새기고 들보 위의 동자기둥에 마름을 새긴다.'라고 한 것이 천자의 사당에 하는 장식이기 때문이다.〔此 管仲所僭皆天子之禮 知者 明堂位云 山節藻棁 天子之廟飾故也〕" 하였다.(≪禮記正義≫)

각하고 동자기둥에 마름을 그리자 군자가 그를 참람하다고 하였다.

簋　　藻

≪集說≫

管仲은 齊大夫라 鏤簋는 簋有雕鏤之飾也라 紘은 冕之繫니 以組爲之하니 自頷下屈而上하야 屬於兩旁之笄하야 垂餘爲纓이라 天子는 朱요 諸侯는 青이요 大夫士는 緇라 山節은 刻山於柱頭之斗栱也라 藻는 水草也니 藻梲은 畫藻於梁上之短柱也니 此皆管仲僭禮之事라 濫은 放溢也라

管仲은 齊나라 대부이다. 鏤簋는 簋에 조각하여 꾸밈이 있는 것이다. 紘은 면류관의 끈이니 실로 만드는데, 턱 아래에서 접어서 위로 올려 양쪽의 비녀에 연결하고서 남는 것을 아래로 늘어뜨려 끈으로 삼는다. 천자는 붉은색이고 제후는 청색이고 대부와 士는 검은색이다. 山節은 산을 기둥머리의 斗栱에 새기는 것이다. 藻는 水草(마름)이니 藻梲은 마름을 들보 위의 동자기둥에 그리는 것이다. 이는 모두 관중이 禮를 참람하게 행한 일이다. 濫은 넘침이다.

≪大全≫

嚴陵方氏曰 是는 皆天子之禮어늘 管仲以陪臣爲之면 則過於奢矣니 奢則僭이라 故로 君子以爲濫이라 濫者는 溢而無所制之謂也니 雜記所謂難爲上[71]者 以此니라

71) 難爲上 : ≪禮記≫ 〈雜記 下〉에 예를 참람하게 행한 관중에 대한 내용에 보이는 말이다. 이에 대해 金在魯의 ≪禮記補註≫에 "'難爲上'은 관중이 분수를 넘어 윗사람에 근접했기 때문에 윗사람이 그의 윗자리에 있기 어려움을 말한 것이다.〔難爲上 言上之人爲其所僭逼難乎居上也〕" 하였다.

嚴陵方氏 : 이는 모두 천자의 禮인데 管仲이 陪臣(제후국의 신하)으로서 이것을 했다면 분에 넘치는 잘못을 저지른 것이니, 분에 넘치면 참람한 것이므로 군자가 참람하다고 한 것이다. 濫이란 넘쳐서 절제하는 것이 없음을 이르니, ≪禮記≫ 〈雜記下〉에 이른바 "〈다른 사람이 그의〉 윗사람이 되기 어렵다."는 것이 이것 때문이다.

101604 晏平仲이 祀其先人호되 豚肩이 不揜豆하며 澣衣濯冠으로 以朝한대 君子以爲隘(애)矣라하니라

晏平仲이 자기의 先人에게 제사 지낼 적에 돼지의 어깨 고기가 豆를 가리지 못했으며 세탁한 옷과 冠을 착용하고 조회하자 군자가 그를 좁다고 하였다.

≪集說≫

晏平仲亦齊大夫라 大夫는 祭用少牢니 不合用豚이라 周人은 貴肩하니 肩在俎하고 不在豆나 此但喩其極小하야 謂倂豚兩肩호되 亦不足以掩豆故로 假豆言之耳라 上言不豐不殺(쇄)하고 此擧管晏之事하야 以明之하니 管仲은 豐而不稱하고 晏子는 殺而不稱者也라 隘는 陋也라

晏平仲 또한 齊나라 대부이다. 대부는 제사 지낼 적에 少牢(양·돼지)를 사용하니, 돼지를 쓰는 것은 합당하지 않다. 周나라 사람들은 〈犧牲의〉 어깨 부위를 귀하게 여겼으니, 어깨는 俎에 담고 豆에 담지 않았다. 그러나 여기서는 다만 〈어깨가〉 지극히 작았음을 알게 하려고 돼지의 양쪽 어깨를 합하더라도 또한 豆를 가릴 수 없음을 말하였으므로 豆에 가탁하여 말한 것일 뿐이다. 위에서는 "너무 지나치게 풍성하게 하지 않고 너무 지나치게 줄이지 않는다."고 말하였고, 여기서는 管仲과 晏平仲의 일을 들어 이것을 밝혔으니, 관중은 너무 풍성하게 해서 걸맞지 않았고 晏子(안평중)는 너무 줄여서 걸맞지 않았다. 隘는 좁음이다.

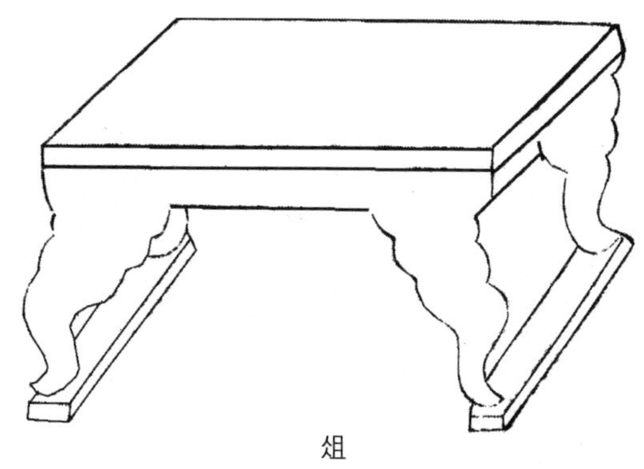
俎

≪大全≫

嚴陵方氏曰 隘者는 陋而無所容之謂니 雜記所謂難爲下[72]者 以此니라

嚴陵方氏 : 隘는 좁아서 포용하는 것이 없음을 이르니, ≪禮記≫ 〈雜記 下〉에 이른바 "〈다른 사람이 그의〉 아랫사람이 되기 어렵다."는 것이 이것 때문이다.

101605 是故로 君子之行禮也는 不可不愼也니 衆之紀也라 紀散而衆亂하나니라

이 때문에 군자가 禮를 행함은 삼가지 않을 수 없으니, 〈禮는〉 무리의 紀綱이다. 기강이 흩어지면 무리가 혼란하다.

≪集說≫

禮는 所以防範人心이요 綱維世變이니 前(薦)〔篇〕[73]에 言壞國, 喪家, 亡人이 必先去其禮라하니라

禮는 사람의 마음을 단속하는 것이고 세상 변고의 기강이 되니, 前篇(〈禮運〉)에 "나라를 파괴하고 집안을 잃고 몸을 망치는 사람은 반드시 먼저 禮를 버린다."고 말한 것이다.

101606 孔子曰 我는 戰則克하고 祭則受福이라하시니 蓋得其道矣니라

孔子께서 "나는 싸우면 이기고 제사 지내면 복을 받는다." 하셨으니, 행하는 방도를 아셨기 때문이다.

≪集說≫

記者引孔子之言而釋之曰 夫子所以能此二者는 蓋以得其行之之道也라하니라

---

72) 難爲下 : ≪禮記≫ 〈雜記 下〉에 보이는데, 이에 대해 金在魯의 ≪禮記補註≫에 "'難爲下'는 안평중이 자신을 낮추어 아랫사람에 근접하였기 때문에 〈아랫사람과〉 구별할 수가 없어서 그의 아래에 있기 어려움을 말한 것이다.〔難爲下 言下之人以其降逼 故無以爲別 難乎居下也〕" 하였다.

73) (薦)〔篇〕 : 저본에는 '薦'으로 되어 있으나, 四庫全書本에 의거하여 '篇'으로 바로잡았다.

기록하는 자가 공자의 말씀을 인용하여 해석하기를 "夫子께서 이 두 가지를 잘하셨던 이유는 행하는 방도를 아셨기 때문이다." 한 것이다.

≪大全≫

馬氏曰 紀者는 衆目之總이요 禮者는 亦百行之總이라 君子之戰에 非必於克而克隨之하고 君子之祭에 非必於受福而福亦隨之하니 蓋在己者有以先之也니 在己有以先之者는 禮而已矣니라

馬氏 : 紀는 여러 조목을 총괄하는 것이고, 禮는 또한 백 가지 행실을 총괄하는 것이다. 군자가 싸울 적에 이김을 기필하지 않으나 이김이 뒤따라오고, 군자가 제사지낼 적에 福을 받는 것을 기필하지 않으나 복이 또한 뒤따라오는데, 이는 자기에게 있는 것에서 우선으로 삼는 것이 있기 때문이니, 자기에게 있는 것에서 우선으로 삼을 것은 禮일 뿐이다.

○ 嚴陵方氏曰 紀一定이면 則衆目各有條理라 故로 紀散而衆亂이니 此君子之行禮에 所以不可不愼也라 順以使衆故로 戰則克이요 誠以事神故로 祭則受福이니 能順則得戰之道矣요 能誠則得祭之道矣라 夫子之所謹이니 則得其道를 可知니라

嚴陵方氏 : 紀綱이 한번 정해지면 여러 조목이 각각 조리가 있게 되므로 기강이 흩어지면 무리가 혼란한 것이니, 이는 군자가 禮를 행함에 신중하지 않으면 안 되는 이유이다. 順理대로 무리를 부리기 때문에 싸우면 이기는 것이고, 정성으로 神을 섬기기 때문에 제사 지내면 복을 받는 것이니, 능히 순하면 싸움의 방도를 얻고 능히 정성스러우면 제사의 방도를 얻는다. 이는 夫子(孔子)께서 삼가신 것이니, 그렇다면 그 방도를 아셨음을 알 수 있다.

101701 君子曰 祭祀에 不祈하며 不麾蚤(휘조)하며 不樂葆(락보)大하며 不善嘉事하며 牲不及肥大하며 薦不美多品이니라

군자가 말하였다.

"제사를 지낼 적에 〈사사로운 福을〉 기원하지 않으며 일찍 제사 지내는 것을 즐겁게 여기지 않으며, 큰 것을 좋아하지 않으며, 아름다운 일(冠禮

와 婚禮)을 좋게 여겨 〈다시 다른 제사를 설행하지〉 않으며, 희생으로 살지고 큰 것을 사용하지 않으며, 제수를 올릴 적에 종류가 많은 것을 아름답게 여기지 않는다."

≪集說≫

君子曰은 記者自謂也라 祭有常禮하니 不爲祈私福也라 周禮에 大(태)祝이 掌六祈[74]하고 小祝이 有祈福祥之文하니 皆是有故則行之요 不在常祀之列이라 麾는 快也라 祭有常時하니 不以先時爲快라 葆는 猶褒也라 器幣之小大長短이 自有定制하니 不以褒大爲可樂也라 嘉事는 冠昏之禮니 奠告有常儀하니 不爲善之而更設他祭라 牲不及肥大는 及은 猶至也니 如郊牛之角은 繭栗이요 宗廟는 角이 握이요 社稷은 角이 尺이라 各有所宜用하니 不必須竝及肥大也라 薦祭之品味有定數하니 不以多品爲美也라

'君子曰'은 기록한 자가 직접 말한 것이다. 제사에는 일정한 禮가 있으니 개인적인 복을 기원하지 않는다. ≪周禮≫에 太祝이 六祈를 관장하고 小祝이 복과 상서로움을 기원한다는 글이 있으니, 이는 모두 연고가 있으면 행하는 것이고 일정한 제사의 대열에는 포함되지 않는 것이다. 麾는 즐겁게 여김이다. 제사에는 일정한 때가 있으니, 정해진 때보다 먼저 제사 지내는 것을 즐겁게 여기지 않는다. 葆는 褒(크다)와 같다. 그릇과 폐백의 크고 작고 길고 짧음이 본래 일정한 제도가 있으니, 큰 것을 즐거워할

74) 大(태)祝掌六祈 : 六祈는 재앙이나 변고가 있을 때에 神에게 기도문을 올리며 간청하는 여섯 가지의 제사로, ≪周禮≫ 〈春官 大祝〉에 "태축은 여섯 가지의 기도를 관장하여 人鬼와 天神과 地祇가 화협하도록 만드니, 첫 번째는 類이고 두 번째는 造이고 세 번째는 禬이고 네 번째는 禜(영)이고 다섯 번째는 攻이고 여섯 번째는 說이다.〔掌六祈 以同鬼神示(기) 一曰類 二曰造 三曰禬 四曰禜 五曰攻 六曰說〕"라고 보이는데, 이에 대한 鄭玄의 注에 "祈는 부르짖음이니 재앙과 변고가 있어서 소리쳐 부르짖으며 신에게 고하여 복을 구함을 이른다. 천신과 인귀와 지기가 화협하지 않으면 여섯 가지 역병이 발생하기 때문에 祈禮를 통하여 이를 화협하도록 만드는 것이다.〔祈 嘄也 謂爲有災變 號呼告於神 以求福 天神人鬼地祇不和 則六癘作見 故以祈禮同之〕" 하였다. 鄭衆은 육기에 대해서 類는 上帝에게, 造는 先王에게, 禜은 일월·성신·산천에게 지내는 제사라고 하였는데, 정현은 "類와 造는 정성스러움과 엄숙함을 가하여 뜻한 바대로 되기를 구하는 것이고, 禬와 禜은 당시에 발생한 재앙과 변고를 고하는 것이다. 攻과 說은 말로 책망하는 것이다.……禬에 대해서는 자세한 내용을 듣지 못하였다. 造·類·禬·禜에는 모두 희생이 있고 攻과 說은 폐백을 사용할 뿐이다.〔類造加誠肅求如志 禬禜告之以時有災變也 攻說則以辭責之……禬未聞焉 造類禬禜皆有牲 攻說用幣而已〕" 하였다.(≪周禮注疏≫)

만한 것으로 여기지 않는 것이다. 嘉事는 冠禮와 昏禮이니, 〈관례나 혼례 때 사당에서〉 奠을 올려 고하는 것이 일정한 의식이 있으니, 이것을 좋게 여겨서 다시 다른 제사를 설행하지 않는 것이다. '牲不及肥大'는, 及은 이름〔至〕과 같다. 예컨대 郊祭에 쓰는 소는 뿔이 누에고치나 밤톨만 한 것을 쓰고 宗廟의 제사에 쓰는 소는 뿔이 한 줌 정도인 것을 쓰고 社稷의 제사에 쓰는 소는 뿔이 한 자 되는 것을 쓰는 것과 같이 각기 마땅히 써야 하는 것이 있으니, 꼭 전부 살지고 큼에 이를 필요가 없는 것이다. 제사에 올리는 음식은 일정한 수가 있으니, 종류가 많은 것을 아름답게 여기지 않는다.

≪大全≫

長樂陳氏曰 君子之於祭祀也에 寧神而已故로 不祈하고 因時而已故로 不麾蚤니라

長樂陳氏 : 군자가 제사에 있어서 神을 편안히 모실 뿐이므로 福을 기원하지 않고, 정해진 때를 따를 뿐이므로 일찍 제사 지내는 것을 즐겁게 여기지 않는다.

○ 馬氏曰 器幣는 所以將誠이니 苟徒大其器而無其意면 君子不樂也라 書曰 享은 多儀하니 儀不及物은 惟不役志于享이니 凡民惟曰不享[75]이라하니 與此同意라 冠昏之禮에 必先祭於祖廟者는 非以嘉事爲善也요 示其有尊祖敬禰之意라 禮는 有以大爲貴로되 而牲不及肥大하고 禮有以多爲貴로되 而薦不美多品者는 修其在中之誠而已라 蓋君子內則盡志하고 外則盡物하니 在外之物은 不可得而盡이니 盡其在內之志而已矣니라

馬氏 : 기물과 폐백은 정성을 행하는 도구이니, 만약 그릇만 크게 하고 정성스러운 마음이 없으면 군자가 즐거워하지 않는다. ≪書經≫ 〈周書 洛誥〉에 "享은 의식이 많은데 의식이 물건에 미치지 못함은 오직 享에 뜻을 쓰지 않기 때문이니, 백성들이 享하지 않았다고 말할 뿐이다." 하였으니, 이것과 똑같은 뜻이다.

관례와 혼례를 행할 적에 반드시 먼저 祖廟에 제사 지내는 것은 아름다운 일을 좋게 여겨서가 아니고, 선조를 높이고 아버지 사당을 공경하는 뜻이 있음을 보인 것이다.

禮는 큰 것을 귀하게 여기는 경우가 있으나 희생은 살지고 큰 것을 쓰는 데 이르지 않고, 예는 많은 것을 귀하게 여기는 경우가 있으나 제수를 올릴 적에 종류가 많은 것을 아름답게 여기지 않는 것은 마음속에 있는 정성을 닦을 뿐이기 때문이다.

---

75) 享多儀……凡民惟曰不享 : ≪書經≫ 〈周書 洛誥〉의 "享은 의식이 많은데 의식이 물건에 미치지 못하는 것은 享하지 않았다고 한다.〔享多儀 儀不及物 曰不享〕"라는 말을 원용한 것이다.

군자가 안으로는 〈정성스러운〉 뜻을 극진히 쏟고 밖으로는 〈갖출 수 있는〉 물건을 극진히 갖추는데, 밖에 있는 물건은 다 갖출 수 없으니 마음속의 〈정성스러운〉 뜻을 극진히 쏟을 뿐이다.

101702 孔子曰 臧文仲이 安知禮리오 夏父(보)弗綦(기)逆祀而弗止也하니라

孔子께서 말씀하셨다.

"臧文仲이 어찌 禮를 안다고 할 수 있겠는가. 夏父弗綦가 〈禮를〉 거슬러 제사 지냈는데도 저지하지 못하였다.

≪集說≫

臧文仲은 魯大夫臧孫辰(신)이라 夏父弗綦는 人姓名也라 魯莊公이 薨에 立適子閔公하고 閔公薨에 立僖公하니 僖公者는 莊公之庶子요 閔公之庶兄也라 僖公薨에 子文公立하야 二年八月에 祫祭太廟할새 夏父弗綦爲宗伯하야 典禮호되 移閔公하야 置僖公之下하니라 是는 臣居君之上하야 逆亂尊卑하니 不可之大者라 時人이 以文仲爲知禮어늘 孔子以其爲大夫而不能止逆祀之失하니 豈得爲知禮乎아하시니라

臧文仲은 魯나라 대부 臧孫辰이다. 夏父弗綦는 사람의 姓名이다. 魯 莊公이 죽자 適子 閔公을 세웠고 민공이 죽자 僖公을 세웠으니, 희공이란 자는 장공의 서자이고 민공의 서형이다. 희공이 죽자 아들 文公이 즉위하여 2년 8월이 되었을 적에 太廟에서 祫祭를 지낼 때 夏父弗綦가 宗伯이 되어 예를 주관하였는데 민공을 옮겨 희공의 아래에 두었다. 이는 신하(희공)가 임금(민공)의 위에 있어서 높고 낮은 차례를 거스르고 어지럽힌 것이니, 크게 옳지 못한 것이다. 당시 사람들은 장문중이 예를 안다고 말하였는데, 孔子는 장문중이 대부가 되어서 예를 거슬러 제사 지내는 잘못을 저지시키지 못하였으니, '어찌 예를 안다고 할 수 있겠는가.'라고 하신 것이다.

≪大全≫

金華應氏曰 文仲이 不知正其順祀之爲禮하고 徒以昵於所親之爲孝하니라

金華應氏 : 장문중이 順한 차서대로 제사 지냄이 올바른 예가 됨을 알지 못하고, 한갓 사이가 친한 아버지를 가까이하는 것을 孝로 여긴 것이다.

101703 燔(번)柴於(奧)〔爨〕[76]하니라 夫(奧)〔爨〕者는 老婦之祭也[77]니 盛於盆(분)하며 尊(준)於瓶이니라

〈臧文仲이 禮를 잃어서〉 爨(찬)에 나무를 불태워 제사 지냈다. 爨은 老婦에 대한 제사이니, 음식을 동이에 담고 병을 술동이로 삼아 〈술을 담았다.〉

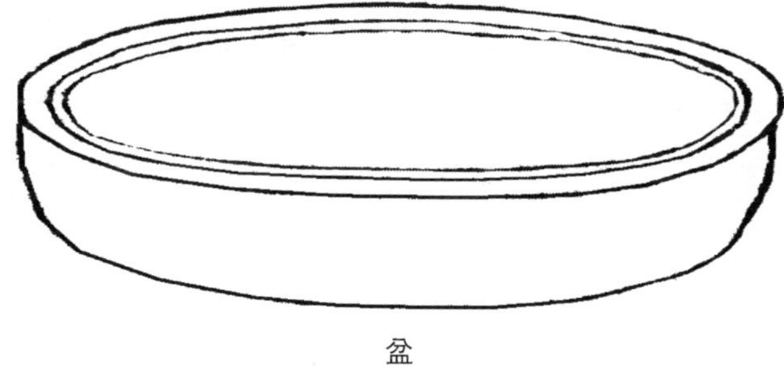
盆

瓶

≪集說≫

此亦言臧文仲不能正失禮之事라 周禮에 以實柴로 祀日月星辰[78]하니 有大火之次라

---

76) (奧)〔爨〕: 저본에는 '奧'로 되어 있으나, 鄭玄의 注와 集說에 의거하여 '爨'으로 바로잡았다. 아래도 같다.

77) 燔(번)柴於(奧)〔爨〕……老婦之祭也 : 鄭玄의 注에 "奧는 마땅히 爨이 되어야 하니, 이는 글자가 잘못된 것이다. 禮에 시동이 식사를 마치면 饎爨(치찬)과 饔爨(옹찬)에 제사 지낸다. 老婦는 맨 처음 밥을 지었던 자이다.〔奧 當爲爨 字之誤也 禮 尸卒食 而祭饎爨饔爨也 老婦 先炊者也〕" 하였는데, 孔穎達의 疏에 "이는 爨에 제사 지낼 적에 섶을 태워서는 안 된다는 뜻을 밝힌 것이다. 爨이라는 것은 노부에 대한 제사로 그 제사의 등급이 낮아서 오직 盆에 밥을 담고 瓶에 술을 담을 뿐이니, 어찌 섶을 태워 제사 지낼 수 있겠는가.〔此明祭爨不可燔柴之義 爨者 是老婦之祭 其祭卑 唯盛食於盆 盛酒於瓶 何得燔柴祭之也〕" 하였고, 또 "〈정현이〉 '奧는 마땅히 爨이 되어야 한다.' 한 것은 아랫글에 '노부에 대한 제사이니, 음식을 동이에 담고 병을 술동이로 삼는다.' 하였기 때문에 奧가 아님을 아는 것이다. 奧는 여름에 부엌의 신에게 제사 지내는 것으로 그 禮의 등급이 높으니, 여기에 노부를 함께 제사 지낼 뿐이다.〔奧當爲爨者 下文云 老婦之祭 盛於盆 尊於瓶 故知非奧也 奧者 夏祀竈神 其禮尊 以老婦配之耳〕" 하였다.(≪禮記正義≫)

78) 以實柴 祀日月星辰 : ≪周禮≫ 〈春官 大宗伯〉에 보이는데, 鄭玄의 注에 "섶을 쌓고서 희생

故祭火神則燔柴也라 今弗綦爲禮官하야 謂爨神이 是火神이라하야 遂燔柴祭之하니 是失禮矣라 禮에 祭至尸食竟而祭爨神할새 宗婦는 祭饎(치)爨하고 烹者는 祭饔爨[79]하니 其神則先炊也라 故謂之老婦라 惟盛食於盆하고 盛酒於甁하니 卑賤之祭耳라 雖卑賤이나 而必祭之者는 以其有功於人之飮食이라 故로 報之也라

이 또한 臧文仲이 失禮를 바로잡지 못한 일을 말씀한 것이다. ≪周禮≫ 〈春官 大宗伯〉에는 實柴로 日月과 星辰에 제사 지낸다고 하였으니, 별에 大火의 位次가 있기 때문에 火神에게 제사 지내면 섶을 태우는 것이다. 지금 夏父弗綦가 禮官이 되어서 "爨神이 바로 화신이다."라고 하여 마침내 섶을 태워 제사 지냈으니, 이는 예를 잃은 것이다. 예에 제사는 尸童이 식사를 마침에 이르러야 爨神에게 제사 지내는데, 宗婦는 饎爨에 제사 지내고 음식을 요리하는 자는 饔爨에 제사 지내니, 그 신은 처음 밥을 지었던 자이기 때문에 이것을 老婦라 이른 것이다. 오직 음식을 동이에 담고 술을 병에 담을 뿐이니, 〈爨은〉 비천한 신에게 지내는 제사이기 때문이다. 비록 비천하지만 반드시 제사 지내는 것은 사람의 먹고 마시는 것에 대한 功이 있기 때문에 보답하는 것이다.

≪大全≫

有問 竈可祭否아 朱子曰 飮食所繫니 (不)〔亦〕[80]可祭니라

〈或者가〉 "부엌에도 제사 지낼 만합니까?" 하고 묻자, 朱子가 "음식이 관계된 곳이니, 또한 제사 지낼 만하다." 하였다.

○ 嚴陵方氏曰 祀奧者는 以竈能化飮食하야 以養人故也니 配以先炊故로 謂之老婦之祭라하니라

의 고기를 놓거나 혹은 玉帛을 놓고 그것을 태워서 연기가 올라가도록 하는 것이니, 이는 陽에 보답하는 것이다. 鄭司農(鄭衆)이 말하였다. '……實柴는 소를 섶 위에 놓는 것이다.'〔積柴實牲體焉 或有玉帛燔燎而升煙 所以報陽也 鄭司農云……實柴 實牛柴上也〕" 하였다.(≪周禮注疏≫)

79) 祭至尸食竟而祭爨神……祭饔爨 : ≪儀禮≫ 〈特牲饋食禮 記〉에 보인다. 金在魯의 ≪禮記補註≫에 따르면 饎는 익힌 음식이고 饔은 익힌 고기이다.

80) (不)〔亦〕 : 저본에는 '不'로 되어 있으나, ≪朱子語類≫ 권90 〈禮7 祭〉에 의거하여 '亦'으로 바로잡았다.

嚴陵方氏 : 奧에 제사 지냄은 부엌에서 음식을 만들어 사람을 기르기 때문이니, 처음 밥을 지었던 자를 여기에 배향하기 때문에 '老婦의 제사'라고 이른 것이다.

○ 延平周氏曰 先炊之有祭는 猶牧之有先牧而嗇之有先嗇也니라

延平周氏 : 처음 밥을 지었던 자에게 제사가 있음은 가축을 기르는 곳에 처음 가축을 길렀던 자에 대한 제사가 있고 농사짓는 곳에 처음 농사지었던 자에 대한 제사가 있는 것과 같다.

101801 **禮也者**는 **猶體也**니 **體不備**면 **君子謂之不成人**이라하나니 **設之不當**이 **猶不備也**니라 **禮有大有小**하며 **有顯有微**하니 **大者**를 **不可損**이요 **小者**를 **不可益**이요 **顯者**를 **不可揜**이요 **微者**를 **不可大也**라 **故**로 **經禮三百**과 **曲禮三千**이 **其致一也**니 **未有入室而不由戶者**니라

禮는 〈사람의〉 몸〔體〕과 같다. 몸이 갖춰지지 못하면 군자는 이를 온전하지 못한 사람이라고 이르니, 예를 진설함이 마땅하지 않음은 몸이 갖춰지지 못한 것과 같다.

예는 큰 것이 있고 작은 것이 있으며 드러난 것이 있고 은미한 것이 있으니, 크게 할 것을 덜어서 작게 해서는 안 되고 작게 할 것을 더하여 크게 해서는 안 되며 드러낼 것을 가려서 은미하게 해서는 안 되고 은미하게 할 것을 크게 해서 드러내서는 안 된다. 그러므로 經禮 3백 가지와 曲禮 3천 가지가 이치가 하나이니, 방에 들어가면서 방문을 경유하지 않는 자는 아직 없었다.

≪集說≫

體는 人身也라 先王經制大備는 如人體之全具矣라 若行禮者設施에 或有不當이면 亦與不備同也라 大者를 損之하고 小者를 益之하며 揜其顯하고 著其微는 是不當也라 禮以敬爲本하니 一者는 敬而已라 未有入室而不由戶者하니 豈有行禮而不由敬乎아

體는 사람의 몸이다. 先王의 나라 다스리는 제도가 크게 갖추어짐은 사람의 몸이

온전히 갖추어진 것과 같다. 만약 禮를 행하는 자가 시행함에 혹 마땅하지 않음이 있으면 또한 몸이 갖춰지지 못함과 같은 것이다. 크게 할 것을 줄여서 작게 하고 작게 할 것을 보태어 크게 하며 드러낼 것을 가려서 은미하게 하고 은미하게 할 것을 드러냄은 마땅하지 않은 것이다.

禮는 공경을 근본으로 삼으니, '一'은 공경일 뿐이다. 방에 들어가면서 문을 경유하지 않는 자가 없으니, 어찌 예를 행하면서 공경을 따르지 않는 경우가 있겠는가.

○ 朱子曰 禮儀三百은 便(변)是儀禮中士冠諸侯冠天子冠禮之類니 此是大節이니 有三百條라 如始加再加三加와 又如坐如尸立如齊(재)[81]之類 皆是其中小目이라 呂與叔云 經은 便是常行底요 緯는 便是變底라하니 恐不然이라 經中에 自有常有變하고 緯中에 亦自有常有變하니라

朱子 : 禮儀 3백 가지는 바로 ≪儀禮≫ 가운데 士의 冠禮와 제후의 관례와 천자의 관례와 같은 따위인데, 이것은 큰 禮節이니, 3백 가지 조목이 있는 것이다. 〈관례에서 1차로 緇布冠을 씌우는〉 始加, 〈2차로 皮弁을 씌우는〉 再加, 〈3차로 爵弁을 씌우는〉 三加와, 또 〈평상시의 몸가짐으로〉 앉을 때에는 尸童과 같이 하고 설 때에는 재계하는 것과 같이 하는 따위가 모두 〈큰 예절〉 가운데의 작은 조목들이다.

呂與叔(呂大臨)이 "經은 바로 정상적으로 행하는 것이고, 緯는 바로 임시로 바꾸어 행하는 것이다." 하였으니 옳지 않은 듯하다. 經 가운데에도 본래 정상적인 것이 있고 임시로 바꾸는 것이 있으며, 緯 가운데에도 또한 본래 정상적인 것이 있고 임시로 바꾸는 것이 있다.

○ 趙氏曰 經禮는 如冠昏喪祭朝覲會同之類요 曲禮는 如進退升降俯仰揖遜之類니라

趙氏 : 經禮는 冠禮와 昏禮, 喪禮와 祭禮, 朝覲과 會同과 같은 따위이고, 曲禮는 나아가고 물러가며 오르고 내리며 구푸리고 우러르며 揖하고 遜讓하는 것과 같은 따위이다.

---

81) 坐如尸立如齊(재) : ≪禮記≫ 〈曲禮 上〉에 보이는데, 이에 대한 설명으로 ≪論語集註≫ 〈學而〉 1장 1절의 註에 "앉아 있을 때에 시동같이 하는 것은 앉아 있을 때의 익힘이요, 서 있을 때에 재계하듯 하는 것은 서 있을 때의 익힘이다.〔坐如尸 坐時習也 立如齊 立時習也〕"라는 謝良佐의 설이 있다.

≪大全≫

馬氏曰 百骸九竅具然後에 足以爲人이요 大小精粗備然後에 足以爲禮라 古之言禮者 內之爲本하고 外之爲文하고 多之爲美하고 少之爲貴하니 凡此者는 皆慮其禮之不備也라 小大微顯을 設之皆當은 禮之所以備也니 經禮者는 曲禮之總이요 曲禮者는 經禮之別이니 經禮至於三百之多하고 曲禮至於三千之多者는 皆慮其禮之不備也니라

馬氏：百骸와 九竅가 갖추어진 뒤에 사람이 될 수 있고, 大小와 精粗가 갖추어진 뒤에 禮가 될 수 있다. 옛날에 예를 말한 자가 안을 근본으로 삼고 밖을 문채로 삼으며 많은 것을 아름다움으로 여기고 적은 것을 귀함으로 여겼으니, 무릇 이것은 모두 예가 갖추어지지 못함을 염려한 것이다. 크고 작은 것과 은미하고 드러난 것을 베풂에 모두 마땅하게 함은 예가 갖추어진 것인데, 經禮는 曲禮를 총괄한 것이고 곡례는 경례를 구별한 것이니, 경례가 3백 가지의 많은 조목에 달하고 곡례가 3천 가지의 많은 조목에 달하는 것은 모두 예가 갖춰지지 못할까 염려해서이다.

101901 君子之於禮也에 有所竭情盡愼하야 致其敬而誠若하며 有美而文而誠若이니라

군자가 禮에 대하여 情을 다하고 삼감을 극진히 해서 공경하여 성실한 경우가 있으며, 아름답고 문채 나면서도 성실한 경우가 있다.

≪集說≫

誠은 實也요 若은 語辭라 謂以少者小者下者素者爲貴는 是內心之敬이 無不實者요 以多者大者高者文者爲貴하면 美而有文하니 是外心之實者라

誠은 성실함이고, 若은 어조사이다. 적은 것과 작은 것과 낮은 것과 소박한 것을 귀함으로 여김은 마음을 내면에 쓰는 공경함이 성실하지 않음이 없음을 이른다. 그리고 많은 것과 큰 것과 높은 것과 문채 나는 것을 귀함으로 여기면 아름다우면서도 문채가 있으니, 이는 마음을 외면에 씀이 성실함을 이른다.

≪大全≫

嚴陵方氏曰 禮雖不同이나 至於致其誠則一而已라 竭情盡愼하야 致其敬하면 則誠之

存乎內者요 美而文하면 則誠之發乎外者니 或內或外가 皆不離乎誠이라 故로 每以誠言之하니라

嚴陵方氏 : 禮가 비록 똑같지 않으나 정성을 지극히 함에 이르러서는 똑같을 뿐이다. 情을 다하고 삼감을 극진히 하여 공경을 지극히 하면 정성이 안에 보존되는 것이고, 아름답고 문채 나면 정성이 외면에 발로된 것이니, 내면이든지 외면이든지 모두 정성을 떼어놓을 수 없으므로 매번 정성을 가지고 말한 것이다.

101902 君子之於禮也에 有直而行也하며 有曲而殺(쇄)也하며 有經而等也하며 有順而討也하며 有摲(참)而播也하며 有推而進也하며 有放而文也하며 有放而不致也하며 有順而摭也하니라

군자가 禮에 있어서 情대로 곧바로 행하는 경우가 있으며, 굽혀서 줄이는 경우가 있으며, 經常의 禮를 따라 똑같이 행하는 경우가 있으며, 순차적으로 제거하는 경우가 있으며, 윗사람 것을 떼어내어서 아랫사람에게 나누어주는 경우가 있으며, 낮은 자를 밀어서 등급을 올리는 경우가 있으며, 본받아서 문채 나게 하는 경우가 있으며, 본받되 문채를 지극히 하지 않는 경우가 있으며, 높은 자의 것을 따라서 취해다 쓰는 경우가 있다.

≪集說≫

親始死而哭踊無節은 是直情而徑行也라 故로 曰 直而行이요 父在則爲母服期하고 尊者在則卑者不杖은 是委曲而減殺之也라 故로 曰 曲而殺요 父母之喪에 無貴賤히 皆三年하고 大夫士魚俎 皆十五[82]는 是經常之禮를 一等行之也라 故曰 經而等이라하니라 順而討者는 順其序而討去之니 若自天子而下로 每等降殺以兩[83]이 是也요 摲而播

82) 大夫士魚俎 皆十五 : ≪儀禮≫ 〈特牲饋食禮 記〉에 "생선은 열다섯 마리이다.〔魚 十有五〕" 하였는데, 鄭玄의 注에 "≪儀禮≫ 〈少牢饋食禮〉에 또한 '열다섯 마리씩 한 俎에 놓는다.' 하여 높은 자와 낮은 자가 똑같으니, 이것이 이른바 '經而等'이다." 하였다.(≪儀禮注疏≫)

83) 自天子而下 每等降殺以兩 : ≪春秋左氏傳≫ 襄公 26년에 "위로부터 아래로 내려오면서 둘씩 줄어드는 것이 禮이다.〔自上以下 降殺以兩 禮也〕" 하였다.

者는 芟取在上之物而播施於下니 如祭俎之肉이 及群臣하야 而胞翟之賤者도 亦受其惠 是也요 推而進者는 推卑者하야 使得行尊者之禮니 如二王之子孫이 得用王者之禮와 及旅酬之禮에 皆得擧觶於其長이 是也라 冕服旗常之章采와 樽罍(뢰)之刻畫는 是放而文也요 公侯以下之服이 其文采殺於天子하야 而不敢極致는 是放而不致也라 摭은 猶拾取也니 雖拾取尊者之禮而行之라도 不謂之僭逆하니 如君沐粱이어늘 士亦沐粱[84)]하고 又有君大夫士一節者[85)]하니 是順而摭也라 言君子行禮에 有此九者하니 不可不知也라

어버이가 처음 돌아가셨을 적에 哭과 踊을 절도가 없게 함은 슬픈 情대로 곧바로 행하는 것이므로 '直而行'이라 하였고, 아버지가 계시면 어머니를 위하여 朞年服을 입고 높은 자가 생존해 있으면 낮은 자가 喪杖을 짚지 않음은 굽혀서 줄이는 것이므로 '曲而殺'라고 하였고, 부모의 상에 貴賤에 상관없이 모두 3년상을 하고, 대부와 士의 한 俎에 올리는 생선이 모두 열다섯 개인 것은 經常의 禮를 똑같이 행하는 것이므로 '經而等'이라고 하였다.

'順而討'는 순서를 따라 제거하는 것이니, 천자로부터 이하로 매 등급마다 둘씩 줄

84) 君沐粱 士亦沐粱 : '粱'은 '粱(좁쌀)'과 통용한다. ≪禮記≫ 〈喪大記〉에 "군주의 시신은 좁쌀 뜨물로 머리를 감기고, 대부의 시신은 기장 뜨물로 머리를 감기고, 士의 시신은 좁쌀 뜨물로 머리를 감긴다.〔君沐粱 大夫沐稷 士沐粱〕" 하였는데, 陳澔의 集說에 "군주와 士가 똑같이 좁쌀을 사용하는 것은 士는 신분이 낮아서 위를 참람함에 혐의되지 않기 때문이다.〔君與士同用粱者 士卑不嫌於僭上也〕" 하였다.

85) 君大夫士一節者 : 金在魯의 ≪禮記補註≫에 "살펴보건대, 〈증자문〉에 '군주가 국경을 나가서 죽으면 들어올 때 아들이 삼베로 만든 弁에 環絰을 하며 거친 상복을 입고 짚신을 신고 지팡이를 짚고 빈궁 담장의 허문 곳으로 들어와서 서쪽 계단으로 올라가며, 만일 小斂을 했으면 아들이 免(문)을 하고 靈柩를 따라 문으로 들어와 阼階(동쪽 계단)로 올라가니, 군주와 대부와 士가 예절이 똑같다.' 하였으며, 〈상대기〉에 '시신을 평상으로 옮겨놓고 시신을 덮되 대렴할 이불을 사용하고 죽을 때 새로 입혔던 옷을 벗기며, 이빨을 벌려 괴되 뿔 숟가락을 사용하며, 발을 묶어놓되 燕几를 사용하니, 군주와 대부와 士가 똑같다.' 하였으며, 또 '飯含할 적에 상이 하나이고 襲할 적에 상이 하나이고 시신을 堂으로 옮겨놓을 적에 또 상이 하나이니, 군주와 대부와 士가 똑같다.' 하였으며, 〈잡기 상〉에 '소렴할 적에 환질을 착용하는 것은 公과 대부와 士가 똑같다.' 하였으니, 이것들이 또한 바로 그러한 종류이다.〔按曾子問 君出疆而薨 其入也 子麻弁絰 疏衰菲杖 入自闕 升自西階 如小斂 則子免而從柩 入自門 升自阼階 君大夫士一節也 喪大記 遷尸于牀 幠用斂衾 去死衣 楔齒用角柶 綴足用燕几 君大夫士一也 又云 含一牀 襲一牀 遷尸于堂又一牀 君大夫士一也 雜記 小斂環絰 公大夫士一也 此亦其類也〕" 하였다.

어드는 것과 같은 것이 여기에 해당한다. '撕而播'는 윗사람에게 있는 물건을 떼어내어 취해서 아랫사람에게 베풀어주는 것이니, 예컨대 제사 지낼 적에 俎의 고기가 여러 신하에게 미쳐서 〈고기를 맡은 관리의 천한 자인〉 胞나 〈음악을 맡은 관리의 천한 자인〉 翟과 같은 천한 자들 또한 그 은혜를 받는 것이 바로 이러한 경우이다. '推而進'은 낮은 자를 밀어서 높은 자의 예를 행할 수 있게 하는 것이니, 예컨대 夏나라와 殷나라 두 왕조의 자손이 天子의 예를 쓸 수 있는 것과 旅酬의 예에 누구나 모두 長者에게 술잔을 올릴 수 있는 것이 바로 이러한 경우이다.

冕服과 旗常(王侯의 旗幟)에 있는 문장과 채색, 樽과 罍에 있는 조각과 그림은 바로 '放而文'이고, 公・侯 이하의 의복에 문장과 채색을 천자보다 줄여서 감히 지극하게 하지 못하는 것은 바로 '放而不致'이다. 摭은 拾取와 같으니, 비록 높은 자의 예를 습취하여 행하더라도 이것을 '僭逆'이라고 이르지 않는다. 예컨대 군주의 시신은 좁쌀 뜨물로 머리를 감기는데 士의 시신 또한 좁쌀 뜨물로 머리를 감기고, 또 군주와 대부와 士가 동일한 예절이 있으니, 이는 바로 높은 자의 것을 따라서 취해다 쓴 것이다.

이는 군자가 예를 행함에 이러한 아홉 가지의 경우가 있으니, 몰라서는 안 됨을 말한 것이다.

≪大全≫

嚴陵方氏曰 直而行者는 謂行吾誠於內而無所屈이요 曲而殺者는 謂爲所隆者厭(압)而不得伸이라 經而等은 謂順理之常하야 無貴賤一也요 撕而播는 謂撕此以播於彼라 放而文은 謂觀象放法하야 以致其飾이요 放而不致는 若諸侯之服이 自鷩(별)冕而下하고 其旗自龍而下[86] 是矣니라

86) 諸侯之服……其旗自龍而下 : '自鷩冕而下'는 제후왕은 鷩冕 7章을 입고 그 아래 등급으로 내려가면서 2章씩 줄어든다는 말이고, '自龍而下'는 제후는 戰車에 龍 문양으로 꾸민 旂를 꽂고 그 아래 등급으로 내려가면서 문양이 달라진다는 말이다. 鷩冕 7章에 대한 내용은 ≪周禮≫ 〈春官 司服〉에 보이는데, 자세한 내용은 101101의 역주 참조. ≪周禮≫ 〈夏官 大司馬〉에 "왕은 戰車에 太常을 꽂고 제후는 旂를 꽂고 軍吏(장군)는 旗를 꽂고 師都는 旜(전)을 꽂고 鄕遂(향대부)는 物을 꽂고 郊野에서는 旐(조)를 꽂고 모든 관청에서는 旟(여)를 꽂는데, 각각 맡은 일과 호칭을 적어서 내건다.〔王載大常 諸侯載旂 軍吏載旗 師都載旜 鄕遂載物 郊野載旐 百官載旟 各書其事與其號焉〕" 하였고, ≪周禮≫ 〈春官 司常〉에 "해와 달을 그린 깃발을 常이라 하고, 용틀임을 하는 용을 그린 깃발을 旂라 하고, 통으로 된

嚴陵方氏 : '直而行'은 나의 정성을 내면에 행하여 굽히는 바가 없음을 이르고, '曲而殺'는 높은 분에게 壓尊이 되어서 〈情을〉 펼 수 없음을 이른다. '經而等'은 이치의 떳떳함을 순히 따라 貴・賤의 구분 없이 똑같음을 이르고, '撕而播'는 이것에서 베어내어 저기에 베풂을 이른다. '放而文'은 象을 보고 法을 본받아서 문식을 지극히 함을 이르고, '放而不致'는 제후의 옷이 鷩冕으로부터 아래로 내려가고 〈제후의〉 깃발이 龍으로부터 아래로 내려가는 것과 같은 것이 이것이다.

102001 三代之禮는 一也라 民共由之하나니 或素或青이나 夏造殷因이니라

〈夏・殷・周〉 三代의 禮가 똑같다. 백성이 함께 이를 행하니, 〈은나라의〉 흰색을 쓰기도 하고 〈하나라의〉 푸른색을 쓰기도 하였으나 하나라가 처음 만들고 은나라가 이를 그대로 따른 것이다.

≪集說≫

殷尙白하고 夏尙黑하니 素卽白也요 青近於黑하니 不言白黑而言素青은 變文耳라 此類는 皆制作之末이나 擧此以例其餘면 則前之創造와 後之因仍을 皆可知矣니라

殷나라는 흰색을 숭상하고 夏나라는 검은색을 숭상하였다. 素는 바로 흰색이고 青은 검은색에 가까우니, 白과 黑을 말하지 않고 素와 青을 말한 것은 글자를 〈의미가 같은 것으로〉 바꾼 것일 뿐이다. 이런 따위는 모두 禮樂 제도의 말단이지만 이것을 들어서 나머지 것들에 적용해보면 前代에서 처음 만든 것과 後代에서 그대로 따른 것을 모두 알 수 있다.

○ 朱子曰 三綱五常은 禮之大體라 三代相繼하야 皆因之而不能變하고 其所損益은 不過文章制度의 小過不及之間而已니라

朱子 : 三綱과 五常은 禮의 대체이므로 삼대가 서로 이어서 모두 인습하고 바꾸지

흰 비단으로 만든 깃발을 旜이라 하고, 잡색 비단으로 만든 깃발을 物이라 하고, 곰과 호랑이를 그린 깃발을 旗라 하고, 새와 매를 그린 깃발을 旟라 하고, 거북과 뱀을 그린 깃발을 旐라 하고, 온전한 새 깃으로 만든 깃발을 旞(수)라 하고, 새 깃을 쪼개어 만든 깃발을 旌이라 한다.〔日月爲常 交龍爲旂 通帛爲旜 雜帛爲物 熊虎爲旗 鳥隼爲旟 龜蛇爲旐 全羽爲旞 析羽爲旌〕" 하였다.

못하였고 그 加減한 것은 문장과 제도의 약간 過함과 不及함의 사이에 지나지 않을 뿐이었다.

≪大全≫

嚴陵方氏曰 三代之禮가 所異者迹이요 所同者道라 故로 曰 一也라하니라 夏造殷因者는 言夏造於前하고 殷因之於後也니 言殷之因夏면 則周之因殷을 從可知矣니라

嚴陵方氏 : 三代의 禮가 다른 것은 자취이고 똑같은 것은 道이므로 '똑같다'라고 말한 것이다. '夏造殷因'은 夏나라가 앞에서 처음 만들고 殷나라가 뒤에서 이것을 그대로 따른 것이니, 은나라가 하나라를 그대로 따랐음을 말했으면 周나라가 은나라를 그대로 따랐음을 따라서 알 수 있다.

○ 臨川吳氏曰 言夏殷周三代之時에 禮之儀文이 雖小有損益이나 而其所以爲禮者則一이라 故로 天下之民이 皆可通行이라 蓋損益而異者는 禮之文耳요 禮之本은 則相因不變하야 而無不同也니라 又曰 所尙之色은 雖有或素或靑之異나 然禮之本은 則夏造作於前하고 殷因襲於後하야 無不同者니라

臨川吳氏 : 夏·殷·周 삼대의 시대에 禮儀의 형식이 비록 다소 가감한 점이 있었으나 禮가 되는 까닭은 똑같았으므로 천하의 백성이 모두 通用할 수 있었음을 말한 것이다. 가감하여 다르게 한 것은 예의 형식일 뿐이고 예의 근본은 서로 인습하여 바꾸지 않아서 똑같지 않음이 없었다.

또(臨川吳氏) : 숭상하는 색깔은 비록 백색을 쓰거나 청색을 쓰는 차이가 있으나 예의 근본은 하나라가 앞에서 만들고 은나라가 뒤에서 그대로 따라서 똑같지 않음이 없었다.

102101 周는 坐尸하고 詔侑武[87]方하더니 其禮亦然하니 其道一也니라

周나라는 尸童을 앉히고 詔와 侑가 모두 일정한 사람이 없었는데 그 禮가 또한 그러하였으니, 그 道가 〈夏나라·殷나라와〉 똑같은 것이다.

87) 武 : 鄭玄의 注에 "武는 無가 되어야 하는데 소리로 인한 잘못이다.〔武當爲無 聲之誤也〕" 하였다.(≪禮記正義≫) 集說에서도 '無'로 보았다.

≪集說≫

承上夏造殷因하야 而言三代尸禮之異라 周之禮는 尸卽位而坐어든 詔者告尸以威儀之節하고 侑者勸尸爲飮食之進하니 詔與侑皆祝官之職이니 祝不止一人이라 無方은 謂無常人也니 宗廟中可告之事를 皆得告之也라 亦然은 亦如殷之禮也라 禮同은 本於道之同이라 故云 其道一也라하니라

윗글에서 夏나라가 처음 만들고 殷나라가 그대로 따랐다는 것을 이어서 三代시대에 尸童의 禮가 다름을 말하였다. 周나라의 예는 시동이 자리에 나아가 앉으면 詔者가 시동에게 威儀의 절차를 알려주고 侑者가 시동에게 음식 들기를 권한다. 詔와 侑는 모두 祝官의 관직이니, 祝은 한 명에 그치지 않는다. '無方'은 일정한 사람이 없음을 이르니, 宗廟 안에 고할 만한 일을 〈祝들〉 모두가 고할 수 있는 것이다. '亦然'은 또한 은나라의 예와 같은 것이다. 예가 같은 것은 道의 같음에 근본을 두었기 때문에 "그 도가 똑같다." 한 것이다.

102102 夏는 立尸而卒祭하고 殷은 坐尸하고

夏나라는 尸童을 세우고서 제사를 끝마쳤고, 殷나라는 시동을 앉혔으며,

≪集說≫

夏之禮는 尸當飮食則暫坐하고 若不飮食則惟立以俟祭事之終也요 殷則尸雖無事나 亦坐니라

하나라의 예는 시동이 먹고 마실 때가 되면 잠시 앉고 만약 먹고 마시는 경우가 아니면 오직 서서 제사가 끝나기를 기다리는 것이고, 은나라는 시동이 비록 일이 없더라도 또한 앉아 있었다.

≪大全≫

嚴陵方氏曰 夏立尸而殷坐尸하니라 殷雖坐尸나 而詔侑未必無方이요 周則文又備하야 不惟坐尸요 而且詔侑無方이라 爲此는 特文備之事爾니 而於禮에 莫不然也라 故로 曰 其禮亦然이라하고 以其道未始不相因이라 故로 曰 其道一也라하니라

嚴陵方氏 : 하나라는 시동을 서 있게 하였고 은나라는 시동을 앉아 있게 하였다. 은나라가 비록 시동을 앉게 하였지만 詔와 侑에 반드시 일정한 사람이 없지 않았다. 주나라는 文(형식)이 또 구비되어서 시동을 앉게 하였을 뿐만 아니라 또한 詔와 侑에 일정한 사람이 없었다. 이렇게 한 것은 다만 文이 구비된 일일 뿐이고 〈본질적인〉 禮에 있어서 그러하지 않음이 없었기 때문에 "그 예가 또한 그러하다." 한 것이고, 그 〈본질적인〉 道를 일찍이 따르지 않은 적이 없었기 때문에 "그 도가 똑같은 것이다." 한 것이다.

102103 周는 旅酬六尸[88)]하니 曾子曰 周禮는 其猶醵(거)與인저

周나라는 여섯 명의 尸童이 旅酬를 하였으니, 曾子가 말씀하였다. "주나라의 이 禮는 〈세속의〉 술추렴과 같구나."

≪集說≫

周家祫祭之時에 群廟之祖를 皆聚於后稷廟中하니 后稷尸尊하야 不與子孫爲酬酢하고 毁廟之祖는 又無尸라 故惟六尸而已니 此六尸自爲昭穆次序하야 行旅酬之禮라 故曾子言 周家此禮는 其猶世俗之醵與인저하니라 醵는 斂錢共飮酒也니 錢之所斂者均이면 則酒之所飮必均하니 此六尸之旅酬 如醵飮之均平也라

주나라는 祫祭 때에 여러 사당의 조상 신주를 모두 后稷의 사당 가운데로 모으니, 후직의 시동은 높아서 자손들과 酬酌하지 않는다. 그리고 체천한 사당의 조상은 또 〈신주만 있고〉 시동이 없기 때문에 오직 〈文王·武王의 祧廟 2개와 親廟 4개에〉 여섯 명의 시동이 있을 뿐이니, 이 여섯 명의 시동이 자기들끼리 昭·穆의 차례를 이루어 旅酬의 예를 행하므로 증자가 "주나라의 이 예는 세속의 술추렴과 같구나." 하였다. 醵는 돈을 추렴해서 함께 술을 마시는 것인데, 돈을 추렴한 것이 균등하면 술

88) 周旅酬六尸 : 周나라 제도는 天子가 모시는 사당이 7廟로, 太祖인 后稷을 모시는 사당 1개와 文王과 武王을 모시는 祧廟 2개와 親廟 4개이다. 祫祭 때에는 후직의 사당으로 나머지 6개 사당의 신주를 모을 뿐만 아니라 체천한 사당의 신주들도 모은다. 후직의 시동은 제일 높기 때문에 자손들과 酬酌을 하지 않고, 체천한 사당의 신주는 시동을 세우지 않아서 수작을 할 수 없으므로 수작을 하는 시동은 나머지 6개 사당의 시동이 되는 것이다.(≪禮記正義≫)

을 마시는 것이 반드시 균등하니, 이 여섯 명 시동의 여수는 마치 돈을 추렴하여 술을 마심이 균등한 것과 같다.

≪大全≫

臨川吳氏曰 此는 承上文하야 言周之異於殷者는 不但詔侑無方之禮요 又有旅酬六尸之禮也하고 而又引曾子釋旅酬之言于後하야 以結之하니라

臨川吳氏 : 이는 윗글을 이어서 주나라가 은나라와 다른 것이 다만 詔·侑가 일정한 사람이 없는 禮일 뿐만 아니라 여섯 명의 시동이 旅酬를 하는 예가 있음을 말한 것이다. 또 후반부에 증자가 여수를 해석한 말씀을 인용하여 끝맺은 것이다.

102201 君子曰 禮之近人情者는 非其至者也니 郊엔 血이요 大饗엔 腥이요 三獻엔 爓(섬)이요 一獻엔 孰이니라

군자가 말하였다.

"禮가 人情에 가까운 것은 지극한 것이 아니니, 郊祭에는 피를 올리고, 大饗에는 날고기를 올리고, 社稷과 五祀의 제사에는 데친 고기를 올리고, 여러 작은 제사에는 익힌 고기를 올린다."

≪集說≫

近者爲褻하고 遠者爲敬하니 凡行禮之事 與人情所欲者로 相近이면 則非禮之極至者라 其事本多端이어늘 此獨擧血腥爓孰四者之祭하야 以明之者는 禮莫重於祭故也라 郊는 祭天也라 郊祀與大饗三獻에 皆有血腥爓孰이어늘 此各言者는 據先設者爲主也니 郊則先設血하고 後設腥爓孰이라 大饗은 祫祭宗廟也라 腥은 生肉也니 去人情稍近이라 郊先薦血하고 大饗則迎尸時에 血與腥을 同時薦이라 獻은 酌酒以薦獻也니 祭社稷及五祀에 其禮皆三獻故로 因名其祭하야 爲三獻也라 爓은 沈肉於湯也니 其色이 略變하여 去人情漸近矣라 此祭血腥與爓을 一時同薦호되 但當先者設之在前하고 當後者設之居後하니 據宗伯하면 社稷五祀는 初祭降神時에 已埋血하고 據此則正祭薦爓時에 又薦血也라 一獻은 祭群小祀也니 祀卑하야 酒惟一獻하고 用孰肉하며 無血腥爓三者라 蓋孰

肉은 是人情所食이라 最爲褻近하니 以其神卑則禮宜輕也일새니라

인정에 가까운 것은 褻慢함이 되고 먼 것은 恭敬이 되니, 무릇 禮를 행하는 일이 인정에 하고자 하는 것과 서로 가까우면 예의 지극한 것이 아니다. 이 일이 본래 여러 가지인데 여기에서 유독 피·날고기·데친 고기·익힌 고기 네 가지의 제사를 들어 밝힌 것은 예가 제사보다 중한 것이 없기 때문이다.

郊는 하늘에 지내는 제사이다. 郊祀와 大饗·三獻에 모두 피·날고기·데친 고기·익힌 고기가 있는데 여기에서 각각 말한 것은 먼저 진설하는 것에 의거하여 주된 물품으로 삼은 것이니, 郊祭에는 먼저 피를 진설하고 뒤에 날고기·데친 고기·익힌 고기를 진설한다.

大饗은 종묘에서 祫祭를 하는 것이다. 腥은 날고기이니, 인정과 거리가 다소 가깝다. 교제에는 먼저 피를 올리고 대향에는 시동을 맞이할 때에 피와 날고기를 동시에 올린다.

獻은 〈술잔으로〉 술을 떠서 올리는 것이니, 社稷과 五祀에 제사 지낼 때에 그 예가 모두 三獻이므로 인하여 그 제사를 이름하여 삼헌이라고 한 것이다. 爓은 고기를 끓는 물에 데치는 것이니, 고기의 색깔이 약간 변하여 인정과의 거리가 점점 더 가까워진 것이다. 이 제사에 피·날고기·데친 고기를 일시에 함께 올리나 다만 마땅히 먼저 진설해야 할 것은 앞에 있고 마땅히 뒤에 진설해야 할 것은 뒤에 있으니, ≪周禮≫ 〈春官 大宗伯〉을 근거해보면 사직과 오사에는 처음 제사를 올려 降神할 때에 이미 피를 묻었고, 여기에 근거해보면 正祭에서 데친 고기를 올릴 때에 또 피를 올린다.

一獻은 여러 작은 제사인데, 이 제사들은 〈神의 등급이〉 낮아서 술은 오직 일헌만 하고 익힌 고기를 쓰며 피·날고기·데친 고기 세 가지가 없다. 익힌 고기는 인정에 〈가까워〉 사람이 먹는 것이므로 가장 설만하니, 〈제사 지낼〉 神이 낮으면 예가 가벼워야 하기 때문이다.

≪大全≫

延平周氏曰 獻以血은 非近人情者也어늘 而反以事天하고 獻以孰은 乃近人情者也어늘 而反以事群小祀하니 蓋禮之近人情者는 非禮之至也일새라 爓與孰은 以牲言이요 質與文은 以禮言이니라

延平周氏 : 피를 올림은 인정에 가까운 것이 아닌데 도리어 이것으로써 하늘을 섬

기고, 익힌 고기를 올림은 바로 인정에 가까운 것인데 도리어 이것으로써 여러 작은 제사를 섬기니, 예가 인정에 가까운 것은 예의 지극함이 아니기 때문이다. 데친 고기와 익힌 고기는 희생을 가지고 말한 것이고, 質과 文은 禮를 가지고 말한 것이다.

○ 嚴陵方氏曰 全乎天者莫如血故로 用之於郊하고 近乎人者莫如孰故로 用之於獻이라 故로 曰 禮之近人情者는 非其至者也라하니라 且由爓而上은 則尙氣而已요 至於孰이면 則又尙味焉이라 故로 郊特牲曰 至敬은 不饗味而貴氣臭也라하니라

嚴陵方氏 : 天然을 온전히 보전한 것은 피보다 더한 것이 없으므로 이것을 郊祭에 사용하고, 人情에 가까운 것은 익힌 고기보다 더한 것이 없으므로 이것을 올리므로 "禮가 인정에 가까운 것은 지극한 것이 아니다." 한 것이다. 또 데친 고기로부터 이상은 기운을 숭상할 뿐이고 익힌 고기에 이르면 또 맛을 숭상하므로, 〈郊特牲〉(110102)에 "지극히 공경하는 대상에는 珍味를 올리지 않고 기운과 냄새를 귀하게 여긴다." 한 것이다.

102301 **是故로 君子之於禮也에 非作而致其情也요 此有由始也라 是故로 七介以相見也니 不然則已慤(각)이요 三辭三讓而至하나니 不然則已蹙이니라**

이 때문에 군자가 禮에 있어서 억지로 작심하여 情을 지극히 하는 것이 아니고, 이것은 옛날의 시초를 따르는 것이다. 이러한 까닭에 〈제후가〉 일곱 명의 介로써 서로 만나보는 것이니 이렇게 하지 않으면 너무 질박한 것이고, 세 번 〈손님의 辭讓인〉 辭를 하고 세 번 〈주인의 사양인〉 讓하고 〈사당 안에〉 이르니 이렇게 하지 않으면 너무 촉박한 것이다.

≪集說≫

作은 如作聰明[89)]之作이니 過意爲之也라 言先王制禮之初에 一以誠敬爲本하니 乃天理人情之極致라 後世守而行之하니 非過意而故爲極致之情也니 此由始於古也라 上

89) 作聰明 : ≪書經≫ 〈周書 蔡仲之命〉에 "따르기를 中道로부터 하고, 총명을 일으켜 옛 법을 어지럽히지 말며, 너의 보고 들음을 상세히 하여 편벽된 말로 법도를 고치지 않으면 나 한 사람이 너를 가상히 여길 것이다.〔率自中 無作聰明 亂舊章 詳乃視聽 罔以側言 改厥度 則予一人 汝嘉〕"라고 보인다.

公之介는 九人이요 侯伯은 七人이요 子男은 五人이니 此擧其中而言之라 兩君相見에 必有介副之人하야 以伸賓主之情하나니 不如此면 則太愿慤而無禮之文矣라 已는 太也라 三辭三讓者는 賓이 初至大門外하야 交擯之時에 有三辭之禮하고 及入大門에 主君이 每門에 一讓則賓一辭하야 凡三辭三讓而後에 至廟中也하나니 不如此면 則太迫蹙而無禮之容矣라

作은 作聰明(聰明을 일으킨다)의 作과 같으니, 생각을 지나치게 일으켜서 행하는 것이다. 선왕이 禮를 제정한 초기에 한결같이 정성과 공경을 근본으로 삼았으니, 이것은 바로 天理와 人情의 극치이다. 후대에 이것을 지켜 행하였는데, 생각을 지나치게 일으켜 고의로 극치의 정을 쓰는 것이 아니니, 이는 상고시대의 시초를 따르는 것이다.

上公의 介는 9명이고, 侯·伯은 7명이고, 子·男은 5명이니, 여기에서는 그 중간을 들어 말한 것이다. 두 나라 군주가 서로 만나볼 적에 반드시 〈보좌하는〉 介나 副가 있어서 손님과 주인의 情을 펴니, 이와 같이 하지 않으면 너무 질박하여 禮의 문채가 없게 된다. 已는 너무이다.

'三辭三讓'은, 손님이 처음 대문 밖에 이르러서 〈주인 나라의 군주를 돕는 자인〉 擯과 만날 적에 세 번 辭하는 예가 있고, 대문에 들어왔을 적에 주인 나라의 군주가 문에 이를 때마다 한 번 讓하면 손님이 한 번 辭하여 무릇 세 번 辭하고 세 번 讓한 뒤에 사당 안에 이르니, 이와 같이 하지 않으면 너무 촉박하여 예스러운 용모가 없게 된다.

≪大全≫

山陰陸氏曰 禮는 出於自然이요 非作之也나 夫禮一於本而已면 則或失之愿이라 是故로 以介相見하고 辭讓而後至하나니라

山陰陸氏 : 禮는 자연에서 나온 것이고 억지로 행하는 것이 아니지만 예가 한결같이 근본을 따를 뿐이면 혹 잘못하여 질박하게 될 수 있다. 이 때문에 介를 데려가서 만나보고 〈손님과 주인이〉 辭하고 讓한 뒤에 〈예가〉 지극해지는 것이다.

102302 故로 魯人은 將有事於上帝할새 必先有事於頖(반)宮하고 晉人은 將有事於河할새 必先有事於惡池(호타)[90]하고 齊人은 將有事於泰山할새 必

90) 惡池(호타) : 惡池의 음을 集說에서 '虖池(호타)'라고 한 것은, 鄭玄의 注에 "'惡'는 '呼'로 읽

先有事於配林하니 三月을 繫하고 七日을 戒하며 三日을 宿은 愼之至也니라

그러므로 魯나라 사람은 장차 上帝에게 제사를 올리려 할 적에 반드시 먼저 〈제후국의 太學인〉 頖宮에서 제사를 올렸고, 晉나라 사람은 장차 河水(황하)에 제사를 올리려 할 적에 반드시 먼저 虖池(호타)에서 제사를 올렸으며, 齊나라 사람은 장차 泰山에 제사를 올리려 할 적에 반드시 먼저 配林에 제사를 올렸으니, 3개월 동안 〈犧牲을 깨끗한 우리에〉 매어두고 7일 동안 재계하고 3일 동안 宿戒를 함은 삼감이 지극한 것이다.

≪集說≫

此는 因上章하야 言兩君相見之禮 漸次而進이라 故言祭祀之禮 亦有漸次하야 由卑以達尊者라 魯人은 將祭上帝에 必先有事頖宮하니 頖宮은 諸侯之學也라 魯郊祀에 以后稷配[91]하니 先於頖宮에 告后稷然後郊也라 虖池(호타)는 幷州川之小者니 河之從祀也요 配林은 林名이니 泰山之從祀也라 帝牛必在滌하나니 三月[92]繫는 繫牲於牢也라

어야 하니, 소리를 잘못 쓴 것이다. 呼池와 漚夷는 幷州에 있는 하천이다.〔惡 當爲呼 聲之誤也 呼池漚夷 幷州川〕" 한 것과, 陸德明의 音義에 "池(타)는 大(태)와 河의 반절이다.〔大河反〕" 한 것에 의거한 것이다.(≪禮記正義≫) '虖'자는 '呼'와 '乎' 등과 통용하는 글자이다.

91) 魯郊祀 以后稷配 : 魯나라는 어린 周 成王을 잘 보필하고 반란을 진압한 周公의 후손이 봉해진 나라로, 성왕이 주공의 아들인 魯公 伯禽에게 명하여 주공을 대대로 天子의 예악을 가지고 제사 지내게 하였기 때문에 노나라도 天神에 올리는 제사인 郊祀에 周나라의 始祖인 후직을 배향할 수 있었던 것이다.(≪禮記≫ 〈明堂位〉) 〈郊特牲〉(110101)의 "郊祀에는 特牲을 사용한다.〔郊 特牲〕"라는 구절에 대한 陳澔의 集說에 "朱子가 말씀하였다. '만물은 하늘에 근본을 두고 사람은 선조에 근본을 둔다. 그러므로 자신을 태어날 수 있게 해준 始祖로 천지에 배향하는 것이다. 주나라의 후직이 〈炎帝의 후손이 낳은 딸인〉 姜嫄으로부터 태어났는데 〈강원이 들에 나갔다가 거인의 발자국을 보고 후직을 낳았으므로〉 이 이상은 다시 미루어 갈 수 없고, 문왕과 무왕의 功은 후직에게서 시작되었기 때문에 하늘에 배향할 적에 모름지기 후직으로 해야 하는 것이다. 아버지를 높임은 하늘에 배향하는 것보다 더 큰 것이 없다. 그래서 문왕을 높여 明堂에서 제사 지내어 上帝에게 배향하니, 상제는 바로 하늘인데 하늘의 신을 모아서 말하면 상제라 이른다.'〔朱子曰 萬物本乎天 人本乎祖 故以所出之祖配天地 周之后稷生於姜嫄 以上更推不去 文武之功起於后稷 故配天須以后稷 嚴父莫大於配天 宗祀文王於明堂以配上帝 上帝 卽天也 聚天之神而言之 則謂之上帝〕" 하였다.

92) 帝牛必在滌 三月 : 〈郊特牲〉에 보인다.

七日戒는 散齊也요 三日宿은 致齊也라 敬愼之至如此라 故以積漸爲之하니 何敢迫蹙而行之乎아

이것은 윗장을 인하여 두 나라 군주가 서로 만나보는 禮가 점차적으로 진전됨을 말하였다. 그러므로 제사 지내는 예 또한 점차적인 면이 있어서 낮은 것을 말미암아 높은 것에 도달함을 말하였다.

魯나라 사람은 장차 上帝에게 제사 지내려 할 적에 반드시 먼저 頖宮에서 제사를 올렸으니, 반궁은 제후의 太學이다. 노나라는 〈后稷의 사당이 없기 때문에〉 郊祀에 후직을 배향하였으니, 먼저 반궁에서 후직에게 고한 뒤에 교사를 지냈다.

'虖池'는 幷州에 있는 작은 냇물이니 黃河의 신에게 제사 지낼 적에 배향한 것이고, '配林'은 숲의 이름이니 泰山의 신에게 제사 지낼 적에 배향한 것이다.

上帝에게 올리는 소는 반드시 깨끗한 우리에 있어야 하니, '三月繫'는 희생을 〈깨끗한〉 우리에 매어놓는 것이다. '七日戒'는 散齊이고, '三日宿'은 致齊이다. 공경하고 삼감의 지극함이 이와 같으므로 점층적으로 하는 것이니, 어찌 감히 촉박하게 이것을 행하겠는가.

≪大全≫

馬氏曰 大者는 小之所積이니 由小而至大하야 莫不有漸이라 故로 魯人이 將有事於上帝에 必有事於頖宮者는 凡以此也라 不如是면 則情失於慤하야 且蹙矣리니 與夫直情徑行者로 無以異也니라

馬氏 : 큰 것은 작은 것이 쌓여서 이루어진 것이니, 작은 것으로 말미암아 큰 것에 이르러 점층적이지 않음이 없으므로 노나라 사람들이 장차 상제에게 제사 지내려 할 적에 반드시 반궁에서 제사 지냄이 있었던 것은 모두 이 때문이다. 이와 같이 하지 않으면 情이 질박한 데에 잘못되어 장차 촉박하게 될 것이니, 자기 감정대로 곧장 행하는 것과 다를 것이 없다.

102303 故로 禮有擯詔하고 樂有相步는 溫之至也니라

그러므로 〈賓主가 서로 만나보는〉 禮에는 예를 돕는 자가 고해줌이 있고 〈앞 못 보는〉 樂工에게는 행보를 돕는 자가 있으니, 포용함이 지극한 것이다.

≪集說≫

禮容이 不可急遽라 故賓主相見에 有擯相者하야 以詔告之하고 樂工은 無目이라 必有扶相其行步者하니 此二者는 皆溫藉之至也라 溫藉之義는 如玉之有承藉然하니라 言此擯詔者는 是承藉賓主요 相步者는 是承藉樂工也라

예스러운 용모는 급히 할 수가 없으므로 賓과 주인이 서로 만나볼 적에 〈賓을〉 돕는 자가 있어서 〈그 禮儀를〉 고해주고, 樂工은 視力이 없으므로 반드시 行步를 부축하여 돕는 자가 있으니, 이 두 가지는 모두 포용함이 지극한 것이다. 포용함의 뜻은 옥에 옥을 받쳐주는 것이 있는 것과 같다. 여기에서 擯詔는 바로 손님과 주인을 받쳐서 도와주는 것이고 相步는 악공을 받쳐서 도와주는 것을 말한다.

≪大全≫

嚴陵方氏曰 相見에 必以介者는 所以達其情이요 辭讓而後至者는 所以舒其行이라 初曰禮辭요 再曰固辭요 三曰終辭니 則讓亦由是也라 鄕飮酒曰 月者는 三日則成魄하고 三月則成時라 是以로 禮有三讓이라하니 此辭讓之數를 必以三也라 有事는 謂祭也니 將有事於大면 必先有事於小焉이라 七日戒는 卽祭統言散齊七日以定之 是也요 三日宿은 卽祭統言致齊三日以齊之 是也니 此皆先事而備焉이라 故로 曰 愼之至라 賓主相接而後에 禮行하고 瞽相相資而後에 樂作이면 則緩而不迫하고 和而無乖라 故로 曰 溫之至也라하니라

嚴陵方氏 : 서로 만나볼 적에 반드시 介를 쓰는 것은 자기의 정을 〈상대에게〉 통달하게 하는 것이고, 辭讓한 뒤에 〈사당에〉 이르는 것은 행함을 천천히 하는 것이다. 첫 번째 辭함을 '禮辭'라 하고, 두 번째 辭함을 '固辭'라 하고, 세 번째 辭함을 '終辭'라 하니, 讓 또한 이와 같다. ≪禮記≫ 〈鄕飮酒義〉에 "달은 〈매월〉 3일에 魄(어둠)을 이루고 3개월에 한 철을 이룬다. 이 때문에 예에는 세 번 사양함이 있다." 하였으니, 이 때문에 사양하는 숫자를 반드시 3을 쓰는 것이다.

'有事'는 제사 지냄을 이르니, 장차 큰 곳에 제사 지내려면 반드시 먼저 작은 곳에 제사 지낸다.

'七日戒'는 바로 ≪禮記≫ 〈祭統〉에 "7일 동안 散齊를 하여 〈그 뜻을〉 안정시킨

다." 한 것이 이것이고, '三日宿'은 바로 〈제통〉에 "3일 동안 致齊를 하여 가지런히 하는 것이다." 한 것이 이것이니, 이는 모두 제사에 앞서서 준비하는 것이므로 "삼감이 지극하다." 한 것이다.

賓과 주인이 서로 접한 뒤에 예가 행해지고 장님과 돕는 자가 서로 도와준 뒤에 음악이 연주되면 여유로워 촉급하지 않고 온화하여 어그러짐이 없으므로 "포용함이 지극하다." 한 것이다.

102401 **禮也者**는 **反本修古**하야 **不忘其初者也**라 **故**로 **凶事**에 **不詔**하며 **朝事**는 **以樂**(악)이니라

禮는 근본을 돌이키고 옛 道를 닦아 그 원초를 잊지 않는 것이다. 그러므로 흉한 일에는 예절을 말해주지 않으며 조정의 일은 樂을 울려 〈즐거워하는〉 것이다.

≪集說≫

本心之初는 天所賦也니 貴於反思而不忘이요 禮制之初는 聖所作也니 貴於修擧而不墜한대 二者皆有初라 故曰 不忘其初라하니라 擗踊哭泣을 不待詔告는 以其發於本心之自然也요 朝廷養老尊賢之事를 必作樂(악)以樂(락)之는 亦以愜其本心之願望也니 此二者는 是反本之事라

本心의 원초는 하늘이 부여한 것이니 돌이켜 생각하여 잊지 않음을 귀하게 여기고, 禮制의 원초는 성인이 지은 것이니 닦고 거행하여 실추하지 않음을 귀하게 여기는데, 이 두 가지는 모두 원초가 있기 때문에 "그 원초를 잊지 않는다." 한 것이다.

가슴을 치고 발을 구르며 哭하고 泣함을 말해주기를 기다리지 않는 것은 본래 그러한 본심에서 발로되기 때문이고, 조정에서 노인을 봉양하고 어진 이를 높이는 일을 반드시 樂을 일으켜 즐겁게 하는 것은 또한 그렇게 되기를 원하고 바라는 본심을 흡족하게 하기 때문이니, 이 두 가지는 근본을 돌이키는 일이다.

≪大全≫

嚴陵方氏曰 物有本末하고 時有古今이나 然逐末之流而不知其所反하고 從今之便而

不能有所修면 則先王之禮意亡矣라 本者는 末之初요 古者는 今之初니 反之修之는 則不忘之故也라 本末一物이니 欲追還之而已라 故로 於本日反이요 古今異時하야 必有損益焉이라 故로 於古曰修니 此其別也라 言凶事면 則知朝事之爲吉禮요 言朝事면 則知凶事之爲喪禮며 凶事不詔면 則朝事必詔를 可知요 朝事以樂(악)이면 則凶事無樂(악)을 可知니라

嚴陵方氏 : 사물에는 本과 末이 있고 때에는 옛날과 지금이 있으나, 末流를 따르면서 돌이킬 줄을 알지 못하고 지금의 편리함을 따르면서 닦는 바가 있지 못하면 先王이 예를 만드신 뜻이 없어진다. 本은 末의 원초이고 옛날은 지금의 원초이니, 〈원초를〉 돌이키고 닦음은 〈원초를〉 잊지 않기 때문이다. 本과 末이 한 물건이니, 뒤쫓아 돌이키고자 할 뿐이므로 本에는 反(돌이킴)이라 하였고, 옛날과 지금이 때가 달라서 반드시 덜거나 더함이 있으므로 옛날에는 修(닦음)라고 하였으니, 이것이 그것의 분별이다.

凶한 일을 말했으면 조정의 일이 吉禮가 됨을 알 수 있고, 조정의 일을 말했으면 흉한 일이 喪禮가 됨을 알 수 있으며, 흉한 일에 고하지 않으면 조정의 일에 반드시 고함을 알 수 있고, 조정의 일에 樂을 사용하면 흉한 일에 樂이 없음을 알 수 있다.

102402 醴酒之用호되 玄酒之尙하며 割刀之用호되 鸞刀之貴하며 莞簟(관점)之安호되 而稿秸(고갈)之設이니라

醴酒를 사용하되 玄酒를 위에 놓으며, 〈세속에서 사용하는 칼인〉 割刀를 사용하되 〈방울이 달린 칼인〉 鸞刀를 귀하게 여기며, 부들자리와 왕골자리를 편안한 것으로 여기되 거친 볏짚을 깐다.

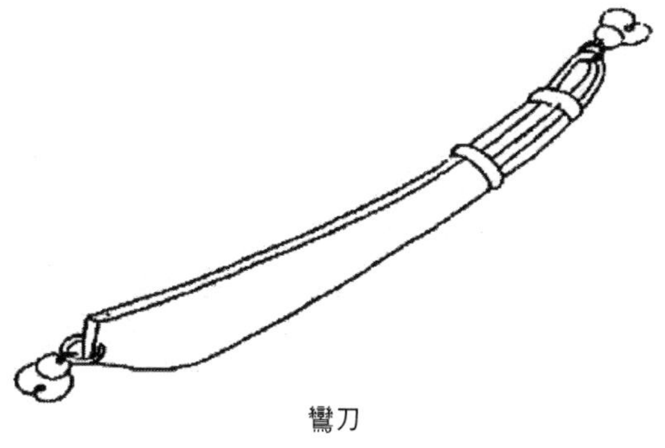
鸞刀

≪集說≫

醴酒之美를 用矣로되 而列尊(준)이 在玄酒之下하고 今世割刀之利 便於用矣로되 而

宗廟中에 乃不用割刀而用古之鸞刀하고 下莞上簟[93)]이 可謂安矣로되 而設稿鞂之麤者하야 爲郊祀之席하니 此三者는 是修古之事라 鸞은 鈴也니 刀鐶에 有鈴故로 名鸞刀하니 割肉에 欲中其音節이니 郊特牲云 聲和而後斷也라하니라 莞은 蒲之細者니 可爲席이요 簟은 竹席也라 稿鞂은 除去穀之稈也라 鞂은 與禹貢秸(갈)字[94)]로 同하니라

맛있는 醴酒를 쓰더라도 여러 술동이가 玄酒의 아래에 있고, 지금 세상에서 사용하는 예리한 割刀가 쓰기에 편리하나 宗廟 가운데에서는 도리어 할도를 쓰지 않고 옛날의 鸞刀를 쓰며, 아래에 부들자리를 깔고 위에 대자리를 까는 것이 편안한 것이라고 이를 수 있으나 거친 볏짚을 깔아서 郊祭의 자리로 삼으니, 이 세 가지는 바로 옛것을 닦는 일이다.

鸞은 방울이니 칼고리에 방울이 있기 때문에 난도라 이름하는데, 고기를 썰 때에 음절을 맞추고자 해서이니, 〈郊特牲〉(112905)에 "소리가 조화로운 뒤에 고기를 자른다." 하였다. 莞은 부들 중에 가는 것이니 돗자리를 만들 수 있고, 簟은 대나무 돗자리이다. '稿鞂'은 곡식을 털어낸 볏짚이다. 鞂은 ≪書經≫ 〈禹貢〉의 '秸(볏짚)'자와 같다.

102403 **是故로 先王之制禮也엔 必有主也라 故로 可述而多學也**니라

이러한 까닭에 先王이 禮를 제정할 적에는 반드시 주장함이 있었다. 그러므로 칭술하여 많이 배울 수 있는 것이다.

≪集說≫

有主는 主於反本修古也니 但以此二者求之하면 則可以稱述而學之不厭矣러라

'有主'는 근본을 돌이키고 옛것을 닦음을 주장하는 것이니, 다만 이 두 가지를 가지고 구하면 칭술하여 즐겁게 배울 수 있다.

---

93) 下莞上簟 : ≪詩經≫ 〈小雅 斯干〉에 보인다.

94) 禹貢秸(갈)字 : ≪書經≫ 〈夏書 禹貢〉에 "甸服은 500리로 나누어 부세를 매겼는데, 100리의 부세는 벼를 통째로 바치고, 200리는 볏단으로 바치고, 300리는 볏짚을 바치고, 400리는 벼를 바치고, 500리는 쌀로 바친다.〔五百里甸服 百里賦納總 二百里納銍 三百里納秸服 四百里粟 五百里米〕"라고 한 데 보이는 '秸'자를 이른다.

≪大全≫

嚴陵方氏曰 主는 猶賓主之主니 以其衆之所從故也라 蓋本者는 末之主라 故로 先王之制禮也에 必反之하고 古者는 今之主라 故로 先王之制禮也에 必修之하니 此之謂有主라 夫少則得하고 多則惑[95]하니 以其有主면 則雖多나 不惑이라 故로 可述而多學也니라

嚴陵方氏 : '主'는 '賓主'의 '主'와 같으니, 무리가 따르는 바이기 때문이다. 本은 末의 주인이므로 선왕이 禮를 제정할 적에 반드시 〈本을〉 돌이켰고, 옛것은 지금의 주인이므로 선왕이 예를 제정할 적에 반드시 〈옛것을〉 닦았으니, 이것을 일러 "주인이 있다." 한 것이다. 적어지면 얻고 많아지면 미혹되니, 주인이 있으면 비록 많으나 미혹되지 않기 때문에 칭술하여 많이 배울 수 있는 것이다.

102501 君子曰 無節於內者는 觀物에 弗之察矣니 欲察物而不由禮면 弗之得矣라 故로 作事不以禮면 弗之敬矣요 出言不以禮면 弗之信矣라 故로 曰 禮也者는 物之致也라하니라

군자가 말하였다.

"가슴속에 〈禮의〉 節文이 없는 자는 일을 관찰함에 〈得失을〉 자세히 살피지 못하니, 일을 살피고자 하면서 禮를 따르지 않으면 〈是非의 실제를〉 알지 못한다. 이러한 까닭에 일을 할 적에 예대로 하지 않으면 공경하지 않게 되고, 말을 할 적에 예대로 하지 않으면 남들이 믿지 않게 되므로 '예는 일의 극치이다.' 한 것이다."

≪集說≫

無節於內는 言胸中에 不能通達禮之節文也요 觀物弗之察은 言雖見行禮之事나 不

95) 少則得 多則惑 : ≪老子道德經≫에 보이는 말인데, 魏나라 王弼의 注에 "자연스러운 도는 또한 나무와 같다. 〈나뭇가지가〉 더욱 많아질수록 뿌리로부터 더욱 멀어지고, 〈나뭇가지가〉 더욱 적어질수록 뿌리를 더욱 얻게 된다. 많아지면 참된 본성으로부터 멀어지므로 '미혹된다'고 한 것이고, 적어지면 뿌리를 얻으므로 '얻는다'고 한 것이다.〔自然之道 亦猶樹也 轉多 轉遠其根 轉少 轉得其本 多則遠其眞 故曰惑也 少則得其本 故曰得也〕" 하였다.

能審其得失也니 察物而不由禮以察之면 何以能得其是非之實이며 作事而不由禮면 何以能存其主敬之心이며 出言而不由禮면 何以能使人之信其言이리오 故曰 禮者는 事物之極致也니라

'無節於內'는 가슴속에 禮의 節文을 통달하지 못함을 말하고, '觀物弗之察'은 비록 예를 행하는 일을 보더라도 그 得失을 자세히 알지 못함을 말하니, 일을 살피더라도 예를 따라 살피지 않으면 어떻게 是非의 실제를 알 수 있으며, 일을 하면서 예를 따르지 않으면 어떻게 敬을 주장하는 마음을 보존할 수 있으며, 말을 내면서 예를 따르지 않으면 어떻게 사람들로 하여금 자기의 말을 믿게 할 수 있겠는가. 그러므로 "예는 일의 극치이다." 한 것이다.

≪大全≫

嚴陵方氏曰 無節於內면 則所存乎己者未定이니 何恃而觀彼哉아 故로 曰 無節於內者는 觀物에 弗之察矣라하니라 禮者는 體物者也라 故로 欲察物而不由禮면 弗之得矣니 蓋由禮라야 乃能得物之情故也라 事無禮면 則不能無妄作이라 故弗之敬矣요 言無禮면 則不能無妄出이라 故로弗之信矣니라

嚴陵方氏 : 내면에 節文이 없으면 자기에게 보존된 것이 안정되지 못하니, 무엇을 믿고 저것들을 살피겠는가. 그러므로 '내면에 절문이 없는 자는 일을 관찰함에 자세히 살피지 못한다.' 한 것이다. 예는 일을 체행하는 것이므로 일을 살피고자 하면서 예를 따르지 않으면 될 수가 없는 것이니, 예를 따라야 비로소 物情을 얻기 때문이다. 일에 예가 없으면 망령되이 행동하지 않을 수 없으므로 사람들이 공경하지 않게 되고, 말에 예가 없으면 망령되이 말을 내지 않을 수 없으므로 사람들이 믿지 않게 된다.

102601 是故로 昔先王之制禮也에 因其財物하야 而致其義焉爾라 故로 作大事호되 必順天時하며 爲朝夕호되 必放於日月하며 爲高호되 必因丘陵하며 爲下호되 必因川澤이라 是故로 天時雨澤이면 君子達亹(미)亹焉하나니라

그러한 까닭에 옛날의 先王이 禮를 제정할 적에 財物을 인하여 그 義를

지극히 하였다. 그러므로 〈제사하는〉 큰일을 하되 반드시 天時를 순히 따르며, 아침에 〈해에게 제사 지내고〉 저녁에 〈달에게 제사 지내되〉 반드시 〈아침의〉 해와 〈저녁의〉 달을 따르며, 높이 있는 것에 〈제사 지내되〉 반드시 구릉을 인하며 낮게 있는 것에 〈제사 지내되〉 반드시 川澤을 인하는 것이다. 이 때문에 천시가 비를 내려주면 군자가 부지런히 힘씀을 통달하는 것이다.

≪集說≫

財物은 幣玉牲牢黍稷之類니 無財無物이면 不可以行禮라 故先王制禮에 必因財物而致其用之之義焉이라 然이나 財物이 皆天時之所生이라 故祭祀之大事를 亦必順天時而行之하니 如啓蟄而郊하고 龍見(현)而雩(우)하니 始殺而嘗하고 閉蟄而烝[96]이 皆是也라 大明이 生於東이라 故春朝朝日을 必於東方하고 月生於西라 故秋莫(모)夕月을 必於西方하며 爲高上之祭에 必因其有丘陵而祭之하고 爲在下之祭에 必因其有川澤而祭之니라 一說에 爲高는 爲圓丘也요 爲下는 爲方丘[97]也라하니라 祭有輕重이나 皆須財物이라 故當天時之降雨澤也하면 君子知夫天地生成財物之功이 如此乎勉勉而不已也하나니 則安得不用財物爲禮하야 以致其報本之誠乎아

96) 啓蟄而郊……閉蟄而烝 : ≪春秋左氏傳≫ 桓公 5년 조에 보인다. 啓蟄은 驚蟄으로 夏正 정월에 있는데 이때 南郊에서 하늘에 제사 지낸다. 蒼龍星은 星宿(성수)의 집합체로 4월 初昏에 동방에 나타나는데, 이때에는 만물이 성해지기 시작하지만 비가 와야 자라기 때문에 하늘에 제사 지내어 百穀을 위해 비를 기원하는 것이다. 8월에는 陰氣가 쌀쌀해지고 곡식이 익기 시작하기 때문에 宗廟에 새 곡식을 맛보게 하는 嘗祭를 지내며, 10월에는 곤충이 冬眠하기 위해 땅속으로 들어가고 만물이 모두 성숙하므로 올릴 만한 제물이 많기 때문에 종묘에 烝祭를 지낸다.

97) 方丘 : 네모난 구릉으로 古代에 地祇에 제사를 지내는 壇이다. ≪周禮≫ 〈春官 大司樂〉에 "하짓날에 못 가운데의 네모난 구릉에서 연주를 하니, 만약 舞樂을 여덟 번 연주하면 地祇가 모두 나와서 예를 행할 수가 있다.〔夏日至 於澤中之方丘奏之 若樂八變 則地示皆出 可得而禮矣〕" 하였는데, 賈公彦의 疏에 "땅에 있어서 못 가운데의 네모난 구릉을 말한 것은 높음으로 하늘을 섬기기 때문에 땅 위에서 하고 낮음으로 땅을 섬기기 때문에 못 가운데에서 하는 것이다. 네모난 구릉을 취한 것은, 물이 모인 것을 '못'이라고 하지만 물 가운데에서 제사를 설행할 수 없기 때문에 또한 천연적으로 생긴 네모난 구릉을 취한 것이니, 땅의 네모남을 형상하였기 때문이다.〔地言澤中方丘者 因高以事天 故於地上 因下以事地 故於澤中 取方丘者 水鍾曰澤 不可以水中設祭 故亦取自然之方丘 象地方故也〕" 하였다.(≪周禮注疏≫)

財物은 폐백과 옥, 犧牲과 黍稷 따위이니, 재산이 없고 물품이 없으면 禮를 행할 수 없으므로 선왕이 예를 만들 적에 반드시 재물을 인하여 사용하는 義를 지극히 한 것이다. 그러나 재산과 물품은 모두 天時가 낳은 것이므로 제사 지내는 큰일을 또한 반드시 천시에 순응하여 행하니, 예컨대 동면하던 벌레가 봄에 나오면 郊祭를 지내고 蒼龍星이 나타나면 기우제를 지내고 날씨가 비로소 추워져서 초목이 시들면 嘗祭를 지내고 날이 추워져 동물들이 동면하게 되면 烝祭를 지내는 것이 모두 이것이다.

태양이 동쪽에서 생기기 때문에 봄의 아침에 해에게 제사 지냄을 반드시 동방에서 하고, 달이 서쪽에서 생기기 때문에 가을의 저녁에 달에게 제사 지냄을 반드시 서방에서 하며, 높이 있는 곳에 제사 지낼 때에는 반드시 丘陵이 있는 곳을 인하여 제사 지내고, 아래에 있는 곳에 제사 지낼 때에는 반드시 川澤이 있는 곳을 인하여 제사 지낸다. 一說에 '爲高'는 〈구릉에 만드는 圓形의 祭壇인〉 圓丘를 만드는 것이고, '爲下'는 〈구릉에 만드는 方形의 제단인〉 方丘를 만드는 것이라 한다.

제사는 輕重의 차이가 있으나 모두 재산과 물품을 필요로 하므로 천시가 비를 내려줄 때를 당하면 군자가 天地가 재산과 물품을 생성시키는 功이 이와 같이 부지런히 힘써서 그치지 않음을 아는 것이니, 어찌 재산과 물품을 써서 예를 행하여 근본에 보답하는 정성을 다하지 않을 수 있겠는가.

≪大全≫

嚴陵方氏曰 因其財物於外하야 以致其義於內가 蓋先王制禮之意也니 下文所云은 皆其事矣라 大事는 若春有祠하고 夏有礿(약)하고 秋則有嘗하고 冬則有烝하니 凡此則因其財物하야 以致大事之義요 以日之出於朝也면 則朝日於王宮之壇하고 以月之見(현)於夕也면 則夕月於夜明之坎하니 凡此則因其財物하야 以致朝夕之義也요 因山之高而爲事高之禮하고 因川澤之下而爲事下之禮하니 凡此則因其財物하야 以致高下之義也라 然此皆財物之大者爾니 若悉而論之하면 凡天之所生에 苟可以爲禮者는 莫非財物也라 故終之以天時雨澤이면 君子達亹亹焉하니 財物은 固皆天之所生이요 天之所以生之者는 存乎時雨之澤也니라

嚴陵方氏 : 밖에 있는 財物을 인하여 그 義를 내면에 지극히 하는 것이 선왕이 禮

를 제정한 뜻이니, 아랫글에 말한 것이 모두 그러한 일이다.

〈周나라의〉 大事(큰 제사)는 봄에 祠祭가 있고 여름에 禴祭가 있고 가을에 嘗祭가 있고 겨울에 烝祭가 있는 것과 같으니, 무릇 이것은 재물을 인하여 대사의 義를 지극히 하는 것이다. 해가 아침에 나오면 〈해에 제사 지내는 壇인〉 王宮의 壇에서 아침 해에 제사 지내고 달이 저녁에 나오면 〈달에 제사 지내는 구덩이인〉 夜明의 구덩이에서 저녁 달에 제사 지내니, 무릇 이것은 재물을 인하여 朝夕의 義를 지극히 하는 것이다. 산의 높은 곳을 인하여 높은 것을 섬기는 예를 만들고 川澤의 낮은 곳을 인하여 낮은 것을 섬기는 예를 만드니, 무릇 이것은 재물을 인하여 高下의 義를 지극히 하는 것이다.

그러나 이것은 모두 재물의 큰 것일 뿐이니, 만약 모든 것을 가지고 논한다면 무릇 하늘이 낳는 것 중에 예를 행할 수 있는 물건은 재물 아닌 것이 없다. 이 때문에 天時가 비를 내려주면 군자가 부지런히 힘씀을 통달한다는 것으로 끝마쳤으니, 재물은 진실로 하늘이 생성시키는 것이고, 하늘이 생성시키는 것은 時雨의 은택에 있는 것이다.

102602 **是故**로 **昔先王**이 **尙有德**하며 **尊有道**하며 **任有能**하며 **擧賢而置之**하며 **聚衆而誓之**라 **是故**로 **因天事天**하며 **因地事地**하며 **因名山**하야 **升中于天**하며 **因吉土**하야 **以饗帝于郊**하나니라 **升中于天**이면 **而鳳皇降**하고 **龜龍假**(격)하며 **饗帝于郊**면 **而風雨節**하고 **寒暑時**하나니라 **是故**로 **聖人**이 **南面而立**이어시든 **而天下大治**하나니라

이 때문에 옛 先王이 〈큰 제사를 올릴 적에〉 德이 있는 이를 숭상하며 道가 있는 이를 높이며, 재능이 있는 이에게 맡기며, 어진 이를 천거하여 합당한 자리에 앉히며, 무리를 모아 경계하였다.

이러한 까닭에 하늘을 인하여 하늘을 섬기며, 땅을 인하여 땅을 섬기며, 名山을 인하여 〈제후의 功이〉 고르게 이루어진 일을 하늘에 올려 고하며, 吉土를 인하여 교외에서 上帝에게 제향하는 것이다. 고르게 이루어진 일을 하늘에 올려 고하면 봉황이 내려오고 거북과 용이 이르며, 교외에서 상제

鳳

에게 제향하면 바람과 비가 시절에 맞고 추위와 더위가 때에 맞는다. 이 때문에 성인이 南面하고 서 있으면 천하가 크게 다스려지는 것이다.

≪集說≫

置는 如置諸左右之置니 謂使之居其位也라 禮莫重於祭하니 當大事之時하야 必擇有道德才能者하야 執其事하고 又從而誓戒之하니 周禮에 冢宰掌百官之誓戒 是也라 因天之尊而制爲事天之禮하고 因地之卑而制爲事地之禮하니 郊社是也라 中은 平也며 成也니 巡守而至方岳[98]之下하야 必因此有名之大山하야 升進此方諸侯治功平成之事하야 以告於天하니 舜典에 柴岱宗이 卽其禮也라 吉土는 王者所卜而建都之地也라 兆於南郊에 歲有常禮하니 其瑞物之臻과 休徵之應이 理或然耳나 而後世封禪之說이 遂根著(착)於此하야 牢不可破하니 皆鄭氏祖緯說하야 啓之也[99]니라

'置'는 置諸左右(군주의 좌우에 둔다)의 置와 같으니, 그로 하여금 합당한 자리에 있게 함을 이른다. 禮는 제사보다 더 중한 것이 없으니, 제사 지낼 때를 당하여 반드시 道德과 才能이 있는 자를 택하여 그 일을 집행하게 하고 또 따라서 이들에게 경계하는 것인데, ≪周禮≫ 〈天官 冢宰〉에 "〈太宰가〉 백관의 誓約과 警戒를 관장한다." 한 것이 이것이다.

하늘의 높음을 인하여 하늘을 섬기는 예를 제정하고 땅의 낮음을 인하여 땅을 섬

98) 方岳 : 중국 사방의 큰 山嶽으로 東嶽인 泰山, 南嶽인 衡山, 西嶽인 華山, 北嶽인 恒山이다.

99) 鄭氏祖緯說 啓之也 : 金在魯의 ≪禮記補註≫에 "鄭玄이 '因名山升中于天'에 대한 註에 ≪孝經緯≫의 '태산에서 封을 하며 관리들의 공적을 고찰하고 섶을 태워 하늘에 제사 지내며 梁甫에서 禪을 하고 돌에 새겨 名號를 기록한다.'라는 내용을 인용하였다.〔鄭註於因名山升中于天 引孝經緯曰 封乎泰山 考績燔燎 禪乎梁甫 刻石記號〕"라고 설명하였다.

기는 예를 제정하니, 郊祭와 社祭가 이것이다.

'中'은 고름〔平〕이며 이룸이니, 천자가 巡狩하여 方嶽의 아래에 이르러 반드시 이곳의 유명한 큰 산을 인하여 이 지방의 제후들의 다스린 공이 고르게 이루어진 일을 하늘에 올려서 고하였는데, ≪書經≫ 〈虞書 舜典〉에 "岱宗(泰山)에서 柴祭를 지낸다." 한 것이 바로 이 예이다.

'吉土'는 王者가 점쳐서 國都를 세운 땅이다. 남쪽 교외에 祭壇을 만들고 제사 지낼 적에 해마다 일정한 예가 있는데, 상서로운 물건의 이름과 아름다운 징조의 응함이 그 이치가 혹 가능하기도 하지만 후세에 封禪의 說이 마침내 여기에 근거해서 견고하여 깨뜨릴 수가 없게 되었으니, 모두 鄭氏(鄭玄)가 緯書의 설을 근거로 삼아 열어놓은 것이다.

≪大全≫

馬氏曰 夫禮有五經에 莫重於祭[100)]한대 而聖人於祭에 不能自任其事하야 則任之以人이라 故有尙德尊道任能擧賢誓衆之事라 自尙有德으로 至擧賢而置之면 則小大之官이 莫不具其職이요 聚衆而誓之면 則小大之官이 莫不謹其職이라 故於廟에 足以饗親하고 於郊에 足以饗帝라 天者는 高之極者也라 故로 爲高호되 必因丘陵하니 因高而事之는 所謂因天事天也요 地者는 下之極者也라 故로 爲下호되 必因川澤하니 因下而事之는 所謂因地事地也라 因名山하야 以升中于天하고 因吉土하야 以饗帝于郊는 因天之事也라 升中于天이면 而鳳凰降하고 龜龍假(격)하고 饗帝于郊면 而風雨節하고 寒暑時는 事天之效也니라

馬氏 : 다섯 가지의 항상 행하는 禮 가운데 祭禮보다 더 중한 것이 없는데, 성인이 제사에 있어 그 일을 직접 맡을 수가 없어서 남에게 맡긴다. 그러므로 德이 있는 이를 숭상하며 道가 있는 이를 높이며 재능이 있는 이에게 맡기며 어진 이를 천거하여 〈합당한 자리에 앉히며〉 무리를 모아 경계하는 일이 있는 것이다. 덕이 있는 이를 숭상함으로부터 어진 이를 천거하여 합당한 자리에 앉힘에 이르면 작고 큰 祭官이 직분을 구비하지 않음이 없고, 여러 무리를 모아 경계하면 작고 큰 제관이 직분을

---

100) 夫禮有五經 莫重於祭 : ≪禮記≫ 〈祭統〉에 보이는데, ≪禮記正義≫의 孔穎達의 疏에 "經은 항상이다.〔經者 常也〕" 하였고, 陳澔의 集說에 "'오경'은 吉禮·凶禮·軍禮·賓禮·嘉禮 다섯 가지이다.〔五經 吉凶軍賓嘉之五禮也〕" 하였다. 길례는 祭禮를 가리킨다.

삼가지 않음이 없다. 그러므로 사당에서는 어버이에게 제향하고 郊外에서는 上帝에게 제향할 수 있는 것이다.

하늘은 높음이 지극한 것이므로 높은 곳에서 〈제사하되〉 반드시 구릉을 인하니, 높음을 인하여 섬긴다는 것은 이른바 '하늘을 인하여 하늘을 섬긴다.'는 것이다. 땅은 낮음이 지극한 것이므로 낮은 곳에서 〈제사하되〉 반드시 川澤을 인하니, 낮음을 인하여 섬긴다는 것은 이른바 '땅을 인하여 땅을 섬긴다.'는 것이다. 名山을 인하여 고르게 이루어짐을 하늘에 올려 고하고 吉土를 인하여 교외에서 상제에게 제향함은 하늘을 인하는 일이다. 고르게 이루어짐을 하늘에 올려 고하면 봉황이 내려오고 거북과 용이 이르며, 교외에서 상제에게 제향하면 風雨가 시절에 맞고 寒暑가 때에 맞음은 하늘을 섬겨서 보게 되는 효험이다.

○ 嚴陵方氏曰 饗亦祭也니 以祭之而見饗故로 謂之饗이라 曰祭則以人而言其事요 曰饗則以神而言其禮也라 鳳雌曰凰이니 以羽族故로 言降也요 龜龍은 鱗介之族故로 曰假(격)이라 四靈에 獨不言麟者는 以麟土畜이요 土分王於四時하니 言三者면 則麟在其中矣라 四靈之物至면 則無獝狘(휼월)之患矣요 五行之氣和면 則無愆伏[101]之災矣니 聖人이 夫何爲哉시리오 故로 南面而立에 而天下大治也니라

嚴陵方氏 : '饗' 또한 제사이니, 제사 지내어 神이 歆饗해주시기 때문에 '饗'이라고 이른 것이다. '祭'라고 말함은 사람의 입장에서 〈제사 지내는〉 일을 말한 것이고, 饗이라고 말함은 신의 입장에서 〈제향하는〉 예를 말한 것이다.

鳳의 암놈을 '凰'이라 하니, 鳥類이기 때문에 '降(내려온다)'이라고 말한 것이고, 거북과 용은 비늘이 있고 껍질이 있는 종류이므로 '假(이른다)'이라고 말한 것이다. 〈봉황과 용, 거북과 기린〉 네 가지 靈物 중에 홀로 기린을 말하지 않은 것은, 기린은 土의 가축이고 土는 四時에 나누어 旺盛하니, 세 가지를 말하면 기린이 이 안에 들어있기 때문이다.

네 가지 영물이 이르면 새들이 놀라 날아가고 짐승이 놀라 달아나는 근심이 없게 되고, 五行의 기운이 조화로우면 陰陽이 조화를 잃어 기후가 순조롭지 못한 재앙이

101) 愆伏 : 陰陽이 조화를 잃어 기후가 순조롭지 못한 것을 뜻하는 말로, ≪春秋左氏傳≫ 昭公 4년의 "겨울에는 陽이 치성해서 따뜻한 적이 없고, 여름에는 음이 잠복해서 서늘한 적이 없다.〔冬無愆陽 夏無伏陰〕"라는 구절에서 유래한 것이다.

없으니, 성인이 무엇을 하시겠는가. 그러므로 남면하고 서 있음에 천하가 크게 다스려지는 것이다.

102701 **天道**는 **至教**요 **聖人**은 **至德**이라 **廟堂之上**에 **罍尊**(뇌준)**在阼**하고 **犧尊**(사준)**在西**하며 **廟堂之下**에 **縣鼓在西**하고 **應鼓在東**하며 **君**은 **在阼**하고 **夫人**은 **在房**하며 **大明**이 **生於東**하고 **月生於西**하나니 **此陰陽之分**이요 **夫婦之位也**라 **君**은 **西酌犧**(사)**象**하고 **夫人**은 **東酌罍尊**하야 **禮交動乎上**하고 **樂交應乎下**하나니 **和之至也**니라

天道는 지극한 가르침이고 聖人은 지극한 덕이다. 廟堂의 위에 罍尊이 동쪽 섬돌에 있고 犧尊이 서쪽 계단에 있으며, 묘당의 아래에 縣鼓가 서쪽에 있고 應鼓가 동쪽에 있으며, 군주는 동쪽 섬돌에 있고 夫人은 房에 있으며, 해가 동쪽에서 떠오르고 달(초생달)이 서쪽에서 보이니, 이것은 陰과 陽의 구분이고 남편과 부인의 자리이다. 군주는 서쪽을 향하여 犧象에서 술을 뜨고 부인은 동쪽을 향하여 뇌준에서 술을 떠서 禮가 堂上에서 서로 동하고 음악이 堂下에서 서로 응하니, 和함이 지극한 것이다.

罍

≪集說≫

天道陰陽之運은 極至之教也요 聖人禮樂之作은 極至之德也니 無以復(부)加故로 以至言이라 罍尊은 夏后氏之尊也요 犧尊은 周尊也라 縣鼓는 大하고 應鼓는 小하니 設禮樂之器에 一以西爲上이라 故로 犧尊縣鼓 皆在西하고 而罍尊與應鼓 皆在東也라 天子諸侯皆有左右房하니 此는 夫人在西房也라 君在東而西酌犧象하고 夫人在西而東酌罍尊하니 此는 禮交動乎堂上也요 縣鼓應鼓相應於堂下하니 是는 樂交應乎下也라

罍尊엔 畫爲山雲之形하고 犧尊엔 畫鳳羽而象骨飾之라 故로 亦曰犧象이니 此章은 言諸侯時祭之禮하니라

天道의 陰陽의 운행은 지극한 가르침이고, 聖人의 禮樂의 제작은 지극한 덕이니, 다시 더할 수가 없기 때문에 지극하다고 말한 것이다. '罍尊'은 夏后氏의 술동이이고, '犧尊'은 周나라의 술동이이다. 縣鼓는 크고 應鼓는 작으니, 예악의 기물을 진설할 적에 한결같이 서쪽을 上으로 삼으므로 사준과 현고는 모두 서쪽에 있고 뇌준과 응고는 모두 동쪽에 있는 것이다. 천자와 제후가 모두 좌측의 房과 우측의 房이 있으니, 이는 夫人이 서쪽 방에 있는 것이다. 군주는 동쪽에 있으면서 서쪽을 향하여 犧象에서 술을 뜨고 부인은 서쪽에 있으면서 동쪽을 향하여 뇌준에서 술을 뜨니, 이는 예가 堂의 위에서 서로 동하는 것이다. 현고와 응고의 노래가 당의 아래에서 서로 응하니 이는 樂이 당의 아래에서 서로 응하는 것이다. 뇌준에는 산과 구름의 모양을 그렸다. 그리고 사준에는 봉황의 깃을 그리고 코끼리의 뼈로 장식하였기 때문에 또한 '犧象'이라고도 한다. 이 장은 제후가 지내는 時祭의 예를 말한 것이다.

≪大全≫

延平周氏曰 天道無非教하야 凡有象者 皆至教也요 聖人無非德하야 凡在於動作之間者 皆至德也니 自罍在阼而下는 皆所謂至教至德者也라 雷는 陽也요 牛는 陰也라 故로 罍尊在左而犧尊(사준)在右者는 陰陽之位也라 以縣鼓而對應鼓하면 則應鼓非縣이요 乃提之者也며 以應鼓而對縣鼓하면 則縣鼓非應이요 乃倡之者也니 倡者爲陽이요 和者爲陰이라 故로 縣鼓在右而應鼓在左者는 陰陽之配也라 君在東阼는 所以祖日之生於東이요 夫人在西房은 所以祖月之生於西니 此는 陰陽之位也며 君在東階而西酌犧(사)象은 所以祖日之西行이요 夫人在西房而東酌罍尊은 所以祖月之東行이니 此는 陰陽之配也라 君은 陽也요 夫人은 陰也니 君與夫人之禮 交擧於上은 此陰陽之體見(현)於禮者也며 六律은 陽聲也요 六呂는 陰聲也니 律呂之聲이 交應於下는 此陰陽之聲이 發於樂(악)者也라 一陰一陽을 謂之道[102]니 而道者는 德教之所自出也니라

延平周氏 : 天道가 가르침 아님이 없어서 무릇 象이 있는 것이 모두 지극한 가르

102) 一陰一陽 謂之道 : ≪周易≫ 〈繫辭傳 上〉에는 "一陰一陽之謂道"로 되어 있다.

침이고, 聖人이 德 아님이 없어서 무릇 동작의 사이에 있는 것이 모두 지극한 덕이니, 罍尊이 동쪽 섬돌에 있음으로부터 이하는 모두 이른바 '지극한 가르침'이고 '지극한 덕'이라는 것이다.

우레는 陽이고 소는 陰이므로 〈우레 문양을 새겨 만든〉 뇌준이 왼쪽에 있고 〈희생인 소의 문양을 새겨 만든〉 犧尊이 오른쪽에 있는 것은 음과 양의 위치이다. 縣鼓를 應鼓와 상대하면 응고는 매달아놓은 것이 아니고 바로 들고 있는 것이며, 응고를 가지고 현고와 상대하면 현고는 응하는 것이 아니고 바로 倡導하는 것이니, 창도함은 양이 되고 和應함은 음이 되므로 현고가 오른쪽에 있고 응고가 왼쪽에 있는 것은 음과 양의 배합이다.

군주가 동쪽 섬돌에 있음은 해가 동쪽에서 나옴을 높이는 것이고 부인이 서쪽 방에 있음은 달이 서쪽에서 생김을 높이는 것이니, 이는 음과 양의 위치이다. 그리고 군주가 동쪽 섬돌에 있으면서 서쪽을 향하여 犧象으로 술을 뜸은 해가 서쪽으로 감을 높이는 것이고, 부인이 서쪽 방에 있으면서 동쪽을 향하여 뇌준으로 술을 뜸은 달이 동쪽으로 감을 높이는 것이니, 이는 음과 양의 배합이다.

군주는 양이고 부인은 음이니 군주와 부인의 예가 서로 위에서 거행됨은 음과 양의 體가 예에 나타나는 것이며, 六律은 양의 소리이고 六呂는 음의 소리이니, 육률과 육려의 소리가 서로 아래에서 응함은 음과 양의 소리가 樂에 나타난 것이다. 한 번 음이 되고 한 번 양이 되는 이치를 道라 이르니, 도는 덕과 가르침을 생겨나게 하는 것이다.

102801 **禮也者**는 **反其所自生**이요 **樂**(악)**也者**는 **樂**(락)**其所自成**이라 **是故**로 **先王之制禮也 以節事**하며 **修樂以道志**하니라 **故**로 **觀其禮樂**이면 **而治亂**을 **可知也**라 **蘧伯玉曰 君子之人**은 **達**이라 **故**로 **觀其器而知其工之巧**하며 **觀其發而知其人之知**라하니라 **故**로 **曰 君子愼其所以與人者**라하니라

禮는 처음 생겨나게 한 것을 돌이키는 것이고, 樂은 처음 이루어지게 한 것을 즐거워하는 것이다. 이 때문에 先王이 예를 제정하여 일을 절도 있게 하며 樂을 닦아서 답답한 마음을 폈다. 그러므로 그 禮와 樂을 보면

나라가 다스려짐과 혼란함을 알 수 있다. 蘧伯玉이 말하기를 "군자인 사람은 예를 통달하므로 그 기물을 보면 工人의 공교로움을 알며 행동거지를 보면 그 사람의 지혜를 안다." 하였다. 이 때문에 "군자는 사람과 함께하는 것(禮樂)을 삼간다." 한 것이다.

≪集說≫

萬物은 本乎天하고 人은 本乎祖하니 禮主於報本反始는 不忘其所由生也라 王者功成治定然後에 作樂(악)하나니 以文德定天下者는 樂文德之成하고 以武功定天下者는 樂武功之成이니 非泛然爲之也라 節事는 爲人事之儀則(칙)也요 道志는 宣其湮鬱也라 世治則禮序而樂和하고 世亂則禮慝(특)而樂淫이라 故觀禮樂이면 而治亂을 可知也라 遽伯玉은 衛大夫니 名은 瑗이라 言君子之心이 明睿洞達하야 觀器用이면 則知工之巧拙하고 觀人之發動擧措면 則知其人之智愚하나니 豈有觀禮樂而不知治亂乎리오 禮樂者는 與人交接之具니 君子致謹於此는 以其所關者大也라 故曰은 蓋古有是言이어늘 而記者稱之耳니라

만물은 하늘에 근본을 두고 사람은 조상에 근본을 두니, 禮가 근본에 보답하고 시작을 돌이킴을 주장함은 처음 태어나게 한 것을 잊지 않는 것이다. 王者가 功이 이루어지고 다스려짐이 안정된 뒤에 樂을 만드니, 文德으로 천하를 안정시킨 자는 문덕이 이루어짐을 즐거워하고 武功으로 천하를 안정시킨 자는 무공의 이루어짐을 즐거워하니, 범연히 〈樂을〉 만든 것이 아니다.

'節事'는 사람이 행하는 일의 법칙을 만드는 것이고, '道志'는 답답한 마음을 펴는 것이다. 세상이 다스려지면 예가 차례가 있고 樂이 조화로우며, 세상이 어지러우면 예가 간특해지고 樂이 음탕해지므로 예와 樂을 보면 나라의 다스려짐과 혼란함을 알 수 있는 것이다.

遽伯玉은 衛나라 대부이니, 이름이 瑗이다. "군자의 마음은 밝고 지혜롭고 통달하여 器用을 보면 匠人의 솜씨를 알고 사람의 행동거지를 보면 그 사람의 지혜로움과 어리석음을 안다."고 말하였으니, 어찌 예와 樂을 보고서도 다스려지고 혼란함을 알지 못함이 있겠는가.

禮와 樂은 남과 交接하는 도구이니, 군자가 여기에 삼감을 지극히 함은 관계된 바

가 크기 때문이다. '故曰'은 옛날에 이런 말이 있었는데 기록하는 자가 이것을 칭한 것이다.

≪大全≫

張子曰 禮는 反其所自生이요 樂(악)은 樂(락)其所自成이니 禮는 別異하야 不忘本而後에 能推本하야 爲之節文이요 樂은 統同하야 樂吾分而已라 禮는 天生自有分別이니 人須推原其自然이라 故로 言反其所自生이요 樂則得其所樂이면 卽是樂也니 更(갱)何所待리오 是는 樂其所自成이니라

張子 : 禮는 처음 생겨나게 한 것을 돌이키는 것이고 樂은 처음 이루어지게 한 것을 즐거워하는 것이니, 예는 다름을 구별하여 근본을 잊지 않은 뒤에 근본을 미루어서 節文을 만들 수 있는 것이고, 樂은 하나로 통합하여 나의 분수를 즐기는 것일 뿐이다. 예는 하늘이 〈만물을 만들어〉 낼 적에 자연히 분별이 있는 것이니, 사람이 모름지기 자연에서 근원을 궁구해야 하므로 "처음 생겨나게 한 것을 돌이킨다."고 말하였다. 樂은 즐거워하는 것을 얻으면 이것이 곧 樂이니, 다시 무엇을 기다리겠는가. 이는 처음 이루어지게 한 것을 즐거워하는 것이다.

○ 嚴陵方氏曰 治定制禮故로 於禮曰制요 功成作樂故로 於樂曰修라 治亂은 生於志而發於事하니 禮者는 事之所寓也요 樂者는 志之所寓也라 故로 觀其禮樂而治亂可知라 孟子曰 見其禮而知其政하고 聞其樂而知其德이 正謂是矣라 君子之人達은 言達於道也라 以道觀物故로 知其工之巧하고 以道觀人故로 知其人之知니 言巧則拙可知요 言知則愚可知라 蓋工有巧拙하니 則見(현)於器者有利病이요 人有知愚하니 則見於發者有當否故也라 凡爲彼所觀者는 以吾有與也라 故君子愼其所以與人者어든 而況於禮樂之所示乎아 所謂與人은 由[103)]言接人也니 或發於言하고 或發於行이 皆所以與人者也니라

嚴陵方氏 : 다스려짐이 정해지면 禮를 제정하기 때문에 禮에 '制(제정하다)'라고 말한 것이고, 功이 이루어지면 樂을 만들기 때문에 樂에 '修(닦는다)'라고 말한 것이다. 다스려짐과 혼란함은 마음에서 생겨나 일에 나타나니, 예는 일이 깃들어 있는 것이

103) 由 : '猶(같다)'와 같다.

고 樂은 뜻이 깃들어 있는 것이므로 예와 樂을 보면 그 나라의 다스려짐과 혼란함을 알 수 있는 것이다. ≪孟子≫ 〈公孫丑 上〉에 "禮를 보면 그 나라의 정사를 알고 樂을 들으면 그 나라 군주의 덕을 안다." 함은 바로 이를 말한 것이다.

'君子之人達'은 道에 통달함을 말한 것이다. 道로써 물건을 관찰하기 때문에 工人의 공교로움을 알고, 道로써 사람을 관찰하기 때문에 사람의 지혜로움을 아는 것이니, 공교로움을 말했으면 졸렬함을 알 수 있고 지혜로움을 말했으면 어리석음을 알 수 있다. 공인 중에 숙련된 자와 서투른 자가 있으면 기물에 드러나는 것이 좋고 나쁨이 있고, 사람 중에 지혜로운 자와 어리석은 자가 있으면 행동거지에 나타나는 것이 이치에 맞고 이치에 맞지 않음이 있기 때문이다.

무릇 내가 저에게 관찰의 대상이 됨은 내가 함께하는 것이 있기 때문이므로 군자는 사람과 함께하는 것을 삼가는데 하물며 禮樂을 보여줌에 있어서이겠는가. 이른바 '사람과 함께한다.'는 것은 '사람과 접한다.'라는 말과 같으니, 혹은 말에 나타나고 혹은 행동거지에 나타남이 모두 사람과 함께하는 것이다.

○ 馬氏曰 禮는 所以報本故로 反其所自生이요 樂(악)은 所以彰德故로 樂(락)其所自成이라 記曰 樂은 樂其所自生이요 而禮는 反其所自始라하니 別而言之하면 則禮者는 反其所自生이요 樂者는 樂其所自成이며 合而言之하면 樂亦反其所自生也라 禮는 所以約人之外라 故로 以節事하니 事者는 自外作者也요 樂은 所以和人之內라 故로 以道志하니 志者는 由中存者也라 禮雖約人之外나 未嘗不在內하니 記曰 禮節民心이라하고 樂雖和人之內나 未嘗不在外하니 記曰 樂和民聲이라하니 別而言之하면 則禮在於外而樂在於內요 合而言之하면 則禮樂之情同也라 觀其禮樂之得이면 則知其治하고 觀其禮樂之失이면 則知其亂이니 所謂治者는 非必已治也요 所謂亂者는 非必已亂也라 達其得失之幾면 則治亂之將形을 皆得以知之矣어늘 自非智足以及이면 則不能達이라 故로 蘧伯玉曰 君子之人達이라하니라 均是器也로되 而器有巧拙하고 均是發也로되 而發有智愚라 君子之達하야 其明이 足以照之하면 則器之巧拙과 發之智愚가 皆不能逃於視聽之內라 蓋達之者는 觀微以知著하고 察往以知來也니라

馬氏 : 禮는 근본에 보답하는 것이므로 처음 생겨나게 한 것을 돌이키고, 樂은 덕을 드러내는 것이므로 처음 이루어지게 한 것을 즐거워하는 것이다. ≪禮記≫ 〈樂

記〉에 "樂은 처음 생겨나게 한 것을 즐거워하는 것이고 禮는 처음 시작되게 한 것을 돌이키는 것이다." 하였으니, 구별하여 말하면 예는 처음 생겨나게 한 것을 돌이키는 것이고 樂은 처음 이루어지게 한 것을 즐거워하는 것이며, 합하여 말하면 樂 또한 처음 생겨나게 한 것을 돌이키는 것이다.

예는 사람의 외면을 制約하는 것이므로 일을 절제하니, 일은 밖에서 만들어지는 것이다. 樂은 사람의 내면을 조화롭게 하는 것이므로 뜻을 펴게 하니, 뜻은 마음속으로부터 보존되는 것이다. 禮가 비록 사람의 외면을 제약하는 것이지만 일찍이 내면에 있지 않음이 없으니, ≪禮記≫ 〈樂記〉에 "예는 백성의 마음을 절제한다." 하였다. 樂이 비록 사람의 내면을 조화롭게 하나 일찍이 외면에 있지 않음이 없으니, 〈樂記〉에 "樂은 백성의 소리를 조화롭게 한다." 하였다. 구별하여 말하면 예는 외면에 있고 樂은 내면에 있으며, 합하여 말하면 예와 樂의 실정이 똑같다.

예와 樂이 道에 맞음을 본다면 그 나라의 다스려짐을 알 수 있고 예와 樂이 도에 맞지 않음을 본다면 그 나라의 혼란함을 알 수 있으니, 이른바 '다스려진다'는 것은 반드시 이미 다스려진 것이 아니고, 이른바 '혼란하다'는 것은 반드시 이미 혼란한 것이 아니다. 道에 맞고 맞지 않음의 기미를 통달하면 다스려지고 혼란함이 장차 드러날 것임을 모두 알 수 있는데, 참으로 지혜가 충분히 여기에 미치는 자가 아니면 능히 통달하지 못하므로 蘧伯玉이 "군자인 사람은 통달한다." 한 것이다.

똑같이 기물인데 기물에 공교로움과 졸렬함의 차이가 있고 똑같이 행동거지인데 행동거지에 지혜로움과 어리석음이 있다. 군자가 통달하여 밝은 지혜로 충분히 밝게 알 수 있으면 기물의 공교로움과 졸렬함, 행동거지의 지혜로움과 어리석음이 모두 〈군자의〉 보고 듣는 능력 안에서 벗어날 수 없다. 통달한 사람은 은미한 것을 살펴보고서 드러난 것을 알고 지나간 것을 살펴보고서 미래를 안다.

102901 大(태)廟之內엔 敬矣라 君親牽牲이어든 大夫贊幣而從하며 君親制祭어든 夫人薦盎하며 君親割牲이어든 夫人薦酒하나니라

太廟의 안에서는 공경한다. 군주가 친히 희생을 끌고 오면 대부가 도와서 폐백을 가지고 뒤따르며, 군주가 친히 〈희생의 肝을 치수에 맞게〉 잘라 고수레를 하면 夫人이 盎齊를 올리며, 군주가 친히 익힌 희생을 자르거든 부인이 술을 올린다.

≪集說≫

君出廟門하야 迎牲親牽以入이라 然이나 必先告神而後殺이라 故로 大夫贊佐하야 執幣而從君이면 君乃用幣以告神也라 殺牲畢而進血與腥이면 則君親割制牲肝하야 以祭神於室하니 此時에 君不親獻酒하고 惟夫人이 以盎齊薦獻하나니 盎齊는 見前篇하니라 及薦孰之時에 君又親割牲體나 然亦不獻이라 故로 惟夫人薦酒也라

군주가 사당 문을 나와서 희생을 맞이하여 친히 끌고 들어온다. 그러나 반드시 먼저 神에게 고한 뒤에 희생을 잡으므로 대부가 도와서 폐백을 가지고 군주를 뒤따르면 군주가 마침내 폐백을 사용하여 신에게 고하는 것이다. 희생을 다 잡고 나서 피와 날고기를 올리면 군주가 친히 희생의 간을 치수에 맞게 잘라서 廟室에서 神에게 고수레를 올리는데, 이때에 군주가 직접 술을 올리지 않고 오직 부인이 〈숙성된 술의 빛깔이 淡靑色인〉 盎齊를 올리니, 앙제는 앞 편(〈禮運〉)에 보인다. 익힌 희생을 올릴 적에 군주가 또 친히 희생의 몸을 자르지만 또한 술을 올리지 않으므로 부인이 술을 올리는 것이다.

102902 卿大夫는 從君하고 命婦는 從夫人하야 洞洞乎其敬也며 屬(촉)屬乎其忠也며 勿勿乎其欲其饗之也니라

卿과 대부는 군주를 따라가고 命婦는 부인을 따라가서 恭敬을 지극히 하며 忠誠을 지극히 하며 흠향하시기를 간절히 바란다.

≪集說≫

洞洞은 敬之表裏無間也요 屬屬은 誠實無僞也요 勿勿은 勉勉不已也라 一云切切也라하니라 命婦는 卿大夫之妻也라

'洞洞'은 공경함이 외면과 내면에 차이가 없는 것이고, '屬屬'은 성실하여 거짓이 없는 것이다. 그리고 '勿勿'은 부지런히 힘써서 그치지 않는 것이니, 일설에는 '切切'이라고 한다. '命婦'는 경과 대부의 아내이다.

102903 **納牲**은 **詔於庭**하고 **血毛**는 **詔於室**하고 **羹定**은 **詔於堂**하나니 **三詔皆不同位**는 **蓋道求而未之得也**니라

희생을 바침은 뜰에서 고하고 피와 털을 바침은 廟室에서 고하고 고깃국과 삶은 고기는 堂에서 고하니, 세 번 고함이 모두 자리가 똑같지 않은 것은 〈神을〉 구하여도 얻지 못함을 말한 것일 것이다.

≪集說≫

詔는 告也라 牲入在庭이면 以幣告神이라 故云 納牲詔於庭이요 殺牲하야 取血及毛하야 入以告神於室이라 故云 血毛詔於室이라 羹은 肉汁이요 定은 熟肉也니 煮之旣熟이어든 將迎尸入室할새 乃先以俎로 盛羹及定하야 而告神於堂하나니 此是薦熟未食之前也라 道는 言也라 此三詔者 各有其位하니 蓋言求神而未得也라

'詔'는 고함이다. 희생이 들어와 뜰에 있으면 폐백을 가지고 神에게 고하므로 "희생을 바침은 뜰에서 고한다." 한 것이고, 희생을 잡아서 피와 털을 취하여 들어가 廟室에서 신에게 고하기 때문에 "피와 털을 바침은 묘실에서 고한다." 한 것이다. '羹'은 고깃국이고 '定'은 익힌 고기이니, 삶아서 이미 익었으면 장차 尸童을 맞이하여 묘실로 들어가려 할 적에 마침내 먼저 俎에 고깃국과 삶은 고기를 담아서 堂에서 神에게 고하는데, 이것은 익힌 고기를 올려 아직 먹기 전의 일이다. '道'는 말함이다. 이 세 가지 고함이 각각 자리가 있으니, 이는 신에게 구하여도 얻지 못함을 말한 것일 것이다.

102904 **設祭於堂**하고 **爲祊**(팽)**乎外**라 **故**로 **曰 於彼乎**아 **於此乎**아하니라

堂에 祭饌을 진설하고 사당 문 밖에서 繹祭를 지낸다. 그러므로 "이곳에 계신가? 저곳에 계신가?" 한다.

≪集說≫

設祭於堂者는 謂薦腥爓之時에 設饌在堂也라 祊은 祭之明日에 繹祭也라 廟門을 謂之祊이니 設祭在廟門外之西旁이라 故로 因名爲祊也라 記者又引古語云 於彼乎아 於

此乎아하니 言不知神於彼饗之乎於此饗之乎니라

堂에 제찬을 진설하는 것은 날고기와 데친 고기를 올릴 적에 제찬을 堂에서 진설함을 이른다. '祊'은 제사한 다음날에 지내는 繹祭를 이른다. 사당 문을 '祊'이라 이르니, 사당 문 밖의 서쪽 곁에서 제찬을 진설하기 때문에 '祊'이라고 이름한 것이다. 기록하는 자가 또 옛말에 "이곳에 계신가? 저곳에 계신가?"라고 한 것을 인용하였으니, 神이 저곳에서 흠향하시는지 이곳에서 흠향하시는지를 알지 못함을 말한 것이다.

≪大全≫

嚴陵方氏曰 君子固無所不用其敬이나 然於大(태)廟之事에 必夫婦親之하고 而且求之非一方이요 祭之非一日이니 則其敬也尤見(현)於此라 故로 曰 大廟之內에 敬矣라하니 下文所言이 皆其事也라 言制祭亦割之矣나 以方殺而多少未定이라 故曰 制요 及旣孰而多少已定이라 故曰 割也라 祭는 言其用也요 牲은 言其體也니 或言其用하고 或言其體는 互相備也라 夫人薦酒者는 謂凡酒也라 牲雖以天産爲陽이나 然對酒言之하면 則養人之陰而已니 君親割牲하야 以養其陰하고 夫人薦酒하야 以養其陽은 亦陰陽相濟之義也라 薦盎은 其義亦若是而已라

嚴陵方氏 : 군자는 진실로 공경을 쓰지 않음이 없으나 太廟의 제사에 반드시 부부가 친히 임하고, 또 〈神을〉 구하기를 한 방소에서만 하지 않고 제사 지내기를 하루만 하지 않으니, 그렇다면 공경이 여기에서 더 크게 드러난다. 그러므로 "太廟의 안에서는 공경한다." 하였으니, 아랫글에서 말한 것들이 모두 이러한 일이다.

〈군주가 희생의 간을 치수에 맞게 잘라서 고수레하는〉 制祭도 희생을 자르는 것이지만 막 희생을 죽여서 많고 적음이 정해지지 않았기 때문에 '制(치수에 맞게 자름)'라고 말한 것이고, 이미 고기를 익힌 뒤에는 많고 적음이 이미 정해졌으므로 '割(자름)'이라고 말한 것이다. '祭'는 用을 말한 것이고 '牲'은 體를 말한 것이니, 혹은 用을 말하고 혹은 體를 말함은 서로 갖추어 말한 것이다.

'夫人薦酒'는 일반 술을 〈올림을〉 이른 것이다. 犧牲은 비록 하늘에서 생산되어 陽이 되지만 술에 상대하여 말하면 사람의 陰을 기를 뿐이니, 군주가 친히 희생을 잘라서 음을 기르고 부인이 술을 올려서 양을 기름은 또한 음과 양을 서로 이루어주는 뜻이다. 盎齊를 올림은 그 뜻이 또한 이와 같을 뿐이다.

且制祭薦盎은 朝事之時也요 割牲薦酒는 饋食(사)之時也라 朝事는 以神事之故로 制祭以腥而薦以齊하니 蓋腥與齊는 神道故也요 饋食은 以人事之故로 割牲以孰而薦以酒하니 蓋孰與酒는 人道故也라 然君以盎齊饋食어늘 而夫人用之於朝踐하고 君以酒(羨)〔獻〕[104]尸어늘 而夫人用之於饋食者는 蓋殺(쇄)禮於君故也라 牲은 自外至而納之라 故로 納牲詔於庭하니 以庭在室之外故也요 血毛는 告幽全之物이라 故로 詔於堂하니 以堂比室이면 爲明故也라 三詔求之하면 固有可得之理로되 而曰 求而未之得이라하니 特疑其如此而已라 故로 以蓋言之라 道는 猶言也라 設祭于堂은 言正祭之時也요 爲祊乎外는 言索祭之時也니 言堂以見(현)外之爲門하고 言外以見堂之爲內라 祭는 言其事也요 祊은 言其所也니 謂之祊者는 祝祭求神에 以此爲所在之方故也요 且神無方也일새라 祊은 特人爲之爾라 故로 言爲요 祭는 必有所陳焉이라 故로 言設하니 孝子不知神之所在 或於彼, 或於此하야 而祭之非一日이요 求之非一處라 故로 曰 於彼乎아 於此乎아하니라

또 '制祭'와 '薦盎'은 〈宗廟에 아침 일찍 올리는 제사인〉 朝事의 때에 행하는 것이고, '割牲'과 '薦酒'는 〈천자나 제후가 종묘에 지내는 제사인〉 饋食의 때에 행하는 것이다. 조사는 神으로 섬기기 때문에 날고기를 잘라 고수레를 하고 盎齊를 올리니, 날고기와 앙제는 神의 道이기 때문이다. 그리고 궤사는 사람으로 섬기는 것이기 때문에 익힌 희생을 잘라 술을 올리는 것이니, 익힌 것과 술은 사람의 도이기 때문이다. 그러나 군주는 앙제로 궤사를 하는데 부인은 이것을 〈朝事를 포괄하는 제사 의식인〉 朝踐에 사용하고, 군주는 술을 尸童에게 올리는데 부인은 이것을 궤사에 사용함은 禮를 군주보다 줄이기 때문이다.

희생은 밖에서 가져와서 바치기 때문에 희생을 바침은 뜰에서 고하니, 뜰은 室의 밖에 있기 때문이다. 피와 털은 검고 온전한 물건임을 고하는 것이므로 堂에서 고하니 堂은 室에 비하면 밝음이 되기 때문이다. 세 번 고하고 〈神을〉 구하면 진실로 신을 얻을 수 있는 이치가 있으나 "구하여도 얻지 못한다."고 말했으니, 이는 다만 이와 같을까 의심스러울 뿐이므로 '蓋(아마도)'라고 말한 것이다. '道'는 '言(말하다)'과 같다.

104) (羨)〔獻〕: 저본에는 '羨'으로 되어 있으나, 衛湜의 ≪禮記集說≫ 등에 의거하여 '獻'으로 바로잡았다.

‘設祭于堂’은 正祭의 때를 말한 것이고, ‘爲祊乎外’는 신을 찾아 제사할 때를 말한 것이니, 堂을 말하여 밖이 문이 됨을 나타낸 것이고 밖을 말하여 堂이 안이 됨을 나타낸 것이다. ‘祭’는 〈제사하는〉 일을 말한 것이고 ‘祊’은 〈제사하는〉 장소를 말한 것이니, 祊이라고 말한 것은 祝이 제사하여 신을 구할 적에 이곳을 신이 있는 방소로 삼기 때문이고, 또 신은 일정한 방소가 없기 때문이다. 祊은 다만 사람이 하는 것이므로 ‘爲’라고 말하였고, 祭는 반드시 진열하는 것이 있으므로 ‘設’이라고 말하였으니, 孝子가 신이 계신 곳이 혹 저곳인지 혹 이곳인지를 알지 못해서 제사 지내기를 하루만 하지 않고 구하기를 한 곳에만 하지 않는 것이다. 그러므로 “저곳에 계신가? 이곳에 계신가?” 한 것이다.

○ 馬氏曰 祭必夫婦親之는 所以備內外之官也니 官備則具備라 是故로 君親牽牲으로 推而下之하야 至於夫人薦酒하야는 皆夫婦身親涖之라 致其誠信之謂盡이요 盡之謂敬이라 故로 曰 大(태)廟之內敬矣라하니라 納牲詔於庭은 君親牽牲이어든 大夫贊幣而從之時也요 血毛詔於室은 君親制祭어든 夫人薦盎之時也요 羹定詔於堂은 君親割牲이어든 夫人薦酒之時也라 設祭于堂은 祭於廟之內也요 爲祊乎外는 祭於廟之外也니 祭於內則疑於外하고 祭於外則疑於內라 故로 曰 於彼乎아 於此乎아하니라

馬氏 : 제사를 반드시 부부가 친히 함은 內外가 맡은 것을 갖추는 것이니, 맡은 것이 갖추어지면 祭需가 갖추어진다. 이 때문에 군주가 친히 희생을 끌고 오는 것으로부터 미루어 아래로 내려와 부인이 술을 올림에 이르러서는 모두 부부가 친히 임하는 것이다. 정성과 신실함을 다함을 ‘盡’이라 이르고, 지극히 함을 ‘敬’이라 이르므로 “太廟의 안에서 공경한다.” 한 것이다.

‘納牲詔於庭’은 군주가 친히 희생을 끌고 오면 대부가 도와서 폐백을 갖고 뒤따르는 때의 일이고, ‘血毛詔於室’은 군주가 직접 〈희생의 간을〉 잘라내어 고수레를 하면 부인이 盎齊를 올리는 때의 일이고, ‘羹定詔於堂’은 군주가 직접 희생을 자르면 부인이 술을 올릴 때의 일이다.

‘設祭于堂’은 사당의 안에서 제사 지내는 것이고, ‘爲祊乎外’는 사당의 밖에서 제사 지내는 것이니, 안에서 제사 지내면 신이 밖에 계신가 의심스럽고, 밖에서 제사 지내면 신이 안에 계신가 의심스러우므로 “신이 저곳에 계신가? 이곳에 계신가?” 한 것이다.

103001 一獻은 質이요 三獻은 文이요 五獻은 察이요 七獻은 神이니라

一獻은 질박하고, 三獻은 문식이 있고, 五獻은 자세히 살피고, 七獻은 神으로 대하는 것이다.

≪集說≫

獻은 酌酒以薦也라 祭群小祀則一獻이니 其禮質略하고 祭社稷五祀엔 三獻이니 其神稍尊이라 故有文飾이라 五獻은 祭四望山川之禮也요 察者는 顯盛詳著之貌라 祭先公之廟則七獻이니 禮重心肅이 洋洋乎其如在之神也라

獻은 술을 떠서 올리는 것이다. 여러 작은 제사를 지낼 적에는 1獻을 하니 그 禮가 질박하고 간략하며, 社稷과 五祀의 제사에는 3獻을 하니 그 神이 약간 높기 때문에 문식이 있는 것이다. 5獻은 사방으로 山川에 지내는 望祭의 예이고, '察'은 드러남이 성하고 자세히 나타나는 모양이다. 先公의 사당에 제사 지낼 경우에는 7獻을 하니, 예가 중하고 마음이 엄숙함이 洋洋히 신이 계신 것과 같다.

≪大全≫

長樂陳氏曰 禮略故로 質이요 禮加故로 文이요 察은 則其事地也察矣요 神은 則其事祖也神矣라 一獻孰이면 則於人情爲近故로 曰 質이요 三獻爓이면 則於人情漸遠故로 曰文이라 三獻爓이면 則五獻은 其血乎니 禮所謂血祭社稷[105)]이 是也니라

長樂陳氏 : 禮가 간략하기 때문에 질박하고 예를 더하기 때문에 문식이 있으며, 察은 땅을 섬김에 살피는 것이고, 神은 선조를 섬김에 神으로 대하는 것이다. 1獻에 익힌 고기를 올리면 인정에 가깝기 때문에 '質'이라 말하였고, 3獻에 데친 고기를 올리면 인정에서 점점 멀어지기 때문에 '文'이라 한 것이다. 3헌에 데친 고기를 올리면 5헌은 피를 올릴 것이니, ≪周禮≫에 이른바 "血祭로써 社稷에 제사 지낸다."는 것이 이것이다.

---

105) 血祭社稷 : ≪周禮≫ 〈春官 大宗伯〉에 "血祭로써 社稷·五祀·五嶽에 제사 지낸다.〔以血祭祭社稷五祀五嶽〕"라고 보이는데, 鄭玄의 注에 "陰祀는 피에서부터 시작되니, 기운과 냄새를 귀하게 여기는 것이다.〔陰祀 自血起 貴氣臭也〕" 하였다.(≪周禮注疏≫)

○ 嚴陵方氏曰 傳曰 名位不同[106]하야 禮亦有數라하니 禮有隆殺(쇄)故로 數有多寡하니 此祭祀之獻이 所以有一三五七之異也라 夫群小之祀는 禮則簡矣라 故로 言質이요 社稷五祀는 則其禮差詳이라 故로 言文이요 四望山川은 地道也라 故로 言察이요 先公은 人道而已라 故로 神之하니 惡(오)其褻故也니라

嚴陵方氏 : ≪春秋左氏傳≫에 "명칭과 지위가 똑같지 않아서 禮數도 달라야 한다." 하였으니, 禮가 높고 낮음이 있기 때문에 數가 많고 적음이 있는 것인데, 이는 제사에 올리는 것이 1獻・3헌・5헌・7헌의 차이가 있는 것이다. 여러 작은 제사는 禮가 간략하므로 질박하다고 말한 것이고, 社稷과 五祀는 예가 약간 자세하므로 문식이 있다고 말한 것이고, 산천에서 사방으로 望祭를 함은 땅의 道이므로 자세히 살핀다고 말한 것이다. 그리고 先公은 사람의 道일 뿐이므로 神으로 대한 것이니, 설만하게 됨을 싫어하기 때문이다.

103101 大饗은 其王事與인저 三牲魚腊(석)은 四海九州之美味也요 籩豆之薦은 四時之和氣也요 內(납)金은 示和也요 束帛[107]加璧은 尊德也요 龜爲前列은 先知也요 金次之는 見(현)情也요 丹漆絲纊竹箭은 與衆共財也요 其餘는 無常貨하고 各以其國之所有는 則致遠物也요 其出也에 (肆)〔陔〕[108]夏而送之는 蓋重禮也라

大饗(종묘의 祫祭)은 王(천자)의 일일 것이다. 세 가지 희생과 어물과 집

106) 名位不同 : ≪春秋左氏傳≫ 莊公 18년에 "王이 제후에게 내린 爵命에는 명칭과 지위가 같지 않아 禮數도 달라야 하니, 禮를 함부로 사람에게 빌려주어서는 안 된다.〔王命諸侯 名位不同 禮亦異數 不以禮假人〕"라고 보인다.

107) 束帛 : 한 묶음으로 만든 5匹의 비단으로, 聘問이나 饋贈에 사용한 禮物이다. ≪周禮≫ 〈春官 大宗伯〉에 "孤(少師・少傅・少保)는 皮帛을 잡는다.〔孤執皮帛〕" 하였고, 鄭玄의 注에 "皮帛은 비단을 묶고 가죽으로 겉을 싼 것이다.〔皮帛者 束帛而表以皮爲之〕" 하였는데, 賈公彦의 疏에 "束은 10端이다. 매 끝〔端〕의 길이가 1丈 8尺이며 모두 두 끝을 합하여 말면 총 5匹이 되기 때문에 束帛이라고 한 것이다.〔束者 十端 每端丈八尺 皆兩端合卷 總爲五匹 故云 束帛也〕" 하였다.

108) (肆)〔陔〕 : 저본에는 '肆'로 되어 있으나, ≪禮記正義≫ 鄭玄의 注에 "'肆夏'는 '陔夏'가 되어야 한다.〔肆夏當爲陔夏〕" 한 것과 集說에 의거하여 '陔'로 바로잡았다.

승의 포는 四海와 九州의 훌륭한 음식이고, 籩과 豆에 담아 올리는 음식은 四時의 조화로운 기운으로 생성된 것들이고, 金(쇠)을 올림은 〈제후가 천자를〉 친히 따름을 보이는 것이고, 束帛 위에 璧玉을 올리는 것은 덕을 높이는 것이고, 거북을 앞에 진열해놓는 것은 〈거북이 길흉을〉 미리 알기 때문이고, 金(金錢)이 그다음에 있는 것은 〈사람의〉 情을 나타낸 것이고, 丹砂와 옻, 생사와 솜, 큰 대나무와 작은 대나무는 백성과 재물을 함께하는 것이다.

그 나머지는 일정한 재화가 없고 각각 그 나라의 소유에 따름은 먼 지방의 물건을 바치게 할 수 있음을 보이는 것이고, 예를 마치고 나갈 때 〈陔夏〉의 樂章으로 전송함은 중한 예이기 때문이다.

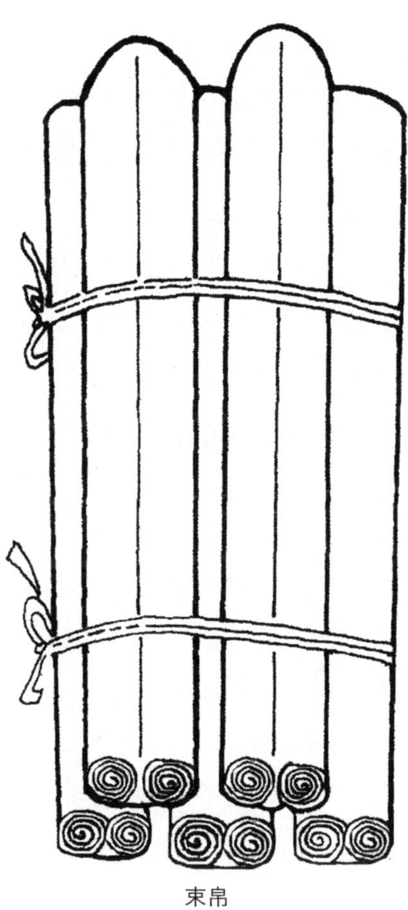

束帛

≪集說≫

大饗은 祫祭也라 言王事者는 明此章所陳이 非諸侯所有之事也라 三牲은 牛羊豕也라 腊은 獸也니 少牢禮云 腊用麋라하니라 籩豆所薦品味 皆四時和氣之生成이라 內金은 納侯邦所貢之金也요 示和는 示諸侯之親附也라 一說에 金性이 或從或革이 隨人이라 故言和也라하니라 君子於玉에 比德하나니 諸侯來朝에 璧加於束帛之上은 尊德也라 陳列之序에 龜獨在前은 以其知吉凶故로 先之

璧

也요 金在其次는 以人情所同欲故로 云 見情也라 自三牲以下로 至丹漆等物은 皆侯邦所供貢이니 竝以之陳列하야 或備器用이라 與衆共財는 言天下公共所有之物也라 其餘無常貨는 謂九州之外에 蠻夷之國이 或各以其國所有之物로 來貢이어든 亦必陳之하야 示其能致遠方之物也로되 但不以爲常耳라 諸侯爲助祭之賓하야 禮畢而出이 在無算爵[109]之後어든 樂工이 歌陔夏之樂章하야 以送之하나니 設施如此는 蓋重大之禮也라 註에 讀肆爲陔者하니 周禮에 鍾師掌九夏하야 尸出入에 奏肆夏하고 客醉而出이면 則奏陔夏[110]라 故知此當爲陔也라

'大饗'은 祫祭이다. '王事'라고 말한 것은 이 장에서 말한 것이 제후가 소유한 일이 아님을 밝힌 것이다. '三牲'은 소와 양과 돼지이다. 腊은 짐승의 고기로 만든 포이니, ≪儀禮≫ 〈少牢饋食禮〉에 "腊은 큰 사슴을 쓴다." 하였다. 籩과 豆에 담아 올리는 음식은 모두 四時의 조화로운 기운이 생성시킨 것이다. '內金'은 제후의 나라에서 바친 金(쇠)을 올리는 것이고, '示和'는 제후가 친히 따름을 보이는 것이다. 一說에 쇠의 성질이 혹 〈두 가지 쇠가〉 합하기도 하고 혹 〈한 가지 쇠가〉 변형되기도 하는 것이 〈가공하는〉 사람을 따르기 때문에 '和'를 말한 것이라고 한다. 군자가 玉을 德에 견주니, 제후가 조회 왔을 적에 璧玉을 束帛의 위에 가함은 덕을 높이는 것이다. 진열하는 물품의 차례에서 거북이 홀로 앞의 열에 있음은 〈거북점으로〉 길흉을 알

109) 無算爵 : 金在魯의 ≪禮記補註≫에 "≪儀禮≫ 〈特牲饋食禮〉와 〈少牢饋食禮〉와 〈燕禮〉와 〈大射禮〉와 〈鄕飮酒禮〉와 〈鄕射禮〉에서 장차 일을 마치려고 할 때 모두 無算爵의 禮가 있는데, 이에 대한 鄭玄의 注에 말하였다. '잔을 돌림에 차서가 없고 오직 뜻 가는 대로 권하여 취하게 마시고서 그만둔다.'〔特牲禮少牢禮燕禮大射禮鄕飮禮鄕射禮 將畢事 皆有無算爵之禮 註 爵行無次序 惟意所勸 醉而止〕" 하였다.

110) 鍾師掌九夏……則奏陔夏 : 이 내용은 ≪周禮≫ 〈春官 鍾師〉에 "종사는 鍾과 鎛(박) 등의 금속 악기를 쳐서 음악을 연주하는 것을 관장한다. 무릇 음악을 연주하는 일은 종과 북을 쳐서 〈九夏〉를 연주하니, 〈王夏〉·〈肆夏〉·〈昭夏〉·〈納夏〉·〈章夏〉·〈齊夏〉·〈族夏〉·〈祴夏(해하)〉·〈驁夏(오하)〉이다.〔鍾師掌金奏 凡樂事 以鍾鼓奏九夏 王夏肆夏昭夏納夏章夏齊夏族夏祴夏驁夏〕" 한 것과, 鄭玄의 注에 "왕이 출입할 적에 〈왕하〉를 연주하고, 시동이 출입할 적에 〈사하〉를 연주하고, 희생이 출입할 적에 〈소하〉를 연주하고, 사방의 賓이 왔을 적에 〈납하〉를 연주하고, 신하가 공이 있을 적에 〈장하〉를 연주하고, 부인이 제사 지낼 적에 〈재하〉를 연주하고, 족인이 모실 적에 〈족하〉를 연주하고, 빈객이 취하여 나갈 적에 〈해하〉를 연주하고, 공이 출입할 적에 〈오하〉를 연주한다.〔王出入 奏王夏 尸出入 奏肆夏 牲出入 奏昭夏 四方賓來 奏納夏 臣有功 奏章夏 夫人祭 奏齊夏 族人侍 奏族夏 客醉而出 奏陔夏 公出入 奏驁夏〕" 한 것에서 가져온 것이다. 정현의 주에서 杜子春의 "'祴'는 '陔鼓'의 陔로 읽는다.〔祴 讀爲陔鼓之陔〕"라는 설을 인용하였다.(≪周禮注疏≫)

수 있기 때문에 먼저 진열하는 것이고, 金(금전)이 그다음의 열에 있음은 인정이 함께 욕심내는 것이므로 "정을 나타낸다."고 말한 것이다.

'三牲'으로부터 이하로 丹砂와 옻 등의 물건은 모두 제후의 나라에서 바친 貢物이니, 함께 이것을 진열하여 혹 器物로 쓰일 것에 대비하는 것이다. '與衆共財'는 천하 사람들이 公共으로 소유하는 물건임을 말한 것이다.

'其餘無常貨'는 九州 밖의 蠻夷의 나라가 혹 각기 그 나라에서 소유한 물건을 가지고 와서 바치면 또한 반드시 진열하여 먼 지방의 물건을 가져올 수 있음을 보이지만 이것을 일정함으로 삼지 않을 뿐임을 말한 것이다.

제후가 제사를 돕는 손님이 되어서 예를 마치고 나가는 것이 〈술잔의 수를 세지 않고 마음껏 마시는〉 無算爵의 뒤에 있으면 樂工이 〈陔夏〉의 樂章을 연주하여 전송하니, 베풀기를 이와 같이 하는 것은 중대한 예이기 때문이다. 〈鄭玄의〉 註에 '肆'를 '陔'로 읽었으니, ≪周禮≫에 "鍾師가 九夏를 〈연주하는 것을〉 관장하여 尸童이 나가고 들어올 때에 〈肆夏〉를 연주하고 손님이 취하여 나가면 〈陔夏〉를 연주한다." 하였으므로 이것이 마땅히 '陔'가 됨을 아는 것이다.

○ 劉氏曰 後篇에 言鍾次之以和居參之하니 則此言內金示和는 亦取其聲之和耳라 見(현)情也者는 見人情之和也니라

劉氏 : 뒤 편(〈郊特牲〉(110601))에 "鍾이 그다음에 있는 것은 조화로운 물건을 庭實의 사이에 끼어놓은 것이다."라고 말했으니, 여기에서 "금을 바침은 조화로움을 보이는 것이다."라고 말한 것 또한 소리의 조화로움을 취했을 뿐이다. '見情也'는 인정의 조화로움을 나타낸 것이다.

≪大全≫

嚴陵方氏曰 三牲魚腊은 天產也니 天產은 所以作陰德이라 故로 以味爲主하야 而曰 四海九州之美味라하니 蓋味爲陰故也라 籩豆之薦은 地產也니 地產은 所以作陽德이라 故로 以氣爲主하야 而曰 四時之和氣라하니 蓋氣爲陽故也라 且味非美면 則不足以養人이요 氣非和면 則不足以養生이라 故로 於味曰美요 於氣曰和也라 九州之外蕃國은 無常貨하야 責之不備하고 而且各以其國之所有하니 則示能致遠物而已라 蓋得萬國之懽心하야 以事其先王이라 故로 其言如此하니라

嚴陵方氏 : 세 가지 희생과 어물과 짐승의 포는 하늘이 만들어낸 동물이니, 하늘이 만들어낸 동물은 陰의 덕이 되므로 맛을 위주하여 '사해와 구주의 훌륭한 맛'이라 하였는데, 맛은 陰이 되기 때문이다. 籩과 豆에 담아 올리는 음식은 땅이 만들어낸 곡식이니, 땅이 만들어낸 곡식은 陽의 덕이 되므로 氣를 위주하여 '사시의 조화로운 기운'이라고 하였는데, 氣는 陽이 되기 때문이다. 또 맛은 훌륭한 것이 아니면 사람을 기를 수 없고 氣는 조화로운 것이 아니면 생명을 기를 수 없으므로 맛에는 '美'라고 하고 氣에는 '和'라고 한 것이다.

九州의 밖에 있는 蕃國은 일정한 재화가 없어서 〈일정한 물품을〉 갖추어 바치기를 요구하지 않고 또 각각 그 나라에 있는 것으로 바치게 하니, 이는 능히 먼 지방의 물건을 가져왔음을 보일 뿐이다. 萬國의 歡心을 얻어서 先王을 섬기므로 말이 이와 같은 것이다.

○ 延平周氏曰 備四海九州之美味者는 示其得四海九州之懽心也요 薦四時之和氣者는 示其能贊於天地也니 唯其明有以得人心하고 而幽有以贊天地然後에 爲可以事神이니라

延平周氏 : 사해와 구주의 훌륭한 맛을 구비함은 사해와 구주의 환심을 얻었음을 보이는 것이고, 사시의 조화로운 기운이 생성시킨 것을 올림은 하늘과 땅의 化育을 도울 수 있음을 보이는 것이니, 오직 눈에 보이는 세계에서는 인심을 얻을 수 있고 눈에 보이지 않는 세계에서는 하늘과 땅의 화육을 도울 수 있은 뒤에야 神을 섬길 수 있는 것이다.

○ 馬氏曰 君子之於祭祀에 愼終如始하니 祭之畢이면 則飮酒無算하되 又慮其禮之無節이라 故奏肆夏以節之하야 使之安宴而不亂하니라 蓋重禮也니 重其禮者는 重其大饗之禮也니라

馬氏 : 군자가 제사함에 있어 끝마침을 시작할 때와 같이 삼갔으니, 제사가 끝나면 無算爵의 禮로 술을 마시되 또 그 禮에 절제가 없을까 염려스러우므로 〈肆夏〉를 연주하여 절제해서 편안히 잔치하고 어지럽지 않게 하였다. 이는 예를 중하게 여긴 것이니, 예를 중하게 여긴다는 것은 大饗의 예를 중하게 여긴 것이다.

103201 祀帝於郊는 敬之至也요 宗廟之祭는 仁之至也요 喪禮는 忠之至也요 備服器는 仁之至也요 賓客之用幣는 義之至也라 故로 君子欲觀仁義之道인댄 禮其本也니라

郊外에서 上帝에게 제사함은 공경이 지극한 것이고, 宗廟에서 제사함은 仁이 지극한 것이고, 喪禮는 忠이 지극한 것이고, 의복과 기물을 구비함은 仁이 지극한 것이고, 賓客이 폐백을 사용함은 義가 지극한 것이다. 그러므로 군자가 仁義의 道를 보고자 한다면 禮가 〈인의의 道의〉 근본이다.

≪集說≫

祭天之禮簡素하니 至敬無文이 所以爲敬之至라 仁之實은 事親이 是也니 事亡如事存[111)]이 所以爲仁之至라 附於身附於棺을 皆必誠必信[112)]이 所以爲忠之至라 斂之衣服과 葬之器具를 皆全備無缺은 莫非愛親之誠心이라 故로 亦曰 仁之至요 朝聘燕享에 幣有常用이라 故로 幣帛筐筐하야 將其厚意[113)]는 義之至也라 此仁與義之爲道를 皆可於行禮之際에 觀之라 故曰 禮其本也라하니라

하늘에 제사하는 예가 簡素하니, 〈이 편(101201)에서 말한〉 '지극한 공경은 문식

111) 事亡如事存 : ≪中庸章句≫ 제19장에 "초상에 돌아가신 분 섬기기를 생존하신 분 섬기는 것처럼 섬기고 장례 뒤에 육신이 없는 분 섬기기를 육신이 있는 분 섬기는 것처럼 섬기는 것이 효의 지극함이다.〔事死如事生 事亡如事存 孝之至也〕"라고 보인다.

112) 附於身附於棺 皆必誠必信 : ≪禮記≫ 〈檀弓 上〉에 "자사가 말씀하였다. '〈대부와 士의〉 상은 사흘 만에 殯을 하되, 무릇 〈옷이나 이불 등 시신의〉 몸에 따르는 것들을 〈죽은 자에게는 속이는 바가 없도록〉 반드시 정성스럽게 하고 〈산 자에게는 의심하는 바가 없도록〉 반드시 진실하게 하여 후회 없게 해야 할 것이요, 3개월 만에 장례하되 무릇 〈明器나 용기 등〉 널에 따르는 것들을 반드시 정성스럽게 하고 반드시 진실하게 하여 후회 없게 해야 할 것이다.'〔子思曰 喪 三日而殯 凡附於身者 必誠必信 勿之有悔焉耳矣 三月而葬 凡附於棺者 必誠必信 勿之有悔焉耳矣〕"라고 보인다.

113) 幣帛筐筐 將其厚意 : ≪詩經≫ 〈小雅 鹿鳴〉의 毛序에 "〈鹿鳴〉은 여러 신하들과 아름다운 손님을 연향하는 시이다. 이미 음식을 먹이고 또 폐백을 광주리에 담아서 후한 뜻을 받들어 올려야 하니, 그러한 뒤에야 忠臣과 아름다운 손님이 그 마음을 다할 수 있는 것이다.〔鹿鳴 燕群臣嘉賓也 既飲食之 又實幣帛筐筐 以將其厚意 然後忠臣嘉賓 得盡其心矣〕"라고 보인다.

이 없음'이 공경의 지극함이 되는 것이다. 仁의 실제는 어버이를 섬김이 여기에 해당하니, 장례 뒤에 육신이 없는 분을 섬기기를 육신이 있는 분을 섬기는 것처럼 섬김이 仁의 지극함이 되는 것이다. 〈옷이나 이불 등 시신의〉 몸에 따르는 것들과 〈明器나 용기 등〉 널에 따르는 것들을 모두 반드시 정성스럽게 하고 진실하게 하는 것이 忠의 지극함이 되는 것이다. 斂하는 의복과 장례의 기구를 모두 완전히 구비하고 결함이 없게 함은 어버이를 사랑하는 성실한 마음 아님이 없으므로 또한 仁의 지극함이라고 말한 것이고, 朝聘과 燕享에 폐백이 일정한 쓰임이 있으므로 폐백을 광주리에 담아서 厚한 뜻을 받들어 올림은 義가 지극한 것이다. 이 仁과 義의 道를 모두 예를 행하는 사이에서 볼 수 있으므로 "예가 근본이다." 한 것이다.

≪大全≫

嚴陵方氏曰 遠而尊者는 主乎敬하고 近而親者는 主乎愛하니 祀帝於郊는 所以爲敬이요 祭親於廟는 所以爲仁이라 仲尼燕居曰 郊社는 所以仁鬼神이라하니 則郊無非仁也나 要之以敬爲主爾요 記曰 大(태)廟之內敬矣라하니 則廟無非敬也나 要之以仁爲主爾니라

嚴陵方氏 : 멀고 높은 분(上帝)에게는 공경을 위주로 삼고, 가깝고 친한 분(조상)에게는 사랑을 위주로 삼으니, 郊에서 상제에게 제사 지냄은 공경을 행하는 것이고 사당에서 친한 분에게 제사 지냄은 仁을 행하는 것이다. ≪禮記≫ 〈仲尼燕居〉에 "郊祭와 社祭는 귀신을 사랑하는 것이다." 하였으니, 郊祭가 仁 아님이 없으나 요컨대 공경을 위주로 삼을 뿐이다. 그리고 ≪禮記≫ 〈禮器〉(102901)에 "太廟의 안에서는 공경한다." 하였으니, 사당에서 공경하지 않음이 없으나 요컨대 仁을 위주로 삼을 뿐이다.

○ 馬氏曰 人死면 斯惡(오)之矣요 無能하야 斯倍之矣[114]라 故로 先王이 爲之禮하야 使民不惡不倍하야 而盡心於死者하야 三日而斂호되 凡附於身者를 必誠必信하고 三月而葬호되 凡附於棺者를 必誠必信이라 故로 曰 忠之至也라하니라 中庸曰 仁者는 人也니 親親爲大하고 義者는 宜也니 尊賢爲大하니 親親之殺(쇄)와 尊賢之等이 禮所生

114) 人死……斯倍之矣 : ≪禮記≫ 〈檀弓 下〉에 "사람이 죽으면 싫어지게 되며, 〈죽은 사람은〉 무능하므로 저버리게 된다. 이 때문에 〈시신을 싸고 묶는〉 이불과 끈을 만들며 널을 덮는 상여틀〔柳〕과 翣을 설치하는 것은 사람들로 하여금 죽은 자를 싫어하지 않게 하기 위한 것이다.〔人死 斯惡之矣 無能也 斯倍之矣 是故 制絞(효)衾 設蔞(류)翣 爲使人勿惡也〕"라고 보인다.

也라하니 是禮生於仁義어늘 而曰 欲觀仁義之道인댄 禮其本은 何也오 蓋因其禮行之際에 仁義存其中也일새라 宗廟之祭는 禮也니 仁在其中이요 賓客之用幣는 亦禮也니 義在其中이니라

馬氏 : 사람이 죽으면 싫어지게 되며, 〈죽은 사람은〉 무능하므로 저버리게 된다. 그러므로 先王이 禮를 만들어서 백성들로 하여금 〈죽은 사람을〉 미워하지 않고 저버리지 않게 해서 죽은 자에게 마음을 다하여 3일 만에 斂을 하되 모든 시신의 몸에 따르는 것들을 반드시 정성스럽게 하고 진실하게 하며, 3개월 만에 장례 지내되 모든 棺에 따르는 것들을 반드시 정성스럽게 하고 진실하게 한 것이다. 그러므로 "忠이 지극하다." 한 것이다.

≪中庸≫에 "'仁'은 사람의 몸이니 친척을 친히 함이 큰 것이 되고, '義'는 마땅함이니 어진 이를 높임이 큰 것이 된다. 친척을 친히 함의 강등과 어진 이를 높임의 차등이 바로 禮가 생겨난 이유이다." 하였으니, 이는 예가 仁義에서 생겨나는 것인데 "인의의 도를 보고자 한다면 예가 근본이다."라고 하는 것은 어째서인가? 예가 행해지는 사이에 인의가 그 안에 있기 때문이다. 宗廟에서 제사함은 禮이니 仁이 그 가운데에 들어 있고, 賓客이 폐백을 씀은 또한 예이니 義가 그 가운데에 들어 있다.

○ 延平周氏曰 喪禮는 欲其不欺於己라 故曰 忠之至요 服器는 之死而致生이라 故曰 仁之至요 賓客은 用幣以將意라 故曰 義之至라 禮雖出於仁義나 而仁義之成體는 乃在於禮라 故로 曰 欲觀仁義之道인댄 禮其本也라하니라

延平周氏 : 喪禮에는 자기를 속이지 않고자 하므로 "忠이 지극하다." 한 것이고, 염습하는 의복과 明器는 죽은 자가 있는 곳에 물건을 보내어 장송하면서 산 자의 禮로써 지극히 하는 것이므로 "仁이 지극하다." 한 것이고, 빈객은 폐백을 써서 자신의 뜻을 받들어 올리므로 "義가 지극하다." 한 것이다. 禮가 비록 仁과 義에서 나왔으나 인과 의가 〈눈에 보이는〉 형체를 이룸은 바로 예에 달려 있으므로 "仁義의 도를 보고자 한다면 예가 근본이다." 한 것이다.

103301 君子曰 甘受和하고 白受采하며 忠信之人이라야 可以學禮니 苟無忠信之人이면 則禮不虛道라 是以로 得其人之爲貴也니라

군자가 말하였다.

“단맛이어야 여러 맛의 조화를 받고 백색이어야 채색을 받으며 忠信한 사람이어야 禮를 배울 수 있으니, 만약 忠信이 없는 사람이면 예가 헛되이 행해지지 않는다. 이 때문에 마땅한 사람을 얻음이 귀한 것이다.”

≪集說≫

甘於五味에 屬土하니 土無專氣하야 而四時皆王이라 故惟甘味能受諸味之和라 諸采는 皆以白爲質하니 所謂繪事後素[115]也라 以此二者로 況忠信乃可學禮라 道는 猶行也라 道路는 人所共行者니 人無忠信이면 則每事虛僞이니 禮不可以虛僞行也라 大傳曰 苟非其人이면 道不虛行[116]이라하니라

五味에서 단맛은 〈五行의〉 土에 속하니, 土는 독차지한 기운이 없어서 四時에 모두 왕성하므로 오직 단맛이 여러 맛의 조미를 받을 수 있는 것이다. 여러 채색은 모두 백색을 바탕으로 삼으니, 이른바 “그림 그리는 일은 흰 비단이 있은 뒤에 하는 것이다.”는 것이다. 이 두 가지를 가지고 忠信한 사람이어야 예를 배울 수 있음에 견준 것이다.

道는 행함과 같다. 도로는 사람들이 함께 다니는 곳인데, 사람들이 충신한 마음이 없으면 매사가 허위이니, 예는 허위로 행할 수 없다. ≪周易≫ 〈繫辭傳 下〉에 “만약 훌륭한 사람이 아니면 도는 헛되이 행해지지 않는다.” 하였다.

≪大全≫

嚴陵方氏曰 夫薄於德者는 於禮에 虛하니 非忠信之德以實之면 則禮之道를 亦無由而行矣라 易不云乎아 苟非其人이면 道不虛行이라하고 中庸亦曰 禮儀三百과 威儀三千이 待其人然後行이라하니 故로 此經에 言得其人之爲貴也하니라

嚴陵方氏 : 德에 부족함이 있는 자는 禮에 빈약함이 있으니, 忠信한 덕으로 채우

---

115) 繪事後素 : ≪論語≫ 〈八佾〉에 보인다.

116) 苟非其人 道不虛行 : ≪周易≫ 〈繫辭傳 下〉에 “처음에 그 말을 따라 그 도리를 헤아려보면 이미 떳떳한 법이 있으나 만일 훌륭한 사람이 아니면 道는 헛되이 행해지지 않는다.〔初率其辭而揆其方 既有典常 苟非其人 道不虛行〕”라고 보인다.

지 않으면 예의 도를 또한 행할 방법이 없다. ≪周易≫에 "만약 훌륭한 사람이 아니면 도는 헛되이 행해지지 않는다."라고 말하지 않았는가. ≪中庸≫에 또한 "禮儀 3백 가지와 威儀 3천 가지가 훌륭한 사람을 기다린 뒤에 행해진다." 하였다. 그러므로 이 經文에서 "마땅한 사람을 얻음이 귀한 것이다."라고 말하였다.

○ 馬氏曰 甘者는 味之美質也요 白者는 色之美質也요 忠信者는 人之美質也니 然後에 可以文之也라 故甘則受和하고 白則受采하고 忠信之人이라야 可以學禮라 和는 所以文其味요 采는 所以文其色이요 禮는 所以文其忠信이니 質不能立於內면 則文不可行於外라 故로 曰 忠信은 禮之本이요 義理는 禮之文이니 無本不立이요 無文不行이라하니라 苟無忠信之人이면 則禮不虛道하니 道之爲言은 行也라

馬氏 : 단맛은 맛의 훌륭한 바탕이고, 백색은 색의 훌륭한 바탕이고, 忠信은 사람의 훌륭한 바탕이니, 그러한 뒤에 문채를 낼 수 있으므로 단맛이어야 여러 맛의 조화를 받고 백색이어야 채색을 받고 충신한 사람이어야 禮를 배울 수 있는 것이다. 和는 맛을 문채 나게 하는 것이고 采는 색을 문채 나게 하는 것이고 禮는 충신을 문채 나게 하는 것이니, 바탕이 안에서 확립되지 못하면 문채가 밖에서 행해질 수가 없으므로 〈'100201'에서〉 "忠信은 예의 근본이고 義理는 禮의 문식인데, 근본이 없으면 〈禮를〉 확립하지 못하고 문식이 없으면 〈禮를〉 행하지 못한다." 하였다. 만약 충신이 없는 사람이면 예가 헛되이 행해지지 않으니, '道'의 말뜻은 행해짐이다.

103401 孔子曰 誦詩三百이라도 不足以一獻이요 一獻之禮라도 不足以大饗이요 大饗之禮라도 不足以大旅요 大旅具矣라도 不足以饗帝니 毋輕議禮니라

孔子께서 말씀하셨다.

"≪詩經≫ 3백 편을 외우더라도 1獻을 할 수 없고, 1헌의 禮를 행하더라도 大饗을 할 수 없고, 대향의 예를 행하더라도 大旅를 할 수 없고, 대려의 예가 갖추어졌더라도 上帝에게 제향할 수 없으니, 가볍게 예를 의논하지 말아야 한다."

≪集說≫

不學詩면 無以言[117)]이라하나 然縱使誦三百篇之多하야 而盡言語之長이라도 其於議禮에 猶槪乎未有所聞也면 一獻小禮라도 亦不足以行之며 使能一獻이라도 不能行大饗之禮니 謂祫祭也요 能大饗矣라도 不能行大旅之禮니 謂祀五帝也요 能具知大旅之禮矣라도 不能行饗帝之禮也니 謂祀天也라 禮를 其可輕議乎아

"詩를 배우지 않으면 말을 제대로 할 수 없다." 하였다. 그러나 가령 3백 편의 많은 시를 외워서 언어를 지극히 잘 구사한다 하더라도 禮를 의논하는 것에 대해 여전히 전혀 들은 바가 없으면 1獻의 작은 예도 행할 수 없다. 그리고 가령 1헌의 예를 행할 수 있다 하더라도 大饗의 예를 행할 수 없으니, 〈대향은〉 祫祭를 이른다. 대향의 예를 행할 수 있다 하더라도 大旅의 예를 행할 수 없으니, 〈대려는 太皥·炎帝·黃帝·少皥·顓頊〉 五帝에 제사 지냄을 이른다. 그리고 대려의 예를 자세히 알 수 있다 하더라도 上帝에게 제향하는 예를 행할 수 없으니, 〈상제에게 제향함은〉 하늘에 제사함을 이른다. 예를 어찌 가볍게 의논할 수 있겠는가.

≪大全≫

嚴陵方氏曰 不學詩면 無以言이라하니 誦詩雖多나 能言之而已요 未必能行禮하니 則貴乎能行也라 故로 誦詩三百호되 不足以一獻이라 大饗者는 祭先王之九獻也요 以會而旅焉이라 故로 謂之旅요 饗帝는 謂昊天上帝也라 夫禮有大小故로 行之有難易(이)하니 此愈大者 所以愈難焉이라 行其事者에 其難如此면 則言其義者를 可不重乎아 經曰 禮之所尊은 尊其義也라하니 故로 曰 毋輕議禮라하니라

嚴陵方氏:"詩를 배우지 않으면 말을 제대로 할 수가 없다." 하였는데, 시를 비록 많이 외우더라도 말을 제대로 할 수 있을 뿐이고 반드시 禮를 행할 수 있는 것은 아

117) 不學詩 無以言:≪論語≫ 〈季氏〉에, 孔子의 아들 鯉가 종종걸음으로 뜰을 지날 때 "〈공자가〉 '시를 읽었느냐?'라고 물으니 〈鯉가〉 '아직 읽지 못했습니다.' 하자, 〈공자가〉 '시를 배우지 않으면 말을 제대로 할 수 없다.' 하였다. 〈또 공자가〉 '예를 배웠느냐?'라고 묻자 〈鯉가〉 '아직 배우지 못했습니다.'라고 하니, 〈공자가〉 '예를 배우지 않으면 행동을 제대로 할 수 없다.' 하였다.〔曰學詩乎 對曰未也 不學詩 無以言 曰學禮乎 對曰未也 不學禮 無以立〕"라고 한 데에 보인다.

니다. 그렇다면 예를 제대로 행함이 귀한 것이므로 ≪詩經≫ 3백 편을 외우되 1獻의 예를 행하지 못하는 것이다. 大饗은 〈천자가〉 先王에게 제사 지낼 때 올리는 9獻이고, 〈어떤 일로〉 모인 것에 말미암아 旅祭를 지내므로 '旅'라 이른 것이고, '饗帝'는 昊天의 上帝에게 제향함을 이른다. 禮에는 크고 작음이 있기 때문에 행함에 어렵고 쉬움이 있는 것이니, 이는 더욱 큰 것이 더욱더 어려운 것이 되는 까닭이다. 이 일을 행함에 어려움이 이와 같다면 그 義를 말하는 것을 신중히 하지 않을 수 있겠는가. 〈郊特牲〉(113101)의 經文에 "禮가 높은 것은 그 義를 높이기 때문이다." 하였으므로 "예를 가볍게 의논하지 말라." 한 것이다.

103501 **子路爲季氏宰**러니 **季氏祭**할새 **逮闇而祭**호되 **日不足**이어늘 **繼之以燭**하니 **雖有强力之容**과 **肅敬之心**이라도 **皆倦怠矣**라 **有司跛**(피)**倚以臨祭**하니 **其爲不敬**이 **大矣**러라

子路가 季氏의 家臣이 되었는데 계씨가 제사 지낼 적에 어두운 새벽일 때부터 제사 지냈으나 하루로도 충분하지 못하자 이어서 촛불을 밝혀 지내니, 비록 굳센 모습과 공경하는 마음이 있는 자라도 모두 권태로워졌다. 有司가 몸을 삐딱하게 기울이거나 물건에 기대어 제사에 임하니, 그 不敬함이 컸다.

≪集說≫

逮는 及也라 闇은 昧爽以前也라 偏任爲跛요 依物爲倚라

'逮'는 미침이다. '闇'은 동이 트기 이전이다. 몸을 한쪽 발에 삐딱하게 의지함을 '跛'라 하고, 물건에 기댐을 '倚'라 한다.

103502 **他日**에 **祭**할새 **子路與**러니 **室事**를 **交乎戶**하고 **堂事**를 **交乎階**하야 **質明而始行事**하야 **晏朝而退**하다 **孔子聞之**하시고 **曰 誰謂由也而不知禮乎**아하시니라

다른 날에 제사 지낼 적에 子路가 참여하였는데, 廟室의 일을 〈안팎의 사람이〉 문에서 교접하고 堂의 일을 〈堂 위의 사람과 아래의 사람이〉 계단에서 교접해서 참으로 동이 트자 비로소 제사를 행하여 늦은 아침에 물러갔다. 孔子께서 이것을 들으시고 "누가 由(자로)를 두고 禮를 알지 못한다고 하였는가?" 하셨다.

≪集說≫

室事는 謂正祭之時에 事尸于室也라 外人이 將饌至戶어든 內人이 於戶受之하야 設於尸前하니 內外相交承接이라 故云 交乎戶也라 正祭之後에 儐尸於堂이라 故謂之堂事니 此時에 在下之人이 送饌至階어든 堂上人이 卽階而受取하니 是交乎階也라 質은 正也라 子路權禮之宜하야 略煩文而全恭敬이라 故孔子善之也하시니라

'室事'는 正祭를 지낼 때에 廟室에서 尸童을 섬김을 이른다. 밖에 있는 사람이 祭饌을 가지고 문에 이르면 안에 있는 사람이 문에서 이것을 받아 시동의 앞에 진설하니, 안과 밖이 서로 交接하기 때문에 "문에서 교접한다."고 말한 것이다. 정제를 지낸 뒤에 시동을 堂에서 인도하기 때문에 '堂事'라고 일렀는데, 이때에 당의 아래에 있던 사람이 제찬을 가지고 가서 계단에 이르면 당 위의 사람이 계단으로 나아가 이것을 받아 가지니, 이것이 '계단에서 교접하는 것'이다. '質'은 正(眞正)이다.

子路가 禮의 마땅함을 저울질하여 번거로운 문식을 생략하고 공경하는 마음을 온전히 하였으므로 공자께서 훌륭하게 여기신 것이다.

≪大全≫

嚴陵方氏曰 君子之行禮는 固不欲速하고 又惡(오)乎久而怠焉이니 久而怠는 寧若速而敬爾니 蓋禮는 以敬爲主故也라 季氏之於祭에 徒欲其久而不能敬하니 又豈知禮之意哉아 昔에 周人이 祭日을 以朝及闇[118]하니 季氏之於魯에 其亦習周之文而不知其

---

118) 周人祭日 以朝及闇 : ≪禮記≫ 〈祭義〉에 나온다. 그런데 이곳 〈禮器〉(103501)의 集說에서 陳澔는 '逮'가 '及'과 같다고 하여 '逮闇'을 '及闇'의 의미로 보았으나, '闇'에 대한 해석은 〈제의〉와 다르다. 〈예기〉에서 진호는 '闇'이 '동이 트기 이전〔昧爽以前〕'이라 하였으니, '逮闇'은 동이 트기 이전〔闇〕에 미쳐서〔逮〕 제사를 시작한다는 의미이다. 그런데 〈제의〉의 집설에서 진호가 인용한 方慤의 설에는 '闇'이 '해가 이미 져서 어두운 상태〔日旣沒

意者歟인저 及子路行之하야는 乃能速而敬焉하니 雖不必合於先王之文이나 然亦可謂知禮之意요 且能救一時之弊矣니 此孔子所以善之也시니라 强力은 卽聘義所謂强有力[119]이 是也라 肅則不怠하고 敬則不慢하니 强力은 通乎外故로 以容言之하고 肅敬은 存乎中故로 以心言之라 跛倚는 蓋倦怠之所致也라 室事는 謂有事乎室이니 若血毛詔於室之類요 堂事는 謂有事乎堂이니 若羹定詔於堂之類라 執事者는 內外異位어늘 乃以內而交乎外하고 上下異等이어늘 乃以上而交乎下면 則尤易(이)爲力矣니 宜乎質明而始行事하야 晏朝而退也니라

嚴陵方氏：군자가 禮를 행함은 참으로 속히 행하려고 하지 않고 또 장시간 동안 하여 태만해지는 것을 싫어한다. 그러니 장시간 동안 하여 태만해지기보다는 차라리 속히 행하여 공경하여야 하니, 예는 공경을 위주로 삼기 때문이다.

季氏가 제사 지낼 적에 다만 장시간 동안 하고자 하여 공경하지 못하였으니, 또 어찌 예의 뜻을 알겠는가. 옛날 周나라 사람이 해에게 제사 지내기를 아침부터 시작해서 어두울 때에 미쳤으니, 계씨가 魯나라에서 또한 周나라의 文만 익히고 그 뜻을 알지 못한 자일 것이다.

子路가 제사를 행함에 미쳐서는 마침내 속히 행하여 공경하였으니, 비록 반드시 先王의 文에 부합한 것은 아니었더라도 또한 '예의 뜻을 알았다.'라고 말할 수 있는 것이고, 또 한때의 폐단을 바로잡을 수 있었던 것이다. 이 때문에 공자께서 좋게 여기셨다.

而黑〕'라고 하였고, '及은 아직 闇에 이르지 않은 상태로, 해가 곧 지려 할 때〔及者 未至於闇 蓋日將落時也〕'라고 하였으니, '以朝及闇'은 '아침부터 해가 곧 지려 할 때까지'란 의미이다. 참고로 金在魯는 ≪禮記補註≫에서 〈제의〉의 '闇' 역시 〈예기〉의 '闇'과 마찬가지로 '동이 트기 이전〔昧爽以前〕'으로 보아야 한다고 하면서, '以朝及闇'은 '以朝' 뒤에 '호대〔乎代〕' 吐를 달아 '아침에 하되 동이 트기 전 어두울 때부터 제사하는 것'으로 해석해야 한다고 하였다.

119) 强有力：≪禮記≫ 〈聘義〉에 "聘禮와 射禮는 지극히 큰 예이다. 참으로 동이 트자 비로소 제사를 행하여 해가 거의 중천이 된 뒤에야 예가 이루어지니, 힘이 강한 자가 아니면 예를 행하지 못한다. 그러므로 힘이 강한 자라야 장차 예를 행할 수 있는 것이니, 술이 맑아지고 사람들이 갈증이 나도 감히 술을 마시는 일이 없고, 고기가 마르고 사람들이 굶주려도 감히 먹는 일이 없고, 해가 저물어 사람들이 피곤하여도 공경하고 장엄하고 바르고 가지런하여 감히 게을리하는 일이 없다.〔聘射之禮 至大禮也 質明而始行事 日幾中而后禮成 非强有力者 弗能行也 故强有力者 將以行禮也 酒淸人渴 而不敢飮也 肉乾人飢 而不敢食也 日莫人倦 齊莊正齊 而不敢解惰〕"라고 보인다.

'强力'은 바로 ≪禮記≫ 〈聘義〉에 이른바 "힘이 강하다."는 것이 이것이다. 엄숙하면 게으르지 않고 공경하면 태만하지 않으니, 강한 힘은 외면에 통하기 때문에 모습을 가지고 말한 것이고, 공경함은 내면에 있기 때문에 마음을 가지고 말한 것이다. '跛'와 '倚'는 倦怠로움이 이르게 한 것이다.

'室事'는 廟室에 일이 있음을 이르니 〈'102903'에 이른바〉 "피와 털을 바침은 묘실에서 고한다."와 같은 따위이고, '堂事'는 堂에 일이 있음을 이르니 〈'102903'에 이른바〉 "고깃국과 삶은 고기는 당에서 고한다."와 같은 따위이다. 일을 집행하는 자들은 〈묘실의〉 안에 있는 자와 밖에 있는 자의 지위가 다른데 마침내 안에 있는 자로 하여금 밖에 있는 자와 교접하게 하고, 堂 위와 당 아래는 등급이 다른데 마침내 당 위에 있는 자로 하여금 당 아래에 있는 자와 교접하게 하면 힘쓰기가 더 쉬우니, 참으로 동이 틀 때 비로소 제사를 행하여 늦은 아침에 물러나는 것이 마땅하다.

禮記集說大全 卷之十一

郊特牲 第11

≪集說≫

110000 陸氏曰 郊者는 祭天之名이니 用一牛라 故曰特牲이니라

陸氏 : 郊는 하늘에 지내는 제사의 이름이니, 한 마리의 소를 사용하기 때문에 '特牲'이라고 한 것이다.

○ 石梁王氏曰 此篇은 皆記祭事로되 而雜昏冠兩段하니라

石梁王氏 : 이 편은 모두 제사하는 일을 기록하였는데 昏禮와 冠禮에 관한 두 단락이 섞여 있다.

110101 **郊**엔 **特牲**하고 **而社稷**엔 **大**(태)**牢**하며 **天子適諸侯**어든 **諸侯膳用犢**하고 **諸侯適天子**어든 **天子賜之禮大牢**는 **貴誠之義也**라 **故**로 **天子牲孕**(잉)을 **弗食也**하며 **祭帝**에 **弗用也**하나니라

郊祭에는 特牲을 사용하고 社稷의 제사에는 太牢를 사용하며, 천자가 제후의 나라에 가면 제후가 음식을 올리되 송아지를 사용하고 제후가 천자의 나라에 가면 천자가 그에게 하사하는 禮에 태뢰를 쓰는 것은 진실함을 귀하게 여기는 뜻이다. 그러므로 천자는 새끼를 밴 희생을 먹지 않으며, 上帝에게 제사 지낼 적에도 〈새끼를 밴 희생을〉 쓰지 않는 것이다.

≪集說≫

禮有以少爲貴者[1)]라 故로 此二者는 皆貴特牲而賤大牢也라 犢은 未有牝牡(빈무)之

情이라 故云 貴其誠慤이라하니라

禮는 적음을 귀하게 여기는 경우가 있다. 그러므로 이 두 가지는 모두 特牲을 귀하게 여기고 太牢를 천하게 여기는 것이다. 송아지〔犢〕는 암놈과 숫놈의 감정이 있지 않기 때문에 "그 진실함을 귀하게 여긴다."고 말한 것이다.

○ 朱子曰 萬物은 本乎天하고 人은 本乎祖라 故以所出之祖로 配天地라 周之后稷이 生於姜嫄하니 以上은 更推不去라 文武之功이 起於后稷이라 故配天에 須以后稷하니 嚴父는 莫大於配天이라 宗祀文王於明堂하야 以配上帝하니 上帝는 卽天也라 聚天之神而言之하면 則謂之上帝니라 又曰 古時에 天地는 定是不合祭[2)]요 日月山川百神도 亦無合共一時祭享之禮니라 又曰 五峯이 言無北郊하고 只祭社[3)]라하니 便是此說이

---

1) 禮有以少爲貴者 : 〈禮器〉(100601)에 "예는 적음을 귀하게 여기는 경우가 있으니, 천자는 介가 없고 하늘에 제사 지낼 때에 한 마리 희생만을 쓴다.〔有以少爲貴者 天子無介 祭天特牲〕"라고 보인다.

2) 古時天地 定是不合祭 : ≪周禮≫ 〈春官 大司樂〉에 "冬至에 지상의 圜丘에서 〈〈雲門〉의 舞樂을〉 연주하니, 여섯 번 연주하면 天神이 모두 내려와서 〈옥을 올리는〉 예를 행할 수 있다.……夏至에 못 가운데의 方丘에서 〈〈咸池〉의 舞樂을〉 연주하니, 여덟 번 연주하면 地祇가 모두 나와서 〈옥을 올리는 예를〉 행할 수 있다.〔冬日至 於地上之圜丘奏之 若樂六變 則天神皆降 可得而禮矣……夏日至 於澤中之方丘奏之 若樂八變 則地示皆出 可得而禮矣〕"라고 한 것과 ≪禮記≫ 〈祭法〉에 "泰壇에 나무를 쌓고 〈희생과 옥을〉 불태움은 하늘에 제사하는 예이고, 泰折에 〈희생과 폐백을〉 묻는 것은 땅에 제사하는 예이다.〔燔柴於泰壇 祭天也 瘞埋於泰折 祭地也〕"라고 한 것 등이 하늘과 땅을 나누어 제사한 經文이다. 하늘과 땅을 합하여 제사한 것은 漢나라 王莽에서 비롯되어 唐·宋 때에도 시행되었는데, 송나라 때 이에 관한 의논이 있자 蘇軾은 합제를 주장하여, ≪書經≫과 〈詩序〉에 합제한 내용이 있으며 주나라의 예가 지금의 세상에는 맞지 않는다고 하였다.(≪唐宋八大家文抄≫ 권121 〈上圓丘合祭六議箚子〉)

3) 五峯言無北郊 只祭社 : 郊에 관한 설은 땅(地)의 제사와 社의 제사의 관계를 설명하는 방식에 따라 달라진다. 五峯 胡宏은 땅의 제사를 社의 제사와 같은 것으로 보아서 "≪周禮≫에 禋祀로써 昊天上帝에게 제사하고 血祭로써 社稷에 제사한다고 하여 별도로 地祇의 자리가 없으며 四圭有邸를 가지고 〈雲門〉의 춤을 추어서 하늘에 제사하고 兩圭有邸를 가지고 〈咸池〉의 춤을 추어 땅에 제사한다고 하여 별도로 社에 제사한다는 말이 없으니, 郊를 社와 상대한 것을 알 수 있다. 후세에 社를 세우고 또 北郊의 제사 터를 세운 것은 잘못이다.〔周禮以禋祀祀昊天上帝 以血祭祭社稷 而別無地示之位 四圭有邸舞雲門以祀天 兩圭有邸舞咸池以祀地 而別無祭社之說 則以郊對社可知矣 後世旣立社 又立北郊 失之矣〕"라고 하였다.(≪論語或問≫) 반면에 땅의 제사를 社의 제사와 구분하고 南郊의 하늘에 대한 郊祭와 상대하여 北郊에서 지내는 땅의 제사도 郊祭라고 말하는 설이 있고, 또 社祭를 땅의 제사와 社稷의 제사의 두 가지로 구분하는 설도 있다.(≪三禮辭典≫, ≪禮書通故≫ 제13 〈社禮通故〉)

却好니라

朱子 : 만물은 하늘에 근본하고 사람은 선조에 근본하였다. 그러므로 처음 태어나게 한 선조로서 천지에 배향하는 것이다. 周나라 后稷이 姜嫄에게서 태어났으니, 이상은 다시 미루어 갈 수가 없다. 文王과 武王의 공이 후직에게서 시작되었다. 그러므로 하늘에 배향할 적에 모름지기 후직으로써 하니, 아버지를 높임은 하늘에 배향하는 것보다 더 큰 것이 없다. 그리하여 문왕을 明堂에 宗祀(祖宗으로서 제사)해서 上帝에 배향하니, 상제는 바로 하늘인데 하늘의 신을 모아서 말하면 상제라 이른다.

또(朱子) : 옛날에 하늘과 땅은 참으로 합하여 제사하지 않고 日月과 山川과 온갖 神도 또한 합하여 한때에 함께 제향하는 예가 없다.

또(朱子) : 五峯(胡宏)이 말하기를 "北郊에서 지내는 땅의 제사가 없고 오직 社에서만 땅에 제사한다." 하였으니, 이 말씀이 매우 좋다.

○ 今按召誥에 用牲于郊하니 牛二라한대 蔡氏以爲祭天地라하니 非也라 牛二는 帝牛稷牛[4]也라 社于新邑은 祭地也라 故用大牢하니라

지금 살펴보면 ≪書經≫ 〈周書 召誥〉에 "郊祭에 희생을 사용하니, 소 두 마리를 썼다." 하였는데, 蔡氏(蔡沈)는 "하늘과 땅에 제사한 것이다." 하였으니, 잘못이다. 소 두 마리는 帝牛와 稷牛이다. 또 〈소고〉에서 "새 도읍에서 社祭를 지내니, 〈소 한 마리, 양 한 마리, 돼지 한 마리였다.〉" 한 것은 땅에게 제사한 것이다. 그러므로 太牢를 사용한 것이다.

≪大全≫

嚴陵方氏曰 於郊故로 謂之郊[5]라 言郊면 以知社稷之在國이요 言社稷이면 以知郊之爲天地라 於牲言特은 以見大(현태)牢之非一이요 於牢曰大는 以見特牲之用犢也라 特은 則牢所畜之物[6]이요 牢는 則牲所畜之地니 互相備也요 郊言特牲하고 膳言用

4) 帝牛稷牛 : 帝牛는 郊祭에서 上帝에게 바치는 소이고, 稷牛는 상제에 배향하는 后稷에게 바치는 소로, 아래의 '112507'에 보인다.

5) 於郊故謂之郊 : 이는 아래의 '112403'에 보이는 내용으로, 國都의 남쪽 교외에서 하늘에 지내는 교제를 말한다.

6) 特則牢所畜之物 : 特은 한 마리 희생을 뜻하기도 하고, 기르는 가축을 넓게 가리키기도 한다.

犢은 亦互相備也라 天子는 有天地之德이라 故로 諸侯以事天地者로 事天子하고 諸侯는 有社稷之功이라 故로 天子以禮社稷者로 禮諸侯하니 亦唯其稱而已라 郊用特牲이로되 而召誥에 言牛二者는 兼稷牛言之爾라 經言帝牛不吉이어든 以爲稷牛라하니 蓋謂是矣라 禮器에 言天子祭天特牲이라하고 王制에 言天子社稷皆大牢라하고 掌客에 言王巡守殷國이면 則國君膳以牲犢하고 王合諸侯而饗禮면 則具十有二牢[7)]라하니 其言이 正與此合이라 凡此則尊者常小而少하며 卑者常大而多也[8)]라 天子牲孕弗食이면 則諸侯容或食之요 言祭帝弗用이면 則社稷容或用焉이니라

嚴陵方氏 : 郊外에서 제사하기 때문에 郊祭라 이른다. 郊를 상대하여 말했으면 社稷이 국도에 있음을 알 수 있고, 사직을 상대하여 말했으면 교제가 天地의 제사가 됨을 알 수 있다.

牲에 特을 말함은 太牢가 한 가지가 아님을 나타낸 것이고, 牢에 太라고 말함은 特牲에 송아지를 사용함을 나타낸 것이다. 特은 우리〔牢〕에서 기른 동물이고 우리는 牲을 기르는 곳이니 서로 뜻을 구비한 것이고, 郊에서는 '特牲'을 말하고 膳에서는 "송아지를 사용한다."고 말함은 또한 서로 뜻을 구비한 것이다.

천자는 천지의 덕이 있다. 그러므로 제후가 천지를 섬기는 것으로써 천자를 섬기는 것이고, 제후는 사직에 공이 있다. 그러므로 천자가 사직을 예우하는 것으로써 제후에게 예우하니, 또한 오직 그에 걸맞게 할 뿐이다.

교제에 특생을 사용하는데 ≪書經≫ 〈周書 召誥〉에 '소 두 마리'라고 말한 것은 后稷에게 바치는 소를 겸하여 말한 것이다. 〈아래의〉 經文(112507)에 "上帝에게 바칠 소가 吉하지 않으면 후직에게 바칠 소를 대신 사용한다." 하였으니, 이것을

---

7) 言王巡守殷國……則具十有二牢 : 殷國은 왕이 왕도에 가까운 나라를 순행할 적에 인하여 제후들과 회합하는 것이다. 犢은 정현의 주에 '뿔이 누에고치나 밤톨만 한 송아지〔繭栗之犢〕'라고 하였는데, 이는 〈王制〉에 '하늘과 땅의 제사에 희생으로 쓰는 소'라고 한 것이다. '十有二牢'는 12太牢인데, 鄭玄의 注에 "제후에게 饗禮를 베푸는데 王禮의 數를 사용한 것은 公·侯·伯·子·男의 제후가 모두 있어서 이에 겸하여 饗禮를 행하므로 제후 한 사람에 대한 예를 오로지 주장하여 쓸 수 없기 때문이다.〔饗諸侯而用王禮之數者 以公侯伯子男盡在 是兼饗之 莫敵用也〕" 하였다.(≪周禮注疏≫ 〈秋官 象胥〉)

8) 尊者常小而少 卑者常大而多也 : 작은 것과 적은 것을 귀하게 여기는 禮는 〈禮器〉 '100801'과 '100601'에 보인다. 반대로 큰 것과 많은 것을 귀하게 여기는 禮도 있는데, 이는 〈禮器〉 '100701'과 '100501'에 보인다.

말한 것이다. ≪禮記≫ 〈禮器〉에 "천자는 하늘에 제사 지낼 때에 특생을 쓴다." 하였고, ≪禮記≫ 〈王制〉에 "천자는 社와 稷의 제사에 모두 태뢰이다." 하였고, ≪周禮≫ 〈秋官 掌客〉에 "왕이 천하를 巡狩하거나 제후국에서 여러 조회하러 온 제후를 접견하면 〈왕이 머무는 나라의〉 國君이 왕에게 음식을 올리는데 송아지를 사용하고, 왕이 제후들과 회합하고 饗禮를 베풀면 열두 태뢰를 구비한다." 하였으니, 그 말이 바로 이와 부합된다. 무릇 이것은 존귀한 자의 禮가 항상 작고 적으며, 비천한 자의 禮가 항상 크고 많은 것이다.

천자가 새끼를 밴 희생을 먹지 않으면 제후는 혹 먹을 수 있고 "상제를 제사할 적에 사용하지 않는다."고 말했으면 사직의 제사에는 혹 사용할 수 있는 것이다.

○ 馬氏曰 天下之物이 皆天之所生이니 無物以稱其德故로 郊則以特이요 天下之物이 皆天子之所有요 亦無以稱其德이라 故로 諸侯則膳之以犢이라 社稷者는 土穀之神이요 而諸侯爲君守者也니 社稷以大牢면 則諸侯亦賜之大牢니라

馬氏 : 천하의 물건이 모두 하늘에서 낳은 것이니, 하늘의 덕에 걸맞은 물건이 없으므로 郊祭에는 특생을 사용하며 천하의 물건이 모두 천자의 소유이고, 또한 천자의 덕에 걸맞은 물건이 없다. 그러므로 제후가 천자에게 음식을 올릴 적에 송아지를 사용하는 것이다. 社稷은 土神과 穀神이고, 〈이 두 가지는〉 제후가 군주로서 지키는 것이니, 사직의 제사에 태뢰를 사용하면 제후에게 또한 태뢰를 하사하는 것이다.

110102 大路[9]는 繁(반)纓이 一就[10]요 先路는 三就요 次路[11]는 五就며 郊엔 血이요 大饗엔 腥이요 三獻엔 爓(섬)이요 一獻엔 孰이니 至敬은 不饗味하고 而貴氣臭也라

大路는 繁纓(말의 배띠와 가슴걸이)이 1就이고 先路는 반영이 3就이고 次路는 반영이 5就이며, 郊祭에는 피를 먼저 진설하고, 祫祭의 大饗에는

9) 大路 : 〈禮器〉(100604)의 陳澔 集說에, 殷나라 때 하늘에 제사 지낼 적에 이용한 수레로, 나무 성질 그대로 만들고 별도로 조각이나 장식을 하지 않은 것이라 하였다.

10) 就 : 오색실로 한 바퀴를 돌린 것을 이른다.

11) 次路 : 〈禮器〉(100604)의 陳澔 集說에, 大路 아래에 先路와 次路가 있으니 차로는 殷나라의 세 번째 등급의 수레인데, 천하고 잡된 용도로 쓰인다고 하였다.

날고기를 먼저 진설하고, 술을 세 번 올리는 〈社稷과 五祀의 제사에는〉 데친 고기를 먼저 진설하고, 술을 한 번 올리는 〈여러 작은 제사에는〉 익은 고기를 진설하니, 지극히 공경하는 대상에는 珍味를 올리지 않고 기운과 냄새를 귀하게 여기는 것이다.

≪集說≫

臭는 亦氣也라 餘는 竝見前篇[12]하니라

臭는 또한 기운(냄새)이다. 나머지는 모두 前篇에 보인다.

110103 **諸侯爲賓**이어든 **灌用鬱鬯**(창)[13]은 **灌用臭也**니 **大饗**엔 **尙腶**(단)**脩而已矣**니라

제후가 賓이 되면 그에게 鬱鬯酒를 올리는 것은 냄새를 올리는 것이니, 大饗에는 腶脩를 숭상할 뿐이다.

≪集說≫

諸侯來朝어든 以客禮待之하니 是爲賓也라 在廟中하야 行三享[14]畢然後에 天子以鬱鬯之酒로 灌之하고 諸侯相朝亦然하니 明貴氣臭之義也라 周禮에 作祼字하니 上公은 再祼而酢하고 侯伯은 一祼而酢하고 子男은 一祼不酢[15]이라하니 祼은 則使宗伯으로 酌圭

12) 竝見前篇 : 〈禮器〉 '100604'와 '102201'에 보인다.

13) 諸侯爲賓 灌用鬱鬯(창) : 孔穎達의 疏에 "'諸侯爲賓 灌用鬱鬯'에서 灌은 獻과 같으니, 諸侯가 조회 와서 사당 안에서 세 번 方物을 올리는 禮를 모두 행한 뒤에 천자가 그에게 울창주를 올리는 것이다.〔諸侯爲賓 灌用鬱鬯者 灌猶獻也 謂諸侯來朝 在廟中行三享竟 然後天子以鬱鬯酒灌之也〕" 하였다.(≪禮記正義≫)

14) 三享 : ≪周禮≫ 〈秋官 大行人〉에 보이는데, 鄭玄의 注에 三享은 三獻이라 하고, "삼향은 모두 벽옥을 올려놓은 束帛과 나라에 있는 물건을 바치는 庭實이다. ≪朝士儀≫에 말하였다. '나라의 땅에서 나는 귀중한 물건을 받들어 올리는 것은 신하의 직책을 밝히는 것이다.'〔三享皆束帛加璧 庭實惟國所有 朝士儀曰 奉國地所出重物而獻之 明臣職也〕" 하였다.(≪周禮注疏≫)

15) 周禮……一祼不酢 : ≪周禮≫ 〈秋官 大行人〉에 보이는데, 鄭玄의 注에 "祼은 灌으로 읽는다. 再灌은 두 번 公에게 술을 마시게 하는 것이고, 酢은 보답하여 王에게 술을 마시게

瓚[16]而祼之요 酢은 則賓酢主也라 此大饗은 謂王饗諸侯也라 脯加薑桂曰腶(단)脩니 行饗之時에 雖設大牢之饌이나 而必先設腶脩於筵前然後에 設餘饌이라 故云 尙腶脩也라 此는 明不享味之義하니라

제후가 조회 오면 손님의 禮로써 그를 대우하니, 이것이 '賓이 됨'이다. 사당 안에서 제후가 세 번 方物을 올리는 예를 모두 행한 뒤에 천자가 울창주를 제후에게 올리고 제후들이 서로 조회할 때에도 이렇게 하니, 기운과 냄새를 귀하게 여기는 뜻을 밝힌 것이다.

≪周禮≫에는 〈'灌'자가〉 '祼'자로 되어 있으니, 上公의 禮는 왕이 두 번 술을 올리고 상공이 답례의 술을 권하며, 侯와 伯의 禮는 왕이 한 번 술을 올리고 侯와 伯이 답례의 술을 권하며, 子와 男의 禮는 왕이 한 번 술을 올리고 子와 男이 답례의 술을 권하지 않는다고 하였다. 祼은 宗伯으로 하여금 圭瓚에 술을 따라서 올리게 하는 것이고, 酢은 賓이 주인에게 답례의 술을 권하는 것이다.

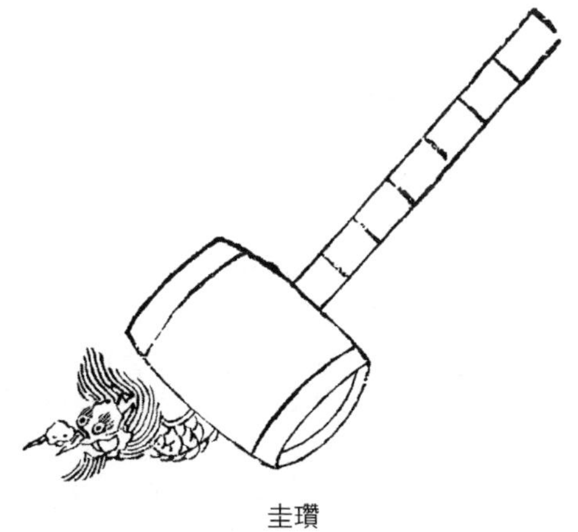

圭瓚

여기의 大饗은 왕이 제후에게 饗禮를 베푸는 것을 이른다. 포에 생강과 桂皮를 가한 것을 腶脩라 하니, 향례를 행할 적에 비록 太牢의 음식을 진설하나 반드시 먼저 자리 앞에 단수를 진설한 뒤에 나머지 음식을 진설한다. 그러므로 "단수를 숭상한다."고 말한 것이다. 이는 진미를 올리지 않는 뜻을 밝힌 것이다.

≪大全≫

長樂陳氏曰 禮器與郊特牲에 言大路繁纓一就則同이나 其言次路繁纓五就七就則不同者[17]는 先王之路는 降殺(쇄)以兩[18]이어나 反此而加多焉하니 蓋亦以兩而已라 大

하는 것이다.〔祼讀爲灌 再灌 再飮公也 而酢 報飮王也〕" 하였고, 賈公彦의 疏에 '再祼而酢'에 대하여 "大宗伯이 왕을 대신하여 賓에게 술을 올리는 것이니, 군주는 신하에게 술을 따르지 않기 때문이다. 다음에 宗伯이 또 뒤이어 賓에게 술을 올린다. 祼이 끝나면 賓이 옥잔으로 왕에게 답례의 술을 권한다.〔大宗伯代王祼賓 君不酌臣故也 次宗伯又代後祼賓 祼訖賓以玉爵酢王〕" 하였다.(≪周禮注疏≫)

16) 圭瓚 : 울창주를 따르는 잔으로, 자루를 大圭로 만든 것이다.

路一就요 先路三就면 則次路有五就七就者矣라 書言次路하야 以兼革木二路[19)]면 則殷之次路五就七就가 庸豈一車耶아 鄭氏以七就爲誤[20)]하니 是過論也라 又曰 禮以全於天者로 爲尤厚하고 近於天者로 爲差厚하고 以近於人者[21)]로 爲差薄하고 全於人者로 爲尤薄하니 血者는 全於天者也요 腥者는 近於天者也요 爓(섬)者는 近於人者也요 孰者는 全於人者也라 郊與大饗이 常重於三獻之禮하니 豈非至敬不饗味而貴氣臭哉아 鬱鬯은 陽物也요 腶脩는 陰物也니 用陰物은 所以神之요 尙陽物은 所以明之로되 而其所以不饗味는 一也라 夫大饗於神은 則王之事요 而大饗於賓은 則諸侯之事[22)]니

---

17) 其言次路繁纓五就七就則不同者 : 〈禮器〉(100604)에서는 次路의 繁纓이 7就라 하였다.

18) 先王之路 降殺(쇄)以兩 : ≪周禮≫ 〈春官 巾車〉에 周나라 왕의 수레인 玉路·金路·象路·革路·木路가 나오는데, 옥로는 繁纓이 12就이고 금로는 9취이고 상로는 7취이고 혁로는 5취라고 하였다. 목로의 就는 경문에 언급되지 않았는데, 鄭玄의 注에 혁로와 같다고 하였다.(≪周禮注疏≫) 여기의 '降殺以兩'은 가장 높은 옥로와 가장 낮은 목로를 제외하고 말한 듯하다.

19) 書言次路 以兼革木二路 : ≪書經≫ 〈周書 顧命〉에 "大輅는 賓階에 있어 남향하고, 綴輅는 阼階에 있어 남향하고, 先輅는 左塾의 앞에 있고, 次輅는 右塾의 앞에 있었다.〔大輅在賓階面 綴輅在阼階 面 先輅在左塾之前 次輅在右塾之前〕" 하였는데, 蔡沈의 註에 "대로는 玉輅이고, 철로는 金輅이고, 선로는 木輅이고, 차로는 象輅와 革路이다."라고 하였다. 참고로 채침의 주와 달리 孔安國의 傳에는 선로는 상로이고 차로는 목로라고 하였다.(≪書經集傳≫, ≪尙書正義≫)

20) 殷之次路五就七就……鄭氏以七就爲誤 : 鄭玄의 注에는 〈禮器〉에서 7就라 한 것에 대해 "글자가 비슷하여 생긴 잘못이다.〔字之誤〕"라고 하였다. 孔穎達의 疏에는 "殷나라에는 三路가 있다.〔殷則有三路〕"라고 하고, 大路가 1就이고 次路가 7就이면 禮數가 둘씩 많아질 수 없다고 하며 정현의 주를 보충하였다.(≪禮記正義≫) 반면에 長樂陳氏는 은나라 왕의 수레가 세 가지가 아니라고 본 것이다. 權近은 장락진씨의 설을 더 상세히 말하여, 〈예기〉에서 1취와 7취를 말하고 3취와 5취를 말하지 않은 것은 가장 많은 것과 가장 적은 것을 들어서 그 나머지를 포괄한 것이고, 〈예기〉에 언급하지 않은 先路와 5취의 次路를 여기에서 말하였으면 '次路五就'의 아래에 또 '次路七就'란 것을 서로 미루어 알 수 있기 때문에 여기에서 생략한 듯하다고 하였다.(≪禮記補註≫)

21) 近於人者 : 〈禮器〉(102201)의 '人情에 가까운 예〔禮之近人情者〕'의 뜻인 듯하다. 이에 대하여 陳澔의 集說에 '禮를 행하는 일이 인정에 하고자 하는 것과 서로 가까운 것'이라 하였다.

22) 夫大饗於神……則諸侯之事 : '大饗於神'은 제2절(110102)의 祫祭의 大饗을 가리키고, '大饗於賓'은 제3절(110103)의 제후가 賓이 되는 대향을 가리킨다. 陳澔는 제3절의 대향을 왕이 제후에게 연향하는 것이라 하였는데, 長樂陳氏는 제후가 제후에게 연향하는 것으로 본 것이다. 權近도 "진호의 註에서는 이 節의 '대향'을 왕이 제후에게 연향하는 일로 보고 아랫글의 대향을 제후가 서로 조회할 적에 주인 나라의 군주가 손님으로 온 제후

於神與賓에 皆謂之大饗者는 蓋謂之大는 所以極其禮요 謂之饗은 所以向之니라

長樂陳氏 : 〈禮器〉와 〈郊特牲〉에 大路의 繁纓이 1就라고 한 것은 같으나 次路의 반영은 각각 7就와 5就라 해서 똑같지 않은 것은, 先王의 路車는 위에서 아래로 禮數가 둘씩 줄어들거나 이와 반대로 더 많아지니, 또한 둘로써 할 뿐인 것이다. 대로는 1就이고 先路는 3就이면 차로엔 5就와 7就의 차로가 있는 것이다. ≪書經≫에서 차로를 말하여 革路와 木路 두 수레를 겸하였으니, 殷나라의 5就와 7就의 차로가 어찌 한 가지 수레이겠는가. 鄭氏는 7就를 잘못이라 하였으니, 이는 잘못된 의논이다.

또(長樂陳氏) : 禮는 하늘에 온전한 것을 가장 厚함으로 삼고, 하늘에 가까운 것을 다음 厚함으로 삼고, 사람에 가까운 것을 다음 薄함으로 삼고, 사람에 온전한 것을 가장 薄함으로 삼으니, 피는 하늘에 온전한 것이고, 날고기는 하늘에 가까운 것이고, 데친 고기는 사람에 가까운 것이고, 익힌 고기는 사람에 온전한 것이다. 〈피를 먼저 진설하는〉 郊祭와 〈날고기를 먼저 진설하는〉 大饗의 예가 항상 〈데친 고기를 먼저 진설하고〉 술을 세 번 올리는 〈社稷과 五祀의 제사의〉 禮보다 중하니, 어찌 지극히 공경하는 대상에는 珍味를 올리지 않고 기운과 냄새를 귀하게 여기기 때문이 아니겠는가?

울창주는 陽의 물건이고 腶脩는 陰의 물건이니, 陰의 물건을 사용함은 神으로 여기는 것이고 陽의 물건을 숭상함은 인간〔明〕으로 여기는 것인데, 진미를 올리지 않는 것은 똑같다. 神에게 대향을 하는 것은 왕의 일이고 賓에게 대향을 하는 것은 제후의 일이니, 神과 賓에게 모두 대향이라고 말한 것은, 大라고 말함은 그 禮를 지극히 함을 뜻하고 饗이라고 말함은 向함을 뜻하는 것이다.

○ 嚴陵方氏曰 一獻孰은 則饗味矣니 味非不敬也로되 特不若血腥爓之至爾라 經曰 血腥爓祭는 用氣也[23]라하니 以臭生於氣故로 此曰 氣臭라 腶은 言捶(추)肉如腶이요

에게 연향하는 禮로 보았다. 그러나 이 절의 대향은 '제후가 賓이 된 것'을 이어서 말하였으니, '제후가 빈이 되면 그에게 울창주를 올린다.' 한 것은 바로 앞 편의 '제후가 서로 조회할 적에 울창주를 올린다.' 한 뜻을 풀이한 것이다. 그렇다면 이 단락 가운데에 왕이 제후에게 연향하는 뜻이 있음을 볼 수 없다. 이 두 절은 아래 단락과 함께 모두 제후가 서로 조회할 적의 禮일 것이다.〔註以此節大饗爲王饗諸候之事 下文大饗爲諸侯相朝主君饗客之禮 然此節大饗繼諸侯爲賓而言 諸侯爲賓灌用鬱鬯 卽釋前篇諸侯相朝灌用鬱鬯之意也 則未見此段之中有王饗諸侯之意 此兩節幷下段皆爲諸侯相朝之禮歟〕" 하였다.(≪禮記補註≫)

23) 血腥爓祭用氣也 : 아래의 '113301'에 보인다.

脩는 則以薑桂脩之라 諸侯爲賓은 卽大饗之時에 天子饗諸侯於廟中이라 然이나 非君三重席之饗[24)]也라 鬱鬯은 可以養陽이요 腶脩는 可以養陰이니 養陽을 不以酒醴하고 養陰을 不以犧牲[25)]은 則以所饗在臭而不在味故也니라

嚴陵方氏 : '술을 한 번 올리는 〈여러 작은 제사에〉 익은 고기를 진설함'은 珍味를 올리는 것이니, 진미를 올림이 공경하지 않는 것은 아니나, 다만 피와 날고기, 데친 고기의 지극함만 못할 뿐이다. 經文에 이르기를 "피와 날고기, 데친 고기로 제사함은 기운을 쓰는 것이다." 하였으니, 냄새는 기운에서 생기기 때문에 여기에서 "기운과 냄새"라고 말한 것이다. 腶은 고기를 쳐서 腶脯와 같이 만듦을 말하고, 脩는 생강과 桂皮로 포를 만든 것이다. '제후가 賓이 됨'은 바로 大饗의 때에 천자가 사당 안에서 제후에게 연향하는 것이다. 그러나 군주가 세 겹의 자리를 깔고 하는 연향은 아니다. 鬱鬯은 陽氣를 기를 수 있고 腶脩는 陰氣를 기를 수 있으니, 양기를 기를 때에 술과 단술을 사용하지 않고 음기를 기를 때에 희생을 사용하지 않는 것은 올리는 바가 냄새에 있고 진미에 있지 않기 때문이다.

110201 大饗엔 君은 三重席而酢焉하고 三獻之介는 君이 專席[26)]而酢焉하나니 此는 降尊以就卑也니라

〈제후가 서로 조회할 적의〉 大饗에 주인 나라의 군주는 세 겹의 자리를 깔고서 답례로 권하는 술잔을 받는다. 〈卿이 빙문하였을 적의〉 三獻의 介에게는 주인 나라의 군주가 한 겹의 자리를 깔고 답례로 권하는 술잔을 받으니, 이것은 높음을 낮추어서 낮음으로 나아가는 것이다.

≪集說≫

此大饗은 是諸侯相朝에 主君이 饗客之禮라 諸侯之席은 三重이니 今兩君禮敵이라 故席三重之席而受客之酢爵也라 若諸侯遣卿來聘이면 卿이 禮當三獻[27)]이니 其上介[28)]

24) 君三重席之饗 : 아래 '110201'의 제후가 서로 조회할 적의 연향을 말한다.

25) 鬱鬯……不以犧牲 : 이와 관련한 내용이 아래 '110301'에 보인다.

26) 專席 : 鄭玄의 注에 "專은 單과 같다.〔專 猶單也〕" 하였다.(≪禮記正義≫)

27) 卿禮當三獻 : 孔穎達의 疏에 "5等의 제후에게 九獻·七獻·五獻이 있으므로 5等 제후의 卿은

則是大夫라 故謂之三獻之介라 大夫席이 雖再重이나 今爲介하야 降一等하야 止合專席이라 君席은 雖三重이나 今徹去兩重하고 就單席하야 受此介之酢爵하니 是는 降國君之尊하야 以就大夫之卑也라

이 大饗은 제후가 서로 조회할 적에 주인 나라의 군주가 빈객을 연향하는 禮이다. 제후의 자리는 세 겹이니, 지금 두 군주의 禮가 대등하기 때문에 세 겹의 자리를 깔고서 빈객이 답례로 권하는 술잔을 받는 것이다.

만약 제후가 卿을 보내어 빙문을 왔으면 卿이 禮에 마땅히 三獻을 해야 하니, 그 上介는 바로 대부이다. 그러므로 이 대부를 '三獻의 介'라고 이른 것이다. 대부의 자리는 비록 두 겹이나 이제 介가 되어 한 등급을 낮추어서 다만 한 겹의 자리만 까는 것이다. 군주의 자리는 비록 세 겹이나 이제 두 겹을 철거하고 한 겹의 자리로 나아가 이 介가 답례로 권하는 술잔을 받으니, 이는 國君의 높음을 낮추어서 대부의 낮음으로 나아간 것이다.

≪大全≫

嚴陵方氏曰 禮器에 言諸侯之席三重[29]이라하니 兩君相見이면 則其體相敵이라 故로 其席如其數하야 而不必增損焉이요 至於他國之卿來聘하야 而大夫爲之介焉이면 位雖臣也나 命則君也요 名雖介也나 禮則客也니 其文雖殊나 其義則相敵이라 故로 主君之受酢也에 降重席之尊하야 而不與之異하고 就專席之卑하야 而必與之同也니라

嚴陵方氏 : 〈禮器〉에는 "제후의 자리는 세 겹"이라고 말했으니, 두 나라 군주가 서로 만나게 되면 그 신분〔體〕이 서로 대등하다. 그러므로 그 자리를 자신의 數대로 하여 굳이 더하거나 줄이지 않는 것이다. 다른 나라의 卿이 와서 빙문하여 대부가 介가 된 경우에는 지위는 비록 신하이나 그 命은 군주의 命이고, 이름은 비록 介이나 그 禮는 빈객의 禮이니, 그 형식〔文〕은 비록 〈尊卑가〉 다르나 그 義는 서로 대등하다. 그러므로 군주가 답례로 권하는 빈객의 술잔을 받을 적에 세 겹 자리의 높음

모두 三獻이다.〔以五等諸侯有九獻七獻五獻 故五等諸侯之卿 皆三獻也〕" 하였다.(≪禮記正義≫)

28) 上介 : 介는 賓의 예를 돕는 자로, 예컨대 侯·伯이 직접 가서 賓이 되면 7介이고 侯·伯의 卿이 빙문하면 5介인데, 上介는 한 명이고, 나머지는 衆介가 된다.(≪禮記≫ 〈禮器〉, 〈聘義〉)

29) 禮器 言諸侯之席三重 : 〈禮器〉(100507)에 보인다.

을 낮추어서 상대와 다르지 않게 하고, 한 겹 자리의 낮음으로 나아가서 반드시 상대와 같게 하는 것이다.

110301 饗(禘)〔禴〕[30)]엔 有樂하고 而食(사)嘗엔 無樂하니 陰陽之義也라 凡飮은 養陽氣也요 凡食(사)는 養陰氣也라 故로 春(禘)〔禴〕而秋嘗하며 春饗孤子하며 秋食耆老가 其義一也로되 而食嘗에 無樂[31)]이라 飮은 養陽氣也라 故로 有樂하고 食는 養陰氣也라 故로 無聲하니 凡聲은 陽也니라

〈봄에 孤子에게〉 연향을 베풀고 禴祭를 지낼 적에는 樂이 있으며, 가을에 〈耆老에게〉 음식을 먹이고 嘗祭를 지낼 적에는 樂이 없으니, 이는 陰·陽의 뜻을 나타낸 것이다.

무릇 마심은 陽氣를 기르는 것이고, 무릇 먹임은 陰氣를 기르는 것이다. 그러므로 봄에는 약제를 지내고 가을에는 상제를 지내며, 봄에는 고자에게 연향을 베풀고 가을에는 기로에게 음식을 먹이니, 그 뜻이 똑같으나 食禮(사례)와 상제에는 樂이 없다. 마심은 양기를 기르는 것이므로 樂이 있고, 먹임은 음기를 기르는 것이므로 樂이 없으니, 무릇 소리는 陽이다.

≪集說≫

饗은 春饗孤子也요 禴(약)은 春祭宗廟也니 孤子는 死事者之子孫이라 食(사)는 秋食耆老也요 嘗은 秋祭宗廟也라 周之禮는 春祠夏禴秋嘗冬烝[32)]하니 春禴은 夏殷之禮

---

30) (禘)〔禴〕: 저본에는 '禘'로 되어 있으나, 鄭玄의 注와 集說 및 大全의 校勘에 의거하여 '禴'으로 바로잡았다. 아래도 같다. 정현의 注에 "禘는 마땅히 禴이 되어야 하니, 글자가 비슷하여 생긴 잘못이다.〔禘 當爲禴 字之誤也〕" 하였다.(≪禮記正義≫)

31) 其義一也 而食嘗無樂 : 정현의 주에 "이는 뜻은 똑같지만 혹 樂을 쓰기도 하고 혹 樂을 쓰지 않기도 함을 말한 것이다.〔言義同而或用樂 或不用樂也〕" 하였다.(≪禮記正義≫)

32) 周之禮 春祠夏禴秋嘗冬烝 : ≪周禮≫ 〈春官 大宗伯〉에 "祠祭로 봄에 선왕에게 제사를 지내고, 禴祭로 여름에 선왕에게 제사를 지내고, 嘗祭로 가을에 선왕에게 제사를 지내고, 烝祭로 겨울에 선왕에게 제사를 지낸다.〔以祠春享先王 以禴夏享先王 以嘗秋享先王 以烝冬享先王〕" 하였다.

也[33]라 饗禮는 主於酒하고 食禮는 主於飯하니 周制則四時之祭에 皆有樂[34]이라

饗은 봄에 孤子에게 연향을 베푸는 것이고, 禴은 봄에 宗廟에 제사하는 것이니, 고자는 國事에 죽은 자의 子孫이다. 食는 가을에 耆老들에게 음식을 먹이는 것이고, 嘗은 가을에 종묘에 제사하는 것이다. 周나라의 禮는 봄에는 祠祭를 지내고 여름에는 禴祭를 지내고 가을에는 嘗祭를 지내고 겨울에는 烝祭를 지내니, 봄에 약제를 지내는 것은 夏나라와 殷나라의 禮이다. 饗禮는 술을 위주로 하고, 食禮는 밥을 위주로 한다. 周나라의 제도는 四時의 제사에 모두 樂이 있다.

≪大全≫

長樂陳氏曰 饗禘는 以飮爲主하니 飮은 以天産而養陽氣故로 有樂하고 食(사)嘗은 以食(사)爲主하니 食는 以地産而養陰氣故로 無樂이라 蓋饗禘以春하고 食嘗以秋하니 春爲陽이요 秋爲陰이니 陽則來而主長하고 陰則往而主成이라 故로 禘之有樂은 所以迎來요 嘗之無樂은 所以送往이라 春饗孤子하야 以助其長하고 秋食耆老하야 以順其成하니 凡此는 順陰陽而已라 此는 與祭義言春禘秋嘗同이나 而王制祭統則言夏禘秋嘗하니 蓋夏殷之禮不同也[35]니라

---

33) 春禴夏殷之禮也 : 禴은 礿으로도 쓴다. 〈王制〉에 "천자와 제후가 지내는 종묘의 제사를 봄 제사는 礿이라 하고, 여름 제사는 禘라 하고, 가을 제사는 嘗이라 하고, 겨울 제사는 烝이라 한다.〔天子諸侯宗廟之祭 春曰礿 夏曰禘 秋曰嘗 冬曰烝〕" 하였는데, 정현의 주에 "이것은 아마도 夏나라와 殷나라의 제사 이름일 것이다. 周나라에서는 바꿔서 봄 제사를 祠라 하고 여름 제사를 礿이라 하며, 禘祭를 殷祭(성대한 제사)로 삼았다.〔此蓋夏殷之祭名 周則改之 春曰祠 夏曰礿 以禘爲殷祭〕" 하였다.(≪禮記正義≫)

34) 周制則四時之祭 皆有樂 : 陳澔는 大嘗祭와 禘祭에 樂工이 周 文王을 칭송하는 〈淸廟〉를 노래하고, 관악기로 〈象武〉를 연주한다고 한 〈祭統〉의 경문을 인용하여 周나라의 가을 제사와 겨울 제사에 樂이 있다고 하였다.(≪禮記集說≫ 〈祭義〉)

35) 此……蓋夏殷之禮不同也 : 이는 長樂陳氏가 鄭玄이나 陳澔와 달리 經文의 '禘'자를 '禴'자로 고치지 않은 것이다. 〈王制〉·〈祭統〉과 〈祭義〉·〈郊特牲〉에 禘와 礿(禴)을 말한 것이 모두 夏·殷의 禮이지만 夏와 殷의 제사 이름이 서로 다를 수 있다는 것이다. 金在魯의 ≪禮記補註≫에서도 장락진씨의 설에 동의하여 "여기에서 말한 禘는 이미 周나라 〈봄 제사 이름(祠)에〉 부합하지 않고 또 〈왕제〉의 〈봄 제사 礿과〉 다르기 때문에 註에서 禴이라고 하였으니, 禴은 바로 '礿'자로 이는 夏나라와 殷나라의 제사 이름을 따른 것이다.……그러나 夏나라와 殷나라 두 왕조의 제사 이름이 또한 굳이 서로 똑같을 필요가 없으니, 아마도 〈왕제〉에서 말한 것은 따로 한 왕조의 禮이고, 이 편과 〈제의〉에서 말한 것은 또 따로 한 왕조의 禮인 듯하다. 小註의 陳氏(장락진씨) 설이 나의 의견과 같다.〔此所謂禘者 旣不合於

長樂陳氏 : 〈孤子에게〉 연향을 베풀고 禘祭를 지냄은 마시는 것을 위주로 하니 마시는 것은 하늘에서 생산되어 陽氣를 기르기 때문에 樂이 있고, 〈耆老에게〉 음식을 먹이고 嘗祭를 지냄은 밥을 위주로 하니 밥은 땅에서 생산되어 陰氣를 기르기 때문에 樂이 없는 것이다. 〈고자에게〉 연향을 베풀고 禘祭를 지냄은 봄에 하고 〈기로에게〉 음식을 먹이고 嘗祭를 지냄은 가을에 하는바, 봄은 陽이 되고 가을은 陰이 되니, 陽은 와서 자라는 것을 주장하고, 陰은 가서 이루는 것을 주장한다. 그러므로 禘祭에 樂이 있음은 오는 것을 맞이하는 것이고, 嘗祭에 樂이 없음은 가는 것을 전송하는 것이다. 봄에 고자에게 연향을 베풀어서 그 자람을 돕고 가을에 기로에게 음식을 먹여서 그 이룸을 순히 하니, 무릇 이것은 陰과 陽을 순히 할 뿐이다.

이는 〈祭義〉에 "봄에 禘祭를 지내고 가을에 嘗祭를 지낸다."고 말한 것과 같은데, 〈王制〉와 〈祭統〉에는 "여름 제사를 禘라 하고 가을 제사를 嘗이라 한다."라고 말했으니, 이는 夏나라와 殷나라의 禮가 똑같지 않은 것이다.

○ 山陰陸氏曰 春饗孤子에 耆老亦饗焉하고 秋食耆老에 孤子亦食焉하니 知然者는 周官酒正에 凡饗耆老孤子에 皆共其酒[36]라하고 又文王世子에 有司告以樂闋이어든 王乃命公侯伯子男及群吏하야 反하야 養老幼于東序라할새 知之也라 此一節은 言若繁複하니 所謂其中必有美焉者[37]也라 彼見形而不及理하야 往往不察이라 故로 君子記之如此하야 使讀者盡心焉이니라

山陰陸氏 : 봄에 고자에게 연향을 베풀 때에 기로 또한 연향을 받고 가을에 기로에게 음식을 먹일 때에 고자 또한 음식을 먹으니, 이러함을 아는 것은 ≪周禮≫ 〈天官 酒正〉에 "무릇 기로와 고자에게 연향을 베풀 적에 모두 그 술을 제공한다." 하였고, 또 ≪禮記≫ 〈文王世子〉에 "有司가 樂이 끝났다고 아뢰면 왕이 이에 公·侯·伯·子·男의 제후와 〈鄕·遂의〉 여러 관리에게 명해서 '〈너희들 나라로〉 돌아가 東

周 又與王制差違 故註作禴 禴卽礿字 蓋從夏殷祭名也……然夏殷兩代祭名 亦不必相同 恐是王制所言自是一代之禮 而此篇及祭義所言 又自是一代之禮歟 小註陳說與愚見同〕" 하였다.

36) 周官酒正……皆共其酒 : ≪周禮≫ 〈天官 酒正〉에 "무릇 士庶子(경·대부·士의 아들)에게 연향을 베풀고 耆老와 孤子에게 연향을 베풀 적에는 모두 술을 제공하는데 술잔의 수에 제한이 없다.〔凡饗士庶子 饗耆老孤子 皆共其酒 無酌數〕"라고 보인다.

37) 言若繁複 所謂其中必有美焉者 : ≪春秋繁露≫ 〈祭義〉에 孔子의 말로 "문장의 말이 중복된 것은, 아! 살피지 않아서는 안 되니, 그 가운데 반드시 찬미하는 것이 있다.〔書之重 辭之復 嗚呼 不可不察也 其中必有美者焉〕"라고 하였다.

序에서 동서에서 노인을 봉양하고 어린이를 기르라.' 한다." 하였으므로 알 수 있는 것이다.

이 한 節은 말이 중복된 듯하니, 이른바 '중복된 말 가운데 반드시 찬미하는 것이 있다.'는 것이다. 저 사람들은 형체만 보고 이치에는 미치지 못해서 때때로 살피지 못한다. 그러므로 군자가 이와 같이 자세히 기록하여 독자로 하여금 마음을 다하게 한 것이다.

○ 馬氏曰 君子事死如事生하고 事亡如事存[38)]하나니 春禘는 所以達其怵惕之心이요 秋嘗은 所以達其悽愴之心[39)]이라 故로 春饗은 生者之陽氣요 而禘는 死者之陽氣니 則有樂하니 有樂者는 所以順陽氣之出也며 秋食는 生者之陰氣요 而嘗은 死者之陰氣니 則無樂하니 無樂者는 所以順陰氣之入也라 故로 春禘而秋嘗하며 春饗孤子하고 秋食耆老가 其義一也니라

馬氏 : 군자는 〈초상에〉 돌아가신 분 섬기기를 생존하신 것처럼 섬기고 〈장례 뒤에〉 육신이 없는 분 섬기기를 육신이 있는 것처럼 섬기니, 봄의 禘祭는 뭉클한 마음을 풀게 하는 것이고, 가을의 嘗祭는 서글픈 마음을 풀게 하는 것이다. 그러므로 봄의 饗禮는 산 자의 陽氣를 봉양하는 것이고 체제는 죽은 자의 양기를 봉양하는 것이다. 그렇다면 樂이 있으니, 樂이 있는 것은 양기의 나옴을 순하게 하는 것이다. 가을의 食禮는 산 자의 陰氣를 봉양하는 것이고 상제는 죽은 자의 음기를 봉양하는 것이다. 그렇다면 樂이 없으니, 樂이 없는 것은 음기의 들어감을 순히 하는 것이다. 그러므로 봄에 체제를 지내고 가을에 상제를 지내며 봄에 고자에게 연향을 베풀고 가을에 기로에게 음식을 먹이는 것이 그 뜻이 똑같은 것이다.

---

38) 事死如事生 事亡如事存 : ≪中庸章句≫ 제19장에 "〈초상에〉 돌아가신 분 섬기기를 생존하신 것처럼 섬기고 〈장례 뒤에〉 육신이 없는 분 섬기기를 육신이 있는 것처럼 섬기는 것이 효의 지극함이다.〔事死如事生 事亡如事存 孝之至也〕"라고 보인다.

39) 春禘所……所以達其悽愴之心 : 〈祭義〉에 "이 때문에 군자가 天道에 부합하여 봄에는 禘祭를 지내고 가을에는 嘗祭를 지내는 것이다. 가을에 서리가 내리고 나면 군자가 이를 밟고서 반드시 서글퍼 하는 마음이 있으니 추위를 말한 것이 아니며, 봄에 雨露가 적시고 나면 군자가 이를 밟고서 반드시 가슴에 뭉클한 마음이 있어 장차 부모를 뵐 듯이 여긴다. 즐거움으로 오는 조상을 맞이하고 슬픔으로 가는 조상을 전송하므로 봄의 체제에는 樂이 있고 가을의 상제에는 樂이 없다.〔是故 君子合諸天道 春禘秋嘗 霜露旣降 君子履之 必有悽愴之心 非其寒之謂也 春 雨露旣濡 君子履之 必有怵惕之心 如將見之 樂以迎來 哀以送往 故禘有樂 而嘗無樂〕"라고 보인다.

110401 **鼎俎奇而籩豆偶**는 **陰陽之義也**[40]라 **籩豆之實**은 **水土之品也**니 **不敢用褻味而貴多品**은 **所以交於(旦)〔神〕**[41]**明之義也**라

鼎과 俎의 개수는 홀수이고 籩과 豆의 개수는 짝수인 것은 陰・陽의 뜻을 나타낸 것이다. 籩과 豆에 담는 것은 물과 땅에서 생산되는 물품이니, 감히 평소에 즐겨 먹는 음식을 사용하지 못하고 많은 물품을 귀하게 여기는 것은 神明을 사귀는 뜻이다.

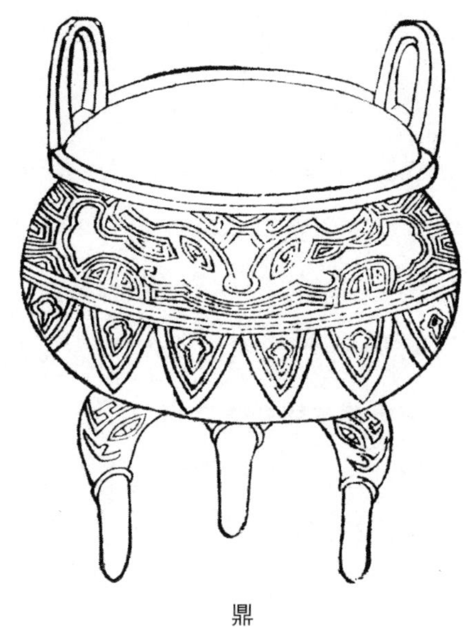
鼎

≪集說≫

自一鼎至九鼎[42]이 **皆奇數**니 **其十鼎者**는 **陪鼎**[43]**三則正鼎亦七也**요 **十二鼎**[44]**者**는 **陪鼎**

40) 鼎俎奇而籩豆偶 陰陽之義也 : 孔穎達의 疏에 "이 한 절은 鼎・俎와 籩・豆가 陰陽을 본받은 일을 논하였다.〔此一節論鼎俎籩豆所法陰陽之事〕" 하였다.

41) (旦)〔神〕 : 저본에는 '旦'으로 되어 있으나, 大全의 長樂陳氏 注와 鄭玄의 注에 의거하여 '神'으로 바로잡았다.

42) 自一鼎至九鼎 : ≪儀禮旁通圖≫ 〈鼎數圖〉에 설명이 자세한데, 대략 다음과 같다. 一鼎은 한 마리의 새끼돼지(特豚)인데, 예컨대 ≪儀禮≫ 〈士冠禮〉에 "乾肉 대신에 희생을 잡아 〈醮禮를 거행하는〉 경우 새끼돼지 한 마리를 잡는다.〔若殺 則特豚〕"라고 한 것이다. 三鼎은 特豚에 말린 물고기(魚)와 말린 고기(腊)를 짝한 것인데, 예컨대 ≪의례≫ 〈特牲饋食禮〉 등에 보인다. 五鼎은 양・돼지의 少牢와 말린 물고기, 말린 고기, 돼지고기 껍질 부위(膚)인데, 예컨대 ≪의례≫ 〈少牢饋食禮〉에 "雍人은 5개의 鼎을 진설한다.〔雍人陳鼎五〕" 한 것이다. 七鼎은 소・양・돼지의 太牢와 말린 물고기, 말린 고기, 소・양의 창자와 위(腸胃), 돼지고기 껍질 부위인데, ≪의례≫ 〈公食大夫禮〉에 군주가 빙문을 온 下大夫에게 음식을 대접하는 예에 쓰였다. 九鼎은 칠정에 신선한 물고기(鮮魚)와 말리지 않은 고기(鮮腊)가 더해진 것으로 ≪의례≫ 〈공사대부례〉의 군주가 빙문을 온 上大夫에게 음식을 대접하는 예에 보인다.

43) 陪鼎 : 정식으로 올리는 것을 正鼎이라 하고, 정정에 곁들여서 더 올리는 것을 陪鼎이라 한다. 배정은 국을 담는 鉶鼎으로 세 배정은 쇠고깃국(膷), 양고깃국(臐), 돼지고깃국(膮)이다. 배정은 五味를 갖추기 위한 것이며 羞鼎이라고도 하는데, ≪儀禮旁通圖≫ 〈鼎數圖〉에 "정정에 곁들이는 것으로 말하면 '배정'이라 하고 여러 음식이 되는 것으로 말하면 '羞鼎'이

三則正鼎亦九也라 正鼎은 鼎別一俎[45)]라 故云 鼎俎奇也요 籩豆偶者는 據周禮掌客과 及前篇所擧[46)]하면 皆是偶數니 又詳見儀禮圖[47)]하니라

1鼎으로부터 9鼎에 이르기까지는 〈鼎의 개수가〉 모두 홀수이다. 10鼎인 경우는 陪鼎이 셋이니 正鼎이 또한 일곱이고, 12鼎은 배정이 셋이니 정정이 또한 아홉인 것이다. 정정은 鼎마다 따로 한 俎를 둔다. 그러므로 "鼎과 俎는 홀수"라고 말하였고, 籩과 豆가 짝수라는 것은 ≪周禮≫ 〈秋官 掌客〉과 前篇(〈禮器〉)에서 든 것을 근거해보면 모두 짝수이니, 또 ≪儀禮圖≫에 자세히 보인다.

라 한다.〔以其陪正鼎曰陪鼎 以其爲庶羞曰羞鼎〕" 하였다.

44) 十二鼎 : '十二鼎'과 '十鼎'은 ≪儀禮≫ 〈聘禮〉에 보인다. 십이정은 宰夫가 賓을 위해 간단한 음식을 진설하는 절차(設飧)에서 "익힌 음식으로 太牢 하나를 뜰 중앙의 서쪽에 놓는데, 〈다른 익힌 음식과 함께 뜰의 서쪽에 진설되는〉 鼎은 모두 아홉이고 이외에 羞鼎이 셋이다.〔飪一牢在西 鼎九 羞鼎三〕" 한 것이고, 십정은 "上介의 館舍에는 익힌 음식으로 태뢰 하나를 뜰 중앙의 서쪽에 놓는데, 〈다른 익힌 음식과 함께 뜰의 서쪽에 진설되는〉 정은 모두 일곱이고 이외에 羞鼎이 셋이다.〔上介飪一牢在西 鼎七 羞鼎三〕" 한 것이다.(≪儀禮旁通圖≫ 〈鼎數圖〉)

45) 正鼎鼎別一俎 : 예컨대 五鼎이면 俎도 다섯 개인 것이다. 또 주인이 尸童을 공경하여 진설하는 肵俎가 있는데, 孔穎達의 疏에 肵俎는 正俎가 아니므로 수에 포함되지 않는다고 하였다.(≪禮記正義≫)

46) 周禮掌客及前篇所擧 : ≪周禮≫ 〈秋官 掌客〉에는 제후들이 서로 조회할 적에 간단한 연회(飧)에서 上公은 40豆 등을 제공하고 主君의 부인이 賓에게 8豆・8籩 등의 예물을 보내며, 侯와 伯은 32豆 등을 제공하고 부인이 賓에게 8豆・8籩 등의 예물을 보내며, 子와 男은 24豆 등을 제공하고 부인이 賓에게 6豆・6籩 등의 예물을 보낸다고 하였다. 〈禮器〉 '100502'부터 '100505'에 "천자의 豆는 26개이고, 여러 公은 16개이고, 제후는 12개이고, 上大夫는 8개이고 下大夫는 6개이다." 하였다.

47) 詳見儀禮圖 : ≪儀禮圖≫는 宋나라 楊復의 저서로, ≪의례도≫에는 양복의 또 다른 저서인 ≪儀禮旁通圖≫가 첨부되어 있는데, 여기서 언급한 것은 ≪의례방통도≫ 〈禮器圖〉에 보인다. 〈예기도〉에는 '籩과 豆가 모두 있는 경우(籩豆)'와 '豆만 있고 籩은 없는 경우(有豆無籩)'로 분류하고서 "≪周禮≫ 〈秋官 掌客〉에서 上公의 40豆 이하에서는 籩을 말하지 않고 부인이 예물을 보내는 것에 미쳐 비로소 豆가 있고 籩이 있으니, 이는 豆가 중하고 籩이 가벼운 것이다.〔周官掌客 上公豆四十以下 不言籩 及夫人致禮 方有豆有籩 蓋豆重而籩輕〕" 하였다. 짝수의 豆와 籩인 경우로는 ≪儀禮≫ 〈士冠禮〉에 희생을 잡아 醮禮를 할 적에 "두 번째 초례는 두 개의 豆를 올리는데 아욱절임(葵菹)과 달팽이육장(蠃醢)을 담고, 두 개의 籩을 올리는데 밤과 말린 고기(脯)를 담는다." 한 것과 ≪儀禮≫ 〈旣夕禮〉의 遣奠으로 柩車의 동쪽에 네 개의 豆와 네 개의 籩을 진설하는 것 등을 예로 들었다. 또 짝수의 豆만 있고 籩이 없는 경우로는 ≪儀禮≫ 〈士昏禮〉에 신랑・신부가 음식을 함께 먹는 의식에서 醯醬(초장)을 두 개의 豆에 나누어 담고 채소절임(菹)과 육장(醢)을 네 개의 豆에 나누어 담는 것 등을 예로 들었다.

≪大全≫

長樂陳氏曰 鼎俎之實은 以天産[48)]爲主하니 而天産은 陽屬故로 其數奇요 籩豆之實은 以地産爲主하니 而地産은 陰屬故로 其數偶라 不敢用褻味는 所以盡志요 貴多品은 所以盡物[49)]이니 盡志는 所以交於神이요 盡物은 所以交於明이라 先儒以旦爲神[50)]하니 其說이 是也니라

長樂陳氏：鼎과 俎에 담는 것은 하늘에서 생산된 것을 위주로 하니, 하늘에서 생산된 것은 陽의 등속이기 때문에 그 數가 홀수인 것이고, 籩과 豆에 담는 것은 땅에서 생산된 것을 위주로 하니, 땅에서 생산됨은 陰의 등속이기 때문에 그 數가 짝수인 것이다. 감히 평소에 즐겨 먹는 음식을 사용하지 못함은 마음을 다하는 것이고 많은 물품을 귀하게 여김은 물건을 다하는 것이니, 마음을 다함은 神을 사귀는 것이고 물건을 다함은 인간〔明〕을 사귀는 것이다. 先儒가 旦을 神이라 하였으니, 그 말이 옳다.

○ 嚴陵方氏曰 籩之實은 若菱芡(능검)之類요 豆之實은 若芹蒲之類니 所謂水之品也며 籩之實은 若棗栗之類요 豆之實은 若菁韭(정구)之類니 所謂土之品也라 水土之品은 非人常所食이라 故曰 不敢用褻味요 或水或土하야 所取不一이라 故曰 而貴多品이라하니라

---

48) 天産：여기의 天産과 地産은 動物과 植物을 가리킨다. 孔穎達의 疏에 "鼎과 俎의 개수가 홀수인 것은 鼎・俎에 牲體를 담는데 생체는 동물이고 동물은 양에 속하므로 그 개수가 홀수인 것이다. 籩과 豆의 개수가 짝수인 것은 籩・豆에 담는 것에 식물이 겸하여 있는데 식물은 음이므로 그 개수가 짝수인 것이다.〔鼎俎奇者 以其盛牲體 牲體動物 動物屬陽 故其數奇 籩豆偶者 其實兼有植物 植物爲陰 故其數偶〕" 하였다.(≪禮記正義≫) 또 ≪周禮≫ 〈春官 大宗伯〉의 鄭玄의 注에 "天産은 동물이니 六牲의 등속을 말하고, 地産은 식물이니 九穀의 등속을 말한다.〔天産者 動物 謂六牲之屬 地産者 植物 謂九穀之屬〕" 하였다.(≪周禮注疏≫)

49) 盡物：올릴 수 있는 물건을 모두 올리는 것을 말한다. ≪禮記≫ 〈祭統〉에 "무릇 하늘이 낸 것과 땅이 기른 것 중에 참으로 제물로 올릴 수 있는 것은 모두 〈제물의 범주에〉 들어 있지 않음이 없으니, 이것은 물건을 다함을 보이는 것이다. 밖으로는 물건을 다하고 안으로는 뜻을 다하니, 이것이 제사하는 마음이다.〔凡天之所生 地之所長 苟可薦者 莫不咸在 示盡物也 外則盡物 內則盡志 此祭之心也〕" 하였다.

50) 先儒以旦爲神：鄭玄의 注에 "旦은 마땅히 神이 되어야 하니, 篆字가 비슷하여 생긴 잘못이다.〔旦 當爲神 篆字之誤也〕" 한 것을 가리킨다.(≪禮記正義≫) 이에 대해 ≪康熙字典≫에는 神은 옛 비석에 '䄔'으로 쓴 경우가 많은데, 베껴 쓴 자가 위의 절반을 빠트려서 '旦'으로 잘못된 것이라 하였다.

嚴陵方氏 : 籩에 담는 것은 마름·가시연밥과 같은 따위이고, 豆에 담는 것은 미나리·부들과 같은 따위이니, 이른바 '물에서 생산된 물품'이란 것이다. 籩에 담는 것은 대추·밤과 같은 따위이고, 豆에 담는 것은 무·부추와 같은 따위이니, 이른바 '땅에서 생산된 물품'이란 것이다. 물과 땅에서 생산된 물품은 사람이 항상 먹는 바가 아니므로 "감히 평소에 즐겨 먹는 음식을 사용하지 못한다." 한 것이다. 혹은 물에서 생산되고 혹은 땅에서 생산되어서 취하는 바가 한 가지가 아니다. 그러므로 "많은 물품을 귀하게 여긴다." 한 것이다.

110501 **賓**이 **入大門而奏肆夏**는 **示易**(이)**以敬也**라 **卒爵而樂闋**(결)을 **孔子屢歎之**하시다 **奠酬而工升歌**는 **發德也**라 **歌者在上**하고 **匏竹在下**는 **貴人聲也**라 **樂**은 **由陽來者也**요 **禮**는 **由陰作者也**니 **陰陽和而萬物得**이니라

賓이 대문을 들어오면 〈肆夏〉를 연주하는 것은 和易하면서도 공경함을 보이는 것이다. 獻의 술잔을 비우면 樂이 그치는 것에 대해 孔子께서 여러 번 감탄하셨다. 酬의 술잔을 내려놓을 적에 樂工이 堂 위로 올라가서 노래하는 것은 주인과 賓의 덕을 發揚하는 것이다. 노래 부르는 자가 堂 위에 있고 笙簧이 당 아래에 있는 것은 사람의 소리를 귀하게 여기는 것이다. 樂은 陽으로부터 온 것이고 禮는 陰으로부터 만들어진 것이니, 음과 양이 和하면 만물이 마땅함을 얻게 된다.

≪集說≫

燕禮는 則大門是寢門이요 饗禮는 則大門是廟門也[51]라 肆夏는 樂章名이니 九夏는 見

51) 燕禮……則大門是廟門也 : 이하 陳澔 集說에서는 이 節을 燕禮와 饗禮로서 풀이한 ≪禮記正義≫를 따르고 있다. 鄭玄의 注에 "賓은 조회와 빙문을 하는 자이다.〔賓 朝聘者〕" 하였고, 孔穎達의 疏에 "이 한 節은 조회와 빙문을 하는 賓과 王事에 수고한 자신의 신하에게 燕·饗의 예를 설행할 적에 樂을 연주하는 절도를 논한 것이다.〔此一節論朝聘之賓 及己之臣子有王事勞者 設燕饗之禮 奏樂之節〕" 하였다. 반면에 孫希旦의 ≪禮記集解≫에는 제후가 천자를 조회하였을 적에 천자가 그에게 饗을 베푸는 예인데 饗禮는 廟에서 행하니 大門은 廟門이라고 하였다. ≪三禮辭典≫에는 饗禮·食禮·燕禮에 대하여 "향례가 가장 중하여 太牢와 술이 있고 공경을 다하여 九獻·七獻·五獻의 예를 행한다. 사례는 밥을 위주

周禮[52)]하니라 易以敬은 言和易中에 有嚴敬之節也라 卒爵而樂闋은 謂賓至庭而樂作[53)]이라가 賓受獻爵拜而樂止[54)]하며 及主人獻君에 樂又作[55)]이라가 君卒爵而樂止也[56)]라 歎之는 歎美之也라 奠酬而工升歌[57)]는 謂奠置酬爵之時에 樂工升堂而歌하니

하여 牢와 술이 없다. 연례는 飮酒를 위주로 한다. 향례와 사례는 廟에서 행하고 연례는 正寢에서 행한다." 하였다. 寢門은 천자의 五門, 제후의 三門, 대부의 二門에서 가장 안쪽의 문이다.

52) 肆夏……見周禮 : 〈肆夏〉는 〈九夏〉의 하나인데, ≪周禮≫ 〈春官 鍾師〉에 〈구하〉는 〈王夏〉, 〈肆夏〉, 〈昭夏〉, 〈納夏〉, 〈章夏〉, 〈齊夏〉, 〈族夏〉, 〈祴夏〉, 〈驁夏〉라고 하였고, ≪周禮≫ 〈春官 大司樂〉에 "왕이 출입하면 〈왕하〉를 연주하게 하고 시동이 출입하면 〈사하〉를 연주하게 하고 희생이 출입하면 〈소하〉를 연주하게 한다.……大饗에는 희생을 들이지 않고 그 외는 모두 제사를 지낼 때와 같다.〔王出入則令奏王夏 尸出入則令奏肆夏 牲出入則令奏昭夏……大饗不入牲 其他皆如祭祀〕" 하였는데, 鄭玄의 注에 "'그 외'는 왕이 출입하고 빈객이 출입할 적에 또한 〈왕하〉와 〈사하〉를 연주하는 것을 이른다.〔其他 謂王出入 賓客出入亦奏王夏肆夏〕" 하였다.(≪周禮注疏≫)

53) 賓至庭而樂作 : 孔穎達의 疏에서는 饗禮는 이미 없어져서 근거할 수 있는 것이 없다고 하고 ≪儀禮≫의 〈大射〉와 〈燕禮〉로써 이 절을 풀이하였는데, '賓至庭而樂作'에 해당하는 ≪의례≫ 〈연례〉의 내용은 "射人이 賓을 인도하여 寢門으로 들어간다. 빈이 문으로 들어와 뜰에 이르렀을 때 군주가 한 계단을 내려와 빈에게 읍을 하여 〈당 위로 오르기를 청한다.〉〔射人納賓 賓入及庭 公降一等揖之〕" 한 것과, ≪의례≫ 〈연례 記〉에 "樂을 연주하여 빈을 맞이하는 경우에는 빈이 뜰에 이르렀을 때 〈肆夏〉를 연주하기 시작한다.〔若以樂納賓 則賓及庭 奏肆夏〕" 한 것이다.(≪禮記正義≫) 반면에 이 절을 천자가 제후에게 베푸는 향례로 해석한 孫希旦은, 여기에서 '大門을 들어오면 바로 〈사하〉를 연주한다'고 한 것은 大饗의 禮가 燕禮와 다른 점이라 하였다.(≪禮記集解≫)

54) 賓受獻爵拜而樂止 : 주인이 빈에게 술을 올리는 禮를 행하면 빈이 술을 맛본 뒤에 술잔을 내려놓고 주인에게 拜禮를 하면서 맛있다고 고하는데, 주인이 이에 대해 答拜할 때 樂을 그치는 것으로, ≪儀禮≫ 〈燕禮 記〉에 "빈이 〈주인이 올린〉 술에 배례하고 주인이 〈이에 대해〉 답배할 때 樂을 그친다.〔賓拜酒 主人答拜而樂闋〕" 한 것이다. 주인은 술을 마실 때 군주를 대신하여 술을 올리는 獻主로서, 제후의 경우 宰夫가 헌주가 되고 천자는 膳夫가 헌주가 된다.

55) 主人獻君樂又作 : 주인이 빈에게 술을 올리는 禮를 행하고, 빈이 주인에게 답례의 술을 올린 뒤에 주인이 군주에게 술을 올리는 것이다. ≪儀禮≫ 〈燕禮 記〉에 "군주가 拜禮를 하고 술잔을 받을 때 〈肆夏〉를 연주하기 시작한다.〔公拜受爵而奏肆夏〕" 하였다.

56) 君卒爵而樂止也 : 이는 ≪儀禮≫ 〈燕禮 記〉에 "군주가 잔의 술을 다 마시고 주인이 당 위에 올라 빈 잔을 받아서 당에서 내려올 때 樂이 그친다.〔公卒爵 主人升受爵以下而樂闋〕" 한 것이다. 陳澔는 '卒爵而樂闋'을 빈이 술을 맛본 뒤에 拜禮할 적에 한 번 樂을 그치고, 군주가 잔의 술을 다 마신 뒤에 다시 樂을 그치는 것으로 풀이한 것이다. 반면에 孫希旦은 빈이 獻의 술잔을 다 마시고 왕이 酢의 술잔을 다 마신 뒤에야 비로소 樂을 그치는 것으로 풀이하고, 大饗의 禮가 燕禮와 다른 것이라 하였다.(≪禮記集解≫)

所以發揚主賓之德이라 故云 發德也라 匏竹은 笙也라 樂은 所以發陽道之舒暢이요 禮는 所以肅陰道之收斂이니 一闔一闢에 而萬事得宜也라

燕禮에는 대문이 바로 寢門이고, 饗禮에는 대문이 바로 廟門이 된다. 〈肆夏〉는 樂章의 이름이니, 〈九夏〉는 ≪周禮≫에 보인다. '易以敬'은 和樂한 가운데 嚴하고 공경하는 절도가 있음을 말한 것이다. '卒爵而樂闋'은 賓이 뜰에 이르면 樂을 연주하다가 賓이 주인이 올리는 술잔을 받고 拜禮하면 樂을 그치며, 주인이 군주에게 술잔을 올리면 樂을 다시 연주하다가 군주가 술잔을 비우면 樂을 그치는 것을 말한다. 歎之는 감탄하여 찬미하는 것이다. '奠酬而工升歌'는 酬의 술잔을 놓을 때에 악공이 堂 위에 올라가서 노래함을 이르니, 주인과 賓의 덕을 發揚하는 것이므로 '發德'이라 한 것이다. 匏竹은 생황이다. 樂은 陽의 道가 펴지는 것을 발양하는 것이고, 禮는 陰의 道의 收斂을 엄숙히 하는 것이니, 한 번 닫히고 한 번 열림에 만사가 마땅함을 얻는 것이다.

≪大全≫

嚴陵方氏曰 此는 言諸侯爲賓之禮也라 故曰 賓入大門이면 奏肆夏[58]라하니 則所以迎賓而納之라 且能易(이)則賓主之情不離하고 能敬則賓主之情不流하니 不流不離는 禮樂之道也라 夫禮減而進하야 以進爲文하고 樂盈而反하야 以反爲文[59]이라 爵始卒而樂遂闋이면 則能以反爲文矣니 此先王之微意也라 故로 孔子屢歎之하시니라 且樂은 所以發明賓主之德也니 卒爵이면 則酬酢之禮畢하고 而賓主之德已明矣니 樂之闋也不亦宜乎아 闋은 終也라 孔子於與蜡之事畢而歎者[60]는 歎其禮之亡也요 於卒爵而

57) 奠酬而工升歌 : 奠酬는 주인이 스스로 술을 마셔서 빈에게 술을 권하면〔酬〕, 빈이 그 술잔을 내려놓고 마시지 않는 것이다. 이는 ≪儀禮≫ 〈燕禮〉에 "〈脯와 醢를 놓은〉 동쪽에 술잔을 놓는다.〔奠于薦東〕" 한 것인데, 鄭玄의 注에 "'奠之'는 酬의 술잔을 들어서 마시지 않는 것이다.〔奠之者 酬不擧也〕" 하였다.(≪儀禮注疏≫) 〈燕禮〉와 〈大射〉를 인용한 孔穎達의 疏에 의하면, 奠酬의 다음에 賓과 大夫에 대한 旅酬, 卿에 대한 獻과 여수, 대부에 대한 獻이 있고서, 악공이 당 위로 오른다.(≪禮記正義≫)

58) 此……奏肆夏 : 제후가 거행하고 신하가 賓이 되는 燕禮와 大射禮에서는 빈이 뜰에 이르렀을 때 〈肆夏〉를 연주해서, 여기의 禮와 다르기 때문에 이렇게 말한 것이다.

59) 禮減而進……以反爲文 : ≪禮記≫ 〈樂記〉에 보인다.

60) 孔子於與蜡之事畢而歎者 : ≪禮記≫ 〈禮運〉에 "옛날에 仲尼께서 臘享 제사의 賓으로 참여하셨는데 제사가 끝나고 廟門 밖으로 나와서 雉門의 觀 위에서 노닐 적에 크게 한탄하셨

樂闋에 亦歎者는 歎其樂之深也니 於禮之亡엔 則傷之而歎也요 於樂之深엔 則美之而歎也라 主酌賓曰獻이요 賓答主曰酢이요 主復答賓曰酬니 奠酬는 謂奠置酬爵之時也라 夫禮成於三[61]하니 奠酬則禮成하야 而賓主之德을 可知也라 故로 樂工升歌以發之하니 蓋雖有其德이나 非發之於聲音이면 則無自而明故也라 升歌는 卽仲尼燕居所謂升歌清廟示德[62]이 是矣라 或言發하고 或言示는 互相備也라 歌者在上故로 經에 每謂之升歌[63]하고 匏竹在下故로 經에 每謂之下管[64]하니 匏는 卽竽笙之類[65]요 竹은 卽篪笛(지적)之類[66]라 以舜典考之하면 堂上에 有琴瑟하고 堂下에 有柷敔(축어)[67]하니

으니, 중니의 한탄은 아마도 魯나라를 한탄하신 것일 것이다. 言偃(子游)이 곁에 있다가 말하기를 '군자께서는 무엇을 한탄하십니까?'라고 하니, 孔子께서 말씀하셨다. '〈堯·舜 시대의〉 大道가 행해짐과 〈夏·殷·周〉 三代의 훌륭한 신하의 일을 내 미처 보지 못했으나, 거기에 뜻이 있노라.'〔昔者 仲尼與於蜡賓 事畢 出遊於觀之上 喟然而嘆 仲尼之嘆 蓋嘆魯也 言偃在側 曰 君子何嘆 孔子曰 大道之行也與三代之英 丘未之逮也 而有志焉〕"라고 보인다.

61) 禮成於三 : 禮制가 대부분 3이란 숫자로 정해진 것을 말한다. 예컨대 冠禮에서는 세 번 모자를 씌우고, 射禮에서는 세 번 짝을 이루고, 郊廟에서 제사 지낼 적에는 3일 동안 致齋하고, 喪禮에서는 효자가 3일 동안 물과 장을 입에 대지 않고, 喪服을 3년에서 마치는 것 등이다. 이에 미치지 못하면 검소하여 고루한 잘못이 있고 이를 넘으면 사치하여 분수를 넘는 잘못이 있다고 보는 것이다.(≪家禮輯覽≫ 〈喪禮〉) 여기서는 獻·酢·酬의 세 절차를 가리킨다.

62) 仲尼燕居所謂升歌清廟示德 : ≪禮記≫ 〈仲尼燕居〉에서 大饗의 禮에 대하여 "〈賓이〉 문에 들어간 뒤 〈주인이 빈이 준 답잔의 술을 다 마시면 종과 같은〉 금속 악기가 〈다시〉 연주되는 것은 情을 보이는 것이고, 堂에 올라가 〈周 文王의 덕을 찬미하는〉 〈清廟〉시를 노래하는 것은 덕을 보여주는 것이고, 당 아래에서 〈피리 같은〉 관악기로 〈象舞〉를 연주하는 것은 〈周 武王이 殷나라 紂王을 정벌하여 왕업을 이룬〉 일을 보여주는 것이다.〔入門而金作 示情也 升歌清廟 示德也 下而管象 示事也〕" 하였다.

63) 經每謂之升歌 : ≪禮記≫ 〈祭統〉에서는 제사에서 중히 여기는 것을 말하여 "樂은 당 위에 올라가서 노래하는 것보다 더 중한 것이 없다.〔聲莫重於升歌〕" 하였다.

64) 經每謂之下管 : 예컨대 ≪禮記≫ 〈文王世子〉의 노인을 봉양하는 禮와 〈明堂位〉의 周公에 대한 太廟의 제례에서, 모두 악공이 堂 위로 올라가서 〈清廟〉를 노래하고 당 아래에서 관악기로 〈象〉을 연주하는 것을 이른다.

65) 匏卽竽笙之類 : 박(匏)을 받침으로 하여 떨림판(簧)이 있는 管을 설치한 악기를 匏라 한다. 笙은 관의 수가 13개이고 竽는 관의 수가 36개 혹은 19개이다.

66) 竹卽篪笛(지적)之類 : 대나무로 만든 관악기를 竹이라 한다. 篪는 구멍이 8개인데, 구멍의 수와 길이는 설이 일정하지 않다. 笛은 篴으로도 쓰며 구멍이 5개이다.

67) 以舜典考之……有柷敔(축어) : ≪書經≫ 〈虞書 益稷〉에 "鳴球(玉磬)를 치며 琴과 瑟을 어루만지며 노래를 읊는다.〔戞擊鳴球 搏拊琴瑟 以詠〕" 하였는데 蔡沈의 註에 이는 당 위의 樂이라 하였다. 또 "당 아래에는 관악기와 鼗鼓를 진열하고, 樂을 합하고 멈추되 柷과 敔로

要之컨대 **在上者**는 **以歌爲主**하고 **在下者**는 **以匏竹爲主**라 **樂由陽來**하고 **禮由陰作**하니 **獨陰不生**하고 **獨陽不成**하야 **生成相濟**라야 **其氣乃和**하니 **和則萬物不失其性矣**니라

嚴陵方氏：이는 제후가 賓이 된 禮를 말한 것이다. 그러므로 "賓이 大門에 들어오면 〈肆夏〉를 연주한다." 하였으니, 賓을 맞이하여 받아들이는 것이다. 또 능히 和易하면 賓과 주인의 情이 떠나지 않고, 능히 공경하면 賓과 주인의 情이 방탕한 데로 흐르지 않으니, 방탕한 데로 흐르지 않고 떠나지 않음은 禮·樂의 道이다. 禮는 감쇄하면 증진하도록 권면하여 증진함을 아름다움으로 여기고, 樂은 가득 차면 돌아오게 하여 돌아옴을 아름다움으로 여긴다. 술잔을 처음 비우고 樂이 마침내 끝나면, 능히 돌아옴을 아름다움으로 삼은 것이니, 이는 先王의 은미한 뜻이다. 그러므로 孔子께서 여러 번 감탄하신 것이다.

또 樂은 賓과 주인의 덕을 발명하는 것이니, 술잔을 비우면 酬酌하는 禮가 끝나서 賓과 주인의 덕이 이미 분명해지니, 樂을 끝마침이 당연하지 않는가? 闋은 마침이다. 공자께서 臘享 제사에 참여하신 일이 끝났을 때에 탄식하신 것은 그 禮가 없어짐을 탄식한 것이고, 술잔을 다 마시고 樂이 끝났을 때에 또한 탄식하신 것은 그 樂이 깊음을 탄식한 것이니, 禮가 없어진 것에 대해서는 서글퍼하여 한탄한 것이고, 樂이 깊은 것에 대해서는 찬미하여 감탄한 것이다.

주인이 賓에게 술을 따르는 것을 獻이라 하고 賓이 주인에게 답하는 것을 酢이라 하고 주인이 다시 賓에게 답하는 것을 酬라 하니, 奠酬는 酬의 잔을 내려놓는 때를 이른다. 禮가 三에서 이루어지니, 酬의 술잔을 놓으면 禮가 이루어져서 賓과 주인의 덕을 알 수 있다. 그러므로 악공이 堂 위로 올라가 노래하여 그 덕을 發明하는 것이니, 비록 그 덕이 있더라도 이를 聲音에 나타내지 않으면 밝힐 수 없기 때문이다. 升歌는 바로 〈仲尼燕居〉에 "당 위로 올라가 〈淸廟〉를 노래함은 덕을 보이는 것이다." 한 것이 이것이다. 혹은 '發'이라 말하고 혹은 示라고 말한 것은 互文으로 서로 갖춘 것이다.

하며 笙과 鏞(큰 종)을 당 위의 樂과 번갈아 연주한다.〔下管鼗鼓 合止柷敔 笙鏞以間〕" 하였다.(≪書經集傳≫) 〈益稷〉은 舜과 그 신하 禹의 대화를 기록한 것이다. 채침의 주에 〈大禹謨〉, 〈皐陶謨〉, 〈益稷〉 세 篇으로 〈堯典〉과 〈舜典〉에 미비된 것을 갖추었다고 하였으니, 여기서 〈익직〉의 내용을 〈순전〉이라 한 것은 오류이거나 혹은 〈익직〉을 〈순전〉에 부속된 편으로 본 듯하다.

노래하는 자는 당 위에 있기 때문에 經에 매번 "당 위로 올라가 노래한다.〔升歌〕"라 말하였고, 匏竹은 당 아래에 있기 때문에 經에 매번 "당 아래에서 관악기로 연주한다.〔下管〕"라 말했으니, 匏는 바로 竽와 笙의 따위이고, 竹은 바로 篪와 笛의 따위이다. ≪書經≫ 〈虞書 舜典〉을 가지고 고찰해보면 당 위에는 琴과 瑟이 있고 당 아래에는 柷과 敔가 있으니, 요컨대 당 위의 樂은 노래하는 것을 위주로 하고 당 아래의 樂은 匏·竹을 위주로 한다. 樂은 陽으로부터 왔고 禮는 陰으로부터 만들어졌으니, 혼자의 陰은 낳지 못하고 혼자의 陽은 이루지 못해서 낳고 이룸이 서로 도와야 그 기운이 비로소 和하니, 화하면 만물이 그 본성을 잃지 않는다.

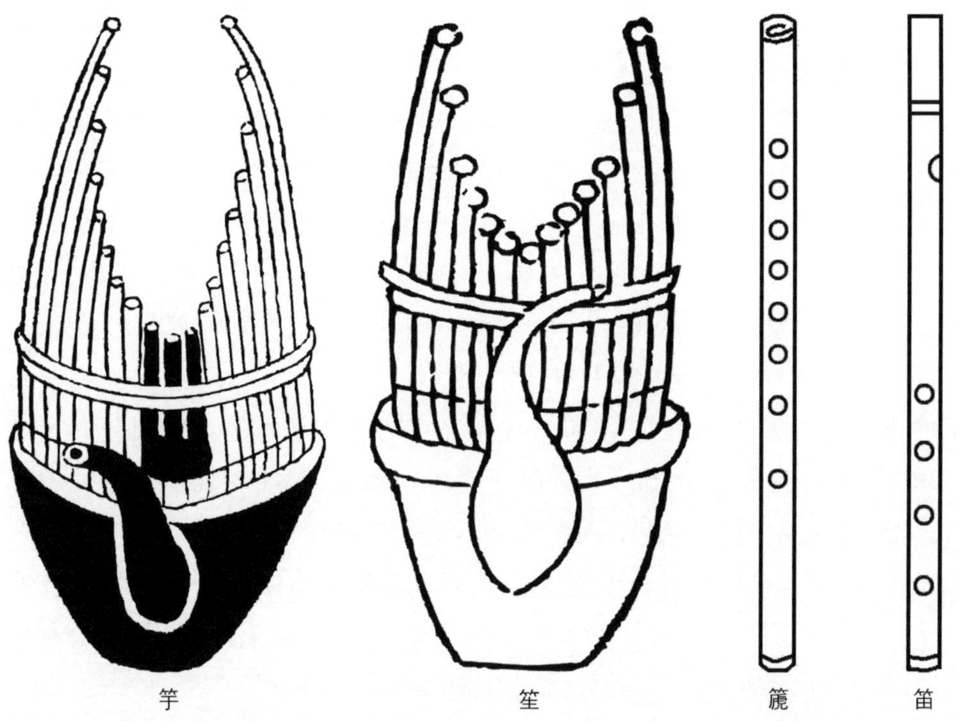
竽　笙　篪　笛

○ 馬氏曰 歌者는 聲之發於口요 匏竹者는 聲之寓於器니 寓於器者는 其聲粗(추)하고 發於口者는 其聲精이라 故로 歌者在上은 貴人聲也라 樂由天作하니 則樂者는 陽也故로 樂由陽來하고 禮以地制[68]하니 則禮者는 陰也故로 禮由陰作이라 天地合而萬物生하고 陰陽和而萬物得하니 古之人이 言禮樂에 未嘗徇於一偏之說也니라

68) 樂由天作……禮以地制 : '樂由天作'과 '禮以地制'는 〈樂記〉에 보이는데, 鄭玄의 注에 "하늘과 땅을 본받음을 말한 것이다.〔言法天地也〕" 하였다.(≪禮記正義≫)

馬氏 : 노래는 소리가 입에서 나오는 것이고, 匏竹은 소리가 악기에 붙어 있는 것이니, 악기에 붙어 있는 것은 그 소리가 거칠고 입에서 나오는 것은 그 소리가 정밀하다. 그러므로 노래하는 자가 堂 위에 있음은 사람의 소리를 귀하게 여기는 것이다. 樂은 하늘로 말미암아 제작되었으니, 樂은 陽이다. 그러므로 樂은 陽으로부터 온 것이다. 禮는 땅을 따라 제정되었으니, 禮는 陰이다. 그러므로 禮는 陰으로부터 만들어진 것이다. 하늘과 땅이 합하면 만물이 생기고 陰과 陽이 화하면 만물이 마땅함을 얻으니, 옛날 사람들이 禮와 樂을 말할 적에 한쪽으로 치우친 說을 따른 적이 없다.

110601 **旅幣無方**은 **所以別土地之宜**하고 **而節遠邇之期也**요 **龜爲前列**은 **先知也**요 **以鍾次之**는 **以和居參之也**요 **虎豹之皮**는 **示服猛也**요 **束帛加璧**은 **往德也**라

진열된 폐백이 일정한 지방에서 바친 것만이 아닌 것은 토지의 적합한 産物을 구별하고 遠近에 따른 期日을 조절하기 위한 것이고, 〈물건을 진열할 적에〉 거북을 앞 열에 진열함은 거북이 길흉을 미리 알기 때문이고, 鍾이 그다음에 있는 것은 조화로운 물건을 庭實의 사이에 끼어놓은 것이고, 虎豹의 가죽을 올리는 것은 사나움을 복종시킴을 보이는 것이고, 束帛의 위에 璧玉을 올려놓는 것은 덕이 있는 이에게 가서 〈군자의 덕에 비견되는 玉을 올리는〉 것이다.

≪集說≫

旅는 陳也니 庭實[69]所陳之幣 非一方所貢이라 故曰 無方이니 以土地之產이 各有所宜하고 而地里有遠近이면 則入貢之期日이 有先後也라 前篇言 金次之[70]하고 此言鍾

69) 庭實 : 뜰에 진열한 예물을 이르는데, ≪儀禮≫ 〈聘禮〉에 말, 가죽, 희생, 쌀, 醯(육장) 등의 庭實이 나온다.(≪三禮辭典≫)

70) 前篇言金次之 : 〈禮器〉(103101)의 '大饗(祫祭)'을 말한 부분에 "거북을 앞 열에 진열함은 거북이 길흉을 미리 알기 때문이고, 金이 그다음에 있는 것은 사람의 情을 나타낸 것이다.〔龜爲前列 先知也 金次之 見情也〕"라고 보인다.

次之하니 蓋金之爲器 莫重於鍾이라 故變文言之也요 金示和而參居庭實之間이라 故云 以和居參之也[71]라 君子於玉比德하니 往德者는 言往進此比德之玉於有德之人也[72]라

旅는 진열함이니, 뜰에 진열한 폐백이 한 지방에서 바친 것만이 아니다. 그러므로 無方이라고 말한 것이니, 토지의 産物이 지역마다 각기 적합한 바가 있고 거리에 원근이 있으면 貢物을 바치는 기일에 선후가 있게 마련이다.

前篇에서는 "金이 그다음에 있다."고 하였고, 여기서는 "鍾이 그다음에 있다."고 하였으니, 이것은 金으로 된 기물 중에 종보다 더 중한 것이 없으므로 글자를 바꾸어 말한 것이다. 金은 화함을 보이고 뜰에 진열된 폐백 사이에 끼어 있기 때문에 "조화로운 물건을 정실의 사이에 끼어놓은 것이다."라고 말한 것이다. 군자는 玉을 덕에 견주니, 往德은 이 덕에 비견되는 玉을 덕이 있는 사람에게 가서 올림을 말하는 것이다.

≪大全≫

長樂陳氏曰 溥天之下가 莫非王土요 率土之濱이 莫非王臣[73]이라 故衆幣[74]所以無方也라 土地之宜는 在物하고 而遠近之期는 在人하니 周官六服에 其見(현)有六歲之差하고 其交有六物之異[75]하니 六物之異者는 所謂別土地之宜요 六歲之差者는 所謂

---

71) 金示和而參居庭實之間 故云以和居參之也 : 孔穎達의 疏에 "金의 성질은 柔和하여 때에 따라 변혁한다. 金이 庭實에 진열된 것이 거북을 앞에 두고 皮帛을 뒤로 해서, 金이 끼여서 거북과 피백의 중간에 있으므로 '以和居參之也'라고 한 것이다.〔金性柔和 從時變革也 金列庭實 前龜後皮帛 以金參廁 居龜帛之中間 故云以和居參之也〕" 하였다.(≪禮記正義≫)

72) 言往進此比德之玉於有德之人也 : 진호는 '往'자를 '가서 올림(往進)'으로 풀이하였는데, 공영달의 소에는 '가서 귀의함(往歸)'으로 풀이하여 "主君이 덕이 있어서 그에게 찾아가 귀의함을 이른 것이다.〔謂主君有德而往歸之〕" 하였다.(≪禮記正義≫)

73) 溥天之下……莫非王臣 : ≪詩經≫ 〈小雅 北山〉에 보인다.

74) 衆幣 : 이것은 '旅幣'의 '旅'는 衆의 뜻이라고 한 鄭玄의 注를 따른 것이다.(≪禮記正義≫)

75) 周官六服……其交有六物之異 : 이 내용은 ≪周禮≫ 〈秋官 大行人〉에 보인다. 周나라의 六服은 侯服·甸服·男服·采服·衛服·要服으로, 후복은 천자의 왕성 밖 사방 500리이고, 전복은 또 그 밖의 사방 500리이고, 이와 같이 그 밖의 사방 500리가 차례대로 남복·채복·위복·요복이 된다. '六歲之差'는 후복은 1년에 한 번 천자를 뵙고, 전복은 2년, 남복은 3년, 채복은 4년, 위복은 5년, 요복은 6년에 한 번 천자를 뵙는 것이다. '六物之異'는 후복은 祀物(희생)을 공물로 바치고, 전복은 嬪物(부녀자가 만든 명주실과 삼실)을

節遠近之期也라 金之爲體則實하고 而其爲性則順하니 體之實이면 則足以見情이요 而性之順이면 則足以示和라 示服猛者는 所以明德威惟畏[76]也라 禮器는 言大饗之所貢故로 言三牲魚腊(석)[77]하야 以至丹漆絲纊竹箭之類하야 而極其多하고 此는 言常貢之法하야 則陳其大率而已니 此詳略所以不同也니라

長樂陳氏 : 온 하늘의 아래가 왕의 땅이 아닌 곳이 없으며, 온 땅의 안에 왕의 신하가 아닌 자가 없다. 그러므로 여러 폐백에 일정한 방소가 없는 것이다. 토지의 적합함은 물건에 있고 원근의 시기는 사람에게 있으니, ≪周禮≫에서 六服의 나라가 천자를 알현하는 데 6년의 차등이 있고 사귀어 바치는 貢物에 6物의 차이가 있다. 6物의 차이를 두는 것은 이른바 '토지의 적합한 産物을 구별하는 것'이고, 6년의 차이를 두는 것은 이른바 '원근에 따른 期日을 조절하는 것'이다.

金의 體는 實하고 그 성질은 순하니, 體가 實하면 충분히 情을 나타낼 수 있고 성질이 순하면 충분히 화함을 보일 수 있다. '사나움을 복종시킴을 보인다'는 것은 '덕으로 위엄을 보이면 두려워함'을 밝힌 것이다. 〈禮器〉에는 大饗(祫祭)에 바치는 공물을 말했기 때문에 세 가지 희생과 어물과 腊(말린 고기)으로부터 丹砂·옻·生絲·솜·큰 대나무·작은 대나무의 종류까지 말하여 물건이 지극히 많았고, 여기서는 常例로 바치는 공물의 법을 말하여 그 대체적인 것을 진술하였을 뿐이다. 이 때문에 상세하고 간략함이 똑같지 않은 것이다.

○ 嚴陵方氏曰 土地所生之物은 有宜有否하니 各使貢其所宜之物焉이라 故以別言之요 地之遠者는 來之期常疏하고 地之邇者는 來之期常數(삭)이라 故以節言之라 鍾은 卽金也니 金則以材言이요 鍾則以器言이니라

바치고, 남복은 器物(尊·彝 등의 술그릇)을 바치고, 채복은 服物(칡베 옷과 솜옷)을 바치고, 위복은 材物(구슬, 옥, 돌, 나무, 금속, 상아, 가죽, 깃털)을 바치고, 요복은 貨物(거북껍질과 조개껍질)을 바치는 것이다.

76) 德威惟畏 : 이는 ≪書經≫ 〈周書 呂刑〉에 "舜임금이 德으로 위엄을 보이시자 두려워하고, 德으로 밝히시자 밝아졌다.〔德威惟畏 德明惟明〕" 한 것이다.

77) 腊(석) : 말린 고기를 구분하면, 얇게 잘라서 말린 것이 脯이고, 작은 짐승을 통채로 말린 것이 腊이고, 고기를 쳐서 생강과 계피를 넣은 것이 鍛脩이다. 또 모든 말린 고기를 통틀어 腊이라고도 하는데, ≪儀禮≫에 腊으로 큰사슴(麋)을 쓴 경우가 이것이다.(≪三禮辭典≫) 〈禮器〉의 陳澔 集說에서 腊에 대하여 ≪의례≫의 큰사슴을 인용한 것은 일반적인 말린 고기로 풀이한 것이다.

嚴陵方氏 : 토지에서 생산되는 물건은 적합한 것이 있고 적합하지 않은 것이 있으니, 각각 그 토지에 적합한 물건을 바치게 하므로 '구별〔別〕'로써 말한 것이다. 지역이 먼 자는 오는 시기가 항상 드물고 지역이 가까운 자는 오는 시기가 항상 빈번하므로 '조절〔節〕'로써 말한 것이다. 鍾은 바로 金이니, 金은 材質로 말한 것이고 鍾은 器物로 말한 것이다.

110701 庭燎之百은 由齊桓公始也하니라

〈제후가〉 뜰에 횃불 100개를 밝혀놓은 것은 齊 桓公으로부터 시작되었다.

≪集說≫

此以下는 言朝聘失禮之事라 庭燎者는 庭中設炬火하야 以照來朝之臣夜入者라 大戴禮에 言天子는 百燎요 上公은 五十이요 侯伯子男은 三十[78]이라하여늘 今侯國이 皆供百燎는 自桓公始之하니라

이 이하는 朝會와 聘禮에 禮를 잃은 일을 말하였다. 庭燎는 뜰 가운데 횃불을 설치해서 조회 온 신하 중에 밤에 들어오는 자를 비추는 것이다. ≪大戴禮≫에 "천자는 횃불이 100개이고, 上公은 50개이고, 侯·伯·子·男은 30개이다." 하였는데, 지금 제후국이 모두 횃불 100개를 밝히는 것은 齊 桓公으로부터 시작되었다.

110702 大夫之奏肆夏也는 由趙文子始也하니라

대부가 〈肆夏〉를 연주함은 趙文子로부터 시작되었다.

≪集說≫

大射禮에 公升卽席에 奏肆夏하고 燕禮에 賓及庭에 奏肆夏하니 是는 諸侯之禮[79]어늘

78) 大戴禮……三十 : 이 庭燎의 차등은 鄭玄의 注에 보이고, 孔穎達의 疏에서 이 수는 ≪大戴禮≫에서 나온 것이라 하였다.(≪禮記正義≫) 다만 지금 남아 있는 ≪대대례≫에는 보이지 않는다.

79) 大射禮……諸侯之禮 : 大射禮와 燕禮는 제후가 신하들과 행하는 예이다.

今大夫之僭은 自晉大夫趙武[80)]始니라

大射禮에 公이 堂 위로 올라가 자리에 나아갈 적에 〈肆夏〉를 연주하고, 燕禮에 賓이 뜰에 이르렀을 때에 〈사하〉를 연주하니, 이것은 제후의 禮인데 지금 대부들이 참람하게 사용하는 것은 晉나라 대부 趙武로부터 시작되었다.

≪大全≫

長樂陳氏曰 天下有道엔 天子馭諸侯하고 諸侯馭大夫하야 而禮樂有差하고 天下無道엔 諸侯僭天子하고 大夫僭諸侯하야 而禮樂無別이라 周之天子無道라 故로 齊桓公이 僭天子之禮하야 而至於庭燎之百하고 趙文子僭諸侯之樂하야 而至於奏肆夏也라 蓋齊桓公之僭은 以强이요 趙文子之僭은 以奢니 記者錄而罪之는 以其濫觴於一時하야 而致洋溢乎天下後世也일새니라

長樂陳氏 : 천하에 道가 있을 때에는 천자가 제후를 어거(통솔하고 제재함)하고 제후가 대부를 어거하여 禮와 樂에 차등이 있고, 천하에 道가 없을 때에는 제후가 천자의 일을 참람하게 행하고 대부가 제후의 일을 참람하게 행해서 禮와 樂이 구별이 없다.

周나라의 천자가 道가 없었기 때문에 齊 桓公이 천자의 禮를 참람하게 행하여 뜰에 횃불 100개를 밝혀놓음에 이르렀고, 趙文子가 제후의 樂을 참람하게 사용하여 〈肆夏〉를 연주함에 이른 것이다. 제 환공의 참람은 강함 때문이고 조문자의 참람은 사치 때문이니, 기록하는 자가 이를 기록하여 죄를 준 것은 그들이 한때에 술잔을 넘치는 참람을 시작해서, 천하와 후세에 참람이 가득 차서 넘치게 만들었기 때문이다.

○ 山陰陸氏曰 齊桓公은 賢諸侯也로되 而僭天子如此면 則餘諸侯를 可知요 趙文子는 賢大夫也로되 而僭諸侯如此면 則餘大夫를 可知니라

山陰陸氏 : 齊 桓公은 어진 제후인데도 천자의 일을 참람하게 행한 것이 이와 같다면 나머지 제후를 알 수 있고, 趙文子는 어진 대부인데도 제후의 일을 참람하게 행한 것이 이와 같다면 나머지 대부를 알 수 있다.

---

80) 趙武 : 시호가 文이므로 趙文子라고도 하며, 趙孟이라고도 한다.

○ 金華應氏曰 大夫之僭은 起於諸侯之失禮而已라 故로 此篇之譏 自齊桓趙文子始焉이라 夫齊(威)〔桓〕[81)]은 將仗義以服諸侯也[82)]로되 乃自以庭燎之百으로 誇其尊하니 則何以責夫諸侯며 趙文子는 輔其君以伯(패)者也[83)]로되 而自僭肆夏하야 霸國之禮已失矣니 則何以責夫大夫리오

金華應氏 : 대부의 참람은 제후가 禮를 잃음에서 시작되었을 뿐이다. 그러므로 이 篇의 비판이 齊 桓公과 趙文子의 일로부터 시작된 것이다. 제 환공은 義를 주장하여 제후를 복종시키려 하였는데도 스스로 뜰에 횃불 100개를 밝혀놓은 것으로 높음을 과시하였으니 어떻게 다른 제후들을 책망할 수 있겠는가. 조문자는 그 군주를 보필하여 霸者가 되게 하였는데도 스스로 〈肆夏〉를 참람하게 연주하여 霸國의 禮를 이미 잃었으니 어떻게 다른 대부들을 책망할 수 있겠는가.

110801 朝覲[84)]에 大夫之私覿이 非禮也니 大夫執圭而使는 所以申信也요 不敢私覿은 所以致敬也니 而庭實私覿을 何爲乎諸侯之庭이리오 爲人臣者無外交는 不敢貳君也니라

〈제후가 서로〉 朝覲할 적에 대부가 사사로이 〈주인 나라의 군주를〉 뵙는 것은 禮가 아니다. 대부가 군주의 命圭를 잡고 사신으로 〈갔을 적에 사사로이 뵙는 禮를〉 행하는 것은 誠信을 표명하는 것이고, 〈군주를 수행하여 조근하였을 적에〉 감히 사사로이 〈다른 나라의 군주를〉 뵙지 못하는 것은 공경을 지극히 하는 것이니, 뜰에 여러 가지 물건을 진열하고 사사

81) (威)〔桓〕 : 저본에는 '威'로 되어 있으나, 宋 欽宗의 성명 趙桓의 '桓'을 避諱한 것이므로, 원글자인 '桓'으로 돌려놓았다.

82) 將仗義以服諸侯也 : 예컨대 齊 桓公이 衛나라를 봉해준 것과 首止와 葵丘의 맹약 등은 바른 의리를 주장한 것이다.

83) 趙文子 輔其君以伯(패)者也 : 趙文子는 楚나라의 屈建(子木)과 함께 전쟁을 종식하는 회맹을 주최하였다. 이 회맹에서 晉나라와 초나라를 따르는 나라들로 하여금 서로 상대의 나라에 朝見(조현)하도록 하였는데, 이는 晉·楚가 서로를 패자로 인정한 것이라 할 수 있다.(≪春秋左氏傳≫ 襄公 27년)

84) 朝覲 : 朝는 제후가 봄에 천자를 뵙는 것이고 覲은 가을에 뵙는 것인데, 여기서는 제후가 서로 조회하는 것을 이른다.

로이 〈주인 나라의 군주를〉 뵙는 것을 어찌 제후의 뜰에서 하겠는가. 신하 된 자가 밖으로 〈다른 나라의 군주와〉 교류가 없는 것은 감히 다른 군주에게 두 마음을 품지 못해서이다.

≪集說≫

朝覲之禮에 國君親往而大夫從이면 則大夫不當又以己物而私覿主君이라 故曰 非禮也라 若大夫執其君之命圭[85]而專使인댄 則當行私覿之禮하야 以申己之信이라 故從君朝覲而不敢私覿은 是敬己之君也어늘 今從君以來하야 而施設庭實하야 以爲私覿을 大夫何可爲此於諸侯之庭乎아하니 譏其與君無別也라 人臣無外交는 不敢貳心於他君[86]이니 所以從君而行이면 則不敢私覿也라

朝覲하는 禮에 國君이 직접 갈 적에 대부가 수행하면 대부는 또다시 자기의 예물을 가지고 사사로이 주인 나라의 군주를 뵈어서는 안 된다. 그러므로 "禮가 아니다." 한 것이다. 만약 대부가 군주의 命圭를 잡고서 사신의 임무를 전담한 경우에는 마땅히 사사로이 뵙는 禮를 행하여 자기의 誠信을 표명해야 한다.

그러므로 군주를 수행하여 조근하였을 적에 감히 사사로이 뵙지 못하는 것은 자기의 군주를 공경하는 것인데, 지금 군주를 따라와서 뜰에 여러 가지 물건을 진열하고 사사로이 뵙는 것을 대부가 어찌하여 제후의 뜰에서 하겠는가. 이는 대부와 군주가 구별이 없음을 비판한 것이다.

신하가 밖으로 〈다른 나라 군주와〉 교류가 없는 것은 감히 다른 군주에게 두 마음을 품지 못해서이니, 이 때문에 군주를 수행했으면 감히 사사로이 다른 군주를 뵙지 못하는 것이다.

≪大全≫

長樂陳氏曰 易大有九四에 匪其彭(방)이면 无咎[87]라하니 則爲諸侯者 其可庭實於諸

---

85) 命圭 : 처음 봉해지거나 자리를 이어받는 제후에게 왕이 하사하는 圭로, 朝覲을 할 때 잡는다.

86) 不敢貳心於他君 : 참고로 金在魯의 ≪禮記補註≫에는 "공경을 지극히 함은 자기의 군주에게 공경을 지극히 함을 이르니, 그렇다면 '不敢貳君'의 君 또한 마땅히 자기의 군주가 되어야 한다."라는 일설이, '君'자를 '다른 군주〔他君〕'로 풀이한 陳澔의 註보다 좋다고 하였다.

侯之庭乎아 庭實於諸侯之庭者는 諸侯之無王也라 曲禮에 言 從於先生할새 不越路而與人言이라하니 又況大夫從其君之朝覲에 其可以私覿於諸侯之庭乎아 私覿於諸侯之庭者는 大夫之無君也라 檀弓曰 大夫束脩之問이 不出竟이라하고 左傳曰 策名委質이라가 貳乃辟也[88]라하니 此所謂人臣無外交而不貳君也니라

長樂陳氏 : ≪周易≫ 大有卦 九四爻辭에 "지나치게 성하게 하지 않으면 허물이 없을 것이다." 하였으니, 제후 된 자가 어찌 제후의 뜰에 여러 물건을 진열할 수 있겠는가. 〈朝覲한 제후가 주인 나라의〉 제후의 뜰에 여러 물건을 진열하는 것은 제후가 왕을 무시하는 것이다.

〈曲禮〉에 "선생을 수행할 적에 길 너머에 있는 다른 사람과 말하지 않는다." 하였으니, 또 더구나 대부가 그 군주의 조근에 수행할 적에 어찌 사사로이 제후의 뜰에서 〈다른 나라의 군주를〉 뵐 수 있겠는가. 제후의 뜰에서 사사로이 〈다른 나라의 군주를〉 뵙는 것은 대부가 군주를 무시하는 것이다.

〈檀弓〉에 "대부는 束脩(脯 10개)의 작은 선물도 국경을 벗어나지 않았다." 하였고, ≪春秋左氏傳≫에 "名簿에 이름을 기록하고 몸을 바쳐 신하가 되었다가 두 마음을 품는 것은 죄이다." 하였으니, 이는 이른바 '신하가 밖으로 〈다른 나라의 군주와〉 교류하지 않아서, 군주에게 두 마음을 품지 않는다.'는 것이다.

110901 大夫而饗君이 非禮也라 大夫强이어든 而君殺之가 義也니 由三桓始也니라

대부로서 饗禮로 군주를 불러 연향하는 것이 禮가 아니다. 대부가 너무 강성하면 군주가 그를 죽이는 것이 大義에 맞으니, 〈魯나라에서는 이러한 일이〉 三桓으로부터 시작되었다.

87) 匪其彭无咎 : 長樂陳氏가 이 爻辭를 인용한 뜻은 자세하지 않다. ≪周易≫ 大有卦 九四爻辭에는 군주와 가까운 높은 자리에 있는 자가 지나치게 盛하면 허물이 있다는 경계가 있다.(≪周易傳義≫) 여기서는 천자와 가까운 자리에 있는 제후가 천자의 禮를 받으면 안 된다는 뜻으로 인용한 듯하다.

88) 策名委質 貳乃辟也 : ≪春秋左氏傳≫ 僖公 23년 조에 보인다. '質'은 孔穎達의 疏에 '形體'라고 하였다.(≪禮記正義≫)

≪集說≫

大夫富强하여 而具饗禮以饗君은 以臣召君이라 故曰 非禮라 大夫强橫僭逆이면 必亂國家니 人君殺之는 是斷以大義也라 三桓은 魯之三家니 皆桓公之後也라 先是에 成季以莊公之命으로 酖殺僖叔하고 後에 慶父(보)賊子般하고 又弑閔公하고 於是에 又殺慶父라 故云 由三桓始[89]라하니라

대부가 富强하여 饗禮를 갖추어 군주를 연향하는 것은 신하로서 군주를 부르는 것이기 때문에 "禮가 아니다."라고 한 것이다. 대부가 난폭하여 참람하고 거역하면 반드시 국가를 어지럽히니, 군주가 그를 죽이는 것은 바로 大義로써 결단한 것이다.

三桓은 魯나라의 三家이니, 모두 魯 桓公의 후손이다. 앞서 成季는 莊公의 명으로 僖叔을 독살하였으며, 뒤에 慶父가 子般을 살해하고 또 閔公을 시해하자, 이에 또다시 경보를 죽였다. 그러므로 "三桓으로부터 시작되었다."라고 한 것이다.

○ 疏曰 按三桓之前에 齊公孫無知[90]와 衛州吁[91]와 宋長萬[92]이 皆以强盛被殺하니

---

89) 三桓……由三桓始 : 三桓은 魯 桓公의 세 아들인 慶父·牙·友와 그들의 후손으로 대부가 된 孟孫·叔孫·季孫을 말한다. ≪史記≫ 〈魯周公世家〉에는 경보를 莊公의 동생이라 하였으나 杜預의 註에는 장공의 庶兄이라 하였다.(≪春秋左氏傳≫ 莊公 2년)

경보는 共仲이라고도 하며, 牙는 叔牙 또는 僖叔이라고도 하며, 友는 季友 또는 成季라고도 한다. 장공이 병을 앓으면서 공자 牙에게 후사에 대해 묻자 牙는 자신의 同母兄인 공자 경보를 추천하였다. 장공이 다시 자신의 同母弟인 공자 友에게 묻자 그는 목숨을 걸고 장공의 태자 子般을 받들겠다고 하고는, 牙(僖叔)에게 사람을 보내 임금의 명으로 독을 마시고 자결하게 하였다. 장공이 죽자 경보는 사람을 시켜 자반을 죽이고 장공의 庶子인 閔公을 세웠다. 민공 2년에 경보는 사람을 시켜 민공을 시해하고, 莒(거)나라로 도망갔다. 이에 민공의 庶兄인 僖公을 모시고 邾나라에 있었던 季友가 魯나라로 들어와 희공을 세웠다. 계우의 요구에 의해 거나라는 경보를 돌려보냈는데, 경보는 돌아오는 중에 赦免을 요청하였다가 거절당하자 자결하였다.(≪春秋左氏傳≫ 莊公 32년, 閔公 2년)

계우가 주도하여 대부이자 삼환인 희숙과 경보를 죽였지만 이는 군주인 장공과 희공의 명에 따른 것이므로 군주가 강성한 대부를 죽이는 것이 삼환으로부터 시작되었다고 한 것이다.

90) 齊公孫無知 : 公孫無知는 齊 僖公의 조카로 희공의 총애를 받았는데, 襄公이 즉위하여 禮秩을 降等시키자 원한을 품었다. 양공 12년에 無知는 반란을 일으켜 양공을 시해하고 임금이 되었는데, 다음해에 원한을 품고 있던 齊나라 사람에게 습격을 당하여 죽었다. 이에 莒나라로 도망쳤던 桓公이 돌아와 즉위하였다.(≪史記≫ 〈齊太公世家〉) 군주가 대부를 죽인 사례라고는 할 수 없다.

91) 衛州吁 : 州吁는 衛 莊公의 애첩의 아들로 장공의 총애를 받았는데, 장공이 죽고 桓公이

此云由三桓始者는 據魯而言하니라

〈孔穎達의〉 疏 : 살펴보건대 三桓 이전에 齊나라의 公孫無知와 衛나라의 州吁와 宋나라의 南宮長萬이 모두 강성하기 때문에 被殺되었으니, 여기서 "삼환으로부터 시작되었다."라고 말한 것은 魯나라를 근거하여 말한 것이다.

≪大全≫

長樂陳氏曰 以大夫而饗君도 猶爲非禮어든 又況以諸侯而饗天子乎아 三代之制에 刑不上大夫[93)]하고 而霸者之法에도 亦曰 無專殺大夫[94)]라하니 則古之所以任大夫에 未嘗不以賢이요 而其所以待大夫에 未嘗不以禮라 其有至於殺者는 蓋其始也에 任之不以賢故로 其終也에 不可待之以禮耳니라

長樂陳氏 : 대부로서 饗禮로 군주를 불러 연향하는 것도 禮가 아닌데 더구나 제후로서 향례로 천자를 불러 연향함에 있어서랴. 三代의 제도에 형벌이 대부에게까지 올라가지 않았고 霸者의 법에도 "마음대로 대부를 죽이지 말라." 하였으니, 옛날에

즉위한 뒤에 도망쳤다. 환공 16년에 주우가 환공을 습격하여 죽이고 임금이 되었는데, 衛나라 大夫인 石碏이 陳나라와 공모하여 주우를 죽였다.(≪史記≫ 〈衛康叔世家〉)

92) 宋長萬 : 長萬은 宋나라 大夫인 南宮長萬으로 閔公을 시해하고 공자 子游를 임금으로 세웠다. 대부 叔大心과 公族들이 曹나라 군대를 거느리고 공격하자 남궁장만은 陳나라에 도망하였는데, 다시 송환되어 죽었다.(≪春秋左氏傳≫ 莊公 12년)

93) 三代之制 刑不上大夫 : 이는 〈曲禮 上〉에 보이는데, 陳澔의 集說에 '大夫의 형벌을 제정하지 않음을 말한 것'이라 하였다. 또 ≪孔子家語≫ 〈五刑〉에도 孔子의 제자 冉有가 先王이 법을 제정할 적에 형벌은 대부에게까지 올라가지 않게 하였으니, 그렇다면 대부가 죄를 범할 경우에는 형벌을 가할 수 없는 것인지 묻는 내용이 나온다. 이에 공자는 그런 말이 아니라 하고, "대부가 청렴하지 못한 죄를 저질러 추방되었을 경우에는 簠簋(제기)를 정돈하지 못하였다."고 말하는 등 죄명을 지적해서 곧바로 부르지 않았고, 그 죄가 五刑의 안에 들어 있으면 대부가 대궐에 나아가 스스로 죄를 내려주기를 청하며, 큰 죄를 지은 경우에는 명령을 들으면 북향하고 재배하여 무릎 꿇고 자결하며, 군주가 有司로 하여금 결박하고 붙잡아 끌어내어서 형벌하고 죽이지 않는 것이라고 대답하였다. '刑不上大夫'가 三代의 제도라는 것은 보이지 않는다. ≪공자가어≫ 〈오형〉에서 염유가 먼저 "三皇五帝는 오형을 사용하지 않았다고 하는데 사실입니까?"라고 묻고, 그다음에 선왕의 법이 대부에게까지 올라가지 않는 것을 물었는데, 이로 인해 '선왕'을 三代의 先王으로 본 듯하다.

94) 霸者之法……無專殺大夫 : 春秋시대의 霸者였던 齊 桓公이 葵丘의 會盟에서 諸侯들에게 명한 내용으로, ≪孟子≫ 〈告子 下〉에 보인다. 朱子의 註에 "죄가 있으면 반드시 天子에게 命을 청한 뒤에 죽이는 것이다.〔有罪 則請命于天子而後 殺之也〕" 하였다.(≪孟子集註≫)

대부를 임명할 때에 일찍이 어진 이를 임명하지 않은 적이 없었고, 대부를 대우할 때에 일찍이 禮로써 대우하지 않은 적이 없었다. 대부를 죽임에 이르는 것은 처음에 어진 이를 임명하지 않았기 때문에 종말에 禮로써 대우할 수 없는 것이다.

110902 **天子無客禮**는 **莫敢爲主焉**일새요 **君適其臣**하사 **升自阼階**는 **不敢有其室也**일새라 **覲禮**[95]에 **天子不下堂而見諸侯**하나니 **下堂而見諸侯**는 **天子之失禮也**니 **由夷王以下**니라

천자에게 빈객의 禮가 없는 것은 아무도 감히 천자의 주인이 될 수 없기 때문이고, 군주가 신하의 집에 갔을 적에 〈주인의 계단인〉 동쪽 섬돌로 堂 위에 올라가는 것은 신하가 감히 그 집을 〈주인으로서〉 소유할 수 없기 때문이다. 覲禮에 천자가 당을 내려가 제후를 접견하지 않으니, 당을 내려가 제후를 접견하는 것은 천자가 禮를 잃은 것이다. 이는 周 夷王 이후로부터 시작되었다.

≪集說≫

天子所以無客禮者는 以其尊無對하야 莫敢爲主故也라 適臣而升自主階는 是爲主之義니 不敢有其室者는 言人臣不敢以此室로 爲私有而主之矣라 況敢爲主而待君爲客乎아 覲禮에 天子負斧依[96]南面이어든 侯氏[97]執玉[98]入[99]하니 是不下堂見諸

95) 覲禮 : 제후가 가을에 천자를 뵙는 예이다. 봄·여름·겨울에 제후가 천자를 뵙는 것은 각각 朝·宗·遇라고 한다.

96) 斧依 : '斧扆(부의)'로도 쓰며, 도끼 문양을 수놓은 병풍으로 堂 위에서 室의 戶와 牖의 사이에 위치한다.

97) 侯氏 : 侯氏는 한 사람의 諸侯를 이른다. 賈公彦의 疏에 "제후라고 말한 것은 대체로 아울러서 총칭한 것이고 후씨라고 말한 것은 한 사람을 가리켜 대체로 아우르지 않은 것이다.〔言諸侯則凡之總稱 言侯氏則指一身 不凡之也〕" 하였으니, 예를 행하는 대상과 장소가 동일하지 않아서 제후라고 총괄하여 말하지 않고 '후씨'라고 말했다는 것이다.(≪儀禮注疏≫)

98) 執玉 : ≪儀禮≫ 〈覲禮〉에 "옥받침이 있는 瑞玉을 가지고 천자를 朝見하러 간다.〔朝 以瑞玉有繅〕" 하였는데, 鄭玄의 注에 "서옥은, 公이 桓圭이고 侯가 信圭이고 伯이 躬圭이고 子가 穀璧이고 男이 蒲璧인 것을 말한다." 하였다.(≪儀禮注疏≫)

99) 入 : ≪儀禮≫ 〈覲禮〉에 "문으로 들어가 오른쪽으로 나아간다.〔入門右〕" 하였는데, 정현의

侯也라 惟春朝夏宗에 以客禮로 待諸侯면 則天子以車出迎[100]이라 夷王은 康王之玄孫之子[101]라

천자에게 빈객의 禮가 없는 이유는 그 높음이 상대가 없어서 아무도 감히 주인이 될 수 없기 때문이다. 군주가 신하의 집에 가서 주인의 계단으로 堂 위에 올라가는 것은 바로 주인이 되었다는 뜻이니, '不敢有其室'은 신하가 감히 이 집을 私有로 여겨서 주인 노릇을 하지 못함을 말한 것이다. 하물며 감히 주인이 되어서 군주를 손

주에 "신하의 도리를 지켜 감히 賓客의 자리를 지나가지 않는 것이다.〔執臣道 不敢由賓客位也〕" 하였다. 이는 覲禮를 행하는 廟의 문으로 들어가 빈객의 자리인 왼쪽으로 가지 않고 신하로서 오른쪽으로 간 것이다.(≪儀禮注疏≫)

100) 惟春朝夏宗……則天子以車出迎 : 孔穎達의 疏에 보이는데, 또 이어서 "熊氏가 '봄과 여름에 천자가 三饗을 받을 때에야 맞이하는 법이 있다.' 하였으니, 의리상 옳을 듯하다. 그러므로 ≪周禮≫ 〈夏官 齊僕(재복)〉에 '각각 제후의 등급으로써 수레로 맞이하고 전송하는 절도를 삼는다.' 하였으니, 정현의 주에 '「절도」는 왕이 수레를 타고 빈객을 맞이하고 전송할 적에 그 거리의 遠近의 수를 이른다.' 한 것이 이것이다.〔熊氏云 春夏受三饗之時 乃有迎法 義或然也 故齊僕云 各以其等爲車送逆之節 注云 節謂王乘車迎賓客及送 相去遠近之數 是也〕"라고 하였다.(≪禮記正義≫)

그러나 覲·遇에 천자가 수레를 타고 나아가 제후를 맞이하지 않는 것은 〈재복〉에서 "제후의 朝·覲·宗·遇에 왕이 饗禮와 食禮(사례)로 제후를 접대할 때, 모두 金路를 타고 제후를 맞이하고 전송한다.〔朝覲宗遇饗食皆乘金路〕" 한 것과 다르다.

長樂陳氏는 ≪禮書≫에서 "봄의 朝, 여름의 宗, 가을의 覲, 겨울의 遇는 맞이하고 전송하는 예가 비록 같지만, 朝廷에서 행하는 朝와 宗은 봄·여름이 만물이 交際하는 때이므로, 여러 公卿은 東向하고 제후는 西向하여 제후의 서향으로 生氣의 文을 형상하며, 왕이 당 아래에서 그들을 접견하니 위아래의 뜻을 통하는 것이다. 廟에서 행하는 覲과 遇는 가을·겨울이 만물이 分辨되는 때이므로 제후들이 한결같이 北向하여 殺氣의 質을 형상하며, 왕이 당 위에서 접견하니 君臣의 분별을 바루는 것이다. 夷王은 覲禮를 행할 적에 당을 내려갔으므로 기록한 자가 비판한 것이다. 賈公彦과 공영달의 무리가 이에 가을의 覲에는 맞이하고 전송하는 예가 없다고 하였는데, 그 말이 ≪주례≫ 〈하관 재복〉과 부합하지 않으니, 믿을 바가 아니다.〔蓋春朝夏宗秋覲冬遇 其送迎之禮雖同 然朝宗於朝 以春夏者 萬物交際之時 故諸公東面 諸侯西面 諸侯西面以象生氣之文 而王於堂下見之 所以通上下之志也 覲遇於廟 以秋冬者 萬物分辨之時 故諸侯一於北面 以象殺氣之質 而王於堂上見之 所以正君臣之分也 夷王當覲而下堂 故記者譏之 賈公彦 孔穎達之徒 於是謂秋覲無送逆之禮 其言與齋僕不合 非所信也〕" 하였다. 이는 맞이하고 전송하는 禮는 같지만 조정과 廟에서 행하는 禮는 계절에 따라 다르다는 말이다.

101) 夷王康王之玄孫之子 : 周 康王의 玄孫은 懿王이다. 孔穎達은 ≪世本≫에 근거하여 의왕이 죽고 동생 孝王이 즉위하였고, 효왕이 죽고 의왕의 태자 燮이 즉위하니, 이가 夷王이라 하였다.(≪禮記正義≫) ≪史記≫ 〈周本紀〉에는 의왕이 죽고 의왕의 숙부인 효왕이 즉위하였다고 하였다.

님으로 대할 수 있겠는가. ≪儀禮≫ 〈覲禮〉에 천자가 斧依(斧扆)를 등지고 南面하면 侯氏가 玉을 잡고 문으로 들어가니, 이는 '당을 내려가 제후를 접견하지 않는다'는 것이다. 오직 봄에 朝의 조회를 하고 여름에 宗의 조회를 할 적에 빈객의 禮로 제후를 접대하게 되면 천자가 수레를 타고 나아가 맞이한다. 周 夷王은 康王의 玄孫의 아들이다.

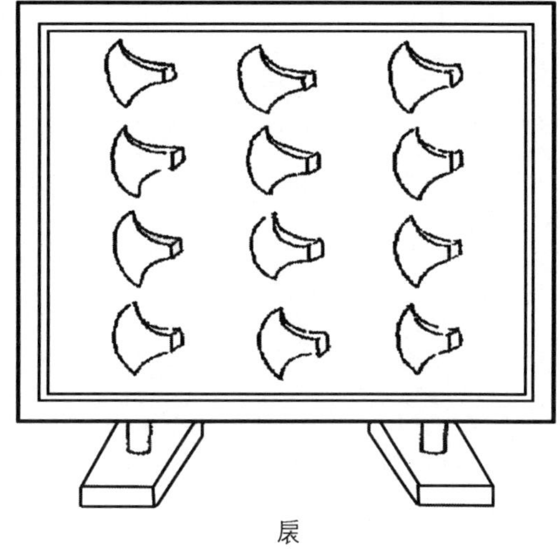
扆

≪大全≫

長樂陳氏曰 春夏는 萬物聚見(현)之時니 先王이 爲之朝宗之禮하야 而不純以臣待諸侯하야 以其等으로 爲車送逆之節하니 所以明其恩也요 於秋萬物分辨之時에 爲之覲禮하야 而純以臣待諸侯면 則負依南面而不下堂하니 所以明其義也라 明其恩이면 則天下知所賢이요 明其義면 則天下知所尊이니 知所賢이면 則人樂於爲德이요 知所尊이면 則人樂於爲禮니 此天子之德이 所以常感於下하야 而其勢所以常隆於上矣라 至夷王則不然하야 於其秋覲之時에 亦與諸侯로 分庭抗禮[102]而下堂見之하니 是其自卑는 所以起諸侯之僭이요 自弱은 所以起諸侯之强이라 以至平王東遷하야 而齊王室於邦君[103]하고 降黍離於國風者[104]는 非由此哉아

102) 分庭抗禮 : 이는 천자가 주인으로서 뜰의 동쪽에 있고 제후가 빈객으로서 서쪽에 있는 것으로, 군주와 신하의 예가 아닌 것이다. ≪前漢書≫ 〈貨殖傳〉에 孔子의 제자 子貢이 제후들과 '分庭抗禮'를 한 것이 나오는데, 顔師古의 주에 "賓主의 예를 행한 것이다.〔爲賓主之禮〕" 하였다.

103) 以至平王東遷 而齊王室於邦君 : 周 夷王의 아들 厲王은 포학하였는데 나라 사람들의 공격을 받아 彘로 도망쳤고, 10여 년간의 共和 시기를 거쳐 宣王이 즉위하였다. 선왕은 周나라를 中興시켰으나 만년에 태만하였고, 선왕의 아들 幽王은 犬戎의 공격을 받아 살해되었다. 이에 西周의 땅을 잃고 平王이 洛邑으로 천도하자 周나라 왕실은 권위를 잃게 되었다.(≪史記≫ 권4 〈周本紀〉)

104) 降黍離於國風者 : 〈黍離〉는 본래 雅가 되어야 하는 시인데, 列國의 風으로 강등된 것을 말한다. 〈서리〉는 ≪詩經≫ 〈王風〉의 첫 번째 편으로 〈왕풍〉을 가리킨다. 〈왕풍〉은 平

長樂陳氏 : 봄과 여름은 만물이 모여 나타나는 때이니, 先王이 이때 朝와 宗의 禮를 만들어서 순전히 신하로서 제후를 대하지 아니하여 제후의 등급으로써 수레로 맞이하고 전송하는 절도로 삼았으니, 이는 그 은혜를 밝히는 것이다. 만물이 분변되는 때인 가을에 覲禮를 만들어서 순전히 신하로서 제후를 대하게 되면 斧依를 등지고 남면하여 堂을 내려가지 않으니, 이는 그 義를 밝히는 것이다. 그 은혜를 밝히면 천하가 어질게 여길 바를 알고 그 義를 밝히면 천하가 높일 바를 아니, 어질게 여길 바를 알면 사람이 덕을 행하는 것을 즐거워하고, 높일 바를 알면 사람이 禮를 행하는 것을 즐거워한다. 이는 천자의 덕이 항상 아래에서 감동을 주어 그 형세가 항상 위에서 융성한 이유이다.

夷王에 이르러서는 그렇지 아니하여 가을에 覲禮를 행할 때에도 제후와 뜰을 나누어 대등한 禮를 행하여 당을 내려가서 접견하였다. 이는 夷王의 스스로 낮춤이 제후의 참람을 일으킨 것이고, 스스로 약해짐이 제후의 강함을 일으킨 것이다. 平王이 東遷함에 이르러서 周나라 왕실이 제후와 같게 되고 〈黍離〉가 國風으로 강등된 것은 이 때문이 아니겠는가.

○ 張子曰 不當下堂而下면 是天子弱而諸侯强也라 若負屛而立을 謂之朝라하니 是當行禮於庭中也니라

張子 : 천자가 마땅히 堂을 내려가지 않아야 하는데 내려가면 이는 천자가 약하고 제후가 강한 것이다. 병풍을 등지고 서는 것을 조회라 하니, 이는 마땅히 뜰 가운데에서 禮를 행한 것이다.

111001 **諸侯之宮縣而祭以白牡**하며 **擊玉磬**하며 **朱干設錫**(양)하며 **冕而舞大武**하며 **乘大路**는 **諸侯之僭禮也**라

제후가 宮縣을 하며, 흰 수소를 희생으로 제사하며, 玉磬을 치며, 붉은 방패에 錫의 장식을 달고 冕服을 입고서 〈大武〉의 춤을 추며, 大路를 타는 것은 모두 제후가 禮를 참람히 쓴 것이다.

王이 천도한 洛邑의 시인데, 朱子는 "王室이 마침내 낮아져 諸侯와 다름없게 되었으므로 그 詩를 雅라 하지 않고 風이라 한 것이다.〔王室遂卑 與諸侯無異 故其詩不爲雅而爲風〕" 하였다.(≪詩經集傳≫)

玉磬

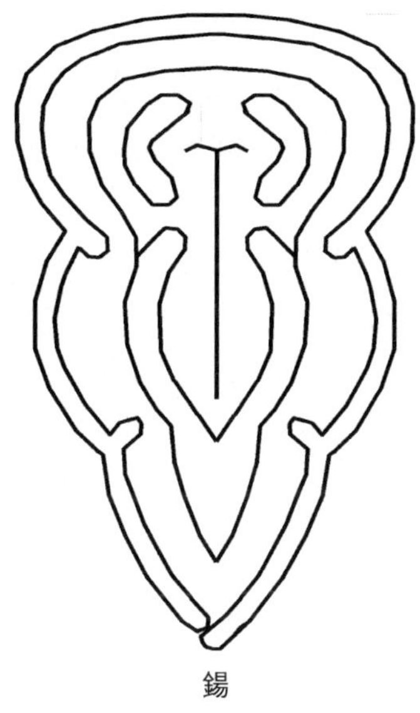

鍚

≪集說≫

天子之樂은 四面皆縣하니 謂之宮縣이요 諸侯는 軒縣하니 則三面而已라 白牡는 殷祭之正牲이니 後代諸侯當用時王之牲也[105)]라 又諸侯當擊石磬이니 玉磬은 天子樂器니 書言鳴球[106)] 是也라 諸侯雖得舞大武나 但不得朱干設鍚冕服而舞也라 干은 盾也요 鍚者는 盾背之飾[107)]이니 金爲之라 大路는 殷祭天所乘之車也라

천자의 樂은 사면에 모두 악기를 매다니, 이것을 宮縣이라 이른다. 제후는 軒縣을 하니, 세 방면에 매달 뿐이다. 흰 수소는 殷나라 제사의 정식 희생이니, 후대의 제후들은 마땅히 時王의 희생을 써야 한다. 또 제후들은 마땅히 石磬을 쳐야 한다. 玉磬은 천자의 악기이니, ≪書經≫ 〈虞書 益稷〉에 말한 鳴球가 이것이다. 제후가 비록

105) 白牡……後代諸侯當用時王之牲也 : 孔穎達의 疏에 "흰 수소는 殷나라의 正色의 희생이다.〔白牡 是殷之正色〕" 하였다.(≪禮記正義≫) 또 〈明堂位〉에 "夏后氏는 희생을 쓸 때 흑색을 숭상하였고, 殷나라는 희생으로 흰 수소를 썼고, 周나라는 희생으로 붉고 건장한 것을 썼다.〔夏后氏 牲尙黑 殷 白牡 周 騂剛〕" 하였다.

106) 鳴球 : ≪書經≫ 〈虞書 益稷〉에 舜임금의 樂인 〈簫韶〉를 연주하는 것을 말하면서 "鳴球를 친다.〔戞擊鳴球〕" 하였는데, 蔡沈의 주에 "鳴球는 玉磬의 이름이다." 하였다.(≪書經集傳≫)

107) 鍚者盾背之飾 : 鄭玄의 注에 "鍚은 방패의 등에 거북의 등처럼 부착한 것이다.〔鍚 傅其背如龜也〕" 하였는데, 孔穎達의 疏에 "방패의 등에 쇠로 조각해 부착한 것을 이른다. 방패의 등은 바깥쪽이 높고 거북의 등도 바깥쪽이 높기 때문에 거북과 같다고 한 것이다.〔謂用金琢傅其盾背 盾背外高 龜背亦外高 故云如龜也〕" 하였다.(≪禮記正義≫)

〈大武〉의 춤을 출 수 있으나, 다만 붉은 방패에 鍚의 장식을 하고 冕服을 입고서 춤을 출 수 없는 것이다. 干은 방패이고 鍚은 방패 등〔背〕의 장식이니, 金으로 만든다. 大路는 은나라에서 하늘에 제사할 때 타는 수레이다.

≪大全≫

長樂陳氏曰 樂書[108]曰 周官小胥에 正樂縣[109]之位하니 王은 宮縣하고 諸侯는 軒縣이라하니 則諸侯宮縣은 僭天子樂縣也요 舜之鳴球는 以象天帝玉磬之音[110]이니 諸侯擊玉磬은 僭天子樂器也라 天子朱干玉戚하고 冕而舞大武어늘 諸侯亦設鍚而用之는 僭天子樂舞也요 祭以白牡는 僭天子用牲之禮也요 乘以大輅는 僭天子乘車之禮也[111]라 蓋天下有道면 禮樂自天子出하야 諸侯莫得而僭之하고 天下無道면 禮樂自諸侯出[112]하야 其不僭竊而有之가 未之有也라 言諸侯僭禮면 則樂可知矣니라

長樂陳氏 : ≪樂書≫에 말하였다. "≪周禮≫ 〈春官 小胥〉에 '매다는 악기의 위치를 바로잡으니, 왕은 宮縣을 하고 제후는 軒縣을 한다.' 하였다. 그렇다면 제후가 궁현을 하는 것은 천자가 매다는 악기를 참람히 쓴 것이다. 舜임금의 鳴球는 天帝의 玉磬의 소리를 형상한 것이니, 제후가 옥경을 침은 천자의 악기를 참람히 쓴 것이다. 천자가 붉은 방패와 옥도끼를 잡고 冕服을 입고 〈大武〉의 춤을 추는데 제후가 또한

108) 樂書 : 宋나라의 陳暘(진양)이 지은 것으로, 三禮 및 여러 경전에서 인용하여 뜻을 풀이하고 樂의 이론을 논하였다.

109) 樂縣 : 鄭玄의 注에 "'樂縣'은 筍・虡(악기를 다는 틀)에 매다는 鍾・磬의 등속을 이른다.〔樂縣 謂鍾磬之屬縣於筍虡者〕" 하였다.(≪周禮注疏≫ 〈春官 小胥〉)

110) 象天帝玉磬之音 : 이는 ≪呂氏春秋≫ 〈仲夏紀〉에 "〈堯임금이 夔에게 명하여〉 石磬을 가볍게 치고 무겁게 쳐서 上帝의 玉磬의 音을 형상하여 온갖 짐승들을 춤추게 하였다.〔拊石擊石 以象上帝玉磬之音 以致舞百獸〕" 한 것을 인용한 것이다. 또 ≪樂書≫에 "石은 樂의 器이고 聲은 樂의 象이다. 옛사람이 磬을 만든 것은 象을 숭상하여 器를 만든 것이니, 어찌 石을 귀하게 여기겠는가. 聲을 숭상하여 뜻을 다할 뿐이다. 그러므로 舜임금이 典樂인 夔에게 명하여 石磬을 무겁게 치고 가볍게 쳐서 上帝의 玉磬의 音을 형상하였다.〔石 樂之器也 聲 樂之象也 古之人爲磬 尙象以制器 豈貴夫石哉 尙聲以盡意而已 故舜命夔典樂擊石拊石 以象上帝玉磬之音〕" 하였다.

111) 祭以白牡……僭天子乘車之禮也 : 정현의 주에 "흰 수소와 大路는 殷나라 天子의 禮이다." 하였다.(≪禮記正義≫)

112) 天下有道……禮樂自諸侯出 : ≪論語≫ 〈季氏〉에 "천하에 도가 있으면 예악과 정벌이 천자로부터 나오고, 천하에 도가 없으면 예악과 정벌이 제후로부터 나온다.〔天下有道 則禮樂征伐 自天子出 天下無道 則禮樂征伐 自諸侯出〕"라고 보인다.

방패에 錫의 장식을 달아 사용함은 천자의 樂舞를 참람히 쓴 것이다. 흰 수소로써 제사함은 천자가 희생을 사용하는 禮를 참람히 쓴 것이고, 大輅(大路)를 탐은 천자가 수레를 타는 禮를 참람히 쓴 것이다. 천하에 道가 있으면 예악이 천자로부터 나와서 제후가 참람히 쓰지 못하고, 천하에 道가 없으면 禮樂이 제후로부터 나와서 참람히 盜用하여 소유하지 않는 경우가 없는 것이다. 제후가 禮를 참람히 쓰는 것을 말했으면 樂도 그러함을 알 수 있다."

111002 **臺門而旅樹**하고 **反坫**(점)하며 **繡黼丹朱中衣**는 **大夫之僭禮也**라

臺門을 만들고 문을 지나는 길에 가리개를 세우며, 堂 위에 反坫을 두며, 옷깃에 黼 무늬의 수를 놓고 붉은 비단으로 가선을 두른 中衣를 입는 것은 모두 대부가 禮를 참람히 쓴 것이다.

≪集說≫

此皆諸侯之禮라 兩旁에 起土爲臺하고 臺上架屋하야 而門當其中이라 故曰 臺門이라 旅는 道也요 樹는 屛也니 立屛當所行之路하야 以蔽內外爲敬이니 天子는 外屛[113]이요 諸侯는 內屛이요 大夫는 以簾이요 士는 以帷라 坫은 在兩楹之間하니 兩君好會에 獻酬飮畢이면 則反爵於其上이라 故曰 反坫이라 舊讀繡爲綃(초)[114]러니 今如字하니라 繡黼者는 繡刺爲黼文也요 丹朱는 染繒爲赤色也니 繡黼는 爲中衣之領하고 丹朱는 爲中衣之緣하니라 中衣者는 朝服祭服之裏衣也니 制如深衣[115]로되 但袖小長耳라 冕服은 是絲衣니 則中衣를 用綃素하고 皮弁服朝服玄端은 是麻衣니 則中衣를 用布也[116]라

---

113) 天子外屛 : 천자의 寢門과 廟門의 밖에 外屛이 있다.(≪三禮辭典≫)

114) 舊讀繡爲綃(초) : 이는 鄭玄의 注에 "繡는 綃로 읽으니, 綃는 비단[繒]의 이름이다." 한 것이다. ≪詩經≫ 〈唐風 揚之水〉에 '素衣朱繡'라는 구가 있는데 정현은 이 '繡'를 綃가 되어야 한다고 하였고, 이곳의 '繡黼'의 '繡'도 마찬가지로 綃로 읽어야 한다고 한 것이다. 孔穎達의 疏에는 "오색을 갖춘 것을 繡라 하고 白과 黑의 무늬를 黼라 하니, 繡와 黼는 함께 한 가지 물건이 될 수 없다. 그러므로 繡를 綃라 한 것이다. 〈繡黼는〉 비단 위에 黼의 무늬를 수놓은 것을 이른다.[五色備曰繡 白與黑曰黼 繡黼不得共爲一物 故以繡爲綃也 謂於綃上而刺黼文也]" 하였다.(≪禮記正義≫)

115) 制如深衣 : 深衣는 諸侯·大夫·士가 저녁에 입은 겉옷으로 上衣와 下裳이 연결되어 있다. 深衣의 제도는 〈玉藻〉 22장과 〈深衣〉 편에 보인다.

이것은 모두 제후의 禮이다. 양옆에 흙을 쌓아 臺를 만들고 대 위에 지붕을 가설하여 문이 이 가운데에 있기 때문에 臺門이라 한 것이다. 旅는 길이고 樹는 가리개니, 가리개를 세워서 다니는 길을 막아 안팎을 가리는 것을 공경으로 여긴 것이다. 천자는 外屛을 하고 제후는 內屛을 하고 대부는 주렴을 드리우고 士는 휘장을 드리운다. 坫은 兩楹(당 가운데의 두 기둥)의 사이에 있으니, 두 나라 군주의 友好의 회합에 獻과 酬의 술을 다 마시면 그 위에 술잔을 되돌려놓기 때문에 反坫이라 한 것이다. 옛날에는 繡를 綃로 읽었는데 지금은 본래 글자대로 읽는다. '繡黼'는 수를 놓아 黼의 무늬를 만든 것이고 '丹朱'는 비단을 물들여 赤色으로 만든 것이니, 수보는 中衣의 옷깃에 대한 것이고 단주는 중의의 가선에 대한 것이다. 중의는 朝服과 祭服의 속옷이니, 만드는 제도가 深衣와 같으나 다만 소매가 좁고 길 뿐이다. 冕服은 명주옷이니 중의로 흰 명주베를 쓰고 皮弁服과 朝服과 玄端服은 삼베옷이니 중의로 삼베를 쓴다.

○ 石梁王氏曰 繡는 當依詩文[117]이니 不可改爲綃니라

石梁王氏 : '繡'는 마땅히 ≪詩經≫의 글자를 따라야 하니, '綃'로 고쳐서는 안 된다.

111003 故로 天子微하면 諸侯僭하고 大夫强하면 諸侯脅하나니 於此에 相貴以等하며 相覿(적)以貨[118]하며 相賂以利하야 而天下之禮亂矣니라 諸侯不敢祖天子하며 大夫不敢祖諸侯하나니 而公廟之設於私家가 非禮也니 由三桓始也니라

그러므로 천자가 미약하면 제후가 참람하고 대부가 강성하면 제후가 위협을 받으니, 이에 서로 등급을 주어 귀하게 하며 서로 만나볼 적에 재화를 사용하며 서로 이익으로써 뇌물을 주어 천하의 禮가 어지러워졌다. 제후는 감히 천자를 선조로 제사하지 못하고 대부는 감히 제후를 선조로 제

116) 冕服……用布也 : 이는 〈玉藻〉에 "비단으로 삼베옷의 中衣를 입는 것은 禮가 아니다.〔以帛裏布 非禮也〕" 한 것의 정현의 주에 보이는데, 정현은 또 "中衣와 겉옷이 마땅히 서로 걸맞아야 한다.〔中外宜相稱也〕" 하였다.(≪禮記正義≫)

117) 繡當依詩文 : ≪詩經≫ 〈唐風 揚之水〉의 '素衣朱繡'를 가리킨다.

118) 相覿(적)以貨 : 孔穎達의 疏에 "대부가 사사로이 재화를 가지고 서로 만나 보면서 군주가 하는 일을 피하지 않는 것이다.〔大夫私相覿以貨賄 不辟君〕" 하였다.(≪禮記正義≫)

사하지 못하니, 군주의 廟를 대부의 家에 설치하는 것은 禮가 아니다. 이는 三桓으로부터 시작되었다.

≪集說≫

相貴以等은 謂擅相尊貴以等列也[119]라 諸侯不敢祖天子로되 而左傳云 宋祖帝乙하고 鄭祖厲王[120]이라하며 魯襄十二年에 吳子壽夢卒에 臨於周廟하니 禮也[121]라하니 魯는 以周公之故로 立文王廟耳라 大夫不敢祖諸侯로되 而左傳云 凡邑에 有宗廟先君之主曰都[122]라하니라 記者以禮之正言之요 而又有他義者는 舊說[123]에 謂天子之子以上德爲諸侯者는 得祀其所出이라 故魯以周公之故로 立文王廟라 公子는 得祖先君하고 公孫은 不得祖諸侯라 故公子爲大夫者는 亦得立宗廟於其采地라 故曰 邑有宗廟와 先君之主也라하니라 其王子母弟 雖無功德하야 不得出封爲諸侯나 而食采畿內者는 亦得立祖王廟於采地라 故都宗人家宗人이 掌祭祖王之廟也[124]라 由三桓始는 謂魯之三家立桓公廟也라

'相貴以等'은 제멋대로 서로 等列로써 존귀하게 함을 이른다. 제후가 감히 천자를 선조로 제사하지 못하지만, ≪春秋左氏傳≫에 "宋나라가 帝乙을 선조로 제사하고

119) 謂擅相尊貴以等列也 : 孔穎達의 疏에 "이는 신하가 군주를 두려워하지 않아 제멋대로 서로 等列로써 존귀하게 함을 이른 것이다. 그러므로 庾蔚이 '제멋대로 서로 封地와 爵位를 준 것이다.' 했다.〔謂臣下不畏懼於君 而擅相尊貴以等列 故庾云 擅相封爵也〕" 하였다.(≪禮記正義≫)

120) 宋祖帝乙 鄭祖厲王 : ≪春秋左氏傳≫ 文公 2년 조에 보인다. 帝乙은 紂王과 微子의 아버지이다. 주왕의 아들인 武庚의 반란이 진압된 뒤에 미자가 宋나라에 봉해져 商나라의 제사를 이었다. 厲王은 鄭나라에 봉해진 鄭 桓公의 아버지이다.

121) 吳子壽夢卒……禮也 : ≪春秋左氏傳≫ 襄公 12년 조에 보이는데, 杜預의 注에 "周廟는 문왕의 廟이다. 주공이 문왕에서 나왔기 때문에 魯나라가 문왕의 廟를 세운 것이다. 〈魯나라가〉 비로소 吳나라와 通交하였기 때문에 禮라고 한 것이다.〔周廟 文王廟也 周公出文王 故魯立其廟 吳始通 故曰禮〕" 하였다.

122) 凡邑 有宗廟先君之主曰都 : ≪春秋左氏傳≫ 莊公 28년 조에 보이는데, 杜預의 注에 4縣이 都이고 4井이 邑인데 宗廟가 있는 곳은 邑이라도 都라고 높여 稱한다고 하였다.

123) 舊說 : ≪禮記正義≫의 孔穎達의 疏를 가리킨다.

124) 都宗人家宗人 掌祭祖王之廟也 : ≪周禮≫ 〈春官〉에 보이는데, 都宗人은 都의 제사의 禮를 관장하고, 家宗人은 大夫 采邑의 제사의 禮를 관장한다. 정현의 주에 "〈都에 있는〉 王의 子弟는 그 先祖 王의 廟를 세운다." 하였고, "〈大夫가〉 先王의 자손이면 또한 祖廟가 있다." 하였다.(≪周禮注疏≫)

鄭나라가 厲王을 선조로 제사했다." 하였다. 또 魯 襄公 12년에는 "吳子 壽夢이 卒하자 양공이 周廟에 가서 哭하였으니, 禮에 맞는 것이다." 하였는데, 노나라는 周公의 연고 때문에 文王의 廟를 세웠을 뿐이다. 대부가 감히 제후를 선조로 제사하지 못하나, ≪춘추좌씨전≫에 "무릇 邑에 宗廟와 先君의 神主가 있는 곳을 都라 한다." 하였다. ≪禮記≫에 기록한 것은 올바른 禮로 말한 것이고, 또 다른 義가 있는 것은 舊說에 다음과 같이 말하였다.

"훌륭한 덕을 지니고 제후가 된 천자의 아들은 그가 나온 바의 천자를 제사할 수 있다. 그러므로 노나라는 주공의 연고 때문에 문왕의 廟를 세운 것이다. 公子는 先君을 선조로 제사할 수 있고, 公孫은 제후를 선조로 제사할 수 없다. 그러므로 대부가 된 공자도 자신의 采地에 종묘를 세울 수 있는 것이다. 그러므로 '邑에 종묘와 선군의 신주가 있다.' 한 것이다. 王子의 同母弟로 비록 功德이 없어서 畿內를 나가 제후로 봉해지지는 못하였으나 기내에서 채지를 받는 자도 선조 왕의 廟를 채지에 세울 수 있다. 그러므로 都宗人과 家宗人이 선조 왕의 廟의 제사를 관장하는 것이다."

'三桓으로부터 시작되었다'는 것은 노나라의 三家가 桓公의 廟를 세운 것을 이른다.

≪大全≫

馬氏曰 諸侯之僭은 由天子之微하고 諸侯之見脅은 由大夫之强也라 方周之衰하야 上失道揆하고 下無法守[125)]라 故於此에 相貴以等하고 相覿以貨하고 相賂以利라 相貴以等은 言相尙以勢요 相覿以貨하며 相賂以利는 言相尙以利니 天下以勢利相尙하야 不奪則不能饜(염)其所欲[126)]하니 此天下之禮所以亂矣니라

125) 上失道揆 下無法守 : ≪孟子≫ 〈離婁 上〉에 "위에서는 道로 헤아림이 없으며 아래에서는 法을 지킴이 없어, 조정에서는 道를 믿지 않으며 관리들은 法度를 믿지 아니하여, 君子가 義를 범하고 小人이 法을 범한다면 〈망하니, 그러고도〉 나라가 보존되는 것은 요행이다.〔上無道揆也 下無法守也 朝不信道 工不信度 君子犯義 小人犯刑 國之所存者 幸也〕" 하였다.

126) 天下以勢利相尙 不奪則不能饜(염)其所欲 : ≪孟子≫ 〈梁惠王 上〉에 "王께서 어떻게 하면 내 나라를 이롭게 할까 하시면 大夫들은 어떻게 하면 내 집안을 이롭게 할까 하며, 士・庶人들은 어떻게 하면 내 몸을 이롭게 할까 하여, 윗사람과 아랫사람이 서로 利를 취한다면 나라가 위태로울 것입니다. 萬乘의 나라에 그 君主를 시해하는 자는 반드시 千乘을 가진 公卿의 집안이요, 천승의 나라에 그 군주를 시해하는 자는 반드시 百乘을 가진 大夫의 집안이니, 만승에 천승을 취하며 천승에 백승을 취함이 많지 않은 것은 아니지만 만일 義를 뒤에 하고 利를 먼저 한다면 〈모두〉 빼앗지 않으면 만족해하지 않습니다.〔王曰何以利吾國 大夫曰何以利吾家 士庶人曰何以利吾身고 上下交征利 而國危矣 萬乘

馬氏 : 제후의 참람함은 천자의 미약함에 연유하고, 제후가 위협을 받음은 대부의 강함에 연유한다. 周나라가 쇠할 때에 위에서는 道로 헤아림을 잃고 아래에서는 法을 지킴이 없었다.

그러므로 이에 서로 等列로써 귀하게 하며 서로 만나볼 적에 재화를 사용하며 서로 이익으로써 뇌물을 주었다. '서로 등렬로써 귀하게 했다'는 것은 서로 권세를 숭상함을 말하고, '서로 만나볼 적에 재화를 사용하며, 서로 이익으로써 뇌물을 주었다'는 것은 서로 이익을 숭상함을 말한 것이다. 천하가 권세와 이익을 서로 숭상하여 다 빼앗지 않으면 자기가 하고자 하는 욕심을 충족시키지 못하였으니, 이는 천하의 禮가 어지러워진 이유이다.

○ 嚴陵方氏曰 相貴以等이면 則爵不足以馭其貴요 相覿以貨면 則祿不足以馭其富요 相賂以利면 則予不足以馭其幸이라 大(태)宰에 八柄[127]詔王馭群臣호되 以此三者爲先하니 三者苟失이면 天下之禮由是亂矣라 覿은 言非是則不行이라 貨는 指物이요 利는 指事라 諸侯는 有國而已故로 不敢祖天子하고 大夫는 有家而已故로 不敢祖諸侯하니 以其不敢祖天子故로 立始祖而有五廟之制[128]하고 以其不敢祖諸侯故로 立別子而有五宗之法[129]이니라

之國 弑其君者 必千乘之家 千乘之國 弑其君者 必百乘之家 萬取千焉 千取百焉 不爲不多矣 苟爲後義而先利 不奪 不饜〕"라는 맹자의 말이 보인다.

127) 八柄 : 신하를 통제하는 여덟 가지 수단으로 爵(관작), 祿(녹봉), 予(賞賜), 置(官位에 앉힘), 生(老臣 봉양), 奪(家產 몰수), 廢(유배), 誅(견책)이다. 이는 《周禮》〈天官 太宰〉에 "八柄으로 王이 여러 신하를 어거하는 것을 돕는다. 첫 번째는 관작이니 이로써 신하의 존귀함을 어거하고, 두 번째는 녹봉이니 이로써 신하의 부유함을 어거하고, 세 번째는 賞賜이니 이로써 신하가 받는 총애를 어거하고…….〔以八柄詔王馭群臣 一曰爵 以馭其貴 二曰祿 以馭其富 三曰予 以馭其幸……〕"라고 보인다.

128) 立始祖而有五廟之制 : 〈王制〉에 "諸侯는 5廟이니 2昭·2穆과 太祖의 廟를 합하여 5개이다." 하였는데, 陳澔의 集說에 "제후의 태조는 처음 봉해진 군주이다." 하였다. 始祖를 태조와 구분하여 말하면 신령에 감응하여 태어나거나 姓을 처음 얻은 자로 周나라의 后稷, 商나라의 契(설)과 같은 자인데, 태조를 시조라 하거나 시조를 태조라 하는 경우가 있다.

129) 立別子而有五宗之法 : 別子는 諸侯의 庶子, 異姓의 公子로 타국으로부터 온 자, 庶姓으로 卿大夫가 된 자의 세 가지가 있으니, 따로 나뉘어 후대의 始祖가 된다. 별자의 適長子가 대대로 계승하는 一系를 大宗이라 하고 서자의 長者가 계승하는 일계를 小宗이라 하는데, 대종은 백세토록 遞遷하지 않고 소종은 5대에 이르면 체천한다. 별자의 서자의 장자가 아버지를 이어 소종이 되면 친형제가 그를 宗으로 섬기는데, 이를 禰를 계승한 소종이라 한다. 마찬가지로 祖를 계승한 소종은 從兄弟가 그를 섬기고, 曾祖를 계승한

嚴陵方氏 : 서로 等列로써 귀하게 하면 官爵이 신하의 존귀함을 어거하지 못하고, 서로 만나볼 적에 재화를 사용하면 祿俸이 신하의 부유함을 어거하지 못하고, 서로 이익으로써 뇌물을 주면 賞賜로써 신하가 받는 총애를 어거하지 못하는 것이다. ≪周禮≫ 〈天官 太宰〉에 여덟 가지 수단〔八柄〕으로 왕이 여러 신하들을 어거하는 것을 돕는데 그중 관작・녹봉・상사의 세 가지를 우선하였으니, 만일 이 세 가지를 잃으면 천하의 禮가 이로 말미암아 어지러워진다. '만나봄〔覿〕'은 이렇게 하지 않으면 행해지지 못함을 말한 것이다. '貨'는 물건을 가리키고, '利'는 일을 가리킨다.

제후는 나라를 소유했을 뿐이므로 감히 천자를 선조로 제사하지 못하고, 대부는 家邑을 소유했을 뿐이므로 감히 제후를 선조로 제사하지 못한다. 제후는 감히 천자를 선조로 제사하지 못하기 때문에 始祖를 세워서 五廟의 제도가 있고, 대부는 감히 제후를 선조로 제사하지 못하기 때문에 別子를 세워서 五宗의 법이 있는 것이다.

111101 天子存二代之後는 猶尊賢也니 尊賢은 不過二代하니라

천자가 이전 두 왕조의 후손을 보존하는 것은 여전히 어진 이를 높이는 것이니, 어진 이를 높이는 것은 두 왕조를 넘지 않는다.

≪集說≫

疏曰 古春秋左氏說에 周家封夏殷二王之後[130)]하야 以爲上公하고 封黃帝堯舜之後[131)]하야 謂之三恪(각)이라하니 恪者는 敬也니 敬其先聖而封其後[132)]라하니라

소종은 再從兄弟가 섬기고, 高祖를 계승한 소종은 三從兄弟가 섬긴다. 고조를 계승한 소종의 아들은 5대가 되어 옮겨간다. 族人은 禰를 계승한 소종에서 고조를 계승한 소종까지의 네 소종과 대종을 섬기게 되는데, 이를 五宗이라 한다.(≪禮記≫ 〈喪服小記〉)

130) 封夏殷二王之後 : 夏나라의 후손인 東樓公을 杞나라에 봉하였고, 殷나라의 微子를 宋나라에 봉하였다.

131) 封黃帝堯舜之後 : 黃帝의 후손을 祝에, 堯의 후손을 薊에, 舜의 후손을 陳에 봉하였다.

132) 恪者……敬其先聖而封其後 : 孔穎達의 疏에 보이는 鄭玄의 말을 인용한 것인데, 그 본문은 다음과 같다. "이전 두 왕조의 후손을 보존한 것은 그들로 하여금 하늘에 郊祭를 지내고, 천자의 禮로써 천명을 받았던 始祖 왕에게 제사 지내고, 正朔과 服色을 스스로 사용하도록 명한 것이다. 恪은 공경함으로, 〈三恪은〉 그 先聖을 공경하여 그 후손을 봉한 것이니, 제후와 다른 점이 없는 것이다. 어찌 하나라와 은나라의 후손에 견줄 수 있겠는가.〔所存二王之後者 命使郊天 以天子之禮祭其始祖受命之王 自行其正朔服色 恪者 敬也 敬

〈孔穎達의〉 疏 : 古文 ≪春秋左氏傳≫의 說에 "周나라는 夏나라와 殷나라의 두 왕조의 후손을 봉하여 上公으로 삼고, 黃帝와 堯·舜의 후손을 봉하여 三恪이라 했다." 하였다. 恪은 공경함이니, 先聖을 공경하여 그 후손을 봉한 것이다.

≪大全≫

山陰陸氏曰 猶之言은 可以已也니 雖可以已나 猶如此는 厚之至也요 雖厚나 又惡大(오태)過라 故로 曰 尊賢은 不過二代라하니라

山陰陸氏 : '猶(여전히)'라는 말은 그만두어도 괜찮다는 뜻이니, 비록 그만두어도 괜찮지만 여전히 이와 같이 함은 厚함이 지극한 것이다. 비록 후하나 또 너무 과함을 싫어하므로 "어진 이를 높이는 것은 두 왕조를 넘지 않는다."라고 한 것이다.

○ 眉山孫氏曰 立前代之後하야 以統承先王者는 自古有此法也라 有虞氏之時에 棄爲高辛之後[133]故로 得祭天하니 詩謂后稷肇祀[134] 是也요 丹朱爲唐堯後하야 作賓于虞하니 書所謂虞賓在位[135] 是也라 至夏后時하야는 則丹朱商均之子孫이 皆爲二王後[136]하니 湯爲夏氏立後가 經傳雖不載나 然有商之興에 固當以禹之裔로 爲二王後가 無疑矣라 仲虺之誥에 稱(陽)〔湯〕[137]之德에 有曰玆率厥典[138]이라하니 言其能率循舊典하야 不易故常也니 豈其於崇德象賢[139]之事에 獨不稽古乎아 至周則封

其先聖而封其後 與諸侯無殊異 何得比夏殷之後〕"(≪禮記正義≫)

133) 棄爲高辛之後 : 棄는 周나라 시조인 后稷으로 舜임금(有虞氏) 때 邰에 봉해졌다. 棄의 어머니는 帝嚳(高辛氏)의 元妃인 姜嫄인데, 강원이 거인의 발자국을 밟고 임신하여 棄를 낳았다.(≪史記≫ 〈周本紀〉)

134) 后稷肇祀 : ≪詩經≫ 〈大雅 生民〉에 보이는데, 后稷이 上帝에게 제사함을 말한 것이다.

135) 虞賓在位 : ≪書經≫ 〈虞書 益稷〉에 보이는데, 堯임금의 아들인 丹朱가 舜임금의 虞나라에서 빈객이 된 것이다.

136) 丹朱商均之子孫 皆爲二王後 : 夏나라의 禹가 천자가 된 뒤에 堯임금의 아들인 丹朱와 舜임금의 아들 商均은 모두 봉토를 얻어서 선조의 제사를 받들었다.(≪史記≫ 〈五帝本紀〉)

137) (陽)〔湯〕 : 저본에는 '陽'으로 되어 있으나, 藏書閣 소장본(K1-73)에 의거하여 '湯'으로 바로잡았다.

138) 玆率厥典 : 蔡沈의 주에 의하면 이는 신하인 仲虺가 湯王에게 "하늘이 王에게 禹王이 옛날 행하셨던 것을 잇게 하였는데, 이는 우왕이 행한 떳떳함을 따라서 天命을 받들어 순히 해야 한다."고 아뢴 것이다.(≪書經集傳≫) 여기서는 眉山孫氏(孫覿)가 '칭찬'하는 말이라 하였으므로 채침의 주와 다르게 번역하였다.

微子於宋하고 至封舜後於陳하고 封東樓公於杞[140]하니 亦必因成湯이 封舜禹之後於陳杞를 可以推知也니라

眉山孫氏 : 前代의 후손을 세워서 先王을 계승하는 것은 예로부터 이러한 法이 있었다.

有虞氏 때에 棄가 高辛氏의 후예이기 때문에 하늘에 제사할 수 있었으니, ≪詩經≫에 "后稷이 처음 제사하였다." 한 것이 이것이다. 丹朱가 唐堯의 후예로서 虞나라의 賓이 되었으니, ≪書經≫에 "虞나라 賓이 자리에 있다." 한 것이 이것이다. 夏后氏 때에 이르러서는 丹朱와 商均의 자손이 모두 두 왕조의 후예가 되었다.

商나라의 湯王이 夏나라를 위하여 후손을 세운 것이 비록 經傳에 기재되지 않았으나, 商나라가 일어났을 때에 진실로 마땅히 禹王의 후예를 이전 두 왕조의 후손으로 삼은 것은 의심할 여지가 없다. ≪書經≫ 〈商書 仲虺之誥〉에 탕왕의 덕을 칭찬하면서 "이에 그 떳떳한 법을 따랐다." 하였다. 이는 탕왕이 능히 옛 법을 따라서 옛날의 떳떳함을 바꾸지 않음을 말한 것이니, 어찌 덕이 있는 이를 높여 제사하고 후손으로 하여금 그 어짊을 본받게 하는 일에 홀로 옛일을 상고하지 않았겠는가.

周나라에 이르러서는 微子를 宋나라에 봉하고, 게다가 舜임금의 후손을 陳나라에 봉하고 〈禹王의 후손인〉 東樓公을 杞나라에 봉하였으니, 이 또한 반드시 成湯이 舜임금과 禹王의 후손을 陳나라와 杞나라에 봉한 것을 周나라가 인습한 것임을 미루어 알 수 있다.

111201 諸侯不臣寓公하나니 故로 古者에 寓公은 不繼世하니라

제후는 寓公을 신하로 삼지 못한다. 〈그러나 그 자식은 신하로 삼을 수 있다.〉 그러므로 옛날에 우공은 代를 잇지 않았다.

---

139) 崇德象賢 : ≪書經≫ 〈周書 微子之命〉에 보이는데, 蔡沈의 주에 '崇德'은 德이 있는 先聖王을 숭상하여 祭祀를 받듦을 말하고, '象賢'은 선성왕의 어짊을 닮은 後嗣에게 命하여 제사를 주관하게 함을 말한다고 하였다.(≪書經集傳≫) 또 ≪儀禮≫ 〈士冠禮〉의 鄭玄의 注에 의하면 '象賢'은 능히 선조의 어짊을 본받은 자손으로 하여금 대를 잇게 하는 것이다.(≪儀禮注疏≫)

140) 封舜後於陳 封東樓公於杞 : 周 武王이 殷나라를 정벌한 뒤에 舜임금의 후손 嬀滿을 陳나라에 봉하였고, 禹王의 후손인 東樓公을 찾아 杞나라에 봉하였다.(≪史記≫ 〈陳杞世家〉)

≪集說≫

諸侯失國而寄寓他國者를 謂之寓公이니 所寓之國이 不敢以之爲臣하고 此寓公死면 則臣其子矣라 故云 寓公不繼世라하니라

나라를 잃고 다른 나라에 더부살이하는 제후를 寓公이라 이르니, 더부살이하는 나라에서 감히 그를 신하로 삼지 못하고, 이 우공이 죽으면 그 자식을 신하로 삼는다. 그러므로 "우공은 대를 잇지 않았다." 한 것이다.

≪大全≫

嚴陵方氏曰 失地之君을 諸侯所以不臣之者는 以其嘗爲南面之君故也니라

嚴陵方氏 : 영토를 잃은 군주를 제후가 신하로 삼지 못하는 까닭은 그가 일찍이 南面한 군주였기 때문이다.

111301 君之南鄕은 答陽之義也요 臣之北面은 答君也니라

군주가 南向하는 것은 陽에 대답하는 뜻이고, 신하가 北面하는 것은 군주에게 대답하는 것이다.

≪集說≫

答은 猶對也라

答은 對와 같다.

≪大全≫

延平周氏曰 天道降於南方[141]이라 故로 君之南鄕은 答天也니 陽은 卽天也니라

---

141) 天道降於南方 : 이는 '天道는 南方으로 내려가서 萬物을 만난다'는 뜻으로 말한 듯하다. 衛湜의 ≪禮記集說≫에 인용된 延平周氏의 말에 "붉은색은 천도가 남방으로 내려간 색이니, 〈붉은색의 韋弁을 쓰고 冠禮를 한 자가〉 장차 나가서 남들과 교제함을 비유한 것이다.〔赤則天道下降於南方之色 而喩其將出而與物酬酢也〕"라고 보인다. 또 ≪樂書≫에 "군주가 밝은 곳을 향하여 다스림은 천도가 남방에 있을 적에 나와서 만물과 서로 만남을 본받은 것이고, 군주가 날이 어두워지면 들어가 편안히 쉬는 것은 천도가 北方에 있을 적에 들어가서 만물과 서로 변별됨을 본받은 것이다.〔嚮明而治 體天道在南方之時出而與

延平周氏 : 天道는 남방으로 내려간다. 그러므로 군주가 南向함은 하늘에 대답한 것이니, 陽은 바로 하늘이다.

○ 山陰陸氏曰 易曰 聖人南面而聽天下하사 鄕明而治는 蓋取諸(저)離[142] 是也니라

山陰陸氏 : ≪周易≫ 〈說卦傳〉에 "聖人이 南面하여 천하를 다스려서 밝은 곳을 향하여 다스림은 離卦에서 취한 것이다." 한 것이 이것이다.

111401 大夫之臣이 不稽首는 非尊家臣이라 以辟(피)君也니라

대부의 家臣이 대부에게 稽首하지 않는 것은 가신을 높여서가 아니라 나라의 正君에게 행하는 禮를 피하려는 것이다.

≪集說≫

諸侯於天子에 稽首하고 大夫於諸侯에 亦稽首호되 惟家臣은 於大夫에 不稽首者는 非尊重家臣也요 以避國之正君也라 蓋諸侯與大夫 同在一國하니 大夫已稽首於君矣어늘 家臣이 若又稽首於大夫면 則似一國而兩君矣라 故云 以辟君이라하니라

제후가 천자에게 稽首하고 대부가 제후에게 역시 계수하는데, 오직 가신은 대부에게 계수하지 않는 것은 가신을 존중해서가 아니라 나라의 正君에게 행하는 禮를 피하려는 것이다. 제후가 대부와 함께 한 나라에 있으니, 대부가 이미 군주에게 계수하였는데 가신이 만약 또다시 대부에게 계수한다면 이는 한 나라에 두 군주가 있는 것과 같다. 그러므로 "나라의 정군에게 행하는 禮를 피하려는 것이다."라 한 것이다.

≪大全≫

嚴陵方氏曰 南者는 陽之位요 北者는 陰之位니 君以陽明爲德故로 南鄕而有答陽之義하니 所以向明也요 臣以陰順爲德故로 北面以答君하니 所以示順也라 君은 非臣之所敵이라 故로 不可言答臣이요 臣者는 君之所統이라 故로 不可言答陰이라 於君曰鄕은 則不斥其體니 君尊故也라 周官司士 於王曰鄕이라하고 自公而下는 皆曰面[143]이라하며

萬物相見者也 嚮晦入燕息 體天道在北方之時入而與萬物相辨者也]"라고 보인다.

142) 易曰……蓋取諸(저)離 : 離는 밝음을 뜻하고, 離卦(☲)는 文王 八卦에서 南方의 卦이다.

莊子言堯之爲君曰南鄕이라하고 言舜之爲臣曰北面[144]이 皆此意也라 然對而言之면 則如此요 離而言之하면 君亦可以言面이라 故로 易言聖人南面而聽天下라하고 經言聖人南面而立[145]이라하니라 周官大祝이 辨九拜에 而以稽首爲先[146]하니 則稽首者는 首至地而爲禮之隆也라 諸侯之大夫는 陪臣而已니 以陪臣之卑而可以當拜禮之隆乎아 必有君道之尊者라야 乃可以當此라 坊記에 大夫不稱君[147]이라하니 則大夫는 固無君道矣니라

嚴陵方氏 : 남쪽은 陽의 자리이고 북쪽은 陰의 자리이다. 군주는 陽의 밝음을 덕으로 삼기 때문에 南鄕하여 陽에 대답하는 뜻을 두니, 이는 밝음을 향하는 것이다. 신하는 陰의 순함을 덕으로 삼기 때문에 北面하여 군주에게 대답하니, 이는 순함을 보이는 것이다. 군주는 신하와 대등한 禮를 행하지 않기 때문에 신하에게 대답한다고 말할 수 없고, 신하는 군주에게 통솔되기 때문에 陰에 대답한다고 말할 수 없는 것이다.

군주에게 '鄕'이라 말한 것은 그 몸을 가리켜 말하지 않는 것이니, 군주가 존귀하

---

143) 於王曰鄕……皆曰面 : ≪周禮≫ 〈夏官 司士〉에 조정에서 儀禮를 행하는 자리에 대하여 "왕은 남향하며, 三公은 北面하고 동쪽을 上位로 하며, 孤卿은 東面하고 북쪽을 상위로 하며, 卿과 大夫는 西面하고 북쪽을 상위로 하며, 왕족인 예전의 士와 〈勇力이 있는〉 虎士는 路門의 오른쪽에서 南面하고 동쪽을 상위로 하며……〔王南鄕 三公北面 東上 孤東面 北上 卿大夫 西面 北上 王族故士 虎士 在路門之右 南面 東上……〕"라고 하였다.

144) 莊子言堯之爲君曰南鄕 言舜之爲臣曰北面 : ≪莊子≫ 〈天道〉에 "이 도리를 분명히 알아서 南向한 것은 堯가 행한 군주 노릇이었고, 이 도리를 분명히 알아서 北面한 것은 舜이 행한 신하 노릇이었다.〔明此以南鄕 堯之爲君也 明此以北面 舜之爲臣也〕" 하였다.

145) 聖人南面而立 : 〈禮器〉 '102602'에 보인다.

146) 辨九拜而以稽首爲先 : ≪周禮≫ 〈夏官 大祝〉에 "大祝은 九拜를 변별하니, 첫 번째는 稽首이고, 두 번째는 頓首이고, 세 번째는 空首이고, 네 번째는 振動이고, 다섯 번째는 吉拜이고, 여섯 번째는 凶拜이고, 일곱 번째는 奇拜이고, 여덟 번째는 褒拜이고, 아홉 번째는 肅拜이다." 하였다. 구배는 說이 일정하지 않다. 鄭玄의 注에도 여러 說을 소개하였는데 대략 정리하면, 계수는 절을 할 적에 머리가 땅에 닿는 것이고, 돈수는 절을 할 적에 머리가 땅을 두드리는 것이고, 공수는 절을 할 적에 머리가 손에 이르는 것이고, 진동은 전율하여 얼굴빛을 바꾸고 떨면서 하는 절이고, 길배는 절한 뒤에 稽顙(이마를 조아림)하는 것이고, 흉배는 계상한 뒤에 절하는 것이고, 기배는 한 번 절하는 것이고, 포배는 두 번 절하는 것이고, 숙배는 다만 몸을 숙이고 손을 아래로 내리는 것이다. 계수는 머리를 땅에 대고 오래 머물러 있는 것이라고도 한다.(≪周禮注疏≫)

147) 大夫不稱君 : ≪禮記≫ 〈坊記〉에 보인다.

기 때문이다. ≪周禮≫ 〈夏官 司士〉에 왕에게는 '鄕'이라 하고 公 이하로는 모두 '面'이라 하였으며, ≪莊子≫에 堯임금이 행한 군주 노릇을 말하여 '南鄕'이라 하고 舜이 행한 신하 노릇을 말하여 '北面'이라 한 것이 모두 이 뜻이다. 그러나 군주와 신하를 상대하여 말하면 이와 같고, 분리하여 말하면 군주에게도 '面'이라고 할 수 있다. 그러므로 ≪周易≫ 〈說卦傳〉에 "聖人이 南面하여 천하를 다스렸다." 하였고, 經文에 "성인이 남면하여 섰다." 한 것이다.

≪周禮≫ 〈夏官 大祝〉에서 大祝이 九拜를 변별하는데 稽首를 가장 먼저 말하였으니, 계수는 머리가 땅에 닿아 禮가 높은 것이다. 제후의 대부는 陪臣(천자의 신하의 신하)일 뿐이니, 낮은 배신으로서 拜禮 중에 높은 禮를 받을 수 있겠는가. 반드시 높은 君道가 있는 자라야 비로소 이 禮를 받을 수 있는 것이다. 〈坊記〉에 "대부를 君이라 칭하지 않았다." 하였으니, 대부는 진실로 군주의 道가 없는 것이다.

○ 馬氏曰 君者는 兼天子諸侯而言之也니라

馬氏 : '君'은 천자와 제후를 겸하여 말한 것이다.

111501 大夫有獻이어든 弗親하며 君有賜어든 不面拜는 爲君之答己也니라

대부가 군주에게 물건을 올릴 적에 직접 하지 않으며, 군주가 물건을 하사할 적에 대부가 대면하여 拜謝하지 않는 것은 군주가 번거롭게 자기에게 答拜할까 염려하기 때문이다.

≪集說≫

有獻弗親者는 使人往獻하고 不身自往也요 不面拜는 不親見君之面而拜也니 恐煩君答拜故也라

'有獻弗親'은 사람을 시켜 가서 올리게 하고 몸소 직접 가지 않는 것이고, '不面拜'는 군주의 얼굴을 직접 보고 절하지 않는 것이니, 군주가 번거롭게 답배할까 염려하기 때문이다.

≪大全≫

嚴陵方氏曰 此는 謂諸侯大夫라 諸侯雖有君道나 然亦天子之臣爾라 故로 於大夫에

有相答之禮焉이라 獻弗親하고 有賜不面拜는 非敢怠也요 慮煩君之答己而已라 親則必面하고 獻亦必拜니 其言互備也니라

嚴陵方氏 : 이는 제후의 대부를 말한 것이다. 제후가 비록 군주의 道가 있으나 또한 천자의 신하일 뿐이므로 대부에게 서로 답하는 禮가 있다. 물건을 올릴 적에 직접 하지 않고 군주가 하사할 적에 대면하여 拜謝하지 않는 것은 감히 태만히 하는 것이 아니고, 군주가 번거롭게 자기에게 답배할까 염려하는 것일 뿐이다. 직접 하면 반드시 대면하고, 올리면 또한 반드시 절하니, 그 말이 서로 뜻을 구비한 것이다.

○ 馬氏曰 非不役志於獻而有慢君之賜也라 蓋禮無不答하야 而上之不虛取於下也[148)]니 爲其君之答己라 故弗親하고 不面拜하니라 禮從其簡而已니 亦所以尊其君也니라

馬氏 : 이는 물건을 올리는 것에 마음을 쓰지 않거나 군주의 하사를 하찮게 여기는 마음이 있어서가 아니다. 禮는 답하지 않음이 없어서 윗사람이 아랫사람에게 헛되이 취하지 않으니, 군주가 자기에게 답배하는 것 때문에 직접 하지 않고 대면하여 拜謝하지 않는 것이다. 禮는 간략한 쪽을 따를 뿐이니, 이 또한 군주를 높이는 것이다.

111601 鄕人이 (禓)〔裼〕[149)]이어든 孔子朝服하사 立于阼는 存室神也니라

시골 사람들이 强鬼를 쫓는 굿을 하면 孔子께서 朝服을 입고서 동쪽 섬돌에 서 계신 것은 廟室의 神을 편안히 보전하고자 해서였다.

≪集說≫

論語에 鄕人儺(나)에 朝服而立于阼階 卽此事也라 舊說[150)]에 (禓)〔裼〕은 是强鬼[151)]之名이니 鄕人이 驅逐此鬼에 孔子恐驚廟室之神이라 故衣朝服하고 立于廟之東階하야 以存安廟室之神하야 使神依己而安也라 禮에 大夫朝服以祭라 故用祭服以依神이라하니라

≪論語≫ 〈鄕黨〉에 "시골 사람들이 굿을 할 적에 공자께서 조복을 입고 동쪽 섬돌

148) 禮無不答 而上之不虛取於下也 : ≪禮記≫ 〈燕義〉에 보인다.

149) (禓)〔裼〕 : 저본에는 '禓'으로 되어 있으나, ≪禮記正義≫ 등에 의거하여 '裼'으로 바로잡았다. 集說도 같다.

150) 舊說 : 孔穎達의 疏에 보인다.

151) 强鬼 : 강한 귀신 또는 非命에 죽은 사람의 귀신이다.

에 서 계셨다." 한 것이 바로 이 일이다. 舊說에 "禓은 강한 귀신의 이름이니, 시골 사람들이 이 귀신을 쫓을 적에 공자께서 묘실의 신을 놀라게 할까 두려웠다. 그러므로 조복을 입고 廟의 동쪽 섬돌에 서서 묘실의 신을 편안히 보존하여 신으로 하여금 자기에게 의지해 편안하도록 한 것이다. 禮에 대부가 조복을 입고 제사한다. 그러므로 祭服을 사용하여 신이 의지하게 한 것이다." 하였다.

≪大全≫

馬氏曰 儺者는 索室以去其不祥이니 其法이 見於周方相氏[152)]하고 而其事見於月令之季秋[153)]라 孔子는 聖人이시니 德合於神明矣니 非俟於索室以去其不祥이나 然必從鄕人之儺者는 不違衆以立異也시니라

馬氏 : '儺'는 집 안을 수색하여 불길함을 제거하는 것이니, 그 法이 ≪周禮≫ 〈夏官 方相氏〉에 보이고 그 일이 〈月令〉의 季秋에 보인다. 공자는 聖人으로서 덕이 神明에 부합하니, 집 안을 수색하여 불길함을 제거할 필요가 없다. 그러나 반드시 시골 사람의 굿을 따르신 것은 여러 사람을 어겨서 특이함을 내세우지 않으신 것이다.

方相氏

152) 其法見於周方相氏 : ≪周禮≫ 〈夏官〉에 "方相氏는 곰 가죽을 뒤집어쓰고 황금으로 된 4개의 눈을 하고 검은 上衣에 붉은 치마를 입고 창을 잡고 방패를 쳐들고 여러 隸(罪人)를 인솔하고, 계절마다 儺를 행하여 집 안을 수색하여 역귀를 몰아내는 일을 관장한다.〔方相氏掌蒙熊皮 黃金四目 玄衣朱裳 執戈揚盾 帥百隸 而時難以索室敺疫〕" 하였다.

153) 其事見於月令之季秋 : '季秋'는 '季冬'이 되어야 할 듯하다. ≪禮記≫ 〈月令〉에 季春·仲秋·季冬의 儺를 말하였는데, 季春의 儺는 제후에게 명하여 행하는 것이고, 仲秋의 儺는 천자가 행하는 것이고, 季冬의 儺가 庶人까지 행하는 大儺이다. ≪周禮≫ 〈夏官 方相氏〉의 賈公彦의 소에 "≪論語≫ 〈鄕黨〉의 '鄕人儺'와 ≪예기≫ 〈郊特牲〉의 '鄕人禓'은 또한 모두 庶民이 할 수 있는 12월의 儺를 근거하여 말한 것이다.〔鄕黨 鄕人儺 郊特牲云 鄕人禓 亦皆據十二月民庶得儺而言也〕" 하였다.(≪周禮注疏≫) 〈月令〉의 季冬에 "담당 관리에게 명하여 大儺를 하게 하며, 檬牲을 찢어 걸게 하며, 土牛를 만들어 추운 기운을 송별하게 한다.〔命有司 大難 旁磔 出土牛 以送寒氣〕" 하였다.

111701 **孔子曰 射之以樂也**는 **何以聽**이며 **何以射**오

孔子께서 말씀하셨다.

"樂을 伴奏하는 활쏘기는, 〈활 쏘는 자가〉 어떻게 〈활 쏘는 節度를 잃지 않으면서 樂의 節奏를〉 들을 수 있는 것이며, 어떻게 활 쏘는 〈儀容을 樂의 節奏와 서로 부합하게 할 수〉 있는 것인가."

≪集說≫

何以聽은 謂射者 何以能不失射之容節하고 而又能聽樂之音節乎아 何以射는 謂何以能聽樂之音節하고 而使射之容이 與樂之節로 相應乎아 言其難而美之也라

'何以聽'은 활 쏘는 자가 어떻게 활 쏘는 儀容의 절도를 잃지 않으면서 또 樂의 節奏를 들을 수 있느냐고 말씀한 것이다. '何以射'는 어떻게 樂의 節奏를 들으면서 활 쏘는 의용을 樂의 절주와 상응하게 할 수 있느냐고 말씀한 것이다. 이는 그 어려움을 말씀하여 찬미하신 것이다.

≪大全≫

馬氏曰 射者는 其容體比於禮하고 其節比於樂이니 然後에 可以言中[154)]이라 其容體比於禮는 非難이요 而其節比於樂이 爲難이라 故로 天子以騶虞爲節하고 諸侯以貍首爲節하고 大夫以采蘋爲節하고 士以采(繁)〔蘩〕[155)]爲節[156)]이라 蓋射는 必以聲而後發이니 發而不失其節이 此君子之所難也라 以其節聽之在耳而得之於心하고 得之於心而應之於手하야 其妙至於如此하니 而非可以言喩라 故로 孔子曰 射之以樂也는 何

154) 可以言中 : ≪儀禮≫ 〈大射〉에 따르면, 활쏘기의 처음에는 樂의 節奏에 맞추지 않는데 이때 명중한 화살은 산가지의 수를 계산하지 않는다. 이후 다시 樂의 절주에 맞추어 활쏘기를 하게 되면 司射가 "활을 쏠 때 樂의 절주에 맞추지 않은 것은 명중으로 계산하지 않습니다.〔不鼓不釋〕"라고 명하고, 명중한 화살의 산가지의 수를 계산한다.

155) (繁)〔蘩〕 : 저본에는 '繁'으로 되어 있으나, ≪詩經≫의 편명에 의거하여 '蘩'으로 바로잡았다.

156) 天子以騶虞爲節……士以采(繁)〔蘩〕爲節 : ≪禮記≫ 〈射義〉에 보인다. 〈騶虞〉, 〈采蘋〉, 〈采蘩〉은 여기서는 악곡의 이름인데, 또한 ≪詩經≫ 〈召南〉의 편명이기도 하다.

以聽이며 何以射오하시니 何以聽何以射者는 其難也니라

馬氏 : 활쏘기는 용모가 禮에 맞고 절도가 樂에 맞아야 하니, 그런 뒤에야 명중을 말할 수 있는 것이다. 용모가 禮에 맞음이 어려운 것이 아니고, 절도가 樂에 맞는 것이 어렵다. 그러므로 천자는 〈騶虞〉를 활쏘기의 절도로 삼고, 제후는 〈貍首〉를 절도로 삼고, 대부는 〈采蘋〉을 절도로 삼고, 士는 〈采蘩〉을 절도로 삼는 것이다.

활쏘기는 반드시 樂에 절도를 맞춘 뒤에 발사하는데, 발사에 절도를 잃지 않는 것이 바로 군자가 어렵게 여기는 바이다. 그 절도는 귀로 들어서 마음에 얻고, 마음에 얻어서 손으로 응하여, 그 묘함이 이런 경지에 이르니 말로 설명할 수 있는 것이 아니다. 그러므로 孔子께서 말씀하시기를 "樂을 伴奏하는 활쏘기는, 〈활 쏘는 자가〉 어떻게 〈樂의 節奏를〉 들을 수 있는 것이며, 어떻게 활 쏘는 〈儀容을 樂의 절주와 서로 부합하게 할 수〉 있는 것인가." 하셨으니, '何以聽何以射'는 어려운 일로 여기신 것이다.

111801 孔子曰 士使之射할새 不能이어든 則辭以疾은 縣[157)]弧之義也[158)]라

孔子께서 말씀하셨다.

"士는 남이 자신에게 활을 쏘게 하였을 적에 활쏘기가 능하지 못하면 질병으로써 사양하니, 이는 태어났을 적에 활을 매달아놓는 뜻이다."

≪集說≫

爲士者 當習於射는 以六藝之一也니 不敢以不能辭요 惟可以疾辭라 蓋生而設弧於門左[159)]하야 已有射道로되 但未能耳라 今辭以疾而未能이면 則亦與初生之未能相似라 故云 縣弧之義也라하니라

---

157) 縣 : '懸(매달다)'과 같다.

158) 縣弧之義也 : 이는 "縣弧之義 때문이다."라고 풀이하기도 하니, 孫希旦은 "군주가 士에게 활쏘기를 시킬 적에 士가 능하지 못하면 질병에 가탁하여 사양하니, 이는 縣弧의 뜻이 있어서 스스로 활을 능히 쏘지 못한다고 말할 수 없기 때문이다.〔君使士射 不能則託疾以辭 因有縣弧之義 不可自言其不能射故也〕" 하였다.(≪禮記集解≫) 또 權近도 "縣弧의 뜻에 부끄럽기 때문에 감히 활을 쏠 수 없다고 사양하지 못하고 질병으로써 사양하는 것이다." 하였다.(≪禮記補註≫)

159) 生而設弧於門左 : ≪禮記≫ 〈內則〉에 보인다.

士가 된 자가 마땅히 활쏘기를 익혀야 하는 것은 활쏘기가 六藝의 하나이기 때문이니, 능하지 못하다는 것으로 감히 사양하지 못하고 오직 질병으로써 사양할 수 있다. 태어났을 적에 활을 문의 왼쪽에 걸어두어 이미 활을 쏘는 道가 있었으나 쏠 수 없었을 뿐이다. 지금 질병으로 쏠 수 없다고 사양하면 이는 또한 처음 태어났을 적에 활을 쏘지 못하는 것과 같다. 그러므로 "활을 매달아놓는 뜻이다."라고 말한 것이다.

111901 **孔子曰 三日齊**(재)하야 **一日用之**라도 **猶恐不敬**[160]이니 **二日伐鼓**는 **何居**오

孔子께서 말씀하셨다.

"3일 동안 재계하고서 하루 동안 〈제사에 樂을〉 사용하더라도 오히려 不敬을 범할까 두려운데, 〈재계하는 3일 가운데〉 2일 동안 북을 치는 것은 〈그 뜻이〉 어디에 있는 것인가."

≪集說≫

齊者不聽樂은 **恐散其志慮也**어늘 **今三日之間**에 **乃二日擊鼓**는 **其義何所處乎**아하시니 **怪之之辭**라

재계하는 자가 樂을 듣지 않는 것은 그 뜻과 생각이 산만해질까 두려워해서이다. 그런데 지금 3일 가운데 2일이나 북을 치는 것은 그 뜻이 어디에 있는 것이냐고 하셨으니, 이는 괴이하게 여기신 말씀이다.

≪大全≫

延平周氏曰 君子無故면 **不去樂**[161]이라 **故**로 **致齊之不擧樂者 三日**이요 **然後用之以**

---

160) 三日齊(재)……猶恐不敬 : 大全의 延平周氏의 설에 따라 번역하였다. 반면에 孔穎達의 疏에는 "무릇 제사에 반드시 7일 동안 散齊(산재)하고 3일 동안 致齊(치재)하니, 즐거워하지도 않고 슬퍼하지도 않으며 치재하는 3일 동안 한결같은 마음을 오로지 하여 이로써 제사하는데, 오히려 공경이 부족할까 두려워한다. 그러므로 '猶恐不敬'이라 한 것이다.〔凡祭 必散齊七日 致齊三日 不樂不弔 致齊三日 專其一心 用以祭祀 猶恐爲敬不足 故云猶恐不敬也〕" 하였다.(≪禮記正義≫) 이에 따르면 '一日用之'의 '之'는 齋戒한 결과 또는 그 마음이니, 이 경문을 "3일 동안 재계하여 그 마음을 하루 동안 祭祀에 쓰더라도 오히려 공경이 부족할까 두려운데"라고 번역할 수 있다.

祭라도 猶恐不敬하니 果於齊之二日에 伐鼓면 則何居오 何居者는 疑而嘆之之辭也니라

延平周氏 : 군자는 변고가 없으면 樂을 거두지 않는다. 그러므로 致齊할 때에 樂을 연주하지 않는 것이 3일이고, 그런 뒤에 樂을 써서 제사하더라도 오히려 불경을 범할까 두려우니, 과연 재계하는 중의 2일에 북을 치면 어찌하겠는가. '何居'는 의심하여 탄식하는 말이다.

○ 山陰陸氏曰 此豈魯事歟인저 不目言之는 諱也니라

山陰陸氏 : 이는 魯나라의 일인 듯하다. 공자께서 지목하여 말씀하지 않은 것은 〈노나라의 잘못을〉 숨기신 것이다.

○ 嚴陵方氏曰 家語曰 季桓子將祭할새 齊三日而二日鐘鼓之音不絶[162]이라하니 蓋其事矣니라

嚴陵方氏 : ≪孔子家語≫에 "季桓子가 장차 제사하려 할 적에 3일 동안 재계하면서 그중 2일 동안 鐘鼓의 소리가 끊이지 않았다." 하였으니, 아마도 이 일일 것이다.

112001 孔子曰 繹之於庫門內하며 祊(팽)之於東方하며 朝市之於西方하니 失之矣[163]니라

孔子께서 말씀하셨다.

"庫門의 안에서 繹祭를 지내며, 廟門의 밖 동쪽에서 祊祭를 지내며, 시장의 서쪽에서 아침 시장을 여니, 〈이는 모두 禮를〉 잃은 것이다."

161) 君子無故 不去樂 : ≪禮記≫ 〈曲禮 下〉에 "대부는 변고가 없으면 매달아 연주하는 악기를 치우지 않으며, 士는 변고가 없으면 琴·瑟을 치우지 않는다.〔大夫 無故 不徹縣 士 無故 不徹琴瑟〕" 하였다.

162) 季桓子將祭 齊三日而二日鐘鼓之音不絶 : ≪孔子家語≫ 〈公西赤問〉에 보인다. 季桓子의 일에 대하여 제자가 묻자 공자는 "효자가 제사를 지낼 적에 7일 동안 散齋하여 제사 받는 분의 일을 삼가 생각하고 3일 동안 致齋하여 한결같은 마음으로 제사 받는 분을 생각한다. 이렇게 하여도 오히려 공경이 부족할까 두려운데 季桓子는 2일 동안 북을 쳤으니, 이는 어찌된 것인가.〔孝子之祭也 散齋七日 愼思其事 三日致齋而一用之 猶恐其不敬也 而二日伐鼓 何居焉〕"라고 대답하였다.

163) 繹之於庫門內……失之矣 : 孔穎達의 疏에 "이 經文은 魯나라가 禮를 잃은 일을 논하였다.〔此一經 論魯失禮之事〕" 하였다.(≪禮記正義≫) 庫門은 제후의 三門 가운데 가장 바깥의 문이다.

≪集說≫

繹은 祭之明日에 又祭也라 繹은 是堂上接尸요 祊은 是於室內求神이니 皆一時之事[164)]라 繹之禮는 當於廟門外之西堂이어늘 今乃於庫門內하고 祊은 當在廟門外西室이어늘 今乃於廟門外東方이라 朝市는 卽周禮所謂朝時而市也니 當於市內近東[165)]이어늘 今乃於市內西方이라 此三事는 皆違於禮라 故曰 失之矣라하시니라

繹은 제사한 다음 날에 또다시 제사하는 것이다. 繹은 堂 위에서 尸童을 대접하는 것이고, 祊은 室 안에서 神을 찾는 것이니, 모두 한때에 행하는 일이다. 繹祭의 禮는 마땅히 廟門 밖 西塾의 堂에서 해야 하는데 이제 도리어 庫門 안에서 하고, 祊祭는 마땅히 묘문 밖 서숙의 室에서 해야 하는데 이제 도리어 묘문 밖 동쪽에서 한 것이다. 朝市는 ≪周禮≫에 이른바 '아침에 교역하는 것'이니, 마땅히 시장의 동쪽 가까이에서 열어야 하는데 이제 도리어 시장의 서쪽에서 연 것이다. 이 세 가지 일은 모두 禮를 어긴 것이므로 "〈예를〉 잃은 것이다."라고 말씀한 것이다.

112101 社는 祭土而主陰氣也니 君南鄕於北墉下는 答陰之義也요 日用甲은 用日之始也라

社祭는 토지에 제사하는데 社(토지신)는 陰氣를 주관하니, 군주가 북쪽 담장 아래에서 南向함은 陰에 대답하는 뜻이고, 제삿날로 甲日을 쓰는 것은 날짜의 첫 번째를 쓰는 것이다.

≪集說≫

地秉陰[166)]하니 則社乃陰氣之主라 社之主를 設於壇上北面하고 而君來北墻下하야 南

164) 繹……皆一時之事 : 鄭玄의 注에 "〈繹과 祊을〉 총칭하여 繹이라 한다.〔大名曰繹〕" 하였다.(≪禮記正義≫)

165) 朝市……當於市內近東 : ≪周禮≫ 〈地官 司市〉에 "大市는 해가 정오를 지났을 때 교역하는 것으로 백성을 위주로 하며, 朝市는 아침에 교역하는 것으로 商賈를 위주로 하며, 夕市는 저녁에 교역하는 것으로 남녀 小商人을 위주로 한다.〔大市 日昃而市 百族爲主 朝市 朝時而市 商賈爲主 夕市 夕時而市 販夫販婦爲主〕" 하였는데, 賈公彦의 疏에 "대시는 중앙에서 열고, 조시는 동쪽에서 열고, 석시는 서쪽에서 연다.〔大市於中 朝市於東偏 夕市於西偏〕" 하였다.(≪周禮注疏≫)

向祭之하니 蓋社不屋하고 惟立之壇壝[167]而環之以墻이라 既地道主陰이라 故其主北向하고 而君이 南向對之라 答은 對也라 甲은 爲十干之首라

땅은 陰을 잡으니, 社는 바로 陰氣의 主宰이다. 社의 신주를 壇 위에 北面하여 설치하고 군주가 북쪽 담장 아래에 와서 남향하여 제사하니, 社는 지붕을 씌우지 않고 오직 제단과 낮은 담을 만들고 담장으로 두른다. 땅의 道는 陰을 주관하므로 그 신주가 북향하고 군주가 남향하여 대답하는 것이다. 答은 對이다. 甲은 十干의 첫 번째이다.

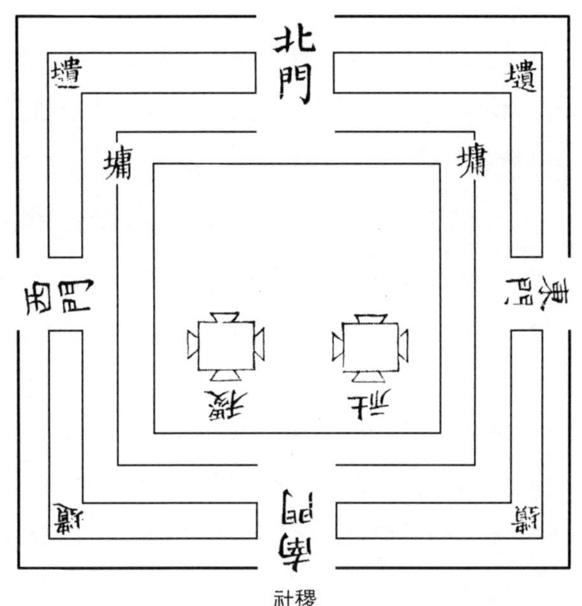

社稷

≪大全≫

朱子曰 社는 是土神이라 或問社如何有神고 曰 能生物이 便是神也니라

朱子가 말씀하였다. "社는 바로 토지신이다." 혹자가 묻기를 "社에 어찌하여 神이 있습니까?" 하자, 주자가 대답하였다. "능히 물건을 낳는 것이 바로 神이다."

○ 馬氏曰 古人之言社에 必有稷이어늘 此言社而不言稷者는 蓋社는 總祭五土之神하야 而山林川澤丘陵墳衍原隰이 皆是也요 稷則止於原隰而已[168]니 言社면 可以兼稷也라 日用甲은 用日之始니 則郊用辛은 用日之成也라 蓋郊는 所以明天道故로 用辛하고 社는

166) 地秉陰 : ≪禮記≫ 〈禮運〉에 "땅은 陰을 잡아서 산과 냇물에 〈기운을 통하게 하는〉 구멍을 낸다.〔地秉陰 竅於山川〕"라고 보인다.

167) 壝 : ≪周禮≫ 〈地官 大司徒〉에 "社稷의 壝를 설치한다.〔設其社稷之壝〕" 하였는데, 鄭玄의 注에 "壝는 壇과 낮은 담이다.〔壝 壇與堳埒也〕" 하였다.

168) 蓋社……稷則止於原隰而已 : 孔穎達의 疏에 "경문의 '土는 五土를 이르니, 山林·川澤·丘陵·墳衍·原隰인데, 철에 따라 제사한다." 하였다. 또 "社稷의 뜻은 先儒가 풀이한 바가 같지 않은데, 정현의 설은 社를 五土의 神으로 삼고 稷을 原隰의 神으로 삼았다." 하였고, "稷은 바로 原隰에서 나는 바이므로 稷을 原隰의 신으로 삼았다." 하였다.(≪禮記正義≫)

所以神地道故로 用甲[169]이니라

馬氏 : 옛사람들이 社를 말할 적에 반드시 稷이 있었는데 여기서 社만 말하고 稷을 말하지 않은 것은, 社는 五土의 神을 모두 제사해서 山林과 川澤, 丘陵과 墳衍(물가와 낮고 평탄한 땅)과 原隰(넓고 평평한 땅과 낮고 습한 땅)이 모두 그 神이고 稷은 原隰의 神에 그칠 뿐이니, 社를 말하면 稷을 겸할 수 있기 때문이다.

社祭의 날로 甲日을 쓰는 것은 시작의 날짜를 쓰는 것이니, 그렇다면 郊祭의 날로 辛日을 쓰는 것은 완성의 날짜를 쓰는 것이다. 교제는 天道를 밝히는 것이므로 신일을 쓰고, 사제는 地道를 神明하게 여기는 것이므로 갑일을 쓰는 것이다.

○ 嚴陵方氏曰 社必用日之始는 何也오 蓋陽始於甲而物生하고 陰極於辛而物成[170]하니 地雖以陰而成物이나 然始地事者 存乎陽이라 故로 社用甲하야 以原其始焉하고 天雖以陽而生物이나 然終天功者 存乎陰이라 故로 郊用辛하야 以要其終焉이니라

嚴陵方氏 : 社祭에 반드시 날짜의 시초를 쓰는 것은 어째서인가? 陽은 甲에서 시작하여 물건을 낳고 陰은 辛에서 지극하여 물건을 이룬다. 땅이 비록 陰으로써 물건을 이루나 땅의 일을 시작하는 것은 陽에게 있으므로 사제는 甲日을 써서 시초에 근원하고, 하늘이 비록 陽으로써 물건을 낳으나 하늘의 功을 끝마치는 것은 陰에게 있으므로 郊祭는 辛日을 써서 종말을 탐구하는 것이다.

---

169) 蓋郊……用甲 : ≪禮記≫ 〈月令〉에 "〈仲春에〉 吉日을 가려서 백성들에게 명하여 土地神에게 제사 지내게 한다.〔擇元日 命民社〕" 하였는데, 이에 대해 衛湜의 ≪禮記集說≫에 인용된 馬氏(馬晞孟)의 설에는 "무릇 날짜는 甲에서 시작하고 물건은 辛에서 이루어진다. 날짜가 甲에서 시작하는데 社祭에 甲日을 쓰는 것은, 땅은 형체로써 물건을 이루는데 땅의 일을 비롯하는 것은 氣이고, 氣는 甲으로부터 시작하므로 이날을 써서 사제를 지내는 것이다. 물건은 辛에서 이루어지는데 郊祭에 갑일을 쓰는 것은, 하늘은 氣로써 물건을 시작하는데 하늘의 일을 마치는 것은 형체이고, 형체는 辛에 이르러 이루어지므로 이날을 써서 교제를 지내는 것이다. 하늘과 땅이 서로 합하여 만물이 이에 의뢰한다. 그러므로 교제를 지내어 天道를 밝히고 사제를 지내어 地道를 神으로 여긴다고 하는 것이다.〔凡日始於甲 物成於辛 日始於甲而社用之者 地以形成物 而肇地事者 氣也 氣自甲而始 故用是以社 物成於辛而郊用之者 天以氣始物 而終天事者 形也 形至辛而成 故用是以郊 天地相合 萬物資焉 故曰 郊以明天道 社以神地道〕" 하였다.

170) 陽始於甲而物生 陰極於辛而物成 : 甲은 十干의 첫 번째로서 陽이고 五行으로는 木이고 계절로는 봄이며, 辛은 十干의 여덟 번째로서 陰이고 五行으로는 金이고 계절로는 가을이다. 〈月令〉의 정현의 주에 甲을 '씨앗에 싹이 나옴〔孚甲〕'으로 풀이하고 辛을 '열매를 맺어 새로 이루어짐〔秀實新成〕'으로 풀이하였다.

112102 天子가 大(태)社에 必受霜露風雨는 以達天地之氣也라 是故로 喪國之社를 屋之는 不受天陽也요 薄社를 北牖는 使陰明也니라

천자가 太社에 〈지붕을 씌우지 않아〉 반드시 서리와 이슬, 바람과 비를 그대로 맞게 하는 것은 天地의 기운을 통하게 하려는 것이다. 이 때문에 망한 나라의 社에 지붕을 씌우는 것은 하늘의 陽氣를 받지 못하게 하는 것이고, 薄邑(亳邑)의 社에 북쪽으로만 창문을 낸 것은 陰氣만 비치게 한 것이다.

≪集說≫

薄은 書에 作亳(박)[171]하니 薄社於周에 爲喪國之社로되 必存之者는 白虎通에 云 王者諸侯 必有誡社는 示有存亡也라하니라 屋其上이면 則天陽不入하고 牖於北이면 則陰氣可通이니 陰明則物死也라

薄은 ≪書經≫에 亳으로 되어 있다. 薄社는 周나라에게 망한 나라의 社인데 반드시 보존한 것은 ≪白虎通≫ 〈社稷〉에 "王者와 제후가 반드시 警戒로 삼는 社를 두는 것은 나라의 존망이 있음을 보이는 것이다." 하였다. 그 위에 지붕을 씌우면 하늘의 陽氣가 들어오지 못하고, 창문을 북쪽으로 내면 陰氣가 통과할 수 있으니, 음기가 비치면 물건이 죽는다.

≪大全≫

嚴陵方氏曰 大(태)社는 卽祭法所謂王社也니 以王社爲大면 則自侯社而下는 皆爲小矣[172]라 達者는 上下達之謂也니 上則達天之氣하야 以濟乎下하고 下則達地之氣하야

171) 書作亳(박) : 亳은 商나라 湯王이 도읍한 곳이다. ≪書經≫ 〈商書 湯誥〉에 "탕왕이 夏나라를 이기고 돌아와 亳邑에 이르렀다.〔湯伐夏 歸亳〕" 하였다.

172) 大(태)社……皆爲小矣 : ≪禮記≫ 〈祭法〉에 "왕이 〈백관 이하〉 억조창생을 위하여 〈庫門 안에〉 社를 세우니 '太社'라 하며, 왕이 자신을 위하여 〈籍田에〉 社를 세우니 '王社'라 한다. 제후가 백성을 위하여 〈궁궐 오른쪽에〉 社를 세우니 '國社'라 하며, 제후가 자신을 위하여 〈적전에〉 社를 세우니 '侯社'라 한다.〔王爲群姓 立社 曰大社 王自爲立社 曰王社 諸侯爲百姓 立社 曰國社 諸侯自爲立社 曰侯社〕" 하였다. 金在魯의 ≪禮記補註≫에서는 嚴陵

以濟乎上이라 故로 以達言之라 喪國之社는 卽媒氏所謂勝國之社也[173]니 勝은 言我所勝이요 喪은 言彼之喪이니 其實은 一也라 於大社에 言必受霜露風雨하고 於喪國之社에 言不受天陽은 亦互言之爾니라

嚴陵方氏 : 太社는 바로 〈祭法〉에 이른바 '王社'이니, 왕사를 크다고 했으면 侯社 이하는 모두 작음이 되는 것이다. 達은 위아래에 통달함을 이르니, 위로는 하늘의 기운에 이르러 아래로 통하게 하고, 아래로는 땅의 기운에 이르러 위로 통하게 한다. 그러므로 '達'이라고 말한 것이다.

喪國의 社는 바로 ≪周禮≫ 〈地官 媒氏〉에 이른바 '勝國의 社'라는 것이니, '勝'은 우리가 이긴 바를 말한 것이고 '喪'은 상대가 망한 것을 말한 것이니, 그 실제는 똑같은 것이다. 태사에는 "반드시 서리와 이슬, 바람과 비를 그대로 맞게 한다." 하고, 망한 나라의 社에는 "하늘의 陽氣를 받지 못하게 한다." 한 것은 또한 서로 互文으로 말한 것이다.

○ 馬氏曰 大(태)社에 達天地之氣는 示其有生物之功이요 喪國之社에 不受天陽은 示其生物之功息이니라

馬氏 : 太社에 천지의 기운을 통하게 함은 물건을 낳는 功이 있음을 보이는 것이고, 망한 나라의 社에 하늘의 陽氣를 받지 못하게 함은 물건을 낳는 공이 종식되었음을 보이는 것이다.

112103 社는 所以神地之道也라 地載萬物하고 天垂象이니 取財於地하고 取法於天이라 是以로 尊天而親地也니라 故로 教民美報焉이니 家主中霤(류)而國主社는 示本也니라

社는 땅의 道를 神明하게 여기는 것이다. 땅은 만물을 싣고 하늘은 〈日月星辰의〉 象을 드리우니, 땅에서 재물을 취하고 하늘에서 법을 취한다.

方氏가 태사와 왕사를 뒤섞어 하나로 만든 것은 이해할 수 없다고 하였다.

173) 媒氏所謂勝國之社也 : ≪周禮≫ 〈地官 媒氏〉에 "무릇 남녀 간의 음탕한 일에 관한 송사는 勝國의 社에서 다스린다.〔凡男女之陰訟 聽之于勝國之社〕" 하였는데, 鄭玄의 注에 "〈승국은〉 망한 나라이다.〔亡國也〕" 하였다.(≪周禮注疏≫)

이 때문에 하늘을 높이고 땅을 가까이하는 것이다. 그러므로 백성에게 〈하늘과 땅에〉 보답하는 禮를 아름답게 여기도록 가르치는 것이다. 〈卿·대부의〉 家는 中霤에서 〈토지의 신에게 지내는 제사를〉 주관하고, 나라는 社에서 〈토지의 신에게 지내는 제사를〉 주관하니, 이는 땅이 근본이 됨을 보이는 것이다.

≪集說≫

聖人이 知地道之大라 故立社以祭하니 所以神而明之也라 美報는 美善其報之之禮也라 上古에 穴居故로 有中霤之名[174)]하니 中霤與社는 皆土神이라 卿大夫之家는 主祭土神於中霤하고 天子諸侯之國은 主祭土神於社하니 此皆以示其爲載物生財之本也니라

聖人이 땅의 道가 크다는 것을 알았다. 그러므로 社를 세워 제사하였으니, 이는 그 도를 神明하게 여겨서 밝힌 것이다. '美報'는 보답하는 禮를 아름답고 훌륭하게 여기는 것이다. 상고시대에 사람들이 땅을 파서 만든 집에 살았기 때문에 '中霤'라는 이름이 있으니, 중류와 社는 모두 토지의 신이다. 卿과 대부의 家는 중류에서 토지의 신에게 지내는 제사를 주관하였고, 천자와 제후의 나라는 社에서 토지의 신에게 지내는 제사를 주관하였으니, 이는 모두 땅이 만물을 싣고 재물을 내는 근본이 됨을 보이는 것이다.

≪大全≫

馬氏曰 天以生物爲功하니 而其功幽라 故로 聖人闡之而爲郊하니 所以明天之道也요 地以成物爲功하니 而其功顯이라 故로 聖人則斂之而爲社하니 所以神地之道也라 以天遠於人하니 則尊而不親하고 地近於人하니 則親而不尊이라 故로 在天則明之하니 欲民尊而親之也요 在地則神之하니 欲民親而尊之也라 萬物本乎天而亦本乎土라 故로 家以中霤爲主하고 國以社爲主者는 示其不敢忘本之意也니라

174) 穴居故有中霤之名 : 穴은 땅을 파서 만든 집으로 ≪詩經≫ 〈大雅 緜〉에 古公亶父가 거처하였다는 '陶復', '陶穴'과 같은 것이다. ≪禮記≫ 〈月令〉의 '中霤'에 대해 陳澔의 集說에 "옛날에 〈아직 宮室이 없었을 때〉 陶復과 陶穴을 모두 그 위를 열어서 햇빛을 들어오게 하였다. 그러므로 비가 中霤로 내렸는데, 후대에 이로 인하여 방 가운데를 '中霤'라 하였다.〔古者 陶復陶穴 皆開其上 以漏光明 故雨霤之 後因名室中 爲中霤〕" 하였다.

馬氏 : 하늘은 물건을 낳음을 功으로 삼는데 그 공이 그윽하여 잘 보이지 않는다. 그러므로 聖人이 이를 闡明하여 郊祭를 지내니, 하늘의 道를 밝히는 것이다. 땅은 물건을 이룸을 공으로 삼는데 그 공이 드러난다. 그러므로 성인이 이를 거두어 감추어서 社祭를 지내니, 땅의 道를 神明하게 여기는 것이다.

하늘은 사람에게 멀리 있으니 사람이 높이지만 가까이하지 않으며, 땅은 사람에게 가까이 있으니 사람이 가까이하지만 높이지 않는다. 이 때문에 하늘에 대해서는 밝히니 백성으로 하여금 하늘을 높이면서도 가까이하게 하려는 것이고, 땅에 대해서는 神明하게 여기니 백성으로 하여금 땅을 가까이하면서도 높이게 하려는 것이다.

만물이 하늘에 근본하고 또한 땅에 근본하였다. 그러므로 家는 中霤를 主體로 삼고 나라는 社를 주체로 삼는 것은 감히 근본을 잊지 않는 뜻을 보인 것이다.

○ 嚴陵方氏曰 載物以利民用故로 言取財於地하고 垂象以示民則(칙)故로 言取法於天하니 取財則有所養이니 養者는 母道也라 故로 親而不尊하고 取法則有所敎니 敎者는 父道也라 故로 尊而不親이니라

嚴陵方氏 : 땅이 만물을 실어 백성들의 씀씀이를 이롭게 하기 때문에 "땅에서 재물을 취한다." 하였다. 하늘이 象을 드리워서 백성들의 법을 보이기 때문에 "하늘에서 법을 취한다." 하였다. 재물을 취한다면 땅의 기르는 바가 있는 것이니, 기르는 것은 어머니의 道이므로 가까이하지만 높이지 않는다. 법을 취한다면 하늘의 가르치는 바가 있는 것이니, 가르치는 것은 아버지의 道이므로 높이지만 가까이하지 않는 것이다.

112104 唯爲社事하야 單出里하며

오직 社祭의 일을 위하여 里의 모든 집마다 〈한 사람씩〉 나와서 일하며,

≪集說≫

社事는 祭社之事也라 二十五家爲里요 單은 盡也니 言當祭社之時하야 一里之人이 盡出而供給其事하니 蓋每家一人也라

'社事'는 社에 제사하는 일이다. 25家를 里라 한다. '單'은 盡(다함)이다. 社에 제사하는 때에 한 里의 사람들이 다 나와서 그 일에 供給함을 말하니, 집마다 한 사람씩 나오는 것이다.

112105 **唯爲社田**이어든 **國人**이 **畢作**하며

오직 社祭를 위해 田獵을 하게 되면 都城 사람들이 모두 나가며,

≪集說≫

爲祭社之事而田獵이면 則國中之人이 皆行하고 無留家者라

社에 제사하는 일을 위하여 田獵을 하게 되면 都城 안의 사람들이 모두 나가고 집에 남는 자가 없는 것이다.

112106 **唯社**에 **丘乘**이 **供粢盛**[175)]하나니 **所以報本反始也**니라

오직 社祭에 丘·乘에서 粢盛을 바치니, 이는 근본에 보답하고 시초를 돌이켜 생각하는 것이다.

≪集說≫

祭社에 必有粢盛하니 稷曰明粢요 在器曰盛이라 此粢盛을 則使丘乘供之하니 井田之制에 九夫[176)]爲井하고 四井爲邑하고 四邑爲丘하고 四丘爲乘也라 報者는 酬之以禮요 反者는 追之以心이라

社에 제사할 때에 반드시 粢盛이 있으니, 메기장〔稷〕을 '明粢'라 하고 그릇에 담겨 있는 것을 '盛'이라 한다. 이 자성을 丘·乘으로 하여금 바치게 하니, 井田의 제도에 9夫를 井이라 하고 4井을 邑이라 하고 4邑을 丘라 하고 4丘를 乘이라 한다. 報는 禮로써 보답하는 것이고, 反은 마음으로써 追念하는 것이다.

≪大全≫

嚴陵方氏曰 出里는 謂離所居也요 作은 謂起行也니 出里與作은 互言之爾라 單과 畢은

175) 丘乘供粢盛 : 孔穎達의 疏에 皇侃의 설을 인용하여 "만약 천자와 제후가 社에 제사하면 籍田의 곡식을 사용한다. 대부 이하는 적전이 없는데 만약 社에 제사하면 丘·乘의 백성이 이를 바친다.〔若天子諸侯祭社 則用藉田之穀 大夫以下無藉田 若祭社 則丘乘之民共之〕" 하였다.(≪禮記正義≫)

176) 夫 : 한 家長이 받는 100畝의 토지를 이른다.

皆盡也니 亦互言之라 丘乘共粢盛하니 以非祭社면 則不必如是故로 言唯焉하니 則以本始有在乎此하야 而報反之禮를 不可不重故也니라

嚴陵方氏 : '出里'는 사는 곳에서 떠나는 것을 이르고, 作은 일어나서 가는 것을 이르니, 出里와 作은 서로 호문으로 말한 것이다. 單과 畢은 모두 '盡(다함)'의 뜻이니, 또한 서로 互文으로 말한 것이다. 丘·乘에서 粢盛을 바치는 것은 社에 제사하는 경우가 아니면 굳이 이처럼 하지는 않기 때문에 '唯(오직)'라고 말한 것이니, 근본과 시작이 여기에 있어서 보답하고 추념하는 禮를 중히 하지 않을 수 없기 때문이다.

○ 長樂劉氏曰 役於公이면 則家有定員이어늘 役於社면 則羡徒[177]皆作하니 人人求福於其身也라 衣食은 本乎土라 故曰 報本이요 知平水土始於句龍하고 知播五穀始於后稷이라 故로 以爲配[178]하니 是曰 反始焉이니라

長樂劉氏 : 公家의 일에 徭役하면 집마다 定員이 있는데, 社의 일에 요역하면 정원 외의 役徒가 모두 나가니, 이는 사람마다 자기 몸에 福을 구하는 것이다. 옷과 음식은 땅에서 근본하므로 "근본에 보답한다.〔報本〕" 한 것이다. 水土를 다스림이 句龍에게서 시작된 것을 알고 五穀을 파종함이 后稷에게서 시작된 것을 알기 때문에 구룡과 후직을 〈社稷에〉 배향하니, 이를 "시초를 돌이켜 생각한다.〔反始〕"라고 한 것이다.

112201 季春에 出火爲焚也[179]하고 然後에 簡其車賦而歷其卒伍하고 而君이 親誓社하야 以習軍旅호되 左之右之하며 坐之起之하야 以觀其習變也하며 而流示之禽하야 而(鹽)〔鹽〕[180]諸利하야 以觀其不犯命也니 求服

177) 羡徒 : ≪周禮≫ 〈地官 小司徒〉에 "무릇 徭役으로 징발할 적에는 집마다 한 명을 넘지 않고 그 남은 장정을 羡卒로 삼는다.〔凡起徒役 毋過家一人 以其餘爲羡〕" 하였다.

178) 知平水土始於句龍……以爲配 : 句龍은 共工氏의 아들인데 水土를 다스린 功이 있어 社에 배향하여 제사하며, 后稷은 周나라의 시조인 棄인데 五穀을 파종한 공으로 原隰의 신이자 오곡의 신인 稷에 배향하여 제사한다.

179) 爲焚也 : ≪禮記補註≫에 "'爲'자는 孔穎達의 疏와 陳澔의 註에 모두 平聲(하다)을 따르고 있으니, 大全의 音註에서 '爲는 去聲(위하다)이다.' 한 것은 잘못된 듯하다.〔爲字 疏及本註皆從平聲 音註爲去聲者 恐誤〕" 한 것에 따라 번역하였다.

180) (鹽)〔鹽〕 : 저본에는 '鹽'로 되어 있으나, ≪禮記正義≫ 등의 원문에 의거하여 '鹽'으로 바로잡았다.

其志하며 **不貪其得**이라 **故以戰則克**이요 **以祭則受福**이니라

季春에 불을 내서 잡초를 태우고 그런 뒤에 兵車를 검열하고 병졸의 수를 세며 군주가 친히 社에서 군사들에게 誓戒하여 군대의 일을 익히는데, 왼쪽으로 가게 하고 오른쪽으로 가게 하며, 앉게 하고 일어나게 해서 그 변동하는 절도를 익히는 것을 관찰한다. 짐승들을 어지럽게 움직이도록 몰아서 군사들에게 짐승을 보여주어 이로움을 탐하게 하고서 그들이 명령을 범하지 않는지 관찰하니, 이는 그들의 탐하는 뜻을 억제하려는 것이다. 군주 자신도 아랫사람이 얻은 것을 탐하지 않는다. 그러므로 싸우면 승리하고 제사하면 복을 받는 것이다.

≪集說≫

建辰之月에 大火心星이 昏見(현)南方이라 故出火[181]하야 以焚除草萊하고 焚後에 卽蒐(수)田이라 簡은 閱視也요 賦는 兵也[182]요 歷은 數之也라 百人爲卒이요 五人爲伍라 誓社는 誓衆於社也[183]라 或左或右와 或坐或作은 皆是軍旅之法이라 習變은 習熟其變動之節也라 驅逐(也)〔之〕[184]際에 禽獸流動紛紜하야 衆皆見之라 故云 流示之

181) 建辰之月……故出火 : 鄭玄의 注에 "무릇 불을 냄은 大火心星이 나타날 적에 하니 建辰의 달에 대화심성이 처음으로 나타난다.〔凡出火 以火出 建辰之月 火始出〕" 하였다.(≪禮記正義≫) 建辰의 달은 북두칠성 자루가 辰方을 가리키는 음력 3월(계춘)을 이른다. 孔穎達의 疏에 의하면 이 '出火'는 '도기를 굽고 철기를 주조하는 불을 내는 것〔出陶冶之火〕'으로 ≪周禮≫ 〈夏官 司爟(사관)〉에 "계춘에 불을 내니 백성이 모두 이를 따른다.〔季春出火 民咸從之〕" 한 것이다.

182) 賦兵也 : 孔穎達의 疏에는 '車賦'를 '수레·말 및 군대의 무기의 등속〔車馬及兵賦器械之屬〕'으로 풀이하였다.(≪禮記正義≫) 陳澔의 集說에 따르면 '車賦'가 '수레와 군대', '전차부대', '수레와 병기' 등으로 해석될 수 있어 분명하지 못하다. 大全의 嚴陵方氏는 車賦를 '賦稅로 바치는 兵車'로 풀이하였다.

183) 誓社誓衆於社也 : 공영달의 소에는 '君親誓社'에 대하여 "군주가 직접 이 군사들에게 誓戒하기를 군사의 일을 익혀 사냥을 마친 뒤에 잡은 짐승을 가지고 인하여 社에 제사할 것이라고 함을 이른다.〔謂君親自誓此士衆 以習軍旅 旣而遂田 以所得之禽獸 因以祭社〕" 하였다.(≪禮記正義≫) 이에 의하면 '誓社'는 社의 제사를 위해 군사 훈련을 하는 것임을 誓戒하는 것이다.

184) (也)〔之〕 : 저본에는 '也'로 되어 있으나, 藏書閣 소장본(K1-73)에 의거하여 '之'로 바로잡았다.

禽[185)]이라 鹽은 讀爲艶하니 艶諸利는 謂使之歆艶於利也라 禽獸雖甚可欲이나 而殺獲取舍가 皆有定制라 犯命者를 必罰하야 不使之犯命者는 是는 求以遏服其貪利之志라 人君이 亦取之有制하니 如大獸는 公之하고 小禽은 私之[186)]니 不踰法而貪下之所得也[187)]라 以戰則克은 習民於變也요 祭則受福은 獲牲以禮也라

建辰의 달(음력 3월)에 大火心星이 어두울 무렵 남방에 나타난다. 그러므로 이때 불을 내서 잡초를 태워 제거하고, 태운 뒤에 곧바로 봄의 사냥을 하는 것이다. 簡은 검열함이고, 賦는 兵이고, 歷은 수를 셈이다. 병사 100명을 卒이라 하고, 5명을 伍라 한다. '誓社'는 社에서 군사들에게 誓戒하는 것이다. 혹은 왼쪽으로 가게 하고 혹은 오른쪽으로 가게 하며 혹은 앉게 하고 혹은 일어나게 하는 것은 모두 군대에서 동작하는 법이다. '習變'은 그 변동하는 절도를 익히는 것이다.

짐승을 몰고 쫓을 때에 짐승이 어지러이 움직여서 군사들이 모두 짐승을 본다. 그러므로 '流示之禽'이라 한 것이다. 鹽은 艶으로 읽으니, '艶諸利'는 군사들로 하여금 이익을 탐하게 함을 이른다. 짐승이 비록 매우 탐낼 만하나 죽이고 잡고 취하고 놔두는 것에 모두 정해진 제도가 있다. 명령을 범하는 자를 반드시 처벌하여 군사들로 하여금 명령을 범하지 않게 하는 것은, 그 이익을 탐하는 뜻을 억제하려는 것이다. 군주 또한 짐승을 취함에 제도가 있다. 예컨대 큰 짐승은 公家에 바치고 작은 짐승은 군사들이 갖는 것이니, 아랫사람이 얻은 것을 법을 넘어 탐하지 않는 것이다. 싸우면 승리하는 것은 백성에게 변동하는 절도를 익히게 하였기 때문이고, 제사하면 복을 받는 것은 禮에 따라 희생을 잡았기 때문이다.

---

185) 驅逐(也)〔之〕除……流示之禽 : 鄭玄의 注에 "'流'는 行과 같으니, 行은 사냥을 행하는 것이다.〔流 猶行也 行 行田也〕" 하였고, 孔穎達의 疏에 "'流'는 행함이니, 陣法을 가르치는 것을 마치고 사냥의 禮를 행하는 것을 이르고, 〈'流示之禽'은〉 陣 앞으로 짐승을 몰아 士卒에게 보여줌을 이른다.〔流 行也 謂教陳訖而行田禮 謂驅禽於陳前 以示士卒也〕" 하였다.(≪禮記正義≫)

186) 大獸……私之 : ≪周禮≫ 〈夏官 大司馬〉에 보이는데, 정현의 주에 "'大獸公之'는 公家에 바치는 것이고, '小禽私之'는 자기에게 주는 것이다.〔大獸公之 輸之於公 小禽私之 以自畀也〕" 하였다.(≪禮記正義≫)

187) 貪下之所得也 : 참고로 陳澔의 集說과 달리 공영달의 소에는 군사를 不貪其得의 主語로 보아 "군사들로 하여금 禮에 따라 나아가고 물러나서, 명을 범하면서 구차히 짐승을 잡는 것을 탐하지 않게 한다.〔使進退依禮 不欲貪其犯命 苟得於禽〕"라고 풀이하였다.(≪禮記正義≫)

○ 疏曰 祭社旣在仲春하니 此出火爲焚이 當在仲春之月이니 記者誤也[188]로다

〈孔穎達의〉 疏 : 社에 제사함이 이미 仲春(음력 2월)에 있으니, 여기에 불을 내어 풀을 태우는 일은 마땅히 중춘의 달에 있어야 한다. 〈'季春'이라고 한 것은〉 기록한 자의 잘못이다.

≪大全≫

嚴陵方氏曰 木氣終於辰故로 火順所生而見(현)[189]하니 司爟(관)於季春에 則出火焉하고 水氣兆於(戊)〔戌〕[190]故로 火受所勝而沒[191]하니 司爟於季秋에 則納火焉[192]이라 聖人이 奉天時하니 則爲焚者는 特出火之事爾니 牧師凡田事贊焚萊[193]是矣라 田獵之禮를 周官則行之於仲月[194]하야 而與此異하고 豳詩月令則行之於季月[195]하야 而與此同하니 此之所言은 亦泛記異代爾라 月令에 仲春에 擇元日하야 命

188) 祭社旣在仲春……記者誤也 : 공영달의 소에 "社에 제사하는 것을 이미 仲春에 하니, 여기의 '불을 내어 잡초를 태움'은 마땅히 중춘에 있어야 한다. 지금 季春이라고 한 것은, 기록한 자가 계춘의 때에 백성이 처음 불을 내는 것으로 인하여, 기록한 자가 착각하여 마침내 천자와 제후가 잡초를 태우는 것도 계춘에 있다고 여겼다. 이 때문에 잘못하여 계춘이라고 하였으니, 이는 마땅히 중춘에 있어야 한다.〔祭社旣用仲春 此出火爲焚 當在仲春之月 今云季春者 記者以季春之時 民始出火 記者錯誤 遂以爲天子諸侯用焚亦在季春 故誤爲季春 當在仲春也〕"라고 보인다.(≪禮記正義≫)

189) 木氣終於辰故 火順所生而見(현) : 五行의 相生에서 木은 火를 낳아 木의 다음에 火가 오므로 木氣가 끝나는 季春에 大火心星이 나타남을 말한다. 寅·卯의 孟春·仲春에 목기가 왕성하고 辰의 계춘의 마지막 18일에 土氣가 왕성하였다가, 巳의 孟夏에 火氣가 왕성해진다.

190) (戊)〔戌〕 : 저본에는 '戊'로 되어 있으나, 앞뒤 문맥을 따져 '戌'로 바로잡았다.

191) 水氣兆於(戊)〔戌〕故 火受所勝而沒 : 五行의 相克에서 水는 火를 이기므로 水氣가 시작되는 戌의 季秋에 大火心星이 보이지 않게 됨을 말한다.

192) 司爟於季秋 則納火焉 : 司爟은 불을 사용하는 政令을 주관하는 관원으로 ≪周禮≫ 〈夏官 司爟〉에 보인다. '納火'는 도기를 굽고 철기를 주조하는 불을 끄는 것이다.

193) 凡田事贊焚萊 : ≪周禮≫ 〈夏官 牧師〉에 보이는데, 賈公彦의 疏에 잡초를 태우는 자는 본래 山虞와 澤虞인데 牧師가 이들을 돕는 것이라 하였다.(≪周禮注疏≫)

194) 田獵之禮 周官則行之於仲月 : ≪周禮≫ 〈夏官 大司馬〉에 中春에 蒐田을 하고, 中夏에 苗田을 하고, 中秋에 獮田을 하고, 中冬에 狩田을 하는 것이 나온다.

195) 豳詩月令則行之於季月 : ≪詩經≫ 〈豳風 七月〉에 "二陽의 날(季冬)에 모두 사냥을 한다.〔二之日其同〕" 하였고, ≪禮記≫ 〈月令〉에 "이달(季秋)에 천자가 비로소 사냥을 통해 가르친다." 하였다.

民社하니 則出火之田은 非爲社也라 王制에 三田이 一爲乾豆하고 二爲賓客하고 三爲充君之庖하니 則田固有不爲社者矣라 夫社必先之以焚者는 蓋焚其宿草而後에 可田故也라 且社主陰하고 陰主殺하니 則爲社而有田하고 因田而習軍旅가 不亦宜乎아 月令所謂敎於田獵하야 以習五戎과 車攻所謂因田獵而選車徒[196] 皆謂是爾라 車賦者는 卽司馬法에 自六尺爲步하야 積之하야 至於通十爲成하니 成出革車一乘者[197] 是矣라 小司徒之職에 五人爲伍하고 五伍爲兩하고 四兩爲卒이라하니 卒伍者는 軍旅之法이 立於伍하고 成於卒故也라 簡은 言於利否에 有所擇이요 歷은 言於夷險에 有所經이니 曰簡曰歷은 亦互言之라 故大司馬에 止曰 選車徒[198]也라하고 以至車驟徒趨하고 車馳徒走하며 險野엔 人爲主하고 易(이)野엔 車爲主[199]라하니 皆簡歷之也라 誓는 卽所謂群吏聽誓于陳前[200]이 是也라 誓는 特誓田而已어늘 而曰社者는 以爲社而田故也라 左之右之는 卽以旌爲左右(祁)〔和〕[201]門[202]이 是矣요 坐之起之는

---

196) 因田獵而選車徒 : ≪詩經≫ 〈小雅 車攻〉의 〈毛詩序〉에 보인다.

197) 司馬法……成出革車一乘者 : ≪周禮注疏≫ 〈地官 小司徒〉의 鄭玄의 注에 의하면 길이 6尺이 1步이고, 길이와 너비가 100步인 땅이 1畝, 100무가 1夫, 3부가 1屋, 3옥이 1井, 10정이 1通, 10통이 1成인데, 1성에서 革車 1乘, 士 10명, 徒 20명을 낸다. ≪司馬法≫은 전국시대 齊나라에서 편찬한 兵學書이다.

198) 選車徒 : ≪周禮≫ 〈夏官 大司馬〉에, 仲夏에 백성들에게 草野에서 宿營하는 것을 가르칠 적에 "여러 관리가 車徒를 선택하였다.〔群吏撰車徒〕" 하였는데, 鄭玄의 注에 "'撰'은 算으로 읽는다. '算車徒'는 헤아리고 선택하는 것을 말한다.〔撰讀曰算 算車徒 謂數擇之也〕" 하였고, 賈公彦의 疏에 "수레에 타는 甲士 3명과 보병 72명 등을 선택하는 것이다.〔選擇其在車甲士三人步徒七十二人之等〕" 하였다.(≪周禮注疏≫)

199) 車驟徒趨……車爲主 : ≪周禮≫ 〈夏官 大司馬〉에, 仲冬에 대규모로 군대를 검열하는 禮를 가르칠 적에 "북을 쳐 전진을 명하고 징을 울리면 수레가 빠르게 달리고 보병이 빠르게 전진하여 〈두 번째 標識에서 전진하여〉 세 번째 표지에 이르러 정지하고, 앉고 일어서는 것을 처음과 같이 한다. 이에 다시 북을 치면 수레가 신속히 달리고 보병이 빠르게 달려서 네 번째 표지에 이르러 정지한다.〔鼓進 鳴鐲 車驟徒趨 及表乃止 坐作如初 乃鼓 車馳徒走 及表乃止〕" 하였고, 또 마침내 狩田을 행할 적에 "險野 人爲主 易野 車爲主"라 하였는데, 정현의 주에 '人爲主'는 사람이 앞에 있는 것이고, '車爲主'는 수레가 앞에 있는 것이라 하였다.(≪周禮注疏≫)

200) 群吏聽誓于陳前 : ≪周禮≫ 〈夏官 大司馬〉에 "여러 장수들이 陣 앞에서 誓戒를 듣고 희생을 베어 좌우로부터 軍陣에 두루 보이며 말하기를 '명령에 복종하지 않는 자는 목을 벨 것이다.'라고 한다.〔群吏聽誓于陳前 斬牲以左右徇陳 曰 不用命者斬之〕" 하였다. '群吏'는 정현의 주에 "군대의 여러 장수이다.〔諸軍帥〕" 하였다.(≪周禮注疏≫)

201) (祁)〔和〕 : 저본에는 '祁'로 되어 있으나, 衛湜의 ≪禮記集說≫에 의거하여 '和'로 바로잡

卽以教坐作進退之節[203)]이 是矣니 左右之位와 坐起之節을 亦莫不教焉이니 凡以觀其習應變之事也라 流示之禽者는 驅其禽而流行以示之니 所謂設驅逆之車[204)]是矣니 此則毆之以利也라 夫田之獲禽은 猶戰之獲虜也라 戰之獲虜有賞하고 而田之獲禽有賞하니 所謂大獸公之하고 小禽私之가 是賞之之意也라 若失伍而獲禽이면 則所利者小하고 所害者大하니 必有罰焉이라 蓋小人은 見利而忘法하니 凡此는 但求服士卒之志하야 使之不失伍爾요 不貪其所得之禽也라 夫以不教民戰이면 是謂棄之[205)]라 故로 因其田以習軍旅면 則戰之備也라 故로 以戰則克이라 無事而不田曰不敬[206)]이라 故로 因其無事而歲三田이면 則祭之備也라 故로 以祭則受福이니라

嚴陵方氏 : 木氣가 辰에서 끝나므로 大火心星이 火를 낳는 바(木)의 기운을 순히 따라 나타나니 司爟이 季春에 〈도기를 굽고 철기를 주조하는〉 불을 내고, 水氣가 戌(음력 9월)에서 시작하므로 대화심성이 火를 이기는 바(水)의 기운을 받아서 사라지니 사관이 季秋에 불을 들이는 것이다.

聖人이 天時를 받드니, '잡초를 태움'은 〈도기를 굽고 철기를 주조하는 불을 내는 것이 아니고〉 다만 불을 내는 일일 뿐이니, ≪周禮≫ 〈夏官 牧師〉에 "무릇 사냥하는 일에 잡초를 태우는 것을 돕는다." 한 것이 이것이다. 사냥하는 禮를 ≪周禮≫에는 仲月에 행하여 여기와 다르고, ≪詩經≫ 〈豳風〉과 ≪禮記≫ 〈月令〉에는 季月에 행하여 여기와 같으니, 여기서 말한 것은 또한 다른 왕조의 일을 범연히 기록한 것이다.

았다.

202) 以旌爲左右(祁)〔和〕門 : 和門은 사냥할 때 세우는 軍門이다. ≪周禮≫ 〈夏官 大司馬〉에 "旌旗를 세워 좌우의 軍門으로 삼고, 장수들이 각각 수레와 보병을 거느리고 차례대로 군문을 나가 왼쪽으로 가거나 오른쪽으로 가서 수레와 보병을 布陣하며, 鄕師가 군문을 출입하는 행렬을 바로잡는다.〔以旌爲左右和之門 群吏各帥其車徒以敍和出 左右陳車徒 有司平之〕" 하였다.

203) 以教坐作進退之節 : ≪周禮≫ 〈夏官 大司馬〉에, 仲春에 군사 훈련을 할 적에 "〈북, 방울, 징 등으로〉 앉고 일어나며 전진하고 후퇴하며 거리를 넓히고 좁히는 절도를 가르친다.〔以教坐作進退疾徐疏數之節〕" 하였다.

204) 設驅逆之車 : ≪周禮≫ 〈夏官 大司馬〉에 보이는데, 鄭玄의 注에 "驅는 짐승을 몰아내어 사냥하는 곳으로 달리게 하는 것이고, 逆은 짐승을 맞이하여 달아나지 못하게 하는 것이다.〔驅 驅出禽獸 使趨田者也 逆 逆要 不得令走〕" 하였다.(≪周禮注疏≫)

205) 以不教民戰 是謂棄之 : ≪論語≫ 〈子路〉에 보인다.

206) 無事而不田曰不敬 : ≪禮記≫ 〈王制〉에 보인다.

〈월령〉에서 仲春에 吉日을 가려 백성들에게 명하여 社에 제사하게 하였으니, 그렇다면 〈여기의〉 불을 내서 하는 사냥은 社祭를 위한 것이 아니다. 〈王制〉의 〈천자나 제후가 행하는〉 세 가지 사냥 중에 첫 번째는 제사에 올리는 말린 고기를 위한 것이고, 두 번째는 빈객을 대접하기 위한 것이고, 세 번째는 군주의 주방을 채우기 위한 것이니, 사냥은 진실로 사제를 위하지 않는 경우가 있는 것이다. 사제에 반드시 먼저 풀을 태우는 것은 묵은 풀을 태운 뒤에야 사냥할 수 있기 때문이다.

또 社는 陰을 주장하고 陰은 죽임을 주장하니, 사제를 위하여 사냥을 하고 사냥을 인하여 군대를 훈련시키는 것이 마땅하지 않겠는가. 〈월령〉에 이른바 "사냥을 통해 가르쳐서 다섯 가지 병기를 익히게 한다."라는 것과 ≪詩經≫ 〈小雅 車攻〉에 이른바 "사냥을 통해서 兵車와 步兵을 선발하였다."라는 것이 모두 이것을 말한 것이다.

'車賦'는 바로 ≪司馬法≫에 6尺의 1步부터 〈작은 단위의 땅이〉 모여서 10通의 成에 이르는데 1成에서 革車 1乘을 낸다고 한 것이 이것이다. ≪周禮≫ 〈地官〉의 小司徒의 직책에 "5人이 1伍이고, 5伍가 1兩이고, 4兩이 1卒이다." 하였으니, '卒伍'라 한 것은 군대의 법이 伍에서 확립되고 卒에서 완성되기 때문이다. 簡은 날랜지 아닌지를 가리는 바가 있음을 말하고, 歷은 평탄하고 험한 곳을 지나가는 바가 있음을 말하니, '簡'이라 하고 '歷'이라 한 것은 또한 互文으로 말한 것이다. 그러므로 ≪周禮≫ 〈夏官 大司馬〉에 다만 "兵車와 步兵을 선발한다." 하며, "수레가 빠르게 달리고 보병이 빠르게 전진하며, 수레가 신속히 달리고 보병이 빠르게 달린다." 하고, "험한 들에서는 보병이 앞에 있고, 평탄한 들에서는 수레가 앞에 있다." 하니, 이는 모두 簡歷을 하는 것이다.

'誓'는 바로 ≪주례≫ 〈하관 대사마〉에 이른바 "여러 장수들이 陣 앞에서 誓戒를 듣는다." 한 것이 이것이다. '誓'는 다만 사냥에 대하여 서계할 뿐인데 '社'를 말한 것은 사제를 위하여 사냥하기 때문이다. '左之右之'는 바로 ≪주례≫ 〈하관 대사마〉에 "旌旗를 세워 좌우의 軍門으로 삼는다. 〈그리고 군문을 나가 왼쪽으로 가거나 오른쪽으로 가서 수레와 보병을 布陣한다.〉"라는 것이 이것이다. '坐之起之'는 바로 ≪주례≫ 〈하관 대사마〉에 "앉고 일어나며 전진하고 후퇴하는 절도를 가르친다."라는 것이 이것이다. 왼쪽과 오른쪽의 자리와 앉고 일어나는 절도를 역시 가르치지 않는 것이 없으니, 무릇 변화에 대응하는 일의 연습을 관찰하려는 것이다. '流示之禽'은 짐승을 몰아서 流動하게 해서 그 짐승을 보여주는 것이니, ≪주례≫ 〈하관 대사마〉에 이른바 "짐승을 모는 수레와 짐승을 막는 수레를 배치한다."라는 것이 이것이다. 이는 이로움으로써 탐하게 하는 것이다.

사냥에서 짐승을 잡는 것은 전쟁에서 포로를 잡는 것과 같다. 전쟁에서 포로를 잡으면 賞이 있고 사냥에서 짐승을 잡으면 賞이 있으니, ≪주례≫ 〈하관 대사마〉에 이른바 "큰 짐승은 公家에 바치고 작은 짐승은 군사들이 갖는다."라는 것이 바로 상을 주는 뜻이다. 만약 隊伍를 잃고 짐승을 잡으면 이로움이 작고 해로움이 크니, 반드시 벌을 내린다. 小人은 이로움을 보면 법을 잊으니, 무릇 이는 다만 군사의 뜻을 억제하여 그들로 하여금 대오를 잃지 말고 잡은 짐승을 탐하지 않게 하려는 것이다. 가르치지 않은 백성을 써서 싸우게 하면 이를 일러 백성을 버린다고 한다.

그러므로 사냥을 인하여 군대의 일을 익히면 전쟁의 준비가 갖추어지기 때문에 싸우면 승리하는 것이다. 〈征伐・出行・喪凶의〉 일이 없는데 사냥하지 않는 것을 不敬이라 한다. 그러므로 일이 없을 때를 인하여 해마다 〈〈王制〉의〉 세 가지 사냥을 하면 제사의 준비가 갖추어지기 때문에 제사하면 복을 받는 것이다.

112301 天子適四方하사 先柴하시나니라

천자가 巡狩할 적에 사방에 가서 먼저 柴祭를 지낸다.

≪集說≫

書曰 歲二月에 東巡守하사 至于岱宗하야 柴라하니라

≪書經≫ 〈虞書 舜典〉에 "순수하는 해의 2월에 동쪽 지방을 순수하여 岱宗(泰山)에 이르러 柴祭를 지냈다." 하였다.

≪大全≫

延平周氏曰 天子巡狩에 至于四嶽하야 先柴以告天也니라

延平周氏 : 천자가 순수할 적에 四嶽에 이르러서 먼저 섶나무를 태워 하늘에 고하는 것이다.

○ 金華應氏曰 四方에 惟天子所適者는 普天之下莫非王土[207]也요 所適에 必先柴는

207) 普天之下莫非王土 : ≪詩經≫ 〈小雅 北山〉에 보인다.

昊天曰明하야 及爾出王하고 昊天曰旦하야 及爾游衍[208)]也라 噫라 其與周行天下하야 將必有車轍馬跡者[209)]로 異矣니라

金華應氏 : 사방에 오직 천자만 가는 것은 온 하늘의 아래가 왕의 땅 아님이 없기 때문이고, 가는 곳에서 반드시 먼저 柴祭를 지내는 것은 昊天이 매우 밝아서 너의 나가고 왕래함에 미치고 호천이 매우 밝아서 너의 놀고 방종함에 미치기 때문이다. 아! 이는 천하를 두루 돌아다녀서 반드시 자기의 수레바퀴와 말발굽 자국을 남기려 한 것과는 다른 것이다.

112401 郊之祭也는 迎長日之至也니라

郊에서 제사 지냄은 長日(길어지는 해)의 도래를 맞이하는 것이다.

≪集說≫

至는 猶到也니 冬至에 日短極而漸舒라 故云 迎長日之至라하니라

至는 到와 같으니, 冬至에 해가 가장 짧아졌다가 점점 길어지므로 "長日의 도래를 맞이한다." 한 것이다.

○ 朱子曰 以始祖로 配天이 須在冬至하니 一陽始生[210)]은 萬物之始니라 宗祀九月[211)]하니 萬物之成이라 父者는 我所自生이요 帝者는 生物之祖라 故推以爲配하여 而祀於明堂하니 此議方正[212)]이니라

---

208) 昊天曰明……及爾游衍 : ≪詩經≫ 〈大雅 板〉에 보인다.

209) 周行天下 將必有車轍馬跡者 : 周 穆王이 방자하게 행한 것을 두고 한 말로, ≪春秋左氏傳≫ 昭公 12년 조에 보인다.

210) 一陽始生 : 동짓달에 해당하는 復卦(☷)는 純陰인 坤卦의 아래에 一陽이 생긴 괘이니, 이로써 동지에 陽氣가 처음 생기는 것을 이른다.

211) 宗祀九月 : ≪禮記≫ 〈月令〉의 季秋에 보이는 五帝(上帝)에 대한 大饗에서 선조 또는 아버지를 上帝에 배향하여 宗祀하는 것을 이른다. 周나라의 종사는 文王을 祖로 삼고 武王을 宗으로 삼아 제사하는 것인데, 周公의 경우 아버지를 상제에 배향한 것이니, ≪孝經≫에 "효는 아버지를 높임보다 큰 것이 없고 아버지를 높임은 아버지를 하늘에 배향함보다 큰 것이 없으니, 주공이 그런 분이다. 옛날에 주공이 郊祀에 后稷을 하늘에 배향하고, 明堂에서 문왕을 宗祀하여 상제에게 배향하였다.〔孝莫大於嚴父 嚴父莫大於配天 則周公其人也 昔者 周公郊祀后稷以配天 宗祀文王於明堂以配上帝〕" 하였다.

朱子 : 始祖로써 하늘에 배향하는 것이 모름지기 冬至에 있어야 하니, 동지에 一陽이 처음 생기는 것은 만물의 시작이다. 9월에 宗祀하니 이는 만물이 이루어지는 때이다. 아버지는 내가 말미암아 나온 바이고 上帝는 만물을 낳은 元祖이므로 미루어서 〈아버지를 상제에〉 배향하여 明堂에서 제사하는 것이니, 이 의논이 바르다.

○ 問 郊祀后稷以配天하고 宗祀文王以配上帝하니 帝는 只是天이요 天은 只是帝어늘 却分祭는 何也오 朱子曰 爲壇而祭故로 謂之天이요 祭於屋下而以神祇祭之故로 謂之帝라

〈어떤 사람이〉 "郊祀에 后稷을 하늘에 배향하고 〈明堂에서〉 文王을 宗祀하여 上帝에 배향하니, 상제가 바로 하늘이고 하늘이 바로 상제인데 도리어 나누어 제사하는 것은 어째서입니까?"라고 묻자, 朱子가 말씀하였다. "壇을 만들어 제사하므로 하늘이라 이르고, 지붕 아래에서 제사하여 神으로서 제사하므로 상제라 이른 것이다."

○ 今按郊祀一節에 先儒之論이 不一者는 有子月寅月之異[213]하고 有周禮魯禮之分[214]하고 又以郊與圓丘로 爲二事[215]하고 又有祭天與祈穀으로 爲二郊[216]하니 今皆

212) 此議方正 : 참고로 朱子가 지은 〈書程子禘說後〉 원문에는 "本朝에서 太祖를 圜丘에 배향하고, 禰(아버지)를 明堂에 배향하니, 介甫(王安石)으로부터 이 의논이 바르게 되었다.〔本朝以太祖配於圜丘 以禰配于於明堂 自介甫此議方正〕"라고 되어 있다.(≪朱子大全≫ 권83)

213) 有子月寅月之異 : 子月은 冬至가 있는 음력 11월이고 寅月은 驚蟄이 있는 음력 정월을 이른다. 지금의 경칩은 음력 2월에 있으나 漢나라 초기의 역법에서는 경칩이 정월에 있었다고 한다. 자월의 제사는 圜丘에서 지내는 하늘의 제사로 ≪周禮≫ 〈春官 大司樂〉에 "冬至에 지상의 환구에서 〈雲門〉의 舞樂을 연주하니, 여섯 번 연주하면 天神이 모두 내려온다."라고 보인다. 王肅은 이 제사를 郊祭라고 한 반면에, 鄭玄은 "≪易說≫에 '三王의 교제는 한결같이 夏正을 썼으니, 하정은 建寅의 달이다.' 하였다. 여기서 '長日을 맞이한다'고 한 것은 建卯의 달(2월)에 낮과 밤이 等分되니, 등분되고서 해가 더 길어짐을 말한 것이다.〔易說曰 三王之郊 一用夏正 夏正 建寅之月也 此言迎長日者 建卯而晝夜分 分而日長也〕"라고 하여 이 절의 교제를 인월에 지내는 周나라의 제사로 보았다.(≪孔子家語≫, ≪禮記正義≫)

214) 有周禮魯禮之分 : 鄭玄은 동짓달에 지내는 圜丘의 제사는 郊祭로 보지 않고 정월에 南郊에서 지내는 제사를 周나라의 교제라고 하였다. 또 아래의 '周之始郊 日以至'에 보이는 동지의 교제에 대해서는 "하늘에 교제를 지내는 달에 冬至가 되는 것은 魯나라의 예이다. 三王의 교제는 한결같이 夏正을 쓰는데, 노나라는 동지에 圜丘에서 하늘에 제사 지내는 일이 없기 때문에 建子의 달(동짓달)에 하늘에 교제를 지내니, 일이 있음을 먼저 보여주는 것이다.……周나라가 쇠약해져서 禮가 폐지되었는데 儒者가 주나라의 예가 모두 노나라에 있음을 보고 이를 말미암아 노나라의 예를 미루어서 주나라의 일을 말한

不復詳辨이요 而以朱說로 爲定하노라

이제 살펴보건대 郊祀의 한 節에 대해 先儒의 의논이 똑같지 않은 것으로, 子月과 寅月의 차이가 있고, 또 周나라 禮와 魯나라 禮의 구분이 있으며, 또 郊와 圓丘를 두 가지 일로 삼고, 또 하늘에 제사하는 것과 풍년을 기원하는 것을 두 가지 郊祀로 삼는 것이 있다. 지금 모두 다시 자세히 분변하지 않고 朱子의 말씀을 定論으로 삼는다.

≪大全≫

嚴陵方氏曰 日爲陽하고 夜爲陰이라 故로 陽生則日浸長而夜短하고 陰生則夜浸長而日短이라 郊之祭는 在建子之月하니 而陽生於子故로 曰 迎長日之至也라하니 至는 猶來也니 與月令仲夏日長至로 異矣라 故로 言迎焉이라 祭天이 必迎長日之至者는 當是時하야 陽始事矣니 天은 以始事爲功也라 周官에 以冬日至로 致天神[217]이라하니 蓋謂是矣니라

것이다.〔郊天之月而日至 魯禮也 三王之郊 一用夏正 魯以無冬至祭天於圜丘之事 是以建子之月郊天 示先有事也……周衰禮廢 儒者見周禮盡在魯 因推魯禮以言周事〕" 하였다.(≪禮記正義≫)

참고로 ≪孔子家語≫ 〈郊問〉에는 교제의 예에 다른 점이 있는 이유를 묻자 孔子가 "주나라에서 처음 교제를 지낼 때에, 달은 동짓달을 쓰고 날은 上旬의 辛日을 썼으며, 啓蟄의 달에 이르러서는 또 上帝에게 풍년을 기원하는 제사를 올렸다. 이 두 가지는 바로 천자의 禮이다. 노나라에서 동지에 크게 교제를 지내지 않는 것은 천자보다 禮數를 줄인 것이니, 이 때문에 다른 것이다.〔周之始郊 其月以日至 其日用上辛 至於啓蟄之月 則又祈穀于上帝 此二者 乃天子之禮也 魯無冬至大郊之事 降殺於天子 是以不同也〕"라고 답한 것이 보인다.

215) 以郊與圜丘爲二事 : 동짓달에 圜丘에서 지내는 제사는 郊祭가 아니라고 한 鄭玄의 설을 가리킨다. 정현은 ≪禮記≫ 〈祭法〉의 '周人禘嚳而郊稷'을 "주나라 사람은 禘祭에 帝嚳을 배향하고 교제에 后稷을 배향한다."라고 해석하여 禘는 圜丘에서 昊天에 제사하는 것이고 郊는 南郊에서 上帝에 제사하는 것이라 하였다. 王肅은 정현의 설을 비판하여, 圜丘의 제사가 체제라는 것은 경전에 근거가 없으며 체제는 종묘에서 지내는 제사라고 하였다.(≪禮記正義≫)

216) 有祭天與祈穀爲二郊 : 金在魯의 ≪禮記補註≫에서 이 내용은 王肅의 설이라고 하였는데, 그에 따르면 왕숙은 "제사가 있는 곳을 말하면 郊라 하고 제사하는 대상(둥글고 높은 하늘)을 말하면 圓丘라 한다.〔所在言之則謂之郊 所祭言之則謂之圓丘〕"라고 하였고, '郊之祭迎長日之至'는 周나라에서 子月에 지내는 郊祭를 이르고, 아래의 '周之始郊日以至'는 寅月에 풍년을 기원하여 지내는 교제에 상대하여 '처음〔始〕'이라고 말한 것이라 하였다.

217) 以冬日至 致天神 : ≪周禮≫ 〈春官 神仕〉에 "동지에 天神과 人鬼를 招致하여 제사한다." 하였는데, 鄭玄의 注에 하늘과 사람은 陽이니, 陽氣가 오를 적에 귀신에 제사한다고 하였다.(≪周禮注疏≫)

嚴陵方氏 : 해는 陽이고 밤은 陰이다. 그러므로 양이 생기면 해가 점점 길어지고 밤이 짧아지며, 음이 생기면 밤이 점점 길어지고 해가 짧아지는 것이다. 郊祭는 建子의 달(동짓달)에 있는데 양이 子에서 생기기 때문에 "長日의 도래를 맞이하는 것이다."라 하였다. 至는 來(도래)와 같으니, 〈月令〉의 仲夏에 "해가 지극히 길다."라고 한 것과 다르므로 '迎(맞이함)'이라 말한 것이다. 하늘에 대한 제사가 반드시 길어지는 해의 도래를 맞이함인 것은, 이때를 당하여 양이 처음 일을 시작하니 하늘은 처음 일을 시작함을 功으로 삼기 때문이다. ≪周禮≫ 〈春官 神仕〉에 "동지에 天神을 招致하여 제사한다." 한 것도 이를 말한 것이다.

112402 大報天而主日也요 兆於南郊는 就陽位也요 埽地而祭[218]는 於其質也요 器用陶匏는 以象天地之性也니라

크게 하늘에 보답하되 해를 제사의 主神으로 삼는다. 南郊에 祭壇을 만든 것은 陽의 자리에 나아간 것이고, 땅을 쓸고 제사한 것은 질박함에 인한 것이고, 질그릇과 바가지를 祭器로 사용한 것은 天地의 本然을 형상한 것이다.

≪集說≫

郊祭者는 報天之大事[219]而主於迎長日之至라 祭義云 配以月이라 故方氏謂 天之尊이 無爲하니 可祀之以其道요 不可主之以其事라 故以日爲之主焉[220]이라하니 天은 秉陽[221]하고 日者는 衆陽之宗이라 故로 就陽位而立郊兆라 陶匏는 亦器之質者니 質은

---

218) 埽地而祭 : 孔穎達의 疏에 "제단에서 섶나무를 태우고 땅에서 正祭를 지내므로 '땅을 쓸고 제사한다.' 한 것이다.〔燔柴在壇 正祭於地 故云掃地而祭〕" 하였다.(≪禮記正義≫)

219) 報天之大事 : 陳澔는 경문의 '大'를 '大事'로 풀이하였는데, 참고로 鄭玄의 주에는 "'大'는 徧(두루)과 같다." 하였고, 또 孔穎達의 소에 "비록 나온 바의 上帝를 특히 높이지만 또 하늘의 모든 신에게 두루 보답한다. 하늘의 여러 신 중에 해가 가장 존귀하므로 이 제사는 해가 여러 신의 主神이 된다.〔雖特尊所出之帝 而又徧報天之一切神 而天之諸神 唯日爲尊 故此祭者 日爲諸神之主〕" 하였다.(≪禮記正義≫)

220) 主於迎長日之至……故以日爲之主焉 : 〈祭義〉의 진호의 주에 方氏의 이 말을 인용하였는데, 또 방씨는 하늘에 제사하면서 해를 主神으로 삼는 것은 마치 왕의 燕飮에서 대부를 술자리의 主人으로 삼고 왕이 딸을 시집보낼 적에 諸侯를 主宰로 삼는 것과 같다고 하였다. 金在魯의 ≪禮記補註≫에는 진호가 '主日'을 '主於迎長日之至'로 풀이한 것은 전혀 맞지 않고, 방씨의 설이 옳다고 하였다.

乃物性之本然也라

郊祭는 하늘에 보답하는 큰일인데 길어지는 해의 도래를 맞이하는 것을 위주로 한다. 〈祭義〉에 이르기를 "달로써 해에 배향한다." 하였다. 그러므로 方氏(方慤)가 "존귀한 하늘은 하는 일이 없으니, 그 道로써 제사할 수는 있지만 그 일로써 主神으로 삼을 수는 없다. 그러므로 해를 주신으로 삼았다." 하였다. 하늘은 陽을 잡고 해는 여러 陽의 宗主이다. 그러므로 양의 자리에 나아가 교외의 제사 터를 세우는 것이다. 질그릇과 바가지는 또한 그릇 중에 질박한 것이니, 질박함은 바로 物性의 본연인 것이다.

≪大全≫

馬氏曰 郊者는 所以祀天이니 大報天而以日爲主하야 祭於壇而列於衆星之上하니 蓋日者는 陽之精也라 祭義에 言大報天而主日하고 配以月이어늘 而於此에 不言配以月者는 文略也라 就陽位者는 此釋其郊之意也요 掃地而祭와 器用陶匏는 此釋其以少爲貴之意也니라

馬氏 : 郊祭는 하늘에 제사하는 것인데, 크게 하늘에 보답하되 해를 主神으로 삼아서 壇에서 제사할 적에 여러 별의 위에 해를 놓으니, 이는 해가 陽의 精氣인 것이다. 〈祭義〉에 "〈교제는〉 크게 하늘에 보답하되 해를 주신으로 삼고 달로써 배향한다." 하였는데, 여기에서는 "달로써 배향한다."라고 말하지 않은 것은 글을 생략한 것이다. '陽의 자리에 나아감'은 바로 교제의 뜻을 설명한 것이고, '땅을 쓸고 제사함'과 '질그릇과 바가지를 祭器로 사용함'은 바로 적음을 귀하게 여기는 뜻을 설명한 것이다.

112403 於郊일새 故로 謂之郊니 牲用騂은 尙赤也[222)]요 用犢은 貴誠也니라 郊之用辛也[223)]는

221) 天秉陽 : ≪禮記≫ 〈禮運〉에 "하늘은 陽을 잡아서 해와 별을 드리운다.〔天秉陽 垂日星〕" 하였다.

222) 尙赤也 : 鄭玄의 注에 "붉은색을 숭상한 것은 周나라이다.〔尙赤者 周也〕" 하였다.(≪禮記正義≫)

223) 郊之用辛也 : 陳澔의 集說에서 이 구절만 따로 풀이하여 '何也'라는 말을 덧붙였고, ≪禮

郊外에서 제사하기 때문에 郊祭라고 이르니, 희생으로 붉은 것을 사용함은 붉은색을 숭상하는 것이고, 송아지를 사용함은 진실함을 귀하게 여겨서이다. 郊祭에 辛日을 사용하는 것은 〈어찌해서인가?〉

≪集說≫

問郊之用辛日은 何謂오

郊祭에 辛日을 사용함은 어찌해서냐고 물은 것이다.

≪大全≫

嚴陵方氏曰 以迎長日之至라 故로 以日爲主하니 天神은 不可得見이요 所可瞻仰者는 日月星辰而已라 兆는 則爲之分域이니 如龜兆之可別也라 旣曰兆於南郊矣라하고 又曰掃地而祭者는 蓋築壇을 謂之兆니 若兆五帝於四郊[224]가 是矣요 掃地를 亦爲之兆니 若此所言이 是矣라 此는 主祭天이어늘 而器之所象에 乃竝言地者는 蓋地道無成而代有終[225]하니 象地之性이 亦所以歸功於天也라 故로 中庸에 言郊社之禮는 所以事上帝라하니 則亦與此互相明焉이라 牲用騂은 卽牧人所謂陽祀用騂牲[226]이니 赤者는 盛陽之色[227]이라 大宗伯에 以玉作六器하야 以禮天地四方호되 以蒼璧禮天이라하고 而終言牲幣를 各放其器之色[228]이라하니 則祀天之牲은 用蒼而已니 乃與牧人所言으로

記正義≫에는 이 구절이 '貴誠也'와 떨어져 아래 단락과 연결되어 있다. 여기서는 분절은 하지 않고 集說에 따라 의미를 보충하여 번역하였다.

224) 兆五帝於四郊 : ≪周禮≫ 〈春官 小宗伯〉에 보이는데, 정현의 주에 "'兆'는 壇의 營域을 만든 것이다." 하였다.(≪周禮注疏≫)

225) 地道無成而代有終 : ≪周易≫ 坤卦 〈文言傳〉에 보인다.

226) 陽祀用騂牲 : ≪周禮≫ 〈地官 牧人〉에 "무릇 陽祀에는 붉은색 희생으로 털이 순수한 것을 사용하고, 陰祀에는 검은색 희생으로 털이 순수한 것을 사용한다.〔凡陽祀 用騂牲毛之 陰祀 用黝牲毛之〕" 하였다. 양사는 하늘과 종묘에 지내는 제사이고, 음사는 땅과 사직에 지내는 제사이다.

227) 赤者盛陽之色 : 赤色은 南方의 색이다. ≪周易≫ 〈說卦傳〉에 "〈乾은〉 大赤이 된다.〔爲大赤〕"고 하였는데, 孔穎達의 疏에 "盛한 陽의 색을 취한 것이다.〔取其盛陽之色也〕" 하였다.(≪周易正義≫)

228) 以玉作六器……各放其器之色 : ≪周禮≫ 〈春官 大宗伯〉에 "옥으로 여섯 가지 玉器를 만들어 天地와 四方에 바친다. 蒼璧을 하늘에 바치고, 黃琮을 땅에 바치고, 青圭를 東方에

異者는 蓋赤爲陽之盛色이어늘 而蒼與青이 乃其類也요 黑爲陰之盛色이어늘 而黃與白이 乃其類也니 若是면 則祀天之牲이 不必蒼也요 亦從其類而已라 故로 止言放焉이요 而牧人은 言凡陽祀以該之也라 以是로 知其止用騂也로라

嚴陵方氏 : 길어지는 해가 오는 것을 맞이하기 때문에 해를 主神으로 삼으니, 天神은 볼 수 없고 우러러 바라볼 수 있는 것은 해와 달과 星辰뿐이다. 兆는 그 구역을 나누는 것이니, 마치 분별할 수 있는 龜甲의 兆(갈라진 틈)와 같은 것이다. 이미 "南郊에 제단을 만든다." 하고 또 "땅을 쓸고 제사한다." 한 것은, 제단을 쌓는 것을 兆라 말하니 예컨대 "四郊에 五帝를 제사하는 제단을 만든다." 한 것이고, 땅을 쓸어 제사 터를 만드는 것을 또한 '兆'라 하니 여기에서 말한 바와 같은 것이다.

이는 하늘을 위주하여 제사하는 것인데 祭器가 형상하는 바로서 땅도 아울러 말한 것은, 땅의 道는 이룸이 없고 하늘을 대신하여 끝마침이 있으니, 땅의 性을 형상하는 것이 또한 하늘에게 공을 돌리는 것이기 때문이다. 그러므로 ≪中庸≫에 "郊祭와 社祭의 禮는 上帝를 섬기는 것이다." 하였으니, 또한 이와 서로 뜻을 밝히고 있다.

'희생으로 붉은 것을 사용함'은 바로 ≪周禮≫ 〈地官 牧人〉에 이른바 "陽祀에 붉은 희생을 사용한다."라는 것이니, 赤色은 盛한 陽의 색이다. ≪周禮≫ 〈春官 大宗伯〉에 "玉으로 여섯 가지 玉器를 만들어 천지와 사방에 바치는데, 蒼璧을 하늘에 바친다." 하고 끝에 말하기를 "희생과 폐백의 색은 각각 바치는 옥기의 색을 모방한다." 하였으니, 하늘에 제사하는 희생은 蒼色을 사용할 뿐이다. 이 내용이 〈목인〉에서 말한 바와 다른 것은, 적색은 陽의 성한 색인데 창색과 青色이 바로 그 종류이며, 黑色은 陰의 성한 색인데 黃色과 白色이 바로 그 종류이니, 이와 같으면 하늘에 제사하는 희생이 반드시 창색이어야 하는 것이 아니고, 또한 그 종류의 색을 따를 뿐인 것이다. 그러므로 다만 '모방한다'고 말한 것이고, 〈목인〉에는 '무릇 陽祀에는〔凡陽祀〕'이라 말하여 포괄한 것이다. 이 때문에 교제에 다만 붉은 희생을 사용함을 아는 것이다.

바치고, 赤璋을 남방에 바치고, 白琥를 서방에 바치고, 玄璜을 북방에 바친다. 모두 희생과 폐백이 있는데, 〈희생과 폐백의 색은〉 각각 바치는 옥기의 색을 모방한다.〔以玉作六器 以禮天地四方 以蒼璧禮天 以黃琮禮地 以青圭禮東方 以赤璋禮南方 以白琥禮西方 以玄璜禮北方 皆有牲幣 各放其器之色〕" 하였다. 정현의 주에 "'禮'는 처음 神에게 고할 때 神位에 바치는 것을 말한다.〔禮 謂始告神時薦於神坐〕" 하였다.(≪周禮注疏≫)

112404 **周之始郊**에 **日以至**니라

周나라에서 처음 郊祭를 지낼 때 그날이 〈마침 辛日인〉 冬至였기 때문이다.

≪集說≫

謂周家始郊祀에 適遇冬至是辛日[229]이러니 自後로 用冬至後辛日也니라

周나라에서 처음 郊祀를 지낼 때 마침 辛日인 동지였는데, 이후로 동지 후 신일을 사용하게 되었음을 말한 것이다.

112501 **卜郊**호되 **受命于祖廟**하며 **作龜于禰宮**은 **尊祖親考之義也**니라

郊祭를 점치는데 〈먼저〉 선조의 사당에서 命을 받고서 아버지 사당에서 龜甲으로 점을 치는 것은 선조를 높이고 아버지를 친애하는 의의이다.

≪集說≫

告于祖廟[230]而行事는 則如受命于祖하니 此尊祖之義라 作은 猶用也[231]니 用龜以卜而于禰宮은 此親考之義라 曲禮言大饗에 不問卜[232]이라하니 旣用冬至면 則有定日이요 此但云卜郊면 則非卜日矣라 下文言帝牛不吉하니 亦或此爲卜牲歟아 不然則異代之禮也리라

---

229) 謂周家始郊祀 適遇冬至是辛日 : 鄭玄의 注에는 齋戒하고 스스로 새롭게 하는 뜻을 취하여 辛日을 사용한 것이라 하였고, 孔穎達의 疏에는 王肅은 동지에 陽氣가 새로 用事하기 때문에 신일을 사용한 것이라 하였다. 이는 辛이 新과 통하므로 그 뜻을 취하여 동짓달의 신일을 사용하였다는 말로 보인다.(≪禮記正義≫)

230) 告于祖廟 : 정현의 주에 "〈'受命'은〉 고함을 이른다.〔謂告之〕" 하였다.(≪禮記正義≫)

231) 作猶用也 : 참고로 金在魯의 ≪禮記補註≫에는 ≪周禮≫ 〈春官 大卜〉의 정현의 주에 "〈'作龜'는〉 불로 거북을 구워서 그 兆(갈라진 무늬)를 만드는 것을 이른다.〔謂以火灼之 以作其兆也〕"라고 한 것에 근거하여, 陳澔의 註는 잘못이고 大全의 嚴陵方氏의 설이 옳다고 하였다.

232) 大饗不問卜 : ≪禮記≫ 〈曲禮 下〉에 보이는데, 이에 대한 陳澔의 集說에 大饗은 冬至에 하늘에 제사하고 夏至에 땅에 제사하는 것이며, 날짜가 정해졌으므로 점치지 않는 것이라 하였다.

선조의 사당에서 고유하고 일을 행하는 것은 마치 선조에게서 命을 받는 것과 같으니, 이는 선조를 높이는 뜻이다. 作은 用과 같으니, 龜甲을 사용해 점을 치는데 아버지 사당에서 하는 것은 바로 아버지를 친애하는 의의이다. 〈曲禮〉에 "大饗에는 점을 치지 않는다." 하였으니, 이미 동지를 썼으면 정해진 날짜가 있는 것이고, 여기에 다만 '卜郊'라고 했으면 날짜를 점친 것이 아니다. 아랫글에 '상제에게 바칠 소가 길하지 않음'을 말하였으니, 아마도 이는 희생을 점친 것인 듯하다. 그렇지 않다면 다른 왕조의 禮일 것이다.

≪大全≫

嚴陵方氏曰 受命은 則受之而已요 作龜는 則質其可否焉이라 於祖則受命은 以其能始事故也요 於禰則作龜는 以其能成事故也라 於祖曰廟는 以其遠而神事之也요 禰曰宮은 以其近而人事之也니 尊親之義가 又在於是矣라 作龜는 卽灼龜也니 灼之하야 將以作事故로 以作言之하니라

嚴陵方氏 : '受命'은 명을 받을 뿐인 것이고, '作龜'는 그 可否를 질정하는 것이다. 선조에게 명을 받는 것은 선조가 능히 일을 시작하였기 때문이고, 아버지 사당에서 龜甲을 지지는 것은 아버지가 능히 일을 이루었기 때문이다. 선조에게 廟라 한 것은 선조는 멀어서 神으로 섬기는 것이고, 아버지에게 宮이라 한 것은 아버지는 가까워서 사람으로 섬기는 것이니, 높이고 친애하는 뜻이 또 여기에 있는 것이다. '作龜'는 바로 灼龜(귀갑을 불에 지짐)이니, 귀갑을 지져서 장차 일을 하려는 것이므로 作이라 한 것이다.

112502 卜之日에 王이 立于澤하사 親聽誓命은 受教諫之義也요

점치는 날에 왕이 澤宮에 서서 친히 〈有司가 여러 執事者들에게 하는〉 誓戒와 명령을 듣는 것은 가르침과 諫言을 받아들이는 의의이다.

≪集說≫

澤은 澤宮也니 於其中에 射以擇士일새 因謂之澤宮이요 又其宮이 近水澤이라 故名也라 其日卜竟하고 有司卽以祭事로 誓戒命令衆執事者어든 而君亦聽受之하니 是는 受教

諫之義也라

澤은 澤宮이니 이 가운데에서 활쏘기를 하여 士를 간택하기 때문에 인하여 澤宮이라 하고, 또 그 건물이 水澤과 가깝기 때문에 이름한 것이다. 이날 점치는 것이 끝나고 有司가 바로 제사의 일을 여러 執事者들에게 誓戒하고 명령하면 군주도 그 말을 듣고 받아들이니, 이는 가르침과 간언을 받아들이는 의의이다.

≪大全≫

延平周氏曰 郊之禮는 歲有常이어늘 而卜之에 必受命於祖廟者는 先王一擧事에 未嘗不稟受於鬼神也라 受命必於祖하고 作龜必於禰者는 先王之於祖則致其義하니 義則尊之하고 而於禰則盡其仁하니 仁則親之故也라 澤宮은 擇助祭者之所라 故로 冢宰於此에 誓命其助祭者하고 而王亦親聽之하니 蓋示其君之於臣에 其上則有所受教하고 而其下則受諫而已니라

延平周氏 : 郊祭의 禮는 해마다 일정한데도 점칠 적에 반드시 선조의 사당에서 命을 받는 것은 先王이 한번 일을 거행하면 일찍이 귀신에게 명을 받지 않는 경우가 없는 것이다. 명을 받는 것을 반드시 선조의 사당에서 하고 거북으로 점을 치는 것을 반드시 아버지 사당에서 하는 것은, 선왕이 선조에게 그 義를 다하니 義를 하면 그를 높이고, 아버지 사당에는 그 仁을 다하니 仁을 하면 그를 친히 하기 때문이다. 澤宮은 제사를 돕는 자를 간택하는 곳이다. 그러므로 冢宰가 여기에서 제사를 돕는 자에게 誓戒하고 명령하고, 왕 또한 친히 이를 듣는 것이다. 이는 군주가 신하에 대하여 위의 신하에게는 가르침을 받는 바가 있고 아래의 신하에게는 간언을 받아들일 뿐임을 보이는 것이다.

112503 獻命庫門之內는 戒百官也요 大(태)廟之命은 戒百姓也라

庫門 안에서 有司가 아뢰는 것은 왕이 여기에서 百官을 경계할 명령이고, 이를 또 太廟에서 명령함은 同姓의 신하들을 경계하는 것이다.

≪集說≫

有司獻王所以命百官之事어든 王이 乃於庫門內에 集百官而戒之하고 又於大廟之內에

戒其族姓之臣也라

有司가 왕이 백관에게 명령할 일을 아뢰면 왕이 마침내 庫門 안에서 백관을 모아 놓고 경계하며, 또 태묘의 안에서 同姓의 신하들을 경계하는 것이다.

≪大全≫

嚴陵方氏曰 以一人之尊으로도 亦親聽誓命은 則以嚴上故也라 聚衆而誓는 非爲王也요 特助祭者爾로되 而王亦親聽之라 故로 有受敎諫之義라 百官은 授之以官者니 群臣之謂也요 百姓은 賜之以姓者니 諸侯之謂也니 諸侯는 親而尊故로 於大廟에 戒之하고 百官은 疏而卑故로 於庫門에 戒之니라

嚴陵方氏 : 한 사람의 존귀한 왕으로서 또한 誓戒와 명령을 친히 듣는 것은 윗사람을 존엄하게 대하게 하기 위해서이다. 여러 사람을 모아 誓戒하는 것은 왕을 위한 것이 아니고 다만 제사를 돕는 자를 위한 것인데, 왕도 이를 친히 듣는다. 그러므로 가르침과 간언을 받아들이는 의의가 있는 것이다.

百官은 관직을 준 자이니 여러 신하를 말하고, 百姓은 姓을 하사한 자이니 제후를 말한다. 제후는 친하고 존귀하기 때문에 태묘에서 경계하고, 백관은 소원하고 비천하기 때문에 庫門에서 경계하는 것이다.

皮弁服

112504 祭之日에 王이 皮弁하야 以聽祭報는 示民嚴上也요 喪者不哭하며 不敢凶服[233]하며 汜(범)埽反道하며 鄕爲田燭은 弗命而民聽上이니라

제사하는 날에 왕이 皮弁服을 하고서 제사에 관한 보고를 들음은 백성에게 윗사람을 존엄하게

233) 不敢凶服 : 孔穎達의 疏에는 "감히 흉복을 입고 밖에 나오지 못한다.〔不敢凶服而出〕" 하였다.(≪禮記正義≫)

대해야 함을 보이는 것이다. 喪을 당한 자는 곡하지 않고 감히 喪服을 입고 밖에 나오지 못하며, 백성은 물을 뿌려 청소하고 도로의 흙을 파서 뒤집어놓으며, 六鄕의 백성은 밭머리에 횃불을 설치하여 〈도로를 밝히니,〉 이는 모두 굳이 명령하지 않아도 백성이 윗사람의 명령을 따르는 것이다.

≪集說≫

祭報는 報白日時早晩과 及牲事之備具也라 汜埽는 洒水而後埽也[234)]요 反道는 剗道路之土하야 反之하야 令新者在上也라 鄕은 郊內六鄕[235)]也라 六鄕之民이 各於田首에 設燭照路는 恐王行事之早也라 喪者不哭以下諸事는 皆不待上令而民自聽從이니 蓋歲以爲常也라

'祭報'는 제사하는 日時가 빠른지 늦은지, 희생에 관계된 일이 구비되었는지 보고하는 것이다. '汜埽'는 물을 뿌린 뒤에 청소하는 것이고, '反道'는 도로의 흙을 깎아 뒤집어서 새 흙이 위에 있게 하는 것이다. 鄕은 郊內의 六鄕이다. 육향의 백성이 각각 밭머리에 횃불을 설치하여 도로를 밝히는 것은 왕이 일찍 제사하러 갈까 염려한 것이다. '喪者不哭' 이하의 여러 일은 모두 윗사람의 명령을 기다리지 않고 백성이 스스로 따르는 것이니, 해마다 일정하게 시행한 것이다.

≪大全≫

延平周氏曰 祭報는 祭之日에 宗伯이 報王以行禮也니 以眡(시)朝之服[236)]으로 而聽宗伯之報는 所以示民嚴上也라 喪者不哭하고 不敢凶服은 所以異其吉이요 汜埽反道는 所以去其舊요 鄕爲田燭은 所以尙其質이니라

延平周氏 : '祭報'는 제사하는 날에 宗伯이 왕에게 禮를 행함을 보고하는 것이니, 조회를 보는 禮服으로 종백의 보고를 듣는 것은 백성에게 윗사람을 존엄하게 대해야 함을 보이기 위한 것이다. '喪을 당한 자가 곡하지 않고 감히 상복을 입지 않는

---

234) 汜埽洒水而後埽也 : 참고로 孔穎達의 疏에는 '汜埽'를 '널리 청소함〔廣埽〕'으로 풀이하여, 郊의 도로 주변에 있는 백성들이 새 도로를 널리 청소하는 것이라 하였다.(≪禮記正義≫)

235) 郊內六鄕 : 周나라 제도에 도성 밖 100리 이내가 郊이고, 郊를 六鄕으로 나누었다.

236) 眡(시)朝之服 : 천자가 조회를 볼 때 입는 皮弁服을 가리킨다. ≪周禮≫ 〈春官 司服〉에 "조회를 볼 적에는 피변복을 입는다.〔眡朝 則皮弁服〕" 하였다. 眡는 視와 같다.

것'은 그 吉함을 특별히 여기는 것이고, '물을 뿌려 청소하고 도로의 흙을 파서 뒤집어놓는 것'은 옛것을 제거하는 것이고, '六鄕의 백성이 밭머리에 횃불을 설치하여 〈도로를 밝히는〉 것'은 그 질박함을 숭상하는 것이다.

112505 **祭之日**에 **王**이 **被袞以象天**하나니

제사하는 날에 왕이 袞服을 입어 하늘을 형상하니,

≪集說≫

象天은 謂有日月星辰之章也라

'象天'은 해와 달과 星辰의 무늬가 있음을 이른다.

○ 陳氏曰 合周官禮記而考之하면 王之祀天에 內服大裘하고 外被龍袞하니 龍袞은 所以襲大裘也[237)]라

陳氏 : ≪周禮≫와 ≪禮記≫를 합하여 살펴보면 왕이 하늘에 제사할 적에 안에는 大裘를 입고 밖에는 龍을 그린 袞服을 입으니, 용을 그린 곤복은 덧입어서 大裘를 가리는 것이다.

112506 **戴冕**에 **璪十有二旒**는 **則**(칙)**天數也**요 **乘素車**는 **貴其質也**요 **旂十有二旒**하며 **龍章而設日月**은 **以象天也**니 **天**이 **垂象**이어늘 **聖人**이 **則之**하나니 **郊**는 **所以明天道也**라

면류관을 쓸 적에 藻(옥을 꿰어 드리운 끈)로서 열두 가닥의 旒(술)가 있는 것은 하늘의 數를 본받은 것이고, 素車를 타는 것은 그 질박함을 귀하게 여기는 것이고, 旂에 열두 가닥의 旒가 있고 龍의 무늬에 해와 달을 그

---

237) 合周官禮記而考之……所以襲大裘也 : 陳氏(陳祥道)의 ≪禮書≫에 의하면, ≪周禮≫는 〈春官 司服〉에 "〈왕의 吉服은〉 昊天의 上帝에게 제사할 적에는 大裘를 입고 면류관을 쓰며, 五帝에게 제사할 적에도 이와 같이 한다. 선왕에게 제사할 적에는 袞服을 입고 면류관을 쓴다.〔祀昊天上帝則服大裘而冕 祀五帝亦如之 享先王則袞冕〕" 한 것을 가리키고, ≪禮記≫는 이 장을 가리킨다. 반면에 鄭玄은 〈司服〉에 근거하여 이것은 魯나라의 禮라고 하였다.(≪禮記正義≫) 大裘는 검은 염소 갖옷이다.

린 것은 하늘을 형상한 것이다. 하늘이 象을 드리우면 聖人이 이것을 본받으니, 郊祭는 天道를 밝히는 것이다.

≪集說≫

璪는 與藻同이라 素車는 殷之木路也라 旂之旒與冕之旒는 皆取垂下之義라 餘見(현)前하니라

璪는 藻와 같다. 素車는 殷나라의 木路이다. 旂의 旒와 면류관의 旒는 모두 아래로 드리운 뜻을 취하였다. 나머지는 앞에 보인다.

≪大全≫

嚴陵方氏曰 龍也, 日月也, 數也, 質也는 皆天之所示之象也어늘 而聖人觀之하사 以爲儀物之則이라 故로 曰 天垂象이어늘 聖人則之라하니라 以天道遠而難知하고 神而莫測이라 故로 郊之儀物을 必觀象而作焉하니 則所以明之也라 故로 曰 郊所以明天道也라하니라

嚴陵方氏 : 龍과 해와 달과 數와 질박함은 모두 하늘이 보이는 象인데 聖人이 이를 보고 儀物의 준칙으로 삼았다. 그러므로 "하늘이 象을 드리우면 성인이 이것을 본받는다."라고 한 것이다.

天道는 멀어서 알기가 어렵고 신묘하여 측량할 수가 없으므로 郊祭의 의물을 반드시 하늘의 象을 보고 만드는 것이니, 이는 천도를 밝히는 것이다. 그러므로 "교제는 천도를 밝히는 것이다."라고 한 것이다.

○ 長樂陳氏曰 夫先王祀天에 有文以示外心之勤하고 有質以示內心之敬[238]이라 故로 因丘와 埽地와 陶匏와 稿秸(갈)과 疏布와 樿(전)杓과 素杓과 素車之類[239]는 此는

---

238) 有文以示外心之勤 有質以示內心之敬 : 〈禮器〉 '101901'의 陳澔 集說에 "적은 것과 작은 것과 낮은 것과 소박한 것을 귀함으로 여김은 마음을 내면에 쓰는 공경함이 성실하지 않음이 없음을 이른다. 그리고 많은 것과 큰 것과 높은 것과 문채 나는 것을 귀함으로 여기면 아름다우면서도 문채가 있으니, 이는 마음을 외면에 씀이 성실함을 이른다.〔謂以少者小者下者素者爲貴 是內心之敬 無不實者 以多者大者高者文者爲貴 美而有文 是外心之實者〕" 하였다.

239) 因丘……素車之類 : '因丘'는 〈禮器〉 '102601'에 "높이 있는 것에 〈제사 지내되〉 반드시 구릉을 인한다.〔爲高 必因丘陵〕" 한 것이고, '疏布'와 '樿杓素杓'은 〈禮器〉 '101201'의 소박한 것을 귀하게 여기는 경우로 "〈소 모양을 새긴 술동이인〉 犧尊은 거친 삼베로 위를

因其自然하야 以示內心之敬者也요 執鎭圭호되 繅藉五采五就[240)]하고 旂龍章而設日月하고 四圭有邸[241)]하고 八變之音[242)]과 黃鐘大呂之鈞[243)]이니 此는 致其文飾하야 以示外心之勤者也라 然則內服大裘하야 以因其自然하며 外被龍袞하고 戴冕藻하야 以致其文飾은 不以內心廢外心하고 不以自然廢文飾이니 然後에 事天之禮盡矣니라

長樂陳氏 : 先王이 하늘에 제사할 적에 문채가 있는 禮로써 외면에 마음을 두는 부지런함을 보이고, 질박함이 있는 禮로써 내면에 마음을 쓰는 공경을 보인다. 그러므로 구릉을 인하여 제사하고, 땅을 쓸어 제사하고, 질그릇과 바가지를 祭器로 쓰고, 짚자리, 거친 삼베, 〈흰색 무늬가 있는 나무인〉 樿으로 만든 구기, 素杓(장식이 없는 구기), 素車 등을 사용하는 따위는 바로 그 자연스러움을 따라서 내면에 마음을 쓰는 공경을 보인 것이다. 鎭圭를 잡는데 그 받침은 다섯 가지 채색으로 다섯 번 두르고, 旂는 龍의 무늬에 해와 달을 그리고, 四圭有邸를 사용하고, 樂을 여덟 번

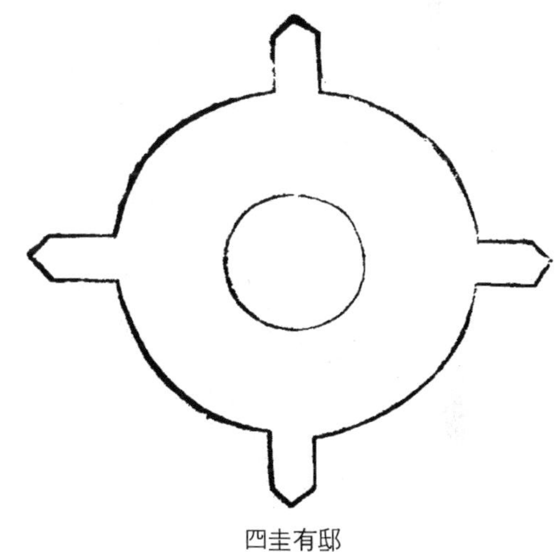
四圭有邸

덮고 〈흰색 무늬가 있는 나무인〉 樿으로 만든 구기를 쓴다.〔犧尊 疏布鼏 樿杓〕" 한 것이다. '埽地', '陶匏', '稿秸', '素車'는 이 편에 보인다.

240) 執鎭圭 繅藉五采五就 : ≪周禮≫ 〈春官 典瑞〉에 "왕은 大圭를 꽂고 鎭圭를 잡는데, 圭의 받침은 다섯 가지 채색으로 다섯 번 두르니, 이것으로 朝日(춘분에 東門의 밖에서 해에게 하는 拜禮)을 행한다.〔王晉大圭 執鎭圭 繅藉五采五就 以朝日〕" 하였다.

241) 四圭有邸 : 璧玉을 본체로 하여 사방에 각각 圭가 붙어 있는 禮器이다. ≪周禮≫ 〈春官 典瑞〉에 "四圭有邸로 하늘에 제사하고 上帝에게 旅祭를 지낸다.〔四圭有邸以祀天 旅上帝〕" 하였다.

242) 八變之音 : ≪周禮≫ 〈春官 大司樂〉에 冬至에 지상의 圜丘에서 〈雲門〉의 舞樂을 연주하는데 "여섯 번 연주하면 天神이 모두 내려온다.〔若樂六變 則天神皆降〕" 하고, 夏至에 못 가운데의 方丘에서 〈咸池〉의 舞樂을 연주하는데 "여덟 번 연주하면 地祇가 모두 나온다.〔若樂八變 則地示皆出〕" 하였다. 여기서 하늘의 제사를 말하고 있으므로 '八變'은 '六變'이 되어야 할 듯하다.

243) 黃鐘大呂之鈞 : ≪周禮≫ 〈春官 大司樂〉에 "黃鍾律로 〈음높이를 정하여 鐘磬을〉 연주하고 大呂律로 〈음높이를 정하여〉 노래하고 〈雲門〉의 춤을 추어서 天神에게 제사한다.〔奏黃鍾 歌大呂 舞雲門 以祀天神〕" 하였다.

연주하고, 黃鐘과 大呂로 樂을 조절하니, 이는 그 文飾을 지극히 하여 외면에 마음을 두는 부지런함을 보인 것이다.

그렇다면 안에 大裘를 입어서 그 자연스러움을 따르며 밖에 袞服을 입고 藻를 드리운 면류관을 써서 그 문식을 지극히 하는 것은, 내면에 마음을 씀으로써 외면에 마음을 둠을 폐하지 않고 자연스러움으로써 문식을 폐하지 않는 것이니, 이런 뒤에야 하늘을 섬기는 禮를 다하게 될 것이다.

112507 **帝牛不吉**이어든 **以爲稷牛**하나니 **帝牛**는 **必在滌三月**이요 **稷牛**는 **唯具**니 **所以別事天神與人鬼也**라 **萬物**은 **本乎天**하고 **人**은 **本乎祖**하니 **此所以配上帝也**라 **郊之祭也**는 **大報本反始也**니라

〈점을 쳐서〉 上帝에게 바칠 소가 길하지 않으면 后稷에게 바칠 소를 대신 사용한다. 상제에게 바치는 소는 반드시 깨끗한 우리에 3개월 동안 있어야 하고 후직에게 바치는 소는 다만 祭用을 갖추면 되니, 이는 天神과 人鬼를 구별하여 섬기는 것이다. 만물은 하늘에 근본하고 사람은 선조에 근본하니, 이것이 선조를 상제에게 배향하는 이유이다. 郊祭는 바로 크게 근본에 보답하고 시초를 돌이켜 생각하는 것이다.

≪集說≫

郊祀后稷以配天이라 故祭上帝者를 謂之帝牛요 祭后稷者를 謂之稷牛라 滌者는 牢中清除之所也니 此二牛皆在滌中이라 爲는 猶用也라 若至期하야 卜牲不吉하고 或有死傷이어든 卽用稷牛하야 爲帝牛하고 而別選稷牛也라 非在滌三月者는 不可爲帝牛라 故以稷牛代之하니 稷은 乃人鬼니 其牛는 但得具用이 足矣라 故云 稷牛唯具라하니라 人이 本乎祖라 故以祖配帝하니 是는 郊之祭 乃報本反始之大者니라

郊祀에 후직을 하늘에 배향하므로 상제에게 제사하는 소를 帝牛라 하고 후직에게 제사하는 소를 稷牛라 한다. 滌은 우리 가운데 깨끗이 소제한 곳이니, 이 두 소가 모두 깨끗한 우리 안에 있다. 爲는 用과 같다. 만약 제사할 시기가 되어 점을 쳐서 희생이 길하지 않거나 혹은 희생이 죽거나 상처를 입으면 바로 후직에게 바칠 소를

상제에게 바칠 소로 삼고 별도로 후직에게 바칠 소를 고르는 것이다. 깨끗한 우리에 3개월 동안 있었던 소가 아니면 상제에게 바치는 소가 될 수 없으므로 후직에게 바칠 소로 대신하는 것이다. 후직은 바로 人鬼이니, 그 소는 다만 祭用을 갖추면 충분하다. 그러므로 "후직에게 바치는 소는 다만 제용을 갖추면 된다.〔稷牛唯具〕"라고 한 것이다. 사람이 선조에 근본하므로 선조를 상제에 배향한 것이니, 이는 郊祭가 바로 근본에 보답하고 시초를 돌이켜 생각하는 큰일인 것이다.

≪大全≫

嚴陵方氏曰 謂之滌은 則以精潔爲義요 唯具는 則取足而已니 不必三月之滌也라 充人이 掌繫祭祀之特牲하니 五帝則繫於牢하고 芻之三月하며 饗先王亦如之라하니 則人鬼之牲도 亦芻之三月矣어늘 此止曰唯具者는 蓋芻之三月은 以祀天神爲稱이요 人鬼則如之而已라 故有時而唯具亦可也라 帝爲天神이요 稷爲人鬼니라

嚴陵方氏 : '滌'이라 한 것은 精潔함을 뜻으로 삼은 것이고, '唯具'는 충족함을 취할 뿐인 것이니, 반드시 3개월 동안 정결히 할 필요는 없는 것이다. ≪周禮≫ 〈地官 充人〉에 "제사에 쓸 特牲을 가두어 기르는 일을 관장한다. 五帝에게 제사 지낼 적에는 희생을 우리에 가두어 3개월 동안 꼴을 먹여 기른다. 선왕에게 제향할 때도 이와 같이 한다." 하였으니, 人鬼의 희생도 3개월 동안 꼴을 먹여 기르는 것이다. 그런데 여기서 단지 '다만 갖출 뿐'이라 말한 것은, '3개월 동안 꼴을 먹여 기름'은 天神에 제사함에 대하여 말한 것이고 인귀에 대해서는 '이와 같이 할' 뿐이므로 때로는 다만 갖추기만 하여도 괜찮은 것이다. '帝'는 천신이고, '稷'은 인귀이다.

○ 延平周氏曰 孝經曰 郊祀后稷하야 以配天하고 宗祀文王於明堂하야 以配上帝라하니 是는 祖之所配於圜丘者昊天이요 而考之所配於明堂者上帝어늘 此言萬物本乎天하고 人本乎祖라하고 而反言配上帝는 何也오 天言其體하고 帝言其用이라 故로 對而言하면 則天與帝異하고 離而言하면 則帝卽天也요 天卽帝也라 易之象曰 先王以하야 作樂崇德하야 殷薦之上帝하야 以配祖考라하니 其言上帝가 與此同意하니라

延平周氏 : ≪孝經≫에 "郊祭에 후직을 제사하여 하늘에 배향하고 明堂에서 文王을 宗祀하여 上帝에 배향하였다." 하였으니, 이는 圜丘에서는 선조를 昊天에 배향하고, 명당에서는 아버지를 상제에 배향하는 것이다. 그런데 여기서는 "만물은 하늘에

근본하고 사람은 선조에 근본한다." 말하고서 도리어 '선조를 상제에게 배향함'을 말한 것은 어째서인가? 하늘은 그 형체를 말하고 帝는 그 쓰임을 말한 것이다. 그러므로 서로 상대하여 말하면 天과 帝가 다르고, 따로 나누어 말하면 帝가 곧 하늘이고 하늘이 곧 帝인 것이다. ≪周易≫ 豫卦 〈象傳〉에 "선왕이 〈우레의 象을〉 관찰하여 樂을 만들어 덕을 높여서 성대하게 상제에게 올려 祖考를 배향하였다." 하였는데, 이 '상제'라 말한 것이 여기의 상제와 뜻이 같다.

○ 嚴陵方氏曰 萬物이 皆天之所生이로되 而人則祖之所生이니 如是則祖與天合矣라 故推祖以配天하나니 故로 曰 此所以配上帝라하니라 人物所本이 如此하니 安可以不知報本而反始哉아 故로 言郊之祭는 大報本反始也라하니라

嚴陵方氏 : 만물은 모두 하늘이 낳은 바인데 사람은 선조가 낳은 바이니, 이와 같으면 선조가 하늘에 부합하므로 선조를 미루어 하늘에 배향하는 것이다. 그러므로 "이것이 선조를 上帝에게 배향하는 이유이다." 한 것이다. 사람과 물건의 근본한 바가 이와 같으니, 근본에 보답하고 시초를 돌이켜 생각할 줄 모른다면 어찌 되겠는가. 그러므로 "郊祭는 크게 근본에 보답하고 시초를 돌이켜 생각하는 것이다." 한 것이다.

112601 天子大蜡(사)[244]八이니 伊耆(기)氏[245]始爲蜡하시니 蜡也者는 索也니 歲十二月[246]에 合聚萬物而索饗之也니라

天子의 큰 蜡祭가 여덟이니, 伊耆氏가 처음으로 사제를 만드셨다. 蜡라는 것은 찾는다는 뜻이니, 매년 12월에 만물을 모아서 神을 찾아 제향하는 것이다.

≪集說≫

蜡는 祭八神이니 先嗇一이요 司嗇二요 農三이요 郵表畷(철)四요 貓虎五요 坊六이요 水

244) 蜡(사) : 농사를 잘되게 한 여덟 神의 功에 보답하기 위해 12월에 지내는 제사이다.

245) 伊耆(기)氏 : 堯임금의 姓이다. 그러나 일설에는 炎帝 神農이라고도 한다.

246) 歲十二月 : 鄭玄의 注에 "〈'十二月'은〉 周正의 수이니, 建亥의 달(夏曆 10월)을 이른다.〔周之正數 謂建亥之月也〕" 하였다.(≪禮記正義≫) 周正은 周曆의 正月로 음력 11월이다. ≪史記≫ 〈曆書〉에 의하면, 夏曆에서는 음력 1월을 정월로 삼고, 殷曆에서는 음력 12월을 정월로 삼고, 周曆에서는 음력 11월을 정월로 삼았다.

庸七이요 昆蟲八이라 伊耆氏는 堯也라 索은 求索其神也요 合은 猶閉也니 閉藏之月에 萬物이 各已歸根復命일새 聖人이 欲報其神之有功者라 故求索而享祭之也니라

蜡는 여덟 神에게 제사하니, 先嗇이 첫 번째이고, 司嗇이 두 번째이고, 農神이 세 번째이고, 郵表畷이 네 번째이고, 고양이와 호랑이의 신이 다섯 번째이고, 堤坊(堤防)이 여섯 번째이고, 水庸이 일곱 번째이고, 昆蟲이 여덟 번째이다. '伊耆氏'는 堯임금이다. 索은 그 신을 구하여 찾음이고, 合은 閉와 같다. 閉藏하는 달에는 만물이 각각 근본으로 돌아가 본성을 회복하기 때문에 聖人이 그 신들 중에 功이 있는 자에게 보답하고자 하였다. 그러므로 여덟 신을 찾아 제향하는 것이다.

≪大全≫

長樂陳氏(日)〔曰〕[247] 蜡之爲祭는 所以報本反始하고 (恩)〔息〕[248]老送終也라 其服이 王玄冕이요 而有司皮弁素服葛帶榛杖이며 其牲體는 疈辜(벽고)[249]요 其樂은 六樂而奏六變[250]하고 吹豳(빈)頌[251]하고 擊土鼓하고 舞兵舞帗(불)舞[252]요 其所致者는 川澤山林으로 以至土示, 天神히 莫不與焉하니 則合聚萬物而饗之者는 非特八神也로되 而所重者八은 以其尤有功於田故也요 其神之尊者는 非特先嗇也로되 而主(老)〔先〕[253]

247) (日)〔曰〕: 저본에는 '日'로 되어 있으나, 四庫全書本에 의거하여 '曰'로 바로잡았다.

248) (恩)〔息〕: 저본에는 '恩'으로 되어 있으나, 四庫全書本에 의거하여 '息'으로 바로잡았다.

249) 疈辜(벽고) : 희생을 잡아 각을 뜬 것으로, ≪周禮≫ 〈春官 大宗伯〉에 "희생을 잡아 각을 떠서 四方百物에 제사한다.〔以疈辜 祭四方百物〕"라고 보인다.

250) 六樂而奏六變 : '六樂'은 천자의 樂으로, 黃帝의 樂인 雲門, 堯임금의 樂인 咸池, 舜임금의 樂인 大韶, 禹임금의 樂인 大夏, 湯임금의 樂인 大濩, 武王의 樂인 大武를 말한다. '六變'은 樂章이 여섯 번 변하는 것으로, 고대에 百神을 제사할 때에는 악장이 여섯 번 바뀌어야 비로소 祭典이 이루어졌다.

251) 豳(빈)頌 : ≪詩經≫ 〈豳風 七月〉을 말한다. 이는 武王이 죽고 나서 당시 攝政으로 있던 周公이 어린 成王에게 농사의 어려움을 알려주기 위해 지은 시로, 농사의 月令을 노래하고 있다. ≪周禮≫ 〈春官 籥章〉에 "나라에서 蜡祭를 지내게 되면 豳頌을 관악기로 불고 흙으로 만든 북을 쳐서 老物을 쉬게 한다.〔國祭蜡 則歈豳頌 擊土鼓 以息老物〕"라고 보인다.

252) 兵舞帗(불)舞 : '兵舞'는 고대에 제사할 때 손에 방패와 도끼 등의 兵器를 들고 추던 춤이고, '帗舞'는 제사할 때 오색 비단으로 만든 旗를 들고 추던 춤으로, ≪周禮≫ 〈地官 鼓人〉에 "百物의 신에게 드리는 제사에 병무와 불무를 추는 자〔凡祭祀百物之神 鼓兵舞帗舞者〕"라고 보인다.

嗇者는 以其始有事於田故也니라

長樂陳氏 : 蜡祭는 근본에 보답하고 시작으로 돌아가며 老物(농부와 만물)을 쉬게 하고 마지막을 전송하는 것이다. 그 의복은 王은 玄冕을 입고 有司는 皮弁에 素服을 입고 칡넝쿨 띠에 개암나무 지팡이를 짚으며, 그 牲體는 副辜이며, 그 樂은 六樂으로 六變을 연주하고 豳頌을 관악기로 부르고 土鼓를 치며 兵舞와 帗舞를 추며, 그 제사를 지내는 것은 川澤과 山林으로부터 土示(地祇)와 天神에 이르기까지 참여하지 않음이 없다. 그렇다면 만물을 함께 모아서 제향하는 것은 다만 八神만이 아닌데 소중히 여기는 것이 여덟인 것은 팔신이 더욱 농사에 功이 있기 때문이고, 신으로 높임은 비단 先嗇만이 아닌데 선색을 위주로 하는 것은 선색이 처음으로 농사에 종사하였기 때문이다.

○ 馬氏曰 萬物之所以成者는 神有以相功於其幽요 民有以致力於其明이니 神有功以相其幽則報之하고 民有力以致其明則勞之하니 所謂百日之蜡에 一日之澤[254)]이 是也니라

馬氏 : 만물이 이루어지는 것은 神이 그 幽(귀신 세계)에서 功을 도와줌이 있고 백성이 그 明(인간 세계)에서 힘을 다함이 있기 때문이다. 신이 그 幽에서 도와준 功이 있으면 보답하고 백성이 그 明에서 다한 힘이 있으면 위로해야 하니, 孔子께서 말씀하신 '100일의 蜡祭에 하루 동안의 은택'이라는 것이 이것이다.

---

253) (老)〔先〕: 저본에는 '老'로 되어 있으나, 四庫全書本에 의거하여 '先'으로 바로잡았다.

254) 百日之蜡 一日之澤 : '百日'은 1년을, '一日'은 蜡祭를 지내는 날을, 澤은 先王의 은택을 들어 말한 것으로, 선왕이 한 해 내내 수고하는 백성들을 가엾게 여겨서 사제를 지내는 날 잔치를 벌여 백성들로 하여금 그 하루를 즐기도록 한 것이다. 《禮記》〈雜記下〉에 "子貢이 사제를 구경하는데 공자께서 '賜야, 즐거웠느냐?' 하고 물으시자, 자공이 대답하기를 '온 나라 사람들이 모두 미친 듯합니다. 그러나 저는 그 즐거움을 알지 못하겠습니다.' 하였다. 이에 공자께서 말씀하였다. '백일 동안 수고한 뒤에 지내는 사제는 하루 동안 즐거워하도록 하는 군주의 은택이니, 네가 알 수 있는 바가 아니다. 활을 조이기만 하고 풀어놓지 않는다면 문왕과 무왕도 다스리지 못한다. 활을 풀어만 놓고 조이지 않는 것은 문왕과 무왕이 하지 않는 것이다. 한 번 조이고 한 번 풀어놓는 것이 문왕과 무왕의 도이다.'〔子貢觀於蜡 孔子曰 賜也樂乎 對曰 一國之人皆若狂 賜未知其樂也 子曰 百日之蜡 一日之澤 非爾所知也 張而不弛 文武弗能也 弛而不張 文武弗爲也 一張一弛 文武之道也〕"라고 보인다.

112602 **蜡之祭也**는 **主先嗇而祭司嗇也**니 **祭百種**은 **以報嗇也**니라

蜡祭는 先嗇을 위주로 하고 司嗇을 배향하니, 百穀의 종자 신에게 제사함은 농사일을 가르친 공에 보답하는 것이다.

≪集說≫

嗇은 與穡同하니 先嗇은 神農也요 主는 如前章主日之主니 言爲八神之主也라 司嗇은 上古后稷之官이요 百種은 司百穀之種之神也라 報嗇은 謂報其教民樹藝之功이라

'嗇'은 穡과 같으니, '先嗇'은 神農氏이다. '主'는 앞 章의 '主日'의 主와 같으니, 여덟 신의 주장으로 삼음을 말한 것이다. '司嗇'은 上古시대 后稷의 官名이고, '百種'은 百穀의 종자를 맡은 신이다. '報嗇'은 그가 백성들에게 곡식을 심고 가꾸는 것을 가르친 功에 보답함을 이른다.

≪大全≫

馬氏曰 先嗇者는 其智足以剏物하야 立於其先이요 司嗇者는 因其成法하야 而謹司其職而已라 故로 祭則以先嗇爲主하고 而以司嗇配之니라

馬氏 : 先嗇은 그 지혜가 물건을 만들어내기에 족해서 그 앞에 세웠고, 司嗇은 그 이루어놓은 법을 따라 삼가 그 직책을 맡았을 뿐이다. 그러므로 제사할 적에 선색을 위주로 하고 사색으로 배향하는 것이다.

112603 **饗農及郵表畷**(철)**禽獸**는 **仁之至**요 **義之盡也**니라

農神과 郵表畷, 禽獸의 신에게 제향함은 仁이 지극하고 義가 극진한 것이다.

≪集說≫

農은 古之田畯[255]이니 有功於民者요 郵者는 郵亭之舍也니 標表田畔相連畷處하야

255) 田畯 : 백성들에게 농사를 권장하고 감독하는 勸農官을 말한다.

造爲郵舍하고 田畯居之하야 以督耕者라 故謂之郵表畷이라 禽獸는 貓虎之屬也라

農은 옛날의 田畯이니 백성에게 功이 있는 자이다. 郵는 郵亭(驛館)의 집이니, 밭두둑이 서로 연결된 곳에 푯말로 표시하여 여기에 郵舍를 만들고 전준이 여기에 머물면서 耕作하는 자들을 독려하였다. 그러므로 '郵表畷'이라 이른 것이다. '禽獸'는 고양이와 호랑이의 등속이다.

112604 **古之君子使之**인댄 **必報之**하나니 **迎貓**는 **爲其食田鼠也**요 **迎虎**는 **爲其食田豕也**니 **迎而祭之也**하나니라 **祭坊與水庸**은 **事也**라

옛날의 군자는 부렸으면 반드시 보답하였다. 고양이의 神을 맞이함은 밭의 쥐(두더지)를 잡아먹었기 때문이고 호랑이의 신을 맞이함은 밭의 멧돼지를 잡아먹었기 때문이니, 고양이와 호랑이의 신을 맞이하여 제사하는 것이다. 堤防과 水庸에 제사함은 농사일에 도움이 되기 때문이다.

≪集說≫

田鼠田豕는 皆能害稼라 故食之者爲有功하니 迎者는 迎其神也라 坊은 隄也니 以蓄水하고 亦以障이요 水庸은 溝也니 以受水하고 亦以洩水니 皆農事之備라 故曰 事也라 眉山蘇氏以爲迎貓則爲貓之尸하고 迎虎則爲虎之尸하야 近於倡優所爲라 是以로 子貢言一國之人이 皆若狂也[256]라하니라

밭의 쥐와 밭의 멧돼지는 모두 농사를 해칠 수 있다. 그러므로 〈고양이와 호랑이가〉 그것을 잡아먹는 것이 농사에 공이 있음이 되는 것이다. '迎'이라는 것은 그 神을 맞이하는 것이다. 坊은 堤防이니 이로써 물을 저장하고 또한 큰물을 막으며, '水庸'은 溝(도랑)이니 이로써 물을 받기도 하고 이로써 물을 배수하기도 하니, 모두 농사에 대비하는 것이다. 그러므로 '事'라고 말하였다.

眉山蘇氏가 "고양이의 신을 맞이할 때에는 고양이의 尸童을 만들고 호랑이의 신을 맞이할 때에는 호랑이의 시동을 만들어서, 광대들이 놀이하는 바와 유사하다. 이 때

256) 眉山蘇氏以爲迎貓則爲貓之尸……皆若狂也 : '眉山蘇氏'는 北宋시대 眉山縣 출신의 문장가인 東坡 蘇軾을 말한다. 子貢이 말한 '온 나라 사람들이 모두 미친 듯하다.'에 대한 자세한 내용은 '112601'의 大全 역주 '百日之蜡 一日之澤' 참조.

문에 子貢이 '온 나라 사람들이 모두 미친 듯하다.' 한 것이다." 하였다.

《大全》

嚴陵方氏曰 上言祭하고 下言饗은 互相備也라 百種은 百穀之種也니 百種은 乃嗇之所成이라 故로 祭百種以報嗇也라 農은 則致所掌以養人하야 而不失其時者也요 郵則田官於此에 有所識이요 畷則田官於此에 有所聯이니 皆督約農事之處也라 故로 三者合爲八蜡之一焉이라 鼠之與豕는 皆足以爲田之害어늘 而貓與虎能食而除之하니 迎其靈而祭之는 則所以報之也니라

嚴陵方氏 : 위에서는 '祭'라고 말하고 아래에서는 '饗'이라고 말한 것은 서로 구비한 것이다. '百種'은 百穀의 종자이니, 백종은 바로 농사일을 이루어주는 것이다. 그러므로 백종에게 제사하여 농사일을 가르친 공에 보답하는 것이다. 農은 관장한 바를 다하여 사람을 길러주어서 그 때를 잃지 않게 하는 자이다. 郵는 田官이 여기에서 〈밭의 경계를〉 아는 바가 있고 畷은 전관이 여기에서 〈밭의 경계를〉 연결하는 바가 있으니, 모두 농사를 살피고 독려하는 곳이다. 그러므로 세 가지(郵·表(田畔)·畷)를 합하여 八蜡의 하나로 삼는 것이다. 쥐와 돼지는 모두 밭의 폐해가 되는데 고양이와 호랑이가 이들을 잡아먹어서 제거하니, 그 영혼을 맞이하여 제사함은 그 공에 보답하려는 것이다.

○ 延平周氏曰 索饗이 及於禽獸하니 可謂仁之至義之盡也라 盡於義然後에 至於仁이라 故로 於仁言至하고 義言盡이라 君子之於物에 莫不各因其才而使之하야 雖使之甚勞라도 亦必有以爲之報하니 此使人之術與忠厚之道가 常見(현)於祭祀之間也라 坊與水庸은 以其有事於我故로 祭之니라

延平周氏 : 神을 찾아 제사하는 것이 禽獸에까지 미치니, "仁이 지극하고 義가 극진하다."라고 이를 만하다. 義를 다한 뒤에 仁에 이르므로, 仁에는 至라고 말하고 義에는 盡이라고 말한 것이다. 군자는 물건에 대하여 각각 그 재주를 따라 부리지 않음이 없어서, 비록 심히 수고롭게 부리더라도 반드시 그 물건을 위하여 보답함이 있으니, 이것이 사람을 부리는 방법과 忠厚한 道로 하여금 항상 제사의 사이에 나타나게 하는 것이다. 堤防과 水庸은 우리(농민)에게 일하는 바가 있기 때문에 제사하는 것이다.

112605 曰 土反其宅하며 水歸其壑하며 昆蟲毋作하며 草木歸其澤이라하니라

축원하여 말하기를 "흙은 그 편안한 데로 돌아가며, 물은 그 고랑으로 돌아가며, 곤충은 일어나지 말며, 초목은 그 뿌리를 藪澤으로 돌려라."고 한다.

≪集說≫

此는 祝辭也라 宅은 猶安也니 土安則無崩圮(비)하고 水歸則無泛溢이라 昆蟲은 謂螟蝗之屬이니 害稼者라 作은 起也라 草木이 各歸根於藪澤하면 不得生於耕稼之土也라

이것은 축원하는 말이다. 宅은 安과 같으니, 흙이 편안하면 무너지는 일이 없고 물이 고랑으로 돌아가면 범람하는 일이 없다. '昆蟲'은 螟蟲과 蝗蟲의 등속을 말하니, 곡식을 해치는 것이다. '作'은 일어남이다. 초목이 각각 뿌리를 숲이나 못으로 돌리면, 곡식을 경작하는 땅에 나지 못하는 것이다.

112607 皮弁素服而祭하나니라 素服은 以送終也요 葛帶榛杖은 喪殺(쇄)也니 蜡之祭는 仁之至요 義之盡也니라

皮弁을 쓰고 素服을 입고서 제사한다. 소복을 입는 것은 끝마침을 전송하려는 것이고, 칡넝쿨 띠에 개암나무 지팡이를 짚는 것은 喪禮로 줄인 것이니, 蜡祭는 仁의 지극함이요 義의 극진함이다.

≪集說≫

物之助成歲功者 至此而老하니 老則終矣라 故皮弁素服葛帶榛杖以送之는 喪禮之殺也니 此爲義之盡이요 祭報其功은 則仁之至也라 周禮籥章云 國祭蜡則歈豳頌하고 擊土鼓하야 以息老物이라하니라

물건이 歲功(한 해 농사의 수확)을 도와 이룬 것이 이때에 이르면 늙으니, 늙으면 끝난다(죽는다). 그러므로 皮弁을 쓰고 素服을 입고 칡넝쿨 띠를 두르고 개암나무 지팡이를 짚고 전송하는 것은 喪禮로 강등한 것이니 이는 義의 극진함이고, 제사해

서 그 功에 보답하는 것은 仁의 지극함이다. ≪周禮≫ 〈春官 籥章〉에 "나라에서 蜡祭를 지내게 되면 豳頌을 관악기로 불고 흙으로 만든 북을 쳐서 老物(농부와 만물)을 쉬게 한다." 하였다.

112608 **黃衣, 黃冠而祭**는 **息田夫也**니 **野夫黃冠**하나니 **黃冠**은 **草服也**라

黃衣에 黃冠을 쓰고 제사함은 농부를 쉬게 하는 것이다. 草野에 있는 지아비가 황관을 쓰니, 황관은 초야의 복장이다.

≪集說≫

月令에 臘先祖五祀[257]하며 勞農以休息之라하니 此祭是也라 黃冠이 爲草野之服은 其詳을 未聞이로라

〈月令〉에 "선조와 五祀의 신에게 臘祭를 지내며, 농부를 위로하여 쉬게 한다." 하였으니, 이 제사가 바로 이것이다. '황관은 초야의 복장이다.'라는 것은 그에 관한 자세한 설명을 아직 듣지 못하였다.

≪大全≫

嚴陵方氏曰 水土昆蟲草木은 此皆因其合聚之時하야 而合聚以饗之라 故祝者之辭에 言其時事如此하니라 皮弁은 則其色白이요 素服則衣裳皆素니 素者는 送終之服이니 而蜡亦送終之事라 故로 曰 以送終也라하니라 別言之하면 則服은 止言衣裳이로되 合言之하면 則弁亦服爾라 故로 下止言素服也라 帶不以麻而以葛하고 杖不以竹而以榛은 若喪也로되 而實非喪이라 故로 曰 喪殺也라하니라 旣非喪이어늘 必欲若喪者는 以其有送終之義故也라 前言皮弁素服하고 後言黃衣黃冠而祭하니 說者謂皮弁素服은 爲主祭者之服이요 黃衣黃冠은 爲助祭者之服이라하니 是矣라 其言野夫黃冠이면 則爲助祭

---

257) 臘先祖五祀 : 鄭玄의 注에 "이 제사는 蜡祭를 지내고 난 뒤에 선조와 오사에게 지내는 臘祭(세밑에 지내는 제사)를 이른다.〔此祭 謂旣蜡 臘先祖五祀也〕" 하였는데, 孔穎達의 疏에 "납제를 지내려고 할 때에는 우선 나가 사냥을 해서 짐승을 잡았기 때문에 납제라고 한 것이다.〔以欲臘祭之時 暫出田獵以取禽〕"라고 하였다. 五祀에 대해서는 여러 설이 있는데, 정현은 門(문)·戶(지게문)·中霤(토지신)·灶(부엌)·行(큰길)이라고 하였다.(≪禮記正義≫)

者之服을 可知니라 且皮弁素服은 則以送終爲義하고 黃衣黃冠은 則以息田夫爲義하니 送終者는 祭之道也요 息田夫者는 祭之事也라 夫黃者는 土之色이라 百昌이 生於土而作하고 終亦反於土而息[258]하나니 冬則反於土之時也니 服以是色이 亦宜矣요 土爰稼穡[259]者는 田夫之事니 取土之義하야 以息田夫가 又宜矣라 以土之義如此故로 凡野夫皆黃冠焉이니 野夫는 卽田夫也니 言其所事曰田夫요 言其所居曰野夫라 草服은 謂草野之服이라 故로 下言草笠以爲野也라 上兼言黃衣하고 而下止言黃冠은 則以草服該之故也라 然이나 籥章曰息老物이라하고 此曰息田夫者는 蓋作之於始하고 息之於終하니 雖人之情이나 亦是道也라 道終則有始하니 今歲之息은 乃所以兆來歲之作이라 息은 猶氣之息也니 往來未嘗息은 乃所以爲息也라

嚴陵方氏：水土와 昆蟲, 草木 이들은 모두 함께 모일 때를 인하여 함께 모아서 제향한다. 그러므로 祝官의 祝辭에서 그 時事(때에 맞게 해야 할 일)를 말한 것이 이와 같은 것이다.

皮弁은 그 색깔이 흰색이고 素服은 그 上衣와 下裳이 모두 희다. 素는 끝마침을 전송하는 옷이니, 蜡 또한 끝마침을 보내는 일이기 때문에 "끝마침을 전송한다."라고 말한 것이다. 구별하여 말하면 服은 단지 衣裳을 착용하는 것만을 말하지만, 합하여 말하면 弁 또한 착용하는 것이다. 그러므로 아래에서는 다만 '소복'이라고 말한 것이다. 띠를 삼으로 만들지 않고 칡으로 만들며 지팡이를 대나무로 만들지 않고 개암나무로 만드는 것은, 初喪과 같이 하나 실제는 喪이 아니기 때문이다. 그러므로 "喪禮로 줄인 것이다." 한 것이다. 이미 상이 아닌데 굳이 상과 같이 하고자 함은 끝마침을 전송하는 뜻이 있기 때문이다.

앞에서는 피변과 소복을 말하고 뒤에서는 "黃衣에 黃冠을 쓰고 祭祀한다."고 말했는데, 해설하는 자가 "피변과 소복은 제사를 주관하는 자의 의복이고, 황의와 황관은 제사를 돕는 자의 의복이다." 하였으니, 그 말이 옳다. "초야에 있는 지아비가 황

---

258) 百昌……終亦反於土而息：'百昌'은 각종의 生物을 이른다. ≪莊子≫ 〈在宥〉에 "각종의 생물은 모두 흙에서 태어나고 흙으로 돌아간다.〔今夫百昌 皆生於土而反於土〕"라고 보인다.

259) 土爰稼穡：곡식을 심고 거두는 땅의 德을 표현하는 말로, ≪書經≫ 〈周書 洪範〉에 "〈五行의 성질은〉 물은 짜고 아래로 내려가며, 불은 불타고 위로 올라가며, 나무는 굽기도 하고 굽기도 하며, 쇠는 사람의 뜻에 따라 변화하며, 흙은 이에 농사지어 심고 거둔다.〔水曰鹹下 火曰炎上 木曰曲直 金曰從革 土爰稼穡〕"라고 보인다.

관을 쓴다."고 말했으니, 그렇다면 〈황의와 황관이〉 제사를 돕는 자의 의복이 됨을 알 수 있다. 또 피변과 소복은 끝마침을 전송하는 것을 뜻으로 삼고 황의와 황관은 농부를 쉬게 하는 것을 뜻으로 삼으니, 끝마침을 전송함은 제사의 道이고 농부를 쉬게 하는 것은 제사의 일이다.

'黃'은 땅의 색깔이다. 百昌(萬物)이 땅에서 생겨 나오고 종말에는 또한 땅으로 돌아가 쉰다. 겨울은 땅으로 돌아가는 때이니 의복을 이 황색으로 하는 것 또한 마땅하고, 땅에 심고 거두는 것은 농부의 일이니 땅의 뜻을 취하여 농부를 쉬게 하는 것이 또 마땅하다. 땅의 뜻이 이와 같기 때문에 모든 초야에 있는 지아비〔野夫〕가 모두 황관을 쓴다. '野夫'는 바로 농부〔田夫〕이니, 그 일삼는 바를 말하면 田夫라 하고 그 처하는 바를 말하면 야부라 한다.

'草服'은 초야의 의복을 이른다. 그러므로 아래에서 草笠을 말하여 野라고 한 것이다. 위에서는 황의를 겸하여 말하였고 아래에서는 단지 황관만을 말하였으니, 이는 草服으로 그것을 포함하였기 때문이다. 그러나 《周禮》〈春官 籥章〉에 "老物을 쉬게 한다." 하고 여기서는 "농부를 쉬게 한다." 말한 것은, 처음에 시작하고 종말에 쉬게 하니 비록 사람의 情이라도 또한 이 道이기 때문이다. 道가 끝나면 시작이 있으니, 이해의 휴식은 바로 내년을 시작하는 단서가 되는 것이다. 息은 숨을 쉬는 것과 같으니, 들숨과 날숨을 일찍이 쉬지 않는 것은 바로 숨을 쉬기 위해서이다.

○ 馬氏曰 蜡者는 於歲之終에 報其成功이요 又以祈來年之始라 故로 祝之之辭如此라 草木者는 荑稗之屬이라 王皮弁素服而祭는 所以送萬物之終也라 萬物之肅殺이어늘 而王葛帶榛杖者는 以喪禮處之也라 蓋萬物이 生有以養人하야 而終不可不報하니 亦示其不忘本也라 故로 曰 仁之至, 義之盡이라하니라

馬氏 : 蜡는 한 해가 끝날 때에 그 功을 이룬 것에 보답하고 또 내년의 시작을 기원하는 것이므로 축관의 축사가 이와 같은 것이다. '草木'은 가라지와 피의 등속이다. 왕이 피변과 소복을 입고 제사함은 만물의 끝마침을 전송하는 것이다. 만물이 날씨가 추워 죽는데 왕이 칡넝쿨 띠를 두르고 개암나무 지팡이를 짚는 것은 喪禮로 대처한 것이다. 만물은 나서 사람을 길러줌이 있어 끝내 보답하지 않을 수가 없으니, 또한 그 근본을 잊지 않음을 보인 것이다. 그러므로 "仁이 지극하고 義가 극진하다."라고 말한 것이다.

112701 **大羅氏**[260]는 **天子之掌鳥獸者也**니 **諸侯貢屬焉**하니 **草笠而至**는 **尊野服也**라

大羅氏는 천자의 鳥獸를 관장하는 자이니, 제후의 貢物이 〈대라씨의 관장에〉 속한다. 〈使者가〉 草笠을 쓰고 오는 것은 野人의 服飾을 높이는 것이다.

≪集說≫

諸侯鳥獸之貢은 屬大羅氏之掌이라 其使者戴草笠은 是尊野服이라

제후들이 바치는 鳥獸 등의 貢物은 大羅氏의 관장에 속한다. 그 使者가 草笠을 쓰는 것은 野人의 복장을 높이는 것이다.

112702 **羅氏致鹿與女**하고 **而詔客告也**하야 **以戒諸侯曰 好田, 好女者**는 **亡其國**이라하나니라

大羅氏가 〈사냥해서 얻은〉 사슴과 〈망한 나라에서 포로로 잡아온〉 여자를 사신에게 보여주고, 〈본국으로 돌아가 그 군주에게〉 고할 것을 명하는데, 〈왕의 말씀으로〉 제후를 경계하기를 "사냥을 좋아하고 女色을 좋아하는 자는 그 나라를 망하게 한다."라고 한다.

≪集說≫

鹿者는 田獵所獲이요 女則所俘於亡國者라 客은 貢使也라 使者將返에 羅氏以鹿與女로 示使者하야 以王命詔之하야 使歸告其君而以王言戒之曰 好田獵好女色者는 必亡其國이라하니 舊說이 如此나 然鹿可歲得이어니와 而亡國之女는 不恒有하니 其詳을 未聞也로다

---

260) 大羅氏 : 孔穎達의 疏에 "鄭玄이 말하였다. '능히 그물로 새나 짐승을 잡을 수 있는 자이다.'〔鄭云 能以羅捕鳥獸者也〕" 하였다.(≪禮記正義≫) 또 '羅氏'라고도 하는바, ≪周禮≫ 〈夏官 羅氏〉에 "羅氏는 그물로 까마귀 따위의 새들을 잡는 것을 관장한다.〔羅氏掌羅烏鳥〕"라고 보인다.

사슴은 사냥해서 얻은 것이고, 여자는 망한 나라에서 포로로 잡아온 것이다. '客'은 공물을 바치러 온 사신이다. 使者가 장차 돌아가려 할 적에, 大羅氏가 사슴과 여자를 가지고 사자에게 보여주면서 王命으로 그에게 명하여 그로 하여금 돌아가 그 군주에게 고하게 하되, 왕의 말씀으로 경계하기를 "사냥을 좋아하고 女色을 좋아하는 자는 반드시 그 나라를 망하게 한다."라고 한다. 옛말이 이와 같으나 사슴은 해마다 잡을 수 있지만 망한 나라의 여자는 항상 있는 것은 아니니, 그와 관련한 자세한 설명은 내가 듣지 못하였다.

≪大全≫

嚴陵方氏曰 致鹿은 則所以戒好田이요 致女는 則所以戒好女라 五子述大禹之戒曰 內作色荒이어나 外作禽荒이어나 有一于此하면 未或不亡[261)]이라하니 則好田好女者는 固足以亡其國而可爲戒也라 羅氏之戒好田則是矣요 而又戒好女者는 以其皆陰事故也니라

嚴陵方氏 : '致鹿'은 사냥을 좋아하는 것을 경계하고 '致女'는 여색을 좋아하는 것을 경계하는 것이다. 五子가 大禹의 경계를 기술하기를 "안으로 여색에 미혹되거나 밖으로 사냥에 미혹되거나, 이 중에 한 가지라도 있으면 혹이라도 나라를 망치지 않는 이가 없다." 하였으니, 사냥을 좋아하고 여색을 좋아하는 자는 진실로 그 나라를 충분히 망하게 할 수 있어서 경계로 삼아야 하는 것이다. 大羅氏가 사냥을 좋아함을 경계하는 것이 이러하고 게다가 또 여색을 좋아함을 경계하니, 이는 〈사냥과 여색이〉 모두 陰의 일이기 때문이다.

112703 天子樹瓜華는 不斂藏之種也라하나니라

또 "天子가 瓜華를 심는 것은 거두어서 오랫동안 보관할 수 없는 종자이기 때문이다."라고 말한다.

---

261) 內作色荒……未或不亡 : ≪書經≫ 〈夏書 五子之歌〉에 "안으로 여색에 미혹되거나, 밖으로 사냥에 미혹되거나, 술에 빠지거나, 樂에 빠지거나, 집을 높이 짓거나, 담장을 조각해 꾸미거나 하는 일들은 이 중에 한 가지만 있어도 혹이라도 나라를 망치지 않는 이가 없다.〔內作色荒 外作禽荒 甘酒嗜音 峻宇彫牆 有一於此 未或不亡〕"라고 보인다. 〈오자지가〉는 太康의 다섯 아우가, 태강이 지위만 차지하고 안일함과 즐거움만을 탐하자, 이를 근심하고 원망하여 禹王의 警戒를 서술한 다섯 장의 노래로, 이는 두 번째 장의 내용이다.

≪集說≫

瓜華는 瓜與果蓏(라)[262]之屬也라 天子所種者는 瓜華니 供一時之用而已요 不是收斂久藏之種也라 若可收斂久藏之物則不樹之는 惡(오)與民爭利也니 此亦令使者로 歸告戒其君之事라

'瓜華'는 오이와 果蓏의 등속이다. 천자가 심는 것은 과화이니, 한때의 쓰임에 제공할 뿐, 거두어서 오래 보관할 수 있는 종자가 아니다. 거두어 오래 보관할 수 있는 물건이면 심지 않는 것은 백성들과 이익을 다투는 것을 싫어해서이니, 이 또한 사자로 하여금 돌아가 그 군주에게 고하여 경계하게 하는 일이다.

≪大全≫

長樂劉氏曰 四方(樂)〔諸〕[263]侯 當仲冬而遇于天子者는 必助其祭祀也라 故로 其爲蜡而獵에 莫不從焉하니 貢其禽於天子어든 則大羅氏受之라 獻禽者는 諸侯之卿大夫也라 草笠而至 尊野服者는 以明諸侯及其臣이 皆野服으로 馳騁從禽以助王也니 其爲忠義가 亦可尊矣니 卽之以爲禮焉이라 既受草笠之獻이면 則致鹿與女于庭하야 而詔獻禽之客하야 俾還告于其君하야 以申天子之戒勸也라 曰 好遊田以肆其禽荒者와 好女色以肆其情欲者는 亡國之道니 天子之所不赦也라하니라 華는 果蓏也라 瓜及果蓏는 時鮮之物이니 不可以自遠而致之也요 不可以收斂而藏之也라 天子(及)〔乃〕[264]樹植之는 所以貴時新하야 供寢廟요 非貪其利而種之焉이니 亦戒諸侯毋廣樹植, 務收斂하야 以奪其民之利니 非絜矩(혈구)[265]示民之道也니라

---

262) 果蓏(라) : 金在魯의 ≪禮記補註≫에 다음과 같이 설명하였다. "살펴보건대 鄭玄의 注에 '華는 果蓏이다.' 하였기 때문에 陳澔의 주가 이와 같은 것이다. 또 살펴보건대 ≪字彙≫에 다음과 같이 말하였다. '蓏는 郞과 果의 반절이니, 음이 裸(라)이다. ≪說文解字≫에 「나무에 달린 열매를 果라 하고 땅에 있는 열매를 蓏라 한다.」 하였다. 일설에 「일반적인 식물에서 나는 열매를 果라 하고 덩굴 식물에서 나는 열매를 蓏라 한다.」 하였다. 應劭가 말하였다. 「나무에서 나는 열매를 果라 하고 풀에서 나는 열매를 蓏라 한다.」'〔按鄭註 華 果蓏也 故陳註如此 又按 字彙 蓏 郎果切 音裸 說文 在木曰果 在地曰蓏 一說植生曰果 蔓生曰蓏 應劭曰 木實曰果 草實曰蓏〕"

263) (樂)〔諸〕 : 저본에는 '樂'으로 되어 있으나, 四庫全書本에 의거하여 '諸'로 바로잡았다.

264) (及)〔乃〕 : 저본에는 '及'으로 되어 있으나, 四庫全書本에 의거하여 '乃'로 바로잡았다.

長樂劉氏：사방의 제후가 仲冬을 당하여 천자를 만나 뵙는 것은 반드시 그 제사를 돕기 위해서이다. 그러므로 蜡祭를 위하여 사냥할 적에 따라가지 않는 경우가 없으니, 사냥하여 잡은 짐승을 천자에게 바치면 大羅氏가 이것을 받는다. 짐승을 바치는 자는 제후의 卿·大夫이다. '〈使者가〉 草笠을 쓰고 오는 것은 野人의 服飾을 높이는 것이다.'라는 것은 제후와 그 신하가 모두 초야의 복장으로 말을 달리면서 짐승을 좇아 왕의 사냥을 도왔으니, 그 충의로움이 또한 높일 만하여 이것을 가지고 禮를 삼음을 밝힌 것이다. 이미 초립을 쓴 사신이 바치는 공물을 받았으면, 사슴과 여자를 뜰에 데려와서 짐승을 바친 손님에게 명하여 그로 하여금 돌아가 그 군주에게 아뢰어서 천자의 경계와 권면을 펴게 하는 것이다. 이에 말하기를 "돌아다니며 사냥하기를 좋아하여 사냥에 빠지는 것과 女色을 좋아하여 욕정에 빠지는 것은 나라를 망치는 방도이니, 천자가 용서할 수 없는 바이다."라고 한다.

華는 果蓏이다. 오이와 과라는 제철의 신선한 물건이니, 먼 지방에서 가져올 수도 없고 거두어 보관할 수도 없다. 그런데도 천자가 이것을 심는 것은 제철의 신선한 물건을 귀하게 여겨 寢廟에 바치는 것이고, 그 이익을 탐하여 심는 것이 아니다. 이 또한 제후들에게 대규모로 심고 힘써 거두어서 그 백성의 이익을 빼앗지 말 것을 경계한 것이니, 絜矩하여 백성에게 보여주는 방도가 아니기 때문이다.

○ 馬氏曰 好田好女와 不斂藏之種者는 戒其貪也라 其意以謂民有終歲之勞하야 而有一日之佚하니 而爲之上者 豈可以好樂無厭而淫(德)〔慝〕[266]不倦乎아 其意以謂

---

265) 絜矩(혈구)：내 마음을 미루어 남의 마음을 헤아리고 배려하는 것을 이른다. ≪大學章句≫ 傳 10장에 "군자는 혈구의 道가 있다. 윗사람에게서 싫었던 것을 가지고 아랫사람을 부리지 말며, 아랫사람에게서 싫었던 것을 가지고 윗사람을 섬기지 말며, 앞사람에게서 싫었던 것을 가지고 뒷사람에게 가하지 말며, 뒷사람에게서 싫었던 것을 가지고 앞사람을 따르지 말며, 오른쪽 사람에게서 싫었던 것을 가지고 왼쪽 사람과 사귀지 말며, 왼쪽 사람에게서 싫었던 것을 가지고 오른쪽 사람과 사귀지 말 것이니, 이것을 일러 혈구의 도라고 하는 것이다.〔君子有絜矩之道也 所惡於上 毋以使下 所惡於下 毋以事上 所惡於前 毋以先後 所惡於後 毋以從前 所惡於右 毋以交於左 所惡於左 毋以交於右 此之謂絜矩之道〕"라고 보이는데, 朱子의 註에 "絜은 헤아림이고, 矩는 네모진 것을 만드는 도구이다.〔絜 度也 矩 所以爲方也〕"라고 하였고, 또 "군자는 반드시 그 같은 바를 인하여 미루어 남을 헤아려서 彼我의 사이에 각각 원하는 바를 얻게 해야 하니, 이렇게 하면 상하와 사방이 고르고 방정하여 천하가 평안해질 것이다.〔君子必當因其所同 推以度物 使彼我之間 各得分願 則上下四旁 均齊方正 而天下平矣〕"라고 하였다.

266) (德)〔慝〕：저본에는 '德'으로 되어 있으나, 四庫全書本에 의거하여 '慝'으로 바로잡았다.

有終歲之勤하야 而有一時之積하니 而爲之上者 豈可以好貨無厭하야 而貪利無已乎아

馬氏 : 사냥을 좋아하고 女色을 좋아함이 〈나라를 망하게 한다는〉 말과 거두어 보관하는 종자를 심지 않는 것은 그 탐함을 경계한 것이다. 그 경계한 뜻은 '백성들에게 1년 동안의 수고로움이 있어서 하루 동안의 편안함이 있으니, 윗사람이 된 자가 어찌 만족할 줄 모르고 지나치게 즐거움을 좋아하여 끝없이 음탕함과 사특함에 빠질 수 있겠는가.'라고 한 것이고, 또 그 경계한 뜻은 '〈백성들에게〉 1년의 근로가 있어서 한때의 露積이 있으니, 윗사람이 된 자가 어찌 만족할 줄 모르고 재화를 좋아하여 끝없이 이익을 탐하겠는가.'라는 것이다.

112801 八蜡(사)以記四方하나니 四方이 年不順成이어든 八蜡不通은 以謹民財也요 順成之方이라야 其蜡乃通은 以移民也라 旣蜡而收어든 民息已라 故로 旣蜡하고 君子不興功하나니라

八蜡를 지내서 四方의 〈豐凶을〉 기록한다. 사방의 농사가 순조롭게 이루어지지 않으면 팔사를 다른 지방들과 통하여 지내지 않으니, 이는 백성으로 하여금 재물을 쓰는 것을 신중히 해야 함을 알게 하려는 것이다. 농사가 순조롭게 이루어진 지방이라야 비로소 蜡祭를 다른 지방들과 통하여 지내니, 이는 백성의 재물을 넉넉하게 쓰게 하려는 것이다. 이미 사제를 지내고서 거두어들이면 백성이 쉰다. 그러므로 이미 사제를 지낸 뒤에는 군자가 토목공사를 일으키지 않는 것이다.

≪集說≫

記四方者는 因蜡祭而記其豐凶也라 蜡祭之禮를 列國이 皆行之하니 若其國歲凶이면 則八蜡之神을 不得與諸方通祭는 所以使民知謹於用財하야 不妄費也라 移者는 寬縱之義니 蓋歲豐則民財稍可寬舒用之也라 黨正[267]이 屬民飮酒에 始雖用禮나 及其飮食醉飽하야는 則亦縱其酣暢爲樂이니 夫子所謂一日之澤이 是也라 農民이 終歲

267) 黨正 : 周나라 때 지방 조직인 黨(500家戶)의 장관을 말한다. ≪周禮≫ 〈地官〉에 "당정은 그 당의 政令과 敎化를 관장한다.〔黨正 各掌其黨之政令敎治〕"라고 하였다.

勤動하고 而於此時에 得一日之樂하니 是는 上之人이 勞農之美意也라 既蜡之後에 收斂積聚하야 民皆休息이라 故不興起事功也니라

'記四方'은 蜡祭를 인하여 사방의 豐凶을 기록하는 것이다. 사제의 禮는 列國들이 모두 행한다. 그러나 만약 그 나라가 흉년이 들었으면 八蜡의 神을 여러 지방과 함께 통하여 제사할 수가 없으니, 이는 백성들로 하여금 재물을 사용하는 것을 삼가서 망령되이 허비하지 말아야 함을 알게 하려는 것이다. 移는 너그럽게 풀어주는 뜻이니, 풍년이 들었으면 백성들의 재물을 다소 너그럽게 풀어주어서 쓸 수 있는 것이다. 黨正이 백성들을 모아 술을 마시게 할 적에 처음에는 비록 예대로 하지만, 마시고 먹고 취하고 배부름에 미쳐서는 또한 술에 취해 기분 좋게 즐기도록 풀어주니, 孔子의 이른바 '하루의 은택'이라는 것이 이것이다. 농민이 한 해를 마치도록 부지런히 움직이다가 이때에 하루의 즐거움을 얻을 수 있으니, 이는 윗사람이 농민을 위로하는 아름다운 뜻이다. 이미 사제를 지낸 뒤에는 거둬들여 쌓아두고서 백성들이 모두 휴식한다. 그러므로 토목공사를 일으키지 않는 것이다.

≪大全≫

長樂劉氏曰 九州[268]之諸侯는 保育其民者也라 各視其年之豐凶이면 則蜡之祭有行與不行焉이니 所以謹民財하야 不以祭祀傷其衣食也라 順은 謂五氣時若이요 成은 謂九穀[269]皆登이라 順成之方에 其蜡乃通者는 以答百神所以致豐穰之勞也니라

長樂劉氏 : 九州의 제후는 그 백성을 保育하는 자이다. 각각 그 年事(농사)의 豐凶을 보면 蜡祭를 행할 수도 있고 행하지 못할 수도 있으니, 이는 백성의 재물을 삼가 아껴 써서 제사 때문에 그 衣食을 해치지 않게 하는 것이다. '順'은 五氣(五行의 기)가 四時에 和順함을 이르고, '成'은 九穀이 모두 풍년 듦을 이른다. '농사가 순조롭게 이루어진 지방이라야 비로소 사제를 다른 지방들과 통하여 지내는' 것은 百神이 풍년이 들게 해준 노고에 보답하는 것이다.

---

268) 九州 : 古代에 중국을 9주로 나누었는데, 여러 설이 있으나 ≪書經≫ 〈夏書 禹貢〉에 의하면 冀州・兗州・青州・徐州・揚州・荊州・豫州・梁州・雍州이다. 인신하여 중국 또는 천하를 일컫는 말로 쓰인다.

269) 九穀 : 고대의 중요한 아홉 가지 곡식으로, 여러 설이 있으나 ≪周禮≫ 〈天官 太宰〉의 鄭玄 注에 의하면 黍(메기장)・稷(찰기장)・秫(차조)・稻(벼)・麻(깨)・大豆(콩)・小豆(팥)・大麥(보리)・小麥(밀)을 이른다. 인신하여 곡식의 총칭으로도 쓰인다.

○ 嚴陵方氏曰 記四方者는 記四方之豐凶也라 年不順成이어든 八蜡不通은 此以蜡而記其凶也요 順成之方이라야 其蜡乃通은 此以蜡而記其豐也라 蜡乃合聚之祭라 故로 因其合聚而收之也니 物旣收則民亦息이요 民息則一歲之事已矣라 故로 曰 民息已라하니라 前言息田夫하고 此言民息은 互相備也라 功者는 民力之所致니 民息已故로 旣蜡에 君子不興功이라 且蜡는 本以息農夫면 則此所言功은 止謂農功爾니 若夫宮功則執於建亥之月하고 土功則畢於建子之月하고 武功則纘於建丑之月하니 而旣蜡하고 君子未始不興功焉이니라

嚴陵方氏 : '사방을 기록한다.'라는 것은 사방의 豐凶을 기록하는 것이다. 농사가 순조롭게 이루어지지 않으면 八蜡를 통하지 않으니 이는 蜡祭를 가지고 그 흉년을 기록하는 것이고, 농사가 순조롭게 이루어진 지방이라야 비로소 그 사제를 통하니 이는 사제를 가지고 그 풍년을 기록하는 것이다.

사제는 바로 合聚하는 제사이다. 그러므로 합취할 때를 인하여 거두니, 물건을 이미 거두었으면 백성 또한 쉬고 백성이 쉬면 한 해의 일이 끝난다. 그러므로 "백성이 쉰다."고 말한 것이다. 앞에서는 "농부를 쉬게 한다."고 말하고 여기서는 "백성이 쉰다."고 말한 것은 서로 구비한 것이다.

'功'이라는 것은 백성의 힘으로 이루는 것이니, 백성이 쉬기 때문에 사제를 지내고 나면 군자가 事功을 일으키지 않는 것이다. 또 사제는 본래 농부를 쉬게 하기 위한 것이니, 여기서 말한 功은 다만 농사의 일을 이를 뿐이다. 宮功(집을 짓는 일)은 建亥의 달(음력 10월)에 집행하고 土功(토목공사)은 建子의 달(음력 11월)에 끝마치고 武功(군대의 일)은 建丑의 달(음력 12월)에 계속하니, 사제를 지내고 나서 군자가 반드시 사공을 일으키지 않는 것은 아니다.

○ 延平周氏曰 蜡之所以不通者는 謹民財也니 謹은 猶言節也요 蜡之所以通者는 斂民之所有餘而共其祭也라 旣蜡則歲終矣니 萬物皆收成而百工皆告休라 故로 曰 旣蜡而收에 民息已라하니라

延平周氏 : 蜡祭를 통하지 않는 까닭은 백성의 재물을 삼가는〔謹〕 것이니, '謹'은 節(절약)이라는 말과 같다. 사제를 통하는 까닭은 백성이 有餘한 바를 거두어서 그 제사에 바치는 것이다. 사제를 지내고 나면 한 해가 끝나니, 만물을 모두 거두어들

이고 나서 百工이 모두 쉼을 고한다. 그러므로 "이미 사제를 지내고서 거두어들이면 백성이 쉰다." 한 것이다.

112901 **恒豆之菹**(저)는 **水草之和氣也**요 **其醢**는 **陸産之物也**며 **加豆**는 **陸産也**요 **其醢**는 **水物也**니라

恒豆에 올리는 菹(김치)는 水草로서 和氣가 있는 것이고 그 젓갈은 육지에서 생산된 물품이며, 加豆의 菹는 육지에서 생산된 것이고 그 젓갈은 물에서 생산된 물품이다.

≪集說≫

恒豆는 每日常進之豆[270]也니 周禮에 醢人[271]所掌朝事[272]之豆註에 謂淸朝未食에 先進口食也라 菹는 酢菜[273]也요 水草는 昌本茆菹之類라 加豆는 周禮註에 謂尸旣食에 后亞獻에 尸所加進之豆라 但醢人所掌은 是天子之禮요 此言諸侯之禮하니 物旣不同이라 此朝事之豆與祭禮饋食(사)[274]薦孰之豆로 俱爲恒豆나 而加豆則祭末酳尸所用也라 水物은 若蠃醢魚醢 是也니 菹醢를 皆以豆盛之라

'恒豆'는 날마다 항상 올리는 豆이니, ≪周禮≫ 〈天官 醢人〉의 '해인이 관장하는 朝事의 豆'에 대한 〈鄭玄의〉 註에 "이른 아침 식사하기 전에 입에 먹을 것을 먼저 올림을 이른다." 하였다. 菹는 酢菜로 만든 김치이고, 水草는 菖蒲 뿌리와 蓴菜로 만든 김치 따위이다. '加豆'는 ≪주례≫의 〈정현의〉 註에 "시동이 이미 밥을 먹은 뒤에 왕후가 시동에게 亞獻을 하면서 더 올리는 두를 이른다." 하였다. 다만 해인이 관장하는 것은 천자의 예이고 여기에서는 제후의 예를 말했으니, 물건이 이미 똑같지 않

270) 豆 : 祭需를 올리는 용도의 나무로 만든 굽이 있는 접시를 말한다.

271) 醢人 : 天官에 소속되어 宗廟의 제사에서 네 차례 祭物을 올릴 때에 豆에 음식을 담는 일을 관장하는 관리이다.

272) 朝事 : 왕이 宗廟에 제사 지낼 적에 血腥을 올리는 일을 말한다.

273) 菹 酢菜 : 金在魯의 ≪禮記補註≫에 "≪字彙≫에 말하였다. '菹는 酢菜로 만든 김치이니, 쌀알을 가지고 초와 섞어서 채소를 담근 것이다.'〔字彙 菹 酢菜 以米粒和醯漬菜也〕" 하였다.

274) 饋食(사) : 왕이 宗廟에 제사 지낼 적에 血腥을 올린 뒤에 익힌 희생과 黍稷으로 지은 밥을 올리는 일을 말한다.

다. 이 朝事의 豆는 祭禮와 饋食에 익은 음식을 올리는 두와 함께 모두 항두가 되나, 가두는 제사의 끝에 시동이 입 안을 헹굴 때 쓰는 것이다. 물에서 생산된 것은 소라젓과 어물젓 같은 것이 이것이니, 김치와 젓갈은 모두 두에 담는다.

≪大全≫

嚴陵方氏曰 恒豆는 謂所常進之豆요 加는 謂於所常進而有加者니 以恒而對加면 則加爲暫이요 以加而對恒이면 則恒爲朝事饋食矣라 菹는 淹菜也요 醢는 肉醬也라 上言恒豆之菹면 則知加豆之陸産亦菹也요 上言陸產之物이면 則知下言水物이 卽水產也며 上言水草之和氣면 則知下之所言이 皆和氣也니라

嚴陵方氏 : 恒豆는 매일 항상 올리는 豆를 이르고 加는 항상 올릴 때보다 더함이 있음을 이르니, 恒으로 加와 상대하면 加는 잠시가 되고 加로 恒과 상대하면 恒은 朝事와 饋食가 된다. 菹는 절인 채소(김치)이고, 醢는 肉醬이다. 위에서 항두에 올리는 김치를 말했으면 가두의 陸產品 또한 김치임을 알 수 있고, 위에서 육지에서 생산된 물품을 말했으면 아래에서 말한 水物은 바로 물에서 생산된 물품임을 알 수 있으며, 위에서 水草의 和氣를 말했으면 아래에서 말한 바도 모두 화기가 있음을 알 수 있는 것이다.

112902 籩豆之薦은 水土之品也니 不敢用常褻(설)味而貴多品은 所以交於神明之義也라 非食味之道也니라 先王之薦은 可食也而不可耆也며 卷(곤)冕路車는 可陳也而不可好也며 武는 壯而不可樂(락)也며 宗廟之威而不可安也며 宗廟之器는 可用也而不可便其利也니 所以交於神明者 不可同於所安樂之義也니라

籩豆를 올림은 수산물과 토산물이니 감히 평소에 즐겨 먹는 음식을 사용하지 않고, 여러 가지 물품을 귀하게 여김은 神明과 사귀는 意義이고 맛있는 것을 먹는 방도가 아니다. 先王의 올림은 먹을 수는 있으나 즐길 수는 없으며, 袞龍袍와 冕旒冠과 路車는 진열할 수는 있으나 좋아할 수는 없으며, 武는 장엄하기는 하나 즐거워할 수는 없으며, 宗廟는 위엄이 있

으나 편안하지 못하며, 종묘의 기물은 사용할 수는 있으나 그 이용을 편리하게 할 수 없으니, 신명을 사귀는 것은 편안하고 즐겁게 여기는 義와 똑같이 할 수 없는 것이다.

≪集說≫

不可耆는 謂食之有節하야 不可貪愛니 舊說에 謂質而無味하야 不能悅口라하니라 不可好는 謂尊嚴之服器를 不可以供玩愛라 武는 萬舞大武[275)]也니 以示壯勇之容이요 不可常爲娛樂이라 宗廟威嚴之地를 不可寢處以自安이요 宗廟行禮之器를 不可利用以爲便이니 交神明之義如此라

'不可耆'는 먹음에 절도가 있어서 탐하고 좋아할 수 없음을 이르니, 옛말에 "질박하고 맛이 없어서 입을 즐겁게 할 수 없는 것이다." 하였다. '不可好'는 존엄한 복식과 기물을 즐기고 좋아하는 일에 제공할 수 없음을 이른다. 武는 萬舞의 大武이니 이로써 壯勇한 용모를 보이는 것이고, 항상 즐거움으로 삼을 수는 없는 것이다. 宗廟의 위엄이 있는 자리는 자고 거처하면서 스스로 편안할 수가 없고, 종묘에서 禮를 행하는 기물은 이용하여 편리함을 삼을 수가 없으니, 神明을 사귀는 뜻이 이와 같은 것이다.

≪大全≫

嚴陵方氏曰 常所食者는 則褻而不敬이라 故로 謂之常褻味라 交於神明者는 在誠而不在味라 故로 曰 非食味之道也라하니라 義는 言其所宜요 道는 言其所由라 篇首에 言籩豆之實하고 此言薦者는 實은 言實之於中이요 薦은 言薦之於上이니라 又曰 水土之屬은 謂若籩豆之實이라 水土之(器)〔品〕[276)]은 可食之以爲禮요 而不可供耆慾之求며

---

275) 萬舞大武 : 萬舞는 文과 武 두 가지 춤의 총칭이고, 大武는 周 武王의 樂舞를 칭한다. ≪禮記≫ 〈檀弓 下〉에 "만무는 〈소리가 나지 않는다 하여〉 들이고 籥舞는 〈소리가 있다 하여〉 없앤다.〔萬入去籥〕" 하였는데, 陳澔의 集說에 "≪呂氏家塾讀詩記≫에 말하였다. '만무는 文과 武 두 가지 춤의 총칭이니, 干舞는 武舞의 별칭이고, 籥舞는 文舞의 별칭이다. 문무는 또 羽舞라고도 한다. 鄭玄은 ≪春秋公羊傳≫을 근거하여 만무를 간무라 하였는데, 잘못된 풀이이다.'〔詩記曰 萬舞 二舞之總名也 干舞者 武舞之別名 籥舞者 文舞之別名 文舞又謂之羽舞 鄭氏據公羊 以萬舞爲干舞 誤也〕" 하였다. ≪呂氏家塾讀詩記≫은 南宋의 呂祖謙(1137~1181)이 지은 것이다.

276) (器)〔品〕 : 저본에는 '器'로 되어 있으나, 四庫全書本에 의거하여 '品'으로 바로잡았다.

卷冕은 龍袞也요 路車는 卽大路也니 可陳之以爲儀요 而不可資玩好之用이라 武舞는 執干戚하야 以爲勇壯之容이요 而非所以樂其情焉이며 宗廟는 奉鬼神하야 以示威靈之居요 而非所以安其身焉이라 祭器는 不若燕器之利而便於用이라 安樂者는 謂所安而樂之也니 若可耆, 可好之類 是矣라 此言先王之薦이 可食而不可耆면 則知後之所言玄酒明水와 與夫大(태)羹이 皆不可耆요 言路車可陳而不可好면 則知素車之乘이 亦不可好也요 言宗廟之器可用而不可便其利면 則知疏布冪(멱)與夫蒲越稿鞂(고갈)이 皆不可便其利也니 前總其略하고 後別其詳하니라

嚴陵方氏 : 항상 먹는 것은 褻慢하여 不敬하다. 그러므로 '평상시의 입에 딱 맞는 맛'이라고 말한 것이다. 신명을 사귀는 것은 정성에 달려 있고 맛에 달려 있지 않다. 그러므로 "맛있는 것을 먹는 방도가 아니다."라고 한 것이다. 義는 그 마땅한 바를 말하고, 道는 그 행하는 바를 말한다. 편 머리에서 籩豆에 채움〔實〕을 말하고 여기에서 올림〔薦〕을 말한 것은, 實은 그릇 가운데에 채움을 말한 것이고 薦은 祭床 위에 올림을 말한 것이다.

또(嚴陵方氏) : 수산물과 토산물의 등속은 변두에 채우는 것과 같음을 이른다. 물과 육지에서 생산된 물품은 먹어서 예를 삼을 수는 있고 嗜慾의 요구에 바칠 수는 없으며, 卷冕은 곤룡포이고 路車는 바로 大路이니 진열하여 儀則으로 삼을 수는 있고 玩好의 쓰임으로 이용할 수는 없다. 武舞는 방패와 도끼를 잡고서 용맹하고 건장한 용모를 삼는 것이고 그 情을 즐겁게 하는 것이 아니며, 宗廟는 귀신을 받들어서 위엄이 있는 神靈이 거함을 보이는 것이고 자기 몸을 편안히 하는 곳이 아니다. 祭器는 燕器(살림에 쓰는 그릇)처럼 익숙하여 쓰기에 편하지 못하다. 安樂은 편안히 여겨서 즐거워함을 이르니, '즐길 만하고 좋아할 만한 것'과 같은 것이 이것이다. 여기서 선왕이 올린 祭需가 먹을 수는 있으나 즐길 수 없음을 말했으니, 그렇다면 뒤에 말한 玄酒와 明水, 太羹이 모두 즐길 수 없음을 알 수 있고, 노거를 진열할 수는 있으나 좋아할 수 없음을 말했으니, 그렇다면 素車를 탐이 또한 좋아할 수 없음을 알 수 있으며, 종묘의 그릇은 쓸 수는 있으나 그 이로움을 편리함으로 삼을 수 없음을 말했으니, 그렇다면 거친 삼베 보와 부들자리와 짚자리가 모두 그 이로움을 편리함으로 삼을 수 없음을 알 수 있다. 앞에서는 그 대략을 총괄하였고 뒤에서는 그 자세함을 구별하였다.

112903 **酒醴之美에 玄酒明水之尙은 貴五味之本也요 黼黻文繡之美에 疏布之尙은 反女功之始也요 莞簟(완점)之安에 而蒲越(활)稿鞂之尙은 明之也요 大(태)羹을 不和는 貴其質也요 大圭를 不琢은 美其質也요 丹漆雕幾之美에 素車之乘은 尊其樸也니 貴其質而已矣라 所以交於神明者 不可同於所安褻之甚也니 如是而后라야 宜니라**

술과 단술의 맛이 좋은데 玄酒와 明水를 숭상하는 것은 五味의 근본을 귀하게 여기는 것이며, 黼黻 무늬를 수놓은 것이 아름다운데 거친 베를 숭상하는 것은 女功(길쌈이나 자수 등 부녀자가 하는 일)의 시작을 돌이키는 것이며, 왕골자리와 대자리가 편안한데 부들자리와 짚자리를 숭상하는 것은 〈禮의 다름을〉 밝히는 것이다. 太羹에 간을 맞추지 않는 것은 질박함을 귀하게 여기는 것이고, 大圭를 아름답게 조각하지 않는 것은 질박함을 아름답게 여기는 것이다. 붉은 칠과 조각하고 옻칠하여 꾸민 무늬가 아름다운데 素車를 타는 것은 소박함을 높이는 것이니, 그 질박함을 귀하게 여기는 것일 뿐이다. 神明을 사귀는 것은 심히 편안하게 여기고 설만하게 하는 것과 같이 할 수 없으니, 이와 같이한 뒤에야 걸맞은 것이다.

≪集說≫

未有五味[277]之初에 先有水라 故水爲五味之本이요 未有黼繡에 先有麤布라 故疏布爲女功之始라 周禮司烜(훼)氏 掌以鑑取明水於月[278]은 蓋取其潔也라 明之는 昭其禮之異也라 雕는 刻鏤之也요 幾는 漆飾之畿限也라 安褻之甚은 言甚安甚褻也요 宜는 猶稱也라 餘竝見前하니라

五味가 있기 전 처음에 먼저 물이 있었으므로 물이 오미의 근본이 되고, 黼黻의 繡가 있기 전에 먼저 거친 삼베가 있었으므로 거친 삼베가 女功의 시작이 되는 것이

277) 五味 : 신맛(酸)・단맛(甘)・쓴맛(苦)・매운맛(辛)・짠맛(鹹)을 이른다.

278) 鑑取明水於月 : '鑑'은 고대에 달밤에 이슬을 받던 쟁반을 말한다.(≪周禮≫ 〈秋官 司烜氏〉)

다. ≪周禮≫ 〈秋官 司烜氏〉에 "사훼씨가 거울로 明水를 달에서 취하는 것을 관장한다." 하였으니, 이는 그 깨끗함을 취하는 것이다. '明之'는 그 禮의 다름을 밝히는 것이다. 雕는 조각하는 것이고, 幾는 옻칠하여 꾸미는 범위이다. '安褻之甚'은 매우 편안하고 매우 설만함을 말한 것이고, 宜는 '稱(걸맞다)'과 같다. 나머지는 모두 앞에 보인다.

≪大全≫

張子曰 明水는 飮之祖요 毛血은 食之祖니 所以反始也니라

張子 : 明水는 음료의 원조이고 毛血(희생의 털과 피)은 음식의 원조이니, 이 때문에 시작으로 돌아가는 것이다.

○ 嚴陵方氏曰 夫味는 以淡爲本하야 感於鹹하고 作於酸하고 化於苦하고 窮於甘하고 變於辛하나니 玄酒明水則淡而無味라 故로 曰 貴五味之本也라하니라 黼作斧形하고 其色則白與黑이요 黻則兩己相弗하고 其色則黑與青이며 青與赤을 謂之文이요 赤與白을 謂之章이니 以天地之文이 作於東南하야 成於西南故也라 繢(회)는 則五采之所會요 繡는 則五采之所刺니 言文則章可知요 言繡則繢可知니 是皆色之美者也라 布之精者는 升多而密하고 粗者는 升少而疏하나니 女功之作이 始於粗하고 久而後에 至於精이라 故로 揚雄曰 霧縠之組麗는 女功之蠹(두)矣[279]라하니 以疏布之尙故로 曰 反女功之始也라하니라 明之也者는 謂其潔著之也니 若玄酒明水之類 莫非明之也어늘 於蒲越稿鞂에 言之者는 以其無餘義故也라 味之貴者莫如淡하니 大羹則以淡爲質而已요 物之美者莫如玉하니 大圭則以玉爲質而已라 素車之乘은 即前所謂乘素車是也라 尊은 無非貴也요 樸은 無非質也라 故로 下總而言之則曰 貴其質而已矣라하니라 前曰 不可同於所安樂之義라하고 此曰 不可同於所安褻之甚이라하니 樂(락)은 猶有義焉이요 褻則甚矣니라

嚴陵方氏 : 맛은 담담함을 근본으로 삼아서 짠 것에서 감동되고 신 것에서 일어나

279) 霧縠之組麗 女功之蠹(두)矣 : 揚雄의 ≪法言≫ 〈吾子〉의 "혹자가 말하였다. '〈賦는〉 마치 엷은 안개같이 정교하게 짠 비단처럼 화려하고 아름답습니다.' 〈揚子가〉 말하였다. '〈화려하고 아름다운 비단은〉 女工(여자의 일)에 해가 된다. 〈이와 마찬가지로 화려한 賦는 聖人의 經典에 해가 된다.〉'〔或曰 霧縠之組麗 曰 女工之蠹矣〕"라는 말을 원용한 것이다.

고 쓴 것에서 변화하고 단 것에서 다하고 매운 것에서 변한다. 그런데 玄酒와 明水는 담담하고 맛이 없으므로 "五味의 근본을 귀하게 여긴다." 한 것이다.

黼는 수를 놓아 도끼 모양을 만들고 그 색깔은 백색과 흑색이며, 黻은 두 '己'자가 서로 어긋나고 그 색깔은 흑색과 청색이며, 청색과 적색이 섞여 있는 것을 文이라 이르고 적색과 백색이 섞여 있는 것을 章이라 이르니, 天地의 文이 東南에서 시작되어 西南에서 이루어지기 때문이다. 繢는 五采가 모인 것이고 繡는 오채를 자수한 것인데, 文을 말했으면 章을 알 수 있고 繡를 말했으면 繢를 알 수 있으니, 이는 모두 색깔이 아름다운 것이다.

삼베가 정밀한 것은 올수가 많아서 치밀하고 거친 것은 올수가 적어서 듬성하니, 女功의 일은 거친 데서 시작되고 오랜 뒤에야 정밀함에 이른다. 그러므로 揚雄의 ≪法言≫ 〈吾子〉에 "열은 안개같이 정교하게 짠 화려하고 아름다운 비단은 女功(여자의 일)에 해가 된다." 하였으니, 거친 베를 숭상하기 때문에 "女功의 시작을 돌이킨다." 한 것이다.

'明之也'라는 것은 깨끗이 하여 드러냄을 이르니, 玄酒와 明水 같은 따위가 깨끗이 하여 드러내지 않음이 없는데 부들자리와 짚자리에 이것을 말한 것은 그 남은 뜻이 없기 때문이다. 맛 가운데 귀한 것은 담박함보다 더한 것이 없으니 〈조미하지 않은〉 太羹은 담박함을 바탕으로 삼을 뿐이고, 물건 중에 아름다운 것은 玉보다 더한 것이 없으니 〈무늬를 곱게 새기지 않은〉 大圭는 玉을 바탕으로 삼을 뿐이다.

'素車之乘'은 바로 앞에서 말한 "소거를 탄다."는 것이 이것이다. 尊은 귀한 것 아님이 없고 樸은 질박함 아님이 없으므로 아래에서 총괄하여 말하여 "그 질박함을 귀하게 여기는 것일 뿐이다."라고 한 것이다. 앞에서는 "편안하고 즐겁게 여기는 義와 똑같이 할 수 없다."라고 말하고, 여기서는 "심히 편안하게 여기고 설만하게 하는 것과 같이 할 수 없다."라고 말하였으니, 樂은 그래도 의의가 있고 褻은 심한 것이다.

112904 **鼎俎奇而籩豆偶**는 **陰陽之義也**라 **黃目**은 **鬱氣**[280)] **之上尊**(준)**也**니 **黃者**는 **中也**요 **目者**는 **氣之淸明者也**니 **言酌於中而淸明於外也**니라

280) 鬱氣 : 鬱鬯酒의 향기를 말한다. 울창주는 검은 기장으로 빚은 술에 鬱金香草를 섞은 술로, 옛날 제사에서 降神할 적에 사용하였다.

鼎(솥)과 俎(도마)를 홀수로 하고 籩(대나무 그릇)과 豆(나무 그릇)를 짝수로 하는 것은 陰陽의 뜻이다. 黃目은 鬱氣를 담는 최상의 술동이이다. 黃이라는 것은 중앙의 색깔이고 目이라는 것은 기운이 淸明한 것이니, 가운데에서 떠서 밖에서 청명하게 하는 것을 말한다.

≪集說≫

黃目은 黃彝也니 卣罍(유뢰)[281]之類라 以黃金으로 鏤其外하야 以爲目하니 因名焉이라 用貯鬱鬯之酒하야 有芬芳之氣라 故云鬱氣요 中은 中央之色也라 奇偶는 見(현)前하니라

'黃目'은 黃彝라는 술동이이니, 卣와 罍 따위이다. 黃金으로 그 밖을 새겨서 눈〔目〕 모양을 만들었으니, 인하여 황목이라고 이름한 것이다. 이 동이에 鬱鬯酒를 담아서 향기로운 기운이 있으므로 '鬱氣'라고 말한 것이다. '中'은 中央의 색깔이다. '奇'와 '偶'는 앞에 보인다.

黃彝

≪大全≫

延平周氏曰 司尊(준)彝之職에 秋嘗冬烝에 祼用斝(가)彝黃彝라하니 黃彝는 卽黃目鬱氣之上尊也라 蓋萬物之於冬엔 則反於土而復於本하니 反於土則終矣라 故로 飾用黃이요 復於本則可以自見이라 故飾用目이라 然이나 周禮에 謂之彝하고 此謂之尊은 何也오 蓋以彝對尊이면 則彝爲常이요 尊爲變이며 以尊對彝면 則尊爲尊이요 彝爲卑며 及離而言之하면 則尊與彝一也니라

延平周氏 : ≪周禮≫ 〈春官 司尊彝〉에 "가을의 嘗祭와 겨울의 烝祭에는 降神에 斝彝와 黃彝를 사용한다." 하였으니, 황이는 바로 '黃目은 鬱氣를 담는 최상의 술동이'

281) 卣罍 : 각각 殷나라와 周나라에서 제사 때 사용된 울창주를 담는 그릇을 말한다.

라는 것이다. 만물이 겨울에는 흙으로 돌아가고 뿌리로 돌아가니, 흙으로 돌아가면 끝나므로 꾸밈을 그 색깔인 황색으로 하고, 뿌리로 돌아가면 스스로 볼 수 있으므로 꾸밈을 눈〔目〕으로 하는 것이다. 그러나 ≪주례≫에서는 이것을 ‘彝’라 이르고 여기서는 ‘尊(준)’이라 이른 것은 어째서인가? 彝를 가지고 尊과 상대하면 彝는 떳떳함이 되고 尊은 변함이 되며, 尊을 가지고 彝와 상대하면 尊은 높음이 되고 彝는 낮음이 되며, 분리하여 말하면 尊과 彝가 똑같은 것이다.

斝彝

○ 嚴陵方氏曰 目之精은 水也요 其光은 火也니 以水爲體故로 其氣清하고 以火爲用故로 其氣明이라 鬱在中而以瓚酌之하니 蓋酌於中也요 直達於外焉하니 蓋清明於外也라 夫孝子將祭에 虛中以治之하니 此非酌於中之義乎아 至於不御內不聽樂不飮酒不茹葷하니 此非清明於外之義乎아

嚴陵方氏：目의 精은 水이고 그 빛은 火이니, 水를 體로 삼기 때문에 그 기운이 맑고 火를 用으로 삼기 때문에 그 기운이 밝은 것이다. 울창주가 가운데 있어서 瓚(옥으로 만든 酒勺)으로 뜨니 이는 가운데에서 뜨는 것이고, 곧바로 밖으로 통하게 하니 이는 밖에서 清明하게 하는 것이다. 孝子가 장차 제사하려 할 적에 마음을 비워 다스리니, 이는 가운데에서 술을 뜨는 뜻이 아니겠는가. 御內(부인과 동침함)를 하지 않고 樂을 듣지 않고 술을 마시지 않고 마늘을 먹지 않음에까지 이르니, 이는 밖에서 청명하게 하는 뜻이 아니겠는가.

112905 祭天호되 掃地而祭焉은 於其質而已矣요 醯醢(혜해)之美에 而煎鹽之尙은 貴天産也요 割刀之用에 而鸞刀之貴는 貴其義也니 聲和而後에 斷也니라

하늘에 제사하되 땅을 쓸기만 하고 제사함은 그 질박함을 취할 뿐이고, 젓갈의 아름다움에 구운 소금을 위에 놓음은 천연적으로 생산된 것을 귀하게 여기는 것이고, 割刀를 사용하는데 鸞刀(방울이 달린 칼)를 귀하게 여김은 그 〈소리가 조화로운〉 義를 귀하게 여기는 것이니, 소리가 조화로운 뒤에 고기를 자르는 것이다.

≪集說≫

鹽은 以煎錬而成이라 故曰 煎鹽이라 必用鸞刀者는 取其鸞鈴之聲이 調和而後에 斷割其肉也라 貴其義는 是貴聲和之義라

소금은 졸이고 달여서 이루어지므로 '煎鹽'이라고 말한 것이다. 반드시 鸞刀를 사용하는 것은 그 방울소리가 조화로운 뒤에 그 고기를 자르고 벰을 취한 것이고, '貴其義'는 소리가 조화로운 義를 귀하게 여기는 것이다.

≪大全≫

嚴陵方氏曰 鹽은 非煎以錬治之면 則不成이라 故로 謂之煎鹽이라 天官鹽人之所掌이니 祭祀에 共其苦鹽散鹽이라 然이나 醯人醢人所共을 未嘗不以祭祀爲主하니 則醯醢之美를 祭祀非不用也로되 特非其所尙爾라 夫刀能制斷하니 莫非義也로되 獨鸞貴其義者는 貴其義之和而已니라

嚴陵方氏 : 소금은 졸이고 달여서 다스리지 않으면 이루어지지 못하므로 '煎鹽'이라고 한 것이다. 이는 ≪周禮≫ 〈天官〉의 鹽人이 관장하는 것이니, 제사에는 苦鹽(정제하지 않은 덩어리 소금)과 散鹽(바닷물을 달여서 만든 가루 소금)을 바친다. 그러나 醯人과 醢人이 바치는 바는 일찍이 제사를 위주하지 않은 적이 없으니, 그렇다면 젓갈의 아름다움을 제사에 사용하지 않는 것이 아니나, 다만 그 숭상하는 바가 아닐 뿐이다. 칼은 능히 制斷할 수 있으니 義가 아님이 없으나 유독 鸞刀가 그 의을 귀하게 여기는 것은 그 의의 조화로움을 귀하게 여겨서일 뿐이다.

○ 長樂陳氏曰 和非斷則牽이요 斷非和則劌(궤)라 故로 天以秋肅物而和之以兌[282)]하고

282) 天以秋肅物而和之以兌 : 兌는 계절로는 秋에 해당하고 방향으로는 西方에 해당하고 오행

聖人以義制物而和之以仁하니 鸞刀以和濟割도 亦此意也니라

長樂陳氏 : 조화〔和〕는 결단이 아니면 끌려가고, 결단은 조화가 아니면 손상된다. 그러므로 하늘은 가을에 쌀쌀한 기운으로 만물을 말라 죽게 하되 兌(義)로써 조화롭게 하고, 聖人은 義로써 사물을 결단하되 仁으로써 조화롭게 하니, 鸞刀가 조화로움으로써 벰을 이루는 것 또한 이 뜻이다.

113001 冠義에 始冠之호되 緇布之冠也니 大(태)古에 冠布러니 齊(재)則緇之하니라 其緌(유)也는 孔子曰 吾未之聞也로니 冠而敝之 可也[283)]라하시니라

冠禮의 義에 처음으로 관례를 할 때에는 緇布冠(검은 삼베관)을 씌워준다. 태고시대에는 冠을 삼베로 만들었는데 재계하게 되면 검은색으로 물들인 베로 관을 만들었다. 緌(아래로 늘어뜨리는 갓끈 장식)에 대해서는, 孔子께서 "나는 들은 적이 없으니, 관례를 하고 버리는 것이 옳다."라고 하셨다.

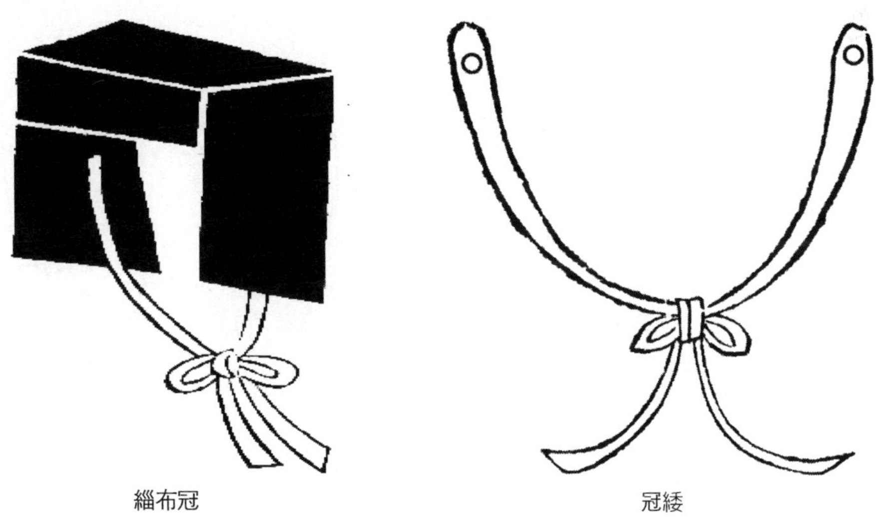

緇布冠　　冠緌

으로는 金에 해당하며 五常으로는 義에 해당하는바, ≪周易≫ 乾卦 〈文言傳〉에 "물건을 이롭게 함이 의에 조화되기 충분하다.〔利物 足以和義〕"라는 말을 원용한 것이다.

283) 孔子曰……可也 : 이 내용은 ≪孔子家語≫ 〈冠頌〉에 孟懿子가 처음 冠禮할 때 緇布冠을 쓰는 이유에 대해 묻자, 공자가 "古禮를 잊지 않음을 보이는 것입니다. 태고에는 布로 만든 관을 썼는데 齋戒할 때는 검게 물들였습니다. 아래로 늘이는 갓끈에 대해서는 듣지 못했습니다. 오늘날에는 관례가 끝난 뒤에 버려도 됩니다.〔示不亡古 太古冠布 齋則緇之 其緌也 吾未之聞 今則冠而敝之 可也〕"라고 대답한 것이 보인다.

≪集說≫

冠義는 言冠禮之義也라 冠禮三加[284)]에 先加緇布冠하니 是는 太古齊(재)時之冠也니 緇布爲之라 不用笄하고 用頍(규)以圍髮際하여 而結於項中하야 因綴之하야 以固冠耳요 不聞有垂下之緌也라 此冠은 後世에 不復用이로되 而初冠에 暫用之는 不忘古也니 冠禮旣畢이면 則敝棄之可矣라 玉藻云 緇布冠繢緌라하니 是는 諸侯位尊하야 盡飾故也라 然이나 亦後世之爲耳라

'冠義'는 冠禮의 義를 말한 것이다. 관례에 三加할 적에 가장 먼저 緇布冠을 씌우는데 이는 태고시대 재계할 때의 관이니, 검은 삼베로 만든다. 〈치포관은〉 비녀를 사용하지 않고 頍(머리를 묶어 관을 고정하는 장식)를 사용하여 머리 난 부분을 감싸서 項(冠의 뒤쪽) 가운데에 묶고 인하여 연결해서 관을 견고하게 했을 뿐, 아래로 늘어뜨린 緌가 있다는 말을 듣지 못하였다. 이 관은 후세에 더 이상 사용하지 않지만, 처음 관례할 때 잠시 사용하는 것은 옛날을 잊지 않기 위한 것이니, 관례가 이미 끝났으면 폐기하는 것이 옳다. 〈玉藻〉에 "치포관에는 오색의 갓끈을 단다." 하였으니, 이는 제후의 지위가 높아서 꾸밈을 다했기 때문이다. 그러나 이 또한 후세에 한 것일 뿐이다.

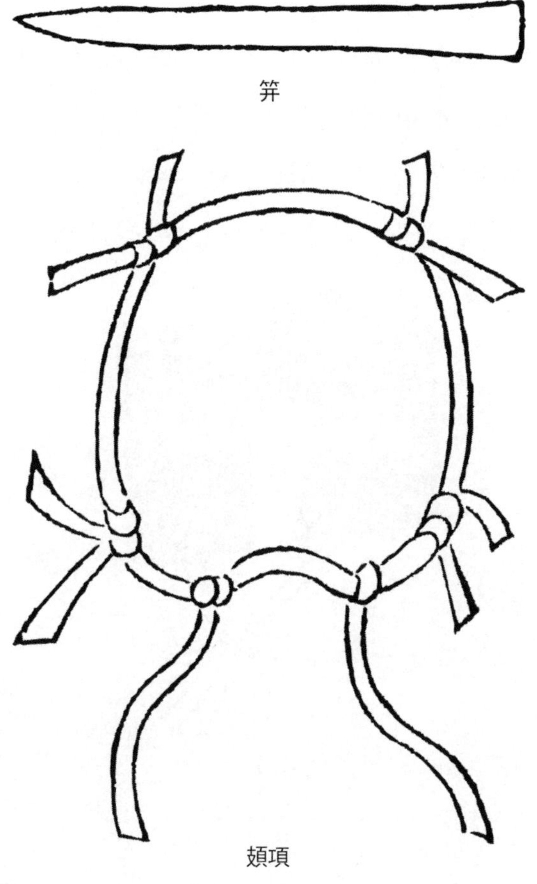

笄

頍項

284) 三加 : 관례 때에 賓이 冠者(관례를 치르는 자)에게 세 번 관을 갈아 씌우는 의식을 말한다. 初加에는 緇布冠을 씌우고, 再加에는 皮弁(흰 사슴 가죽으로 만든 관)을 씌우며, 三加에는 爵弁(冕旒冠 다음 등급의 관으로, 갓끈이 없는 참새 머리와 같은 검붉은 색의 관)을 씌운다.

○ 石梁王氏曰 冠一段은 當附冠義하니라

石梁王氏 : 이 冠禮을 말한 한 단락은 마땅히 〈冠義〉편에 붙여야 한다.

≪大全≫

延平周氏曰 齊(재)則緇之는 以幽思也라 末世에 緇布冠에 加之以緌를 孔子以爲吾未之聞이라하시니라 然이나 非天子면 不議禮하니 雖孔子라도 亦不得不從當世之所尙이니 則冠之加緌 雖非禮나 但冠而棄之可也라 故로 曰 冠而敝之可也라하시니 蓋敝有棄意하니라

延平周氏 : 재계할 때에 검은 옷을 입는 것은 그윽한 생각을 갖게 하는 것이다. 末世에 緇布冠에 緌를 가하는 것을 孔子께서 “내 듣지 못했다.”고 하셨다. 그러나 천자가 아니면 禮를 의논할 수가 없으니, 비록 공자라도 當世에 숭상하는 바를 따르지 않을 수 없으셨을 것이다. 그렇다면 치포관에 유를 가하는 것이 비록 예가 아니지만, 冠禮를 하고 버리는 것이 옳으므로 “관례를 하고 버리는 것이 옳다.” 하신 것이다. 敝는 버린다는 뜻이 있다.

113002 適子冠於阼는 以著代也요 醮於客位는 加有成也요 三加彌尊은 喩其志也요 冠而字之는 敬其名也라

適子가 堂의 동쪽 섬돌에서 冠禮를 행함은 主人을 대신함을 드러내는 것이고, 손님의 자리에서 醮禮를 행함은 이룸이 있는 사람에게 예를 더하는 것이고, 初加・再加・三加에 관이 점차로 더욱 높아짐은 그 뜻을 깨우치는 것이고, 관례를 하고 字를 지어줌은 이름을 공경하는 것이다

≪集說≫

著代는 顯其爲主人之次也라 酌而無酬酢曰醮라 客位는 在戶牖之間이라 加有成은 加禮於有成之人也라 三加는 始冠緇布冠하고 次加皮弁하고 又次加爵弁也라 喩其志者는 使其知廣充志意하야 以稱尊服也라 此는 適子之禮니 若庶子則冠於房戶外南面하고 醮亦戶外也라 夏殷之禮에 醮用酒호되 每一加而一醮하고 周則用醴호되 三加畢에 乃總一醴也라

'著代'는 관례를 치르는 자가 主人의 다음이 됨을 드러내는 것이다. 술을 따르기만 하고 酬酌함이 없음을 '醮'라 한다. 손님의 자리는 문과 창문 사이에 있다. '加有成'은 이룸이 있는 사람에게 禮를 더하는 것이다. '三加'는 처음에는 치포관을 씌우고 다음에는 皮弁을 가하고 또 다음에는 爵弁을 가한다. '喩其志'는 관례를 치르는 자로 하여금 意志를 넓히고 채워서 존귀한 복식에 걸맞아야 함을 알게 하는 것이다. 이는 適子의 예이다. 庶子의 경우는 방문 밖에서 남쪽을 향하여 관례하고 醮禮 또한 문 밖에서 한다. 夏나라와 殷나라의 예는 초례할 때 술을 사용하나 관을 한 번 가할 때마다 매번 한 번 초례를 하고, 周나라는 醴酒(단술)를 사용하되 삼가가 끝나면 비로소 총괄하여 한 번 예주를 올린다.

≪大全≫

嚴陵方氏曰 冠者는 成人之服이요 阼者는 主人之階니 成人則將代父而爲之主라 故冠於阼하야 以著代하니 著는 則所以明之也라 醮는 則以酒澤之也니 每一加則一醮하니 蓋酒는 所以饗賓客之物이라 故로 醮於客位라 冠於阼는 則是以主道期之也요 醮於客位는 則是以賓禮崇之也라 以其有成人之道故로 以是禮加之라 故曰 加有成也라하니라 然이나 緇布之粗가 不若皮弁之精하고 皮弁之質이 不若爵弁之文이라 故曰 三加彌尊이라하고 服彌尊이면 則志宜彌大故로 曰 喩其志也라하니라 以冠禮考之하면 非特冠彌尊이요 而衣也屨也亦彌尊[285]이며 非特衣屨彌尊이요 至於祝辭醮辭[286]하야도 亦

285) 衣也屨也亦彌尊 : ≪朱子家禮≫에서는 初加에는 深衣와 黑履 차림에 緇布冠을 착용하고, 再加에는 皁衫과 가죽신〔鞋〕 차림에 紗帽를 착용하고, 三加에는 公服과 가죽신 차림에 幞頭를 착용한다고 하였으며, ≪儀禮≫ 〈士冠禮〉에서는 초가에는 치포관과 玄端服 차림에 黑屨를 신고, 재가에는 皮弁과 흰색 아랫도리〔素積〕에 白屨를 신고, 삼가에는 爵弁과 담홍색 아랫도리〔纁裳〕에 纁屨를 신는다고 하였다.

286) 祝辭醮辭 : 관례에서 初加, 再加, 三加를 행할 때마다 賓이 관례를 치르는 자에게 축사를 하였는데, 초가가 끝나면 "좋은 달 좋은 날에 처음으로 너에게 冠을 씌우노니 너는 어린 마음을 버리고 너의 성숙한 덕을 따라 행동하면 오래오래 장수하고 복을 받아 그 큰 복이 영원하리라.〔吉月令日 始加元服 棄爾幼志 順爾成德 壽考維祺 以介景福〕"라고 하였고, 재가가 끝나면 "좋은 달 좋은 때에 네게 두 번째 관을 씌우노니, 네 威儀를 경건히 갖추고 네 德을 엄숙하고 신중하게 가지면 앞으로 만년토록 壽를 누리고 길이 큰 福을 받으리라.〔吉月令辰 乃申爾服 謹爾威儀 淑愼爾德 眉壽永年 享受胡福〕"라고 하였으며, 삼가가 끝나면 "해로서도 좋은 해이고 달로서도 좋은 달에 너에게 관을 다 씌웠다. 형제와 함께 있으면서 그 덕을 이루어가면 끝없는 수를 누리고 하늘의 경사도 받으리라.〔以歲

然하니 所以喩其志則一而已니라

嚴陵方氏 : 冠은 成人의 의복이고, 阼는 主人의 계단이다. 성인이 되면 장차 아버지를 대신하여 집안의 주인이 된다. 그러므로 阼階에서 冠禮를 행하여 대신함을 드러내니, '著'는 그것을 분명하게 밝히는 것이다. '醮'는 〈관례를 치르는 자를〉 술로 윤택하게 하는 것이니, 한 번 관을 加할 때마다 한 번 醮를 행한다. 술은 賓客을 宴饗하는 물건이므로 손님의 자리에서 醮禮를 하는 것이다. 조계에서 관례를 행하니 이는 주인의 道로써 기약하는 것이고, 손님의 자리에서 초례를 행하니 이는 손님에 대한 禮로써 높이는 것이다. 成人의 道가 있기 때문에 이 禮로써 더한다. 그러므로 "이룸이 있는 사람에게 예를 더한다."라고 한 것이다.

그러나 緇布冠의 거칢은 皮弁의 정밀함만 못하고 피변의 질박함은 爵弁의 文彩만 못하다. 그러므로 "初加·再加·三加에 관이 점차로 더욱 높아진다."라 하였고, 의복이 더욱 높아지면 뜻이 마땅히 더욱 커져야 하기 때문에 "그 뜻을 깨우친다."라고 한 것이다. 관례를 가지고 살펴보면, 비단 관만 더욱 높아질 뿐이 아니라 옷과 신 또한 더욱 높아지며, 비단 옷과 신이 더욱 높아질 뿐이 아니라 祝辭와 醮辭에 이르러도 또한 그러하니, 그 뜻을 깨우치는 것은 똑같을 뿐이다.

113003 委貌는 周道也요 章甫는 殷道也요 毋追(무퇴)는 夏后氏之道也니라

之正 以月之令 咸加爾服 兄弟具在 以成厥德 黃耇無疆 受天之慶〕"라고 축사를 하였다. 또 삼가 때마다 매번 초례를 행하고 淸酒로 초사를 하기도 하고 삼가가 모두 끝난 후에 醴酒로 한 번 초사를 하기도 하였는데, 삼가 때마다 매번 초사를 하는 경우, 첫 번째 초사는 "잘 익어 맑은 술에 포와 젓갈도 철에 맞네. 처음 관을 씌우는 자리에 형제가 모두 모였으니 효도하고 우애하면 영원히 보전하리라.〔旨酒旣淸 嘉薦亶時 始加元服 兄弟俱來 孝友時格 永乃保之〕"이고, 두 번째 초사는 "잘 익은 술에다가 포와 젓갈이 좋다. 너에게 두 번째 관을 씌우는 것은 예의에 순서가 있기 때문이니, 이 술로 제를 올려 하늘의 복을 받도록 하라.〔旨酒旣湑 嘉薦伊脯 乃申爾服 禮儀有序 祭此嘉爵 承天之祜〕"이며, 세 번째 초사는 "좋은 술은 향기롭고 籩豆는 가지런히 늘어 있도다. 네게 관을 다 씌워주고서 안주로는 折俎(찢은 고기를 담은 도마)를 올렸도다. 하늘의 경사를 받고 복도 끝없이 받으리라.〔旨酒令芳 籩豆有楚 咸加爾服 肴升折俎 承天之慶 受福無疆〕"이다. 삼가가 모두 끝난 후 예주로 행하는 초례의 초사는 "달콤한 예주는 진하고 포와 젓갈은 향기롭네. 절하고 받아 제사하여 너의 상서로움을 안정시키도록 하라. 하늘의 아름다운 복을 받들어 장수하는 내내 잊지 말라.〔甘醴惟厚 嘉薦令芳 拜受祭之 以定爾祥 承天之休 壽考不忘〕"이다. 元은 머리, 服은 착용의 뜻으로, 元服은 冠을 말한다.(≪儀禮≫ 〈士冠禮〉)

委貌는 周나라의 道이고, 章甫는 殷나라의 道이고, 毋追는 夏后氏의 道이다.

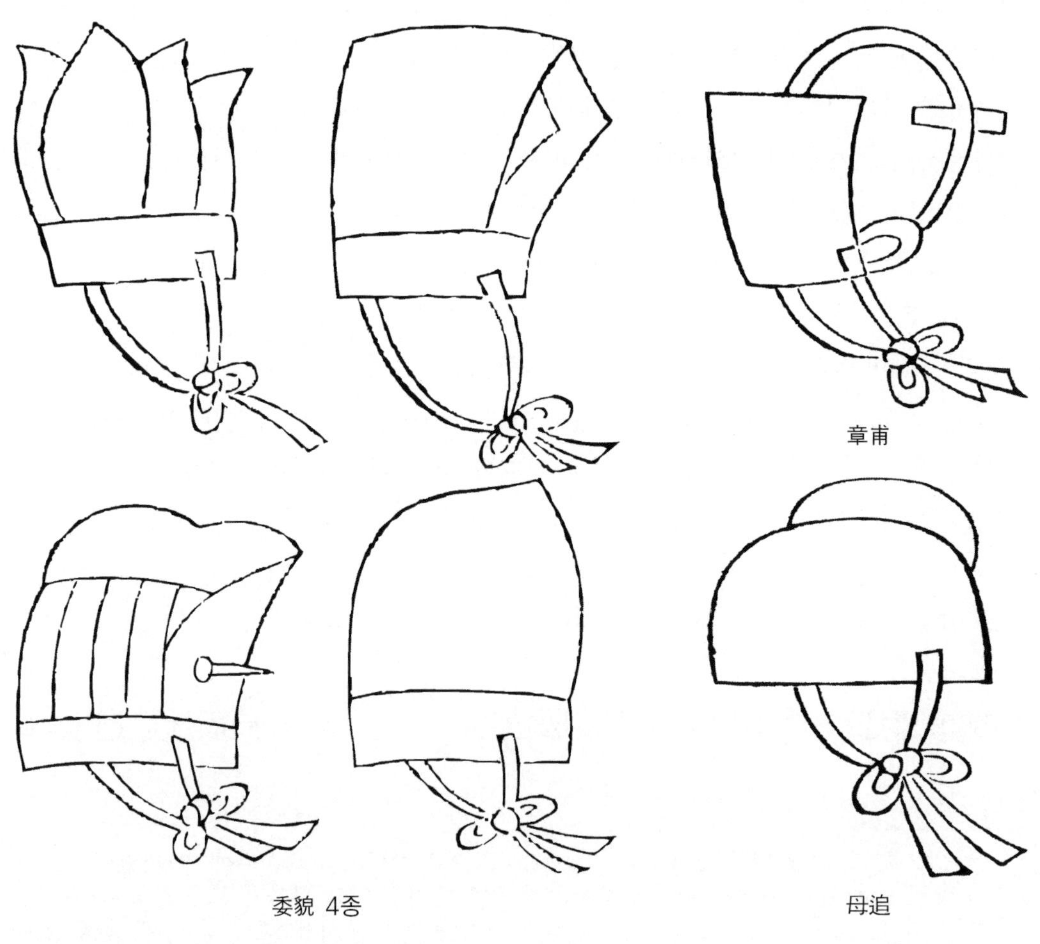

章甫

委貌 4종

毋追

≪集說≫

委貌章甫毋追는 皆緇布冠이니 但三代之易名不同而其形制亦應異耳라 是皆先王制禮之道라 故皆以道言之라 委貌는 卽玄冠이니 舊說에 委는 安也니 言所以安正容貌요 章은 明也니 所以表明丈夫라 毋는 發聲之辭요 追는 猶椎也니 以其形名之[287)]라하니라 此一條는 是論三加始加之冠이라

---

287) 舊說……以其形名之 : ≪儀禮≫ 〈士冠禮〉에도 〈郊特牲〉의 이 經文과 동일한 문장이 보이는데, 이에 대한 鄭玄의 注에 보인다.(≪儀禮注疏≫)

委貌・章甫・毋追는 모두 緇布冠인데 다만 夏・殷・周 三代에 이름을 바꾸어 똑같지 않았으니, 그렇다면 그 형상과 제도 또한 마땅히 다를 것이다. 이는 모두 先王이 禮를 만든 道(제도)이므로 모두 道라고 이름한 것이다. 委貌는 바로 玄冠이다. 舊說에 "委는 편안함이니, 〈이 관을 써서〉 容貌를 편안하고 바르게 함을 말하는 것이고, 章은 밝음이니, 〈이 관을 써서〉 丈夫임을 表明하는 것이다. 毋는 소리를 내는 말이고 追는 椎(망치)와 같으니, 이 관의 형상을 가지고 이름했다." 하였다. 이 한 조항은 三加할 때 처음 加하는 관을 논한 것이다.

113004 周는 弁이요 殷은 冔(후)요 夏는 收러니

周나라는 弁이고 殷나라는 冔이고 夏나라는 收였으니,

≪集說≫

周之弁과 殷之冔와 夏之收는 各是時王所制以爲三加之冠이라 舊說에 弁은 名出於槃하니 槃은 大也요 冔는 名出於幠(무)하니 幠는 覆(부)也요 收는 所以收斂其髮也니 形制는 未聞[288]이로라

周나라의 弁과 殷나라의 冔와 夏나라의 收는 각각 당시의 왕이 만들어서 三加할 때의 관으로 삼은 것이다. 舊說에 "弁은 이름이 槃에서 나왔으니 반은 큼이고, 冔는 이름이 幠에서 나왔으니 무는 덮음이고, 收는 그 머리카락을 收斂하는 것이다. 형상과 제도는 듣지 못하였다." 하였다.

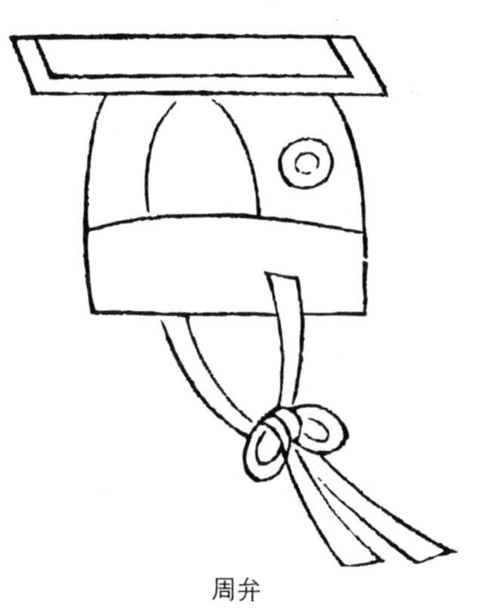
周弁

113005 三王이 共皮弁素積하니라

三王이 함께 皮弁을 쓰고 흰 명주로 주름을 잡은 치마를 입었다.

288) 舊說弁……未聞 : ≪儀禮≫ 〈士冠禮〉에도 〈郊特牲〉의 이 經文과 동일한 문장이 보이는데, 이에 대한 鄭玄의 注에 보인다.(≪儀禮注疏≫)

≪集說≫

皮弁은 以白鹿皮爲之하고 其服則十五升之布也니 白與冠同하고 以素爲裳而辟積其要中이라 故云 皮弁素積也라하니 三代에 皆以此爲再加之冠服이라

皮弁은 흰 사슴 가죽으로 만들고 그 옷은 15升의 삼베로 만든다. 흰 것이 冠과 같고 흰 명주로 치마를 만드는데 그 허리 가운데 주름을 잡았다. 그러므로 "피변을 쓰고 흰 명주로 주름을 잡은 치마를 입었다."라고 말하였으니, 夏·殷·周 三代에 모두 이 피변과 흰 명주로 주름을 잡은 치마를 再加할 때의 관과 의복으로 삼았다.

≪大全≫

延平周氏曰 委貌章甫冔收는 命以意요 毋追與弁은 命以形이니 三代不同者는 所以趣時也요 皮弁素積을 三代共之者는 立本也라 蓋皮弁素積은 上古之服이니라

延平周氏 : 委貌와 章甫, 冔와 收는 뜻으로써 이름을 지었고, 毋追와 弁은 형상으로써 이름을 지었다. 三代가 똑같지 않은 것은 때를 따른 것이고, 皮弁과 素積을 삼대가 똑같이 착용한 것은 근본을 세운 것이다. 피변과 소적은 上古의 의복이다.

○ 嚴陵方氏曰 委貌章甫毋追는 卽初加之緇布冠이 是矣요 弁冔收는 卽三加之爵弁이 是矣요 皮弁素積은 卽再加之皮弁이 是矣라 周尙文이라 故曰 委貌는 周道也라하니라 皮弁則以白鹿皮爲之하고 素積則以素爲裳하니 言裳則衣可知니 裳必疊幅故로 謂之積이라 服其服은 將以行是道라 故로 每以道言之하니라

嚴陵方氏 : 委貌와 章甫와 毋追는 바로 初加할 때의 치포관이 이것이고, 弁과 冔와 收는 바로 三加할 때의 爵弁이 이것이고, 皮弁과 素積은 바로 再加할 때의 피변이 이것이다. 周나라는 文을 숭상하였으므로 "委貌는 주나라의 道이다." 한 것이다. 피변은 흰 사슴 가죽으로 만들고 소적은 흰 명주로 치마를 만든 것이니, 치마를 말했으면 웃옷을 알 수 있다. 치마는 반드시 폭을 여러 겹으로 하기 때문에 積이라고 말한 것이다. 이 의복을 입는 것은 장차 이 도를 행하려고 하기 때문이다. 그러므로 매번 '道'라고 말한 것이다.

113006 **無大夫冠禮而有其昏禮**하니 **古者**에 **五十而後**에 **爵**이어니 **何大夫冠禮之有**리오 **諸侯之有冠禮**는 **夏之末造也**[289]니라

大夫의 冠禮는 없고 대부의 昏禮는 있다. 옛날에 50세가 된 뒤에야 작위를 받았으니, 어찌 대부의 관례가 있었겠는가. 제후의 관례가 생긴 것은 夏나라 말엽에 만들어진 것이다.

≪集說≫

諸侯大夫之冠을 一如士禮行之하니 下章所謂無生而貴者也라 夏之末造는 言夏之末世所爲耳라

제후와 대부의 관례를 한결같이 士의 예와 같이 행하니, 아래 장에 이른바 '태어나면서부터 귀한 자는 없다.'는 것이다. '夏之末造'는 夏나라의 말엽에 만들었음을 말한 것이다.

≪大全≫

延平周氏曰 冠不再하고 昏不一이라 故大夫無冠禮而有昏禮라 天子之元子도 其禮猶止於士而已니 何諸侯冠禮之有리오 特夏之末造也라 然自夏以降으로 不特諸侯有冠禮而已라 蓋天子之元子와 諸侯之世子가 皆用士之冠禮라 果元子世子之年未及冠하야 而天子崩하고 國君薨이면 則元子世子亦有君道어늘 而復用士禮可乎아 故로 玉藻云 玄冠朱組纓은 天子之冠也요 緇布冠繢緌는 諸侯之冠也者는 蓋言此也니라

延平周氏 : 관례는 두 번 하지 않고 혼례는 한 번만 하지는 않는다. 그러므로 대부에게 관례는 없고 혼례는 있는 것이다. 천자의 元子도 관례의 예가 오히려 士의 예에 그칠 뿐이니, 어찌 제후의 관례가 있겠는가. 다만 夏나라의 말엽에 만든 것이다. 그러나 하나라 이후로는 단지 제후에게만 관례가 있을 뿐 아니라, 천자의 원자와 제

---

289) 諸侯之有冠禮 夏之末造也 : 이에 대해 鄭玄의 注에 "하나라가 쇠약한 말기에 이르자 아직 成人이 되지 않은 자가 찬탈과 시해를 당하는 경우가 많았으니, 이에 다시 즉위하면 爵命을 내려 군주와 신하의 관계를 바로잡았다. 이 때문에 제후의 관례가 있게 된 것이다.〔至其衰末 未成人者多見簒弒 乃更卽位則爵命之以正君臣 而有諸侯之冠禮〕"라고 하였다.(≪禮記正義≫)

후의 세자도 모두 士의 관례를 사용하였다. 만약 원자와 세자의 나이가 미처 관례를 할 때가 되지 못해서 천자가 죽고 國君이 죽었으면 원자와 세자에게도 군주의 道가 있으니, 그렇다면 다시 士의 예를 쓰는 것이 옳겠는가. 그러므로 〈玉藻〉에 이르기를 "玄冠에 붉은색의 갓끈을 다는 것은 천자의 관이고, 치포관에 오색의 갓끈을 다는 것은 제후의 관이다." 하였으니, 이것을 말한 것이다.

113007 **天子之元子 士也**니 **天下**에 **無生而貴者也**니라 **繼世以立諸侯**는 **象賢也**요 **以官爵人**은 **德之殺**(쇄)**也**[290]라 **死而諡**는 **今也**니 **古者**엔 **生無爵**이어든 **死無諡**하더니라

천자의 元子도 冠禮에 士의 禮를 쓰니, 천하에 태어나면서부터 귀한 자는 없는 것이다. 대를 이어서 제후를 세움은 先人의 어짊을 본받았기 때문이고, 벼슬로써 사람에게 爵을 줌은 德의 높고 낮음에 따른 것이다. 죽으면 諡號를 짓는 것은 지금의 예이니, 옛날에는 살아서 爵이 없었으면 죽어서 시호가 없었다.

≪集說≫

元子는 適長子也니 其冠을 亦行士之冠禮라 無生而貴는 言有德이라야 乃有位也라 立諸侯以繼其先世는 以其能法前人之賢行也요 以官爵人은 必隨其德之大小而爲降殺也라 死必有諡는 今日之變禮也니 殷以前은 大夫以上이 乃爲爵하고 死則有諡하고 周制엔 雖爵及命士라도 死不諡也라

元子는 適長子이니, 그의 관례 또한 士의 관례를 행한다. '無生而貴'는 德이 있어야 비로소 지위가 있음을 말한 것이다. 제후를 세워서 그 先代를 잇게 하는 것은 先人의 어진 행실을 본받을 수 있기 때문이고, 벼슬로써 사람에게 爵을 줌은 반드시 그 德의 크고 작음에 따라 강등하는 것이다. 죽으면 반드시 시호가 있는 것은 금일

290) 以官爵人 德之殺(쇄)也 : 鄭玄의 注에 "덕이 후할수록 관작도 높아지는 것이다.〔德益厚官益尊也〕 하였다.(≪禮記正義≫) 또 ≪儀禮≫ 〈士冠禮〉의 정현의 주에는 "'殺'는 '衰'와 같다. 덕이 큰 자에게는 큰 관직으로 爵을 주고 덕이 작은 자에게는 작은 관직으로 작을 주는 것이다.〔殺猶衰也 德大者爵以大官 德小者爵以小官〕"라고 하였다.(≪儀禮注疏≫)

의 변한 예이니, 殷나라 이전에는 대부 이상이라야 비로소 작이 되고 죽으면 시호가 있었으며, 周나라 제도에는 비록 爵이 命士(爵命을 받은 선비)에게 미쳤더라도 죽어서 시호하지 않았다.

≪大全≫

嚴陵方氏曰 嗣諸侯者는 有冠禮하고 大夫則無之者는 蓋諸侯는 繼世以立하고 大夫는 以官爵之而不繼世故也라 諸侯必繼世以立은 所以象賢이요 大夫不繼世는 爲其德之殺也니라

嚴陵方氏 : 제후를 뒤이은 자에게는 관례가 있고 대부에게는 관례가 없는 것은, 제후는 代를 이어 세우고 대부는 벼슬로 爵을 주어 대를 잇게 하지 않기 때문이다. 제후를 반드시 대를 이어 세우는 것은 선인의 어진 행실을 본받기 때문이고, 대부가 대를 잇지 않는 것은 그 德에 따라 강등하기 때문이다.

○ 延平周氏曰 繼世以立은 諸侯象其祖考之賢也요 官有尊卑하고 德有大小라 故以官爵人은 則德之殺也라 諡有行之迹이라 故로 古者에 生有爵이면 則死乃請諡於天子하야 而天子命之諡러니 後世엔 但死則皆有諡하니 蓋未嘗請諡於天子요 特其自諡耳라 故로 曰 死而諡는 今也라하니라

延平周氏 : 대를 이어 세워주는 것은 제후가 그 祖考의 어짊을 본받기 때문이고, 벼슬은 높고 낮음이 있고 德은 크고 작음이 있기 때문에 벼슬로 사람에게 爵을 주는 것은 덕에 따라 강등하는 것이다. 시호에는 살아생전의 행적이 있으므로 옛날에는 살아서 爵이 있었으면 죽어서 마침내 천자에게 시호를 청하여 천자가 시호를 명해 주었다. 그런데 후세에는 죽기만 하면 모두 시호가 있으니, 천자에게 시호를 청하지도 않고 독단적으로 스스로 시호를 지었을 뿐이다. 그러므로 "죽으면 시호를 짓는 것은 지금의 예이다." 한 것이다.

113101 禮之所尊은 尊其義也니 失其義하고 陳其數는 祝史之事也라 故로 其數는 可陳也어니와 其義는 難知也니 知其義而敬守之는 天子之所以治天下也라

禮가 높은 것은 그 義를 높이기 때문이니, 그 의를 잃고 그 數만을 진열하는 것은 〈제사를 주관하는 관원인〉 祝史의 일이다. 그러므로 그 수는 진열할 수 있으나 그 의는 알기 어려우니, 그 의를 알아 공경히 지키는 것은 천자가 천하를 다스리는 방법이다.

≪集說≫

先王制禮에 皆有精微之理하니 所謂義也니 禮之所以爲尊은 以其義之可尊耳라 玉帛, 俎豆는 各有多寡厚薄之數하니 數之陳列者는 人皆可得而見이어니와 義之精微者는 不學則不能知也니 祝史其能知之乎아 中庸曰 明乎郊社之禮와 禘嘗之義면 治國은 其如示諸(저)掌乎[291]인저하니 此는 總結前章冠義以下라

先王이 禮를 제정함에 모두 精微한 이치가 있으니, 이른바 '義'라는 것이니, 예가 존귀한 까닭은 그 의가 존귀할 만하기 때문이다. 〈제사나 朝覲·聘問 등에 예물로 쓰던 玉과 비단인〉 玉帛과 〈제사나 연향 등에 음식을 담는 禮器인〉 俎豆는 각각 많고 적음과 厚하고 薄함의 數가 있으니, 수를 진열한 것은 사람들이 모두 볼 수 있다. 그러나 의의 정미함은 배우지 않으면 알지 못하니, 祝史가 어찌 이것을 알 수 있겠는가. ≪中庸≫에 "郊祭와 社祭의 예와 禘祭와 嘗祭의 의를 밝게 알면, 나라를 다스리는 것은 마치 그 손바닥 위에 올려놓고 보는 것과 같이 쉽다." 하였다. 이는 앞 장의 〈冠義〉 이하를 총괄하여 맺은 것이다.

≪大全≫

朱子曰 此蓋秦火之前에 典籍備具之時之語니 固爲至論이라 然이나 非得其數면 則其義를 亦不可得而知矣라 況今亡逸之餘에 數之存者 不能什一하니 則尤不可以爲祝史之事而忽之也니라

291) 中庸曰……其如諸(저)掌乎 : ≪中庸章句≫ 제19장에 "郊社의 예는 上帝를 섬기는 것이고, 宗廟의 예는 선조를 제사하는 것이니, 교사의 예와 禘嘗의 의에 밝으면, 나라를 다스리는 것은 손바닥 위에 놓고 보는 것처럼 쉬울 것이다.〔郊社之禮 所以事上帝也 宗廟之禮 所以祀乎其先也 明乎郊社之禮 禘嘗之義 治國 其如示諸掌乎〕"라고 보인다. 郊는 하늘에 제사하는 것이고 社는 땅에 제사하는 것이다. 禘는 천자가 종묘에 지내는 제사이고, 嘗은 가을 제사로 四時의 제사를 대표한다.

朱子 : 이는 아마도 秦나라에서 경전을 불태우기 전에 典籍이 구비되었던 때의 말인 듯하니, 참으로 지극한 말이다. 그러나 그 數를 얻은 자가 아니면 그 義 또한 알 수가 없다. 더구나 지금 전적이 없어진 뒤에 보존된 수가 10에 1도 못 되니, 그렇다면 더욱 祝史의 일이라고 여겨서 소홀히 하면 안 된다.

○ 延平周氏曰 禮之所以爲禮者는 禮之義也요 而其禮之爲禮者는 禮之數也니 禮之所尊은 尊其義요 而非尊其數而已也라 爲祝史者는 特知其數耳니 其數는 則禮之文而已라 故로 可知요 其義는 則莫非性命之理라 故難知라 果知其義면 則聖[292]矣니 天子所以治天下也니라

延平周氏 : 禮가 예가 된 까닭은 예의 義 때문이고 예를 예라고 하는 것은 예의 數 때문이니, 예가 높이는 바는 그 數를 높일 뿐 아니라 그 義를 높이는 것이다. 祝史가 된 자는 다만 그 수를 알 뿐인데 그 수는 예의 文일 뿐이므로 알 수 있으나 그 義는 性命의 이치 아님이 없으므로 알기가 어렵다. 과연 그 義를 알면 만물의 이치를 통달하게 될 것이니, 천자가 이로써 천하를 다스리는 것이다.

○ 馬氏曰 有數有義然後에 足以爲禮니 數者는 義之寓요 義者는 數之意로되 而其重이 尤在於意也라 先王爲禮에 未嘗不寓之以微妙之意하시니 知其義면 則擧而錯之天下에 無難矣리라

馬氏 : 數가 있고 義가 있은 뒤에 禮를 할 수 있다. 數는 義가 붙어 있는 것이고 義는 數의 뜻인데, 그 중함은 더욱 뜻에 있다. 선왕이 예를 만들 적에 일찍이 미묘한 뜻을 붙이지 않은 적이 없으셨으니, 그 義를 알면 들어서 천하에 조처함에 어려움이 없을 것이다.

113201 天地合而后에 萬物이 興焉하나니 夫昏禮는 萬世之始也라 取於異姓은 所以附遠厚別也요 幣必誠하며 辭無不腆(전)은 告之以直信[293]이니

---

292) 聖 : 〈樂記〉에 "禮樂의 情을 아는 자는 創作할 수 있고 예악의 文을 아는 자는 傳述할 수 있다. 창작하는 자를 일러 聖이라 하고, 전술하는 자를 일러 明이라고 한다. '明聖'이라는 것은 전술과 창작을 이른다.〔知禮樂之情者能作 識禮樂之文者能述 作者之謂聖 述者之謂明 明聖者 述作之謂也〕"라고 보이는데, 孔穎達의 疏에 "'聖'이라는 것은 만물의 이치를 통달한 것이다.〔聖者 通達物理〕"라고 하였다.(≪禮記正義≫)

信이 事人也며 信이 婦德也라 壹與之齊하면 終身不改하나니 故로 夫死하야도 不嫁하나니라

하늘과 땅이 화합한 뒤에 만물이 생겨나니, 昏禮는 萬世의 시작이다. 異姓에게 장가드는 것은 〈혐의를〉 멀리하는 〈義에〉 의탁하고 분별을 후하게 하는 것이며, 신랑이 폐백을 반드시 정성스럽게 하고 致辭를 두텁지(간곡하지) 않음이 없게 함은 正直과 誠信으로 고하는 것이니, 성신은 남을 섬기는 道를 다할 수 있으며 성신은 婦人의 德을 갖출 수 있다. 한번 남편과 함께 牢(제사에 쓰이는 희생)를 먹으면 종신토록 고치지 않으니, 그러므로 남편이 죽어도 재가하지 않는 것이다.

≪集說≫

附遠은 附는 猶託也니 託於遠嫌之義也요 厚別은 重其有別之禮也라 幣誠辭腆은 是欲告戒爲婦者 以正直誠信之行이니 信은 其能盡事人之道며 信은 其能有爲婦之德也라 此以下는 言昏禮之義라

'附遠'은, 附는 託(의탁함)과 같으니 혐의를 멀리하는 義에 의탁하는 것이고, '厚別'은 그 분별이 있는 禮를 중히 하는 것이다. 폐백이 정성스럽고 致辭가 두터움은 신부된 자에게 정직하고 誠信한 행실로 고하여 경계하고자 하는 것이니, 성신은 남을 섬기는 道를 다할 수 있고 성신은 婦人이 된 德을 간직할 수 있다. 이 이하는 昏禮의 義를 말하였다.

293) 幣必誠……告之以直信 : 鄭玄의 注에 "誠은 信(성실)이다. 腆은 善(좋음)과 같다. 〈폐백과 致辭〉 이 두 가지는 부녀자에게 정직과 신의를 가르치는 것이다.〔誠 信也 腆 猶善也 二者所以教婦直信也〕"라고 하였는데, 孔穎達의 疏에 "誠은 〈폐백으로 衣物을〉 재단하여 만들 수 있도록 하여 헛되이 분수에 넘치지 않게 함을 이른다. 賓이 말을 전할 적에 스스로 겸손해하면서 폐백이 좋지 못하다고 말함이 없으니, 이는 거짓으로 꾸미지 않는 것이다.〔誠 謂使可裁制 勿令虛濫 賓之傳辭 無自謙退云幣不善 不詐飾也〕"라고 하였다.(≪禮記正義≫) 또 ≪儀禮≫ 〈士昏禮 記〉에 "치사하는 말에는 '좋지 못하다〔不腆〕'거나 '욕되다〔辱〕'라는 말이 없다. 가죽〔皮〕과 비단〔帛〕은 반드시 지을 수 있는 것이어야 한다.〔辭無不腆 無辱 皮帛必可制〕"라고 보이는데, 鄭玄의 注에 "빈은 '폐백이 좋지 못하다.'라고 말하지 않고, 주인은 '욕되게 오셨다.'라고 사례하지 않는다.〔賓不稱幣不善 主人不謝來辱〕"라고 하였다.(≪儀禮注疏≫)

○ 鄭氏曰 齊는 謂共牢而食이니 同尊卑也라

鄭氏 : '齊'는 牢를 함께 먹음을 이르니, 높고 낮음을 함께하는 것이다.

○ 石梁王氏曰 昏一段은 當附昏義니라

石梁王氏 : 혼례를 말한 한 단락은 마땅히 〈昏義〉편에 붙여야 한다.

≪大全≫

馬氏曰 幣者는 所以將其昏姻之意요 辭者는 所以導其昏姻之情이니 幣以將意면 則不可以不誠이요 辭以導情이면 則不可以不腆이니 腆之言은 厚也라 君子無所不用其誠與厚로되 至於昏禮則尤甚焉이라 故로 曰 幣必誠하며 辭無不腆이라하니라

馬氏 : '幣帛'은 그 혼인하는 뜻을 받드는 것이고, '致辭'는 그 혼인하는 정을 引導하는 것이다. 폐백으로 뜻을 받들면 정성스럽지 않을 수가 없고, 치사로 정을 인도하면 두텁지 않을 수가 없으니, '腆'이라는 말은 두터움이다. 군자는 그 정성과 두터움을 쓰지 않는 바가 없으나, 혼례에 이르러는 더욱 심하다. 그러므로 "폐백을 반드시 정성스럽게 하며 치사를 두텁지 않음이 없게 한다."라고 한 것이다.

○ 嚴陵方氏曰 天地合이라야 萬物興하니 昏禮之合二姓은 蓋本於此라 有夫婦然後有父子하니 父子는 所以傳世라 故曰 昏禮는 萬世之始라하니라 必取異姓은 所以附遠이요 不取同姓은 所以厚別이라 且於遠不附면 則人情無以通이요 於別不厚면 則人道無以辨이라 昏姻者는 所以通人情而辨人道而已라 幣는 所以將昏姻之意요 辭는 所以通昏姻之情이니 辭無不腆者는 則告之以直故也요 幣必誠者는 則告之以信故(而)〔也〕[294)]라 故로 繼言告之以直信하니라 以事人者는 必以信이니 而婦人은 以事人爲事라 故로 信爲婦德也라 上은 兼言直이로되 而下不釋直者는 蓋信而無僞면 則直在其中矣일새라 不改는 則不改而他適也니 以其不可改故로 雖夫死나 不嫁니라

嚴陵方氏 : 하늘과 땅이 합하여야 만물이 생겨나니, 혼례에 두 姓을 합함은 여기에서 근본한 것이다. 夫婦가 있은 뒤에야 父子가 있으니, 부자는 代를 전하는 것이다. 그러므로 "혼례는 萬世의 시작이다."라고 한 것이다.

반드시 異姓에게 장가듦은 혐의를 멀리하는 義에 의탁하는 것이고, 同姓에게 장

294) (而)〔也〕: 저본에는 '而'로 되어 있으나, 四庫全書本에 의거하여 '也'로 바로잡았다.

가들지 않음은 분별을 두텁게 한 것이다. 또 협의를 멀리하는 의에 의탁하지 않으면 人情이 통할 수가 없고, 분별이 두텁지 않으면 人道가 구분될 수 없으니, 혼인은 인정을 통하고 인도를 분별할 뿐이다. 폐백은 혼인하는 뜻을 받드는 것이고, 치사는 혼인하는 정을 통하게 하는 것이니, 치사가 두텁지 않음이 없음은 정직함으로써 고하기 때문이고, 폐백을 반드시 정성스럽게 하는 것은 誠信으로써 고하기 때문이다. 그러므로 뒤이어 "정직과 성신으로 고한다."라고 말한 것이다.

남을 섬기는 자는 반드시 성신을 가지고 하는데, 부인은 남을 섬기는 것을 일삼으므로 성신이 부인의 덕이 되는 것이다. 위에서는 정직을 겸하여 말했으나 아래에서 정직을 설명하지 않은 것은, 성신하여 거짓이 없으면 정직이 이 가운데 들어 있기 때문이다. '고치지 않음'은 고쳐서 다른 사람에게 시집가지 않는 것이니, 고쳐서 다시 시집갈 수 없기 때문에 비록 남편이 죽더라도 재가하지 않는 것이다.

113202 男子親迎하여 男先於女는 剛柔之義也니 天先乎地하며 君先乎臣과 其義一也라 執摯以相見은 敬章別也니라 男女有別然後에야 父子親하고 父子親然後에야 義生하고 義生然後에야 禮作하고 禮作然後에야 萬物安하나니 無別無義는 禽獸之道也[295]라

남자가 親迎을 하여 남자가 여자에게 먼저 함은 剛柔의 義이니, 하늘이 땅보다 먼저 하며 군주가 신하보다 먼저 함과 그 義가 똑같다. 폐백을 잡고서 서로 만나봄은 공경하여 분별을 밝히는 것이다. 남녀가 분별이 있은 뒤에 부자가 친하고 부자가 친한 뒤에 의가 생겨나고 의가 생겨난 뒤에 禮가 일어나고 예가 일어난 뒤에 만물이 편안하니, 분별이 없고 의가 없는 것은 禽獸의 道이다.

≪集說≫

先은 謂倡道之也라 執摯는 奠鴈也니 行敬以明其有別이라 故云 敬章別也라 有別이면

295) 無別無義 禽獸之道也 : 鄭玄의 注에 "암컷을 공유하여 종류를 혼란하게 만듦을 말한다. 〔言聚麀之亂類也〕" 하였다.(≪禮記正義≫)

則一本而父子親하고 親親之殺(쇄)[296]면 則義生禮作하여 而萬物이 各得其所矣라 禽獸知有母而不知有父는 無別故也라

'先'은 倡道함을 이른다. '執摯'는 기러기를 올리는 것이니, 공경을 행하여 분별이 있음을 밝히기 때문에 '공경하여 분별을 밝힌다.'라고 말한 것이다. 남녀가 분별이 있으면 근본이 하나여서 부자가 친하고, 親親(어버이나 친척을 친히 함)이 줄어들면 義가 생기고 禮가 일어나서 만물이 각각 제자리를 얻게 된다. 禽獸가 어미가 있음만을 알고 아비가 있음을 알지 못하는 것은 분별이 없기 때문이다.

≪大全≫

馬氏曰 男子親迎而男先於女者는 剛先於柔之意也니 豈獨昏姻之際如此리오 至於天地, 君臣하야도 其義一也라 天則造始而地則代終하고 君主乎倡而臣主乎和라 摯者는 交接之際에 所以致敬이라 人之私褻이 莫甚於衽席之上하니 男女之際를 不可不正이라 故로 執摯相見은 所以敬章別也라 父子相親이 出於天性自然이어늘 而曰 男女有別然後에 父子親은 何也오 蓋男女無別於內면 則夫婦之道喪하야 而淫辟之罪多하야 雖父子之親이라도 亦不可得而親之也라 男女有別然後에 父子有相親之恩하고 父子有相親之恩이면 則必有相親之義라 故義生焉이니 非特父子之親如此라 推而至於朋友兄弟君臣上下之際하야도 皆有義면 則粲然有文以相接이라 故로 曰 義生然後禮作이라하니라 禮作而貴賤有等하고 上下有分하니 此萬物所以安也라 自父子相親으로 推而至於萬物安히 皆起於男女有別하니 則衽席之上을 不可以不戒也라 哀公問政한대 孔子曰 夫婦別하고 父子親하고 君臣嚴이니 三者正이면 則庶物從之矣[297]라하시니 與此同意하니라

馬氏 : '남자가 親迎을 하여 남자가 여자에게 먼저 함'은 剛이 柔에게 먼저 하는 뜻이니, 어찌 다만 혼인의 즈음에만 이와 같겠는가. 하늘과 땅, 군주와 신하에 이르러

---

296) 親親之殺(쇄) : ≪中庸章句≫ 제20장에 "仁은 사람의 몸이니 친한 이를 친히 하는 것이 크고, 義는 마땅함이니 어진 이를 높이는 것이 크다. 친한 이를 친히 하는 것을 줄여 나가고 어진 이를 차등을 두어 높이는 데서 禮가 생긴다.〔仁者人也 親親爲大 義者宜也 尊賢爲大 親親之殺 尊賢之等 禮所生也〕"라고 한 孔子의 말이 보인다.

297) 哀公問政……則庶物從之矣 : ≪禮記≫ 〈哀公問〉에 보인다.

도 그 義가 똑같아서, 하늘은 처음을 만드는데 땅은 이어서 끝마치고 군주는 先倡함을 주장하는데 신하는 和答함을 주장한다. '摯'는 서로 왕래하며 情誼를 맺을 때에 공경을 지극히 하는 것이다. 사람의 사사롭고 褻慢함이 부부의 이부자리 위보다 더 심한 것이 없으니, 남녀의 분별의 즈음을 바르게 하지 않으면 안 된다. 그러므로 폐백을 잡고서 서로 만나봄은 공경하여 분별함을 밝히는 것이다.

부자간의 친함이 天性의 자연함에서 나왔는데, "남녀가 분별이 있은 뒤에 부자가 친하다."고 말한 것은 어째서인가? 남녀가 안에서 분별이 없으면 부부의 도리가 상실되어서 방탕하고 음란한 죄가 많아져서 비록 부자간의 친함이라도 친할 수가 없는 것이다.

남녀가 분별이 있은 뒤에 父子가 서로 친애하는 은혜가 있고, 부자가 서로 친애하는 은혜가 있으면 반드시 서로 친애하는 義가 있다. 그러므로 義가 생기는 것이니, 다만 부자의 친함이 이와 같을 뿐만이 아니라 미루어 朋友와 兄弟, 君臣과 上下의 즈음에 이르러도 모두 의가 있으면 찬란하게 문채가 있어 서로 접하므로 "義가 생긴 뒤에 禮가 일어난다." 하였다. 예가 일어나면 귀천에 등급이 있게 되고 상하에 구분이 있게 되니, 이 때문에 만물이 편안한 것이다. 부자가 서로 친함으로부터 미루어 만물이 편안함에 이르기까지 모두 남녀가 분별이 있음에서 시작되니, 부부의 이부자리 위를 경계하지 않을 수 없는 것이다. 哀公이 政事를 묻자 孔子께서 말씀하기를 "부부가 분별이 있고 부자가 친하고 군신이 엄한 것이니, 세 가지가 바르면 온갖 일이 따라서 바르게 됩니다."라고 하셨으니, 이와 똑같은 뜻이다.

○ 嚴陵方氏曰 禽獸는 有牝牡之合而無內外之別하고 有生育之愛而無上下之義라 故로 曰 無別無義는 禽獸之道也라하니라

嚴陵方氏 : 禽獸는 암컷과 수컷의 교합만 있고 內外의 분별이 없으며, 낳고 기르는 사랑만 있고 上下의 義가 없으므로 "분별이 없고 의가 없는 것은 금수의 도이다." 한 것이다.

113203 壻親御授綏는 親之也니 親之也者는 親之也니 敬而親之는 先王之所以得天下也라 出乎大門而先하야 男帥(솔)女하고 女從男하나니 夫婦之義 由此始也니라 婦人은 從人者也니 幼從父兄하고 嫁從夫하고 夫死어든

從子하나니 **夫也者**는 **夫也**니 **夫也者**는 **以知帥人者也**라

신랑이 친히 신부의 수레를 몰고 수레에 오르는 끈을 쥐여주는 것은 신부를 친애하는 것이다. 신부를 친애함은 자기를 친애하게 하는 것이니, 공경하고 친애함은 先王이 천하를 얻은 방법이다. 〈신부의 집〉 대문을 나와서는 〈신랑의 수레가〉 앞장서서 남자가 여자를 인솔하고 여자가 남자를 따르니, 부부의 義가 이로부터 시작된다. 부인은 남을 따르는 자이니, 어려서는 아버지와 오라비를 따르고 시집가서는 남편을 따르고 남편이 죽으면 자식을 따른다. 남편은 丈夫라는 뜻이니, 장부는 지혜로써 남을 통솔하는 자이다.

≪集說≫

親御婦車而授之綏는 **是親愛之義也**니 **親之**는 **乃可使之親己**라 **故曰 親之也者**는 **親之也**라하니라 **太王**이 **爰及姜女**[298]하시고 **文王**이 **親迎于渭**[299]는 **皆是敬而親之之道**니 **以至於有天下**라 **故曰 先王之所以得天下也**라하니라 **大門**은 **女家之門也**라 **先**은 **壻車在前也**요 **女從男**은 **婦車隨之也**라 **夫也者**는 **丈夫也**니 **丈夫者**는 **以才智帥**(솔)**人者也**라

신랑이 친히 신부의 수레를 몰고 끈을 쥐여주는 것은 신부를 친애하는 뜻이니, 신부를 친애함은 바로 신부로 하여금 자기를 친애하게 하는 것이다. 그러므로 "신부를 친애함은 자기를 친애하게 하는 것이다."라고 말한 것이다. 太王이 姜女와 더불어 함께하였고, 文王이 渭水에서 太姒를 친영한 것은 모두 공경하고 친애하는 방도였으니, 이로써 천하를 소유함에까지 이르렀으므로 "선왕이 천하를 얻은 방법이다."라

298) 太王 爰及姜女 : ≪詩經≫ 〈大雅 綿〉에 "고공단보가 아침에 말을 달려 서쪽 물가를 따라서 기산 아래에 이르니, 이에 강씨 부인과 함께 새로 살 집터를 둘러보았다.〔古公亶父 來朝走馬 率西水滸 至于岐下 爰及姜女 聿來胥宇〕"라고 보이는데, 이 시는 周나라 태왕이 邠 땅에 있다가 狄人의 침략을 피해 岐山 아래로 옮겨 갈 적에 妃인 姜氏와 함께 살 터전을 둘러본 일을 노래한 것이다. 고공은 태왕의 호이고, 단보는 그의 이름이다.

299) 文王 親迎于渭 : ≪詩經≫ 〈大雅 大明〉에 "큰 나라가 딸을 두니 하늘에 견줄 처녀라네. 禮로 그 吉함을 정하시고 渭水에서 친영하네. 배 만들어 다리를 놓으니 그 영광 아니 드러나리.〔大邦有子 俔天之妹 文定厥祥 親迎于渭 造舟爲梁 不顯其光〕"라고 보이는데, 이 시는 周 文王이 太姒를 친영한 일을 노래한 것이다.

고 말한 것이다. '大門'은 여자 집의 문이다. '先'은 신랑의 수레가 앞에 있는 것이고, '女從男'은 신부의 수레가 뒤를 따르는 것이다. '夫'는 丈夫(남편)라는 뜻이니, 장부는 재주와 지혜로써 남을 통솔하는 자이다.

≪大全≫

嚴陵方氏曰 親御授綏는 固所以親之나 然必親迎이니 親御는 亦所以敬之也라 敬은 所以爲義요 親은 所以爲仁이니 先王之所以得天下者 仁義而已니라

嚴陵方氏 : 신랑이 친히 신부의 수레를 몰고 끈을 쥐여주는 것은 진실로 친애하는 것이다. 그러나 반드시 친히 맞이하니, 친히 수레를 몲은 또한 부인을 공경하는 것이다. '敬'은 義를 하는 것이고 '親'은 仁을 하는 것이니, 선왕이 천하를 얻은 방법은 仁과 義일 뿐이다.

○ 馬氏曰 夫主於義故로 有所帥(솔)하고 無所從이요 婦主於聽故로 有所從하고 無所帥이니 夫婦之道가 其大槩不出於此라 故로 出乎大門而先하야 男帥女하고 女從男하니 夫婦之端이 基之於此也라 婦者는 恒其德者[300]也니 有三從之義하고 無一違之禮라 故로 幼從父兄하고 嫁從夫하고 夫死從子라 夫者는 制義者也니 制人而不制於人이라 故로 曰 知帥人者也[301]라하니 知帥人이면 則非所謂不恒其德而從婦凶[302]也니라

馬氏 : 남편은 義를 주장하기 때문에 통솔하는 바가 있고 따르는 바가 없으며, 부인은 따름을 주장하기 때문에 따르는 바가 있고 통솔하는 바가 없으니, 부부의 道는 그 大槪가 여기에서 벗어나지 않는다. 그러므로 대문을 나와 먼저 앞장서서 남자가 여자를 통솔하고 여자가 남자를 따르니, 부부의 端緖가 여기에 기본한다.

---

300) 婦者 恒其德者 : ≪周易≫ 恒卦 六五爻辭에 "〈柔順의〉 덕을 항구히 하면 바르니, 부인은 길하고 남자는 흉하다.〔恒其德 貞 婦人 吉 夫子 凶〕" 하였는데, 그 〈象傳〉에 "부인은 貞하여 吉하니 한 사람을 따라 마치기 때문이고, 夫子는 義에 맞게 해야 하는데 부인의 도를 따르면 凶하다.〔婦人貞吉 從一而終也 夫子制義 從婦 凶也〕" 하였다.

301) 知帥人者也 : 陳澔의 集說에서 知를 智로 보아 '지혜로써 남을 통솔한다'고 본 것과는 달리 해석하였다.

302) 不恒其德而從婦凶 : '不恒其德'은 ≪周易≫ 恒卦 九三 〈象傳〉의 "그 덕을 항구히 하지 못하니, 용납될 곳이 없다.〔不恒其德 无所容也〕"에서 온 말이고, '從婦凶'은 ≪周易≫ 恒卦 六五 〈象傳〉의 "夫子는 義에 맞게 해야 하는데 부인의 도를 따르면 凶하다.〔夫子制義 從婦凶也〕"에서 온 말이다.

부인은 그 德을 항구히 하는 자이니, 三從(從父·從夫·從子)의 義가 있고 한 번이라도 어기는 禮가 없다. 그러므로 어려서는 아버지와 오라비를 따르고 시집가서는 남편을 따르고 남편이 죽으면 자식을 따르는 것이다. 남편은 의리에 맞게 하는 자이니, 남을 제재하고 남에게 제재 받지 않는다. 그러므로 "남을 통솔할 줄 아는 자이다."라고 하였으니, 남을 통솔할 줄 알면 이른바 '그 德을 항구히 하지 않고 婦人을 따라 흉하다.'는 것이 아니다.

113204 **玄冕齊**(재)**戒**는 **鬼神陰陽也**라 **將以爲社稷主**[303)]며 **爲先祖後**니 **而可以不致敬乎**아

玄冕을 착용하고 齋戒하는 것은 鬼神과 陰陽을 섬기는 것이다. 〈지금 혼례를 하는 자는〉 장차 社稷의 주인이 되며 선조의 후계자가 되는 것이니, 공경을 다하지 않을 수 있겠는가.

≪集說≫

服玄冕而致齊戒는 是事鬼神之道니 鬼者는 陰之靈이요 神者는 陽之靈이라 故曰 鬼神陰陽也라하니라 今昏禮者는 蓋將以主社稷之祭祀며 承先祖之宗廟也니 可不以敬社稷與先祖之禮로 敬之而玄冕齊戒乎아

玄冕을 착용하고 재계하는 것은 귀신을 섬기는 道이니, 鬼는 陰의 靈이고 神은 陽의 靈이므로 "귀신과 음양을 섬긴다." 한 것이다. 지금 혼례를 하는 것은 장차 사직의 제사를 주관하고 선조의 종묘를 받들려 해서이니, 사직과 선조를 공경하는 예로써 이를 공경하여 현면을 착용하고 재계하지 않을 수 있겠는가.

≪大全≫

嚴陵方氏曰 以交鬼神之道로 而施諸陰陽之配는 固所以致敬也라 社稷主者는 夫爲主於外하고 婦爲主於內故也니 此則主有土者言之라 先祖後者는 有夫有婦然後에 可

303) 社稷主 : ≪禮記說義集訂≫을 편찬한 明나라 말기의 학자 楊梧는 "이는 대부로부터 그 이상에 해당하는 예이다. 그러므로 사직을 언급한 것이니, 만약 士라면 爵弁을 쓰고 纁裳(분홍색 치마)을 입으며, 玄冕을 착용한다는 글은 없다.〔此大夫以上禮 故言及社稷 若士則爵弁纁裳 無玄冕之文也〕"라고 하였다.(≪禮記補註≫)

以傳世而後其先也니 此則通天下言之니라

嚴陵方氏 : 귀신과 사귀는 道를 陰陽의 配合(짝을 지어 합함)에 베풂은 진실로 공경을 지극히 하는 것이다. '사직의 주인'이란 것은 남편은 밖에서 주인이 되고 부인은 안에서 주인이 되기 때문이니, 이는 토지를 가지고 있는 제후를 위주하여 말한 것이다. '선조의 후계자'라는 것은 남편이 있고 부인이 있은 뒤에 代를 전하여 그 선조를 뒤이을 수 있으니, 이는 천하를 통틀어 말한 것이다.

113205 **共牢而食**은 **同尊卑也**라 **故**로 **婦人**은 **無爵**이요 **從夫之爵**하며 **坐以夫之齒**하나니라 **器用陶匏**는 **尙禮然也**니 **三王**이 **作牢**하사되 **用陶匏**하시니라 **厥明**에 **婦盥**(관)**饋**할새 **舅姑卒**(졸)**食**이어든 **婦餕**(준)**餘**는 **私之也**라 **舅姑降自西階**어든 **婦降自阼階**는 **授之室也**라 **昏禮**에 **不用樂**(악)은 **幽陰之義也**니 **樂**은 **陽氣也**[304]라 **昏禮**에 **不賀**는 **人之序也**라

부부가 牢를 함께하여 먹음은 높고 낮음을 함께하는 것이다. 그러므로 부인은 별도의 爵이 없고 남편의 작을 따르며, 앉을 때에 남편의 年齒에 따르는 것이다. 器物로 질그릇과 바가지를 사용함은 예로부터 숭상하는 禮가 그러한 것이니, 三王이 뇌를 만들었으나 질그릇과 바가지를 사용하였다.

〈혼례를 올린〉 다음날에 신부가 손을 씻고 음식을 올릴 적에 시부모가 먹기를 마치면 며느리가 나머지를 먹음은 사사로이 시부모를 가까이하는 것이다. 시부모가 〈賓이 사용하는〉 서쪽 계단으로 내려오면 신부가 〈주인이 사용하는〉 동쪽 계단으로 내려옴은 室을 〈신부에게〉 넘겨준다는 뜻이다.

혼례에 樂을 사용하지 않음은 혼례는 幽陰의 뜻인데 樂은 陽氣이기 때문이다. 혼례에 축하하지 않음은 〈혼례가〉 사람의 세대가 교대하는 순서이기 때문이다.

---

304) 昏禮……陽氣也 : 이에 대하여 鄭玄의 注에 "幽는 深(깊음)이니, 부인으로 하여금 그 뜻을 깊게 생각하여 陽으로 그것을 흩어버리지 않도록 하고자 한 것이다.〔幽 深也 欲使婦深思其義 不以陽散之也〕" 하였다.(≪禮記正義≫)

≪集說≫

牢는 俎也요 尙禮然은 謂古來所尙之禮如此라 共牢之禮는 雖三王所作이나 而俎之外에 器用을 皆如古者之用陶匏하니 重夫婦之始也라 厥明은 昏禮之明日也요 盥饋는 盥潔而饋食也요 人之序는 謂相承代之次序也라

'牢'는 도마 위의 고기이다. '尙禮然'은 예로부터 숭상하는 예가 이와 같음을 이른다. 牢를 함께하여 먹는 예는 비록 三王이 만든 것이나 俎 이외의 器用은 모두 옛날에 질그릇과 바가지를 사용한 것과 같이 하니, 이는 부부의 시작을 중히 여긴 것이다. '厥明'은 혼례를 치른 다음날이고, '盥饋'는 손을 깨끗이 씻고서 음식을 올리는 것이다. '人之序'는 父子가 서로 이어서 교대하는 순서를 이른다.

≪大全≫

嚴陵方氏曰 夫尊則婦亦尊하고 夫卑則婦亦卑라 故로 曰 同尊卑라하니라 尊卑同故로 爵齒亦從夫而已니 以爵齒各有尊卑故也라 盥은 所以致其潔이요 饋는 所以致其養이라 以舅姑之尊而降自賓階하고 以婦之卑而降自主人之階者는 示授之室而爲之主니 男은 以女爲室故로 以室(主)〔言〕[305]之라 又曰 昏姻之禮는 在子則有代父之序하고 在婦則有代姑之序하니 所以不賀則一也라 孔子曰 取婦之家三日不擧樂은 思嗣親也[306]라하시니 彼言思嗣親하고 此言幽陰之義者는 蓋有所思者는 固欲其幽陰也라 經云 齋之玄也以陰幽思也 是矣라 然이나 曲禮言賀取妻는 賀其有客而已라 故로 其辭曰 聞子有客하야 使某羞라하니라

嚴陵方氏 : 남편이 높으면 부인 또한 높고 남편이 낮으면 부인 또한 낮다. 그러므로 "높고 낮음을 같이한다."라고 한 것이다. 높고 낮음이 같기 때문에 부인의 官爵과 年齒 또한 남편을 따를 뿐이니, 관작과 연치에 각각 높고 낮음이 있기 때문이다. '盥'은 그 깨끗함을 지극히 하는 것이고, '饋'는 그 봉양을 지극히 하는 것이다. 시부

305) (主)〔言〕: 저본에는 '主'로 되어 있으나, 淸나라 乾隆(1736~1796) 때 나온 ≪禮記義疏≫에 의거하여 '言'으로 바로잡았다.

306) 孔子曰……思嗣親也 : ≪禮記≫ 〈曾子問〉에 "공자께서 말씀하셨다. '딸을 시집보내는 집이 사흘 밤을 촛불을 끄지 않는 것은 서로 이별할 것을 생각해서이고, 며느리를 데려온 집이 3일 동안 樂을 연주하지 않는 것은 어버이를 이을 것을 생각해서이다.'〔孔子曰 嫁女之家 三夜不息燭 思相離也 取婦之家 三日不擧樂 思嗣親也〕"라고 보인다.

모의 높음으로 손님의 계단인 西階로부터 내려오고 며느리의 낮음으로 主人의 계단인 阼階로부터 내려오는 것은 室을 넘겨주어 주인이 되게 함을 보인 것이니, 남자는 여자를 室로 삼기 때문에 室을 가지고 말한 것이다.

또(嚴陵方氏) : 혼인의 禮는 자식에게 있어서는 아버지의 차례를 대신함이 있고 며느리에게 있어서는 시어머니의 차례를 대신함이 있으니, 이 때문에 축하하지 않음이 똑같은 것이다. 孔子께서 말씀하시기를 "부인을 데려온 집에서 3일 동안 樂을 연주하지 않는 것은 어버이를 뒤이음을 생각해서이다." 하셨으니, 저기(〈曾子問〉)에서는 "어버이를 뒤이음을 생각한다."고 말하고, 여기(〈郊特牲〉)에서 "幽陰의 뜻"이라고 말한 것은, 〈어버이를 뒤이음을〉 생각하는 바가 있는 자는 진실로 유음하고자 하기 때문이다. 〈郊特牲〉의 經文에서 말한 "재계할 때에 검은 관을 쓰고 검은 옷을 입는 것은 陰幽한 생각을 지극히 하려는 것이다."라는 것이 이것이다. 그러나 〈曲禮〉에서 "아내를 취함을 축하한다."고 말한 것은 손님이 있음을 축하하는 것일 뿐이다. 그러므로 그 말에 이르기를 "그대에게 손님이 있다는 말을 듣고서 아무개 使者를 보내 음식을 올립니다."라고 한 것이다.

○ 長樂陳氏曰 樂由陽來而聲爲陽氣하고 禮由陰作而昏爲陰義라 故로 周官大司徒以陰禮敎親이면 則民不怨이라하니 然則昏之爲禮 其陰禮歟인저 古之制禮者는 不以吉禮干凶禮하고 不以陽事干陰事하니 則昏禮不用樂은 幽陰之義也라 昔에 裴嘉有昏會하야 酒中而作樂한대 薛方士非之[307]하니 可謂知其義矣로다

長樂陳氏 : 樂은 陽으로 말미암아 와서 소리가 陽의 氣가 되고, 禮는 陰으로 말미암아 일어나서 어둠이 陰의 義가 된다. 그러므로 ≪周禮≫ 〈地官 大司徒〉에 "陰의 禮로써 친애를 가르치면 백성들이 원망하지 않는다."라고 하였으니, 그렇다면 혼례는 음의 예일 것이다. 옛날 예를 제정한 자는 吉禮로써 凶禮를 범하지 않고 陽의 일로써 陰의 일을 범하지 않았으니, 음의 혼례에 양의 樂을 사용하지 않는 것은 幽陰의 뜻이다. 옛날 裴嘉가 혼례가 있어서 술을 마시는 중에 樂을 연주하자 薛方士가 이것을 비난하였으니, 혼례의 바른 뜻을 알았다고 이를 만하다.

---

307) 昔裴嘉有昏會……薛方士非之 : ≪樂書≫에 "옛날에 裴嘉가 혼례를 하는데, 薛方士가 혼례식에 참석하였다. 술을 마시던 중에 樂이 연주되자, 방사가 그르다고 비난하면서 나갔다. 王通이 그 말을 듣고는 '설방사는 예를 아는도다.' 하였다.〔裴嘉有婚會 薛方士預焉 酒中而樂作 方士非之而出 王通聞之曰 薛方士知禮矣〕"라고 보인다.

113301 **有虞氏之祭也**는 **尙用氣**하더니 **血腥爓**(염)**祭**는 **用氣也**라

有虞氏(舜임금)의 제사는 기운을 쓰는 것을 숭상하였는데, 피와 날고기, 데친 고기로 제사하는 것은 기운을 쓰는 것이다.

≪集說≫

尙用氣는 以用氣爲尙也니 初以血로 詔神於室하고 次薦腥肉於堂하고 爓次腥하야 亦薦於堂하니 皆未熟이라 故云 用氣라 此以下至篇末은 皆言祭禮하니라

'尙用氣'는 기운을 쓰는 것을 숭상하는 것이다. 처음에 〈희생을 잡아〉 피를 가지고 廟室의 神에게 아뢰고 다음에 날고기를 堂에 올리고 데친 고기는 날고기 다음으로 역시 당에 올리니, 모두 완전히 익히지 않은 것이다. 그러므로 "기운을 쓴다."고 말한 것이다. 이 이하로 篇 끝에 이르기까지는 모두 祭禮를 말하였다.

≪大全≫

嚴陵方氏曰 血腥爓三者는 皆氣而已니 未嘗致味라 故曰 用氣라 然이나 爓之氣不若腥之全하고 腥之氣不若血之幽라 故로 其序如此하니라

嚴陵方氏：피와 날고기, 데친 고기 세 가지는 모두 기운일 뿐이니, 일찍이 맛을 지극히 하지 않으므로 "기운을 쓴다."라고 한 것이다. 그러나 데친 고기의 기운이 날고기의 온전함만 못하고 날고기의 기운이 피의 그윽함만 못하므로 그 순서가 이와 같은 것이다.

113302 **殷人**은 **尙聲**[308]하야 **臭味未成**에 **滌蕩其聲**하니 **樂三闋**(결)**然後**에야 **出迎牲**하니 **聲音之號**는 **所以詔告於天地之間(之)〔也〕**[309]니라

殷나라 사람은 소리를 숭상하여 희생의 냄새와 맛이 아직 이루어지기 전에 소리를 널리 전파하였으니, 樂이 세 번 끝난 뒤에 나가서 희생을 맞

308) 殷人 尙聲：孔穎達의 疏에 "夏나라를 말하지 않은 것은 아마도 하나라가 有虞氏의 제도를 따랐기 때문일 것이다.〔不言夏 或從虞也〕" 하였다.(≪禮記正義≫)

309) (之)〔也〕：저본에는 '之'로 되어 있으나, 四庫全書本에 의거하여 '也'로 바로잡았다.

이하였다. 聲音으로 울부짖음은 천지의 사이에 있는 〈조상의 영혼에게〉 고하는 것이다.

≪集說≫

牲未殺이면 則未有臭味라 故云 臭味未成이라 滌蕩은 宣播之意라 鬼神이 在天地間하야 與陰陽合散으로 同一理하야 而聲音之感이 無間顯幽라 故殷人之祭에 必先作樂하야 三終然後에 出而迎牲於廟門之外하니 此是欲以此樂之聲音으로 號呼而詔告於兩間하야 庶幾其聞之而來格來享也라 殷人은 先求諸陽하니 凡聲은 陽也라

희생을 아직 잡지 않았으면 냄새와 맛이 있지 않다. 그러므로 "냄새와 맛이 아직 이루어지기 전"이라고 말한 것이다. '滌蕩'은 널리 전파한다는 뜻이다. 귀신은 천지 사이에 있으면서 陰陽이 合散하는 것과 이치가 같아서 聲音의 감동함이 幽明 사이의 간격이 없다. 그러므로 殷나라 사람의 제사에는 반드시 먼저 樂을 일으켜서 樂이 세 번 끝난 뒤에 나가 廟門의 밖에서 희생을 맞이하였으니, 이것은 이 樂의 소리를 가지고 울부짖으면서 하늘과 땅 사이에 고하여 행여 이 소리를 듣고서 귀신이 와서 흠향하기를 바란 것이다. 은나라 사람은 먼저 陽에서 구하였으니, 모든 소리는 양이다.

≪大全≫

嚴陵方氏曰 殷人尙聲者는 以其自樂始故也라 臭未成은 以其未用鬯故也요 味未成은 以其未用牲故也라 樂之有聲이 蓋出於虛하니 滌蕩之는 則存乎其人而已라 樂三闋者는 以陽成於三故也니 三闋則樂成矣라 然後에 出迎牲은 所以爲尙聲歟인저 聲者는 樂之象이요 音者는 聲之文이니 聲音之號 雖以求陽爲先이나 然詔告於天地之間이면 則凡在陰陽之間者를 無不求也니라

嚴陵方氏 : '殷나라 사람이 소리를 숭상한다.'는 것은 제사가 樂으로부터 시작하기 때문이다. 냄새가 아직 이루어지지 않은 것은 아직 울창주를 사용하지 않았기 때문이고, 맛이 아직 이루어지지 않은 것은 희생을 사용하지 않았기 때문이다. 樂에 소리가 있음은 虛한 데서 나오니, 이것을 널리 전파하는 것은 그 사람에게 달려 있을 뿐이다. '樂三闋'은 陽이 3에서 이루어지기 때문이니, 세 번 끝나면 樂이 이루어진다. 그런 뒤에 나가서 희생을 맞이하니, 이는 소리를 숭상하기 때문일 것이다. '聲'

은 樂의 象이고 '音'은 聲의 文이니, 聲音의 울부짖음이 비록 陽을 구하는 것을 우선으로 삼으나, 천지의 사이에 고하면 모든 음양의 사이에 있는 것을 구하지 않음이 없는 것이다.

113303 周人은 尙臭하야 灌用鬯臭하더니 鬱合鬯하야 臭陰達於淵泉이라 灌以圭璋은 用玉氣也니 旣灌然後에 迎牲은 致陰氣也라

周나라 사람은 냄새를 숭상하여 술을 부어 降神할 적에 울창주의 냄새를 사용하였으니, 鬱金에 鬯酒(검은 기장으로 빚은 술)를 합하여 냄새의 陰이 아래로 깊은 못에까지 도달하였다. 圭璋으로 강신함은 玉의 기운을 사용하는 것이니, 이미 강신한 뒤에 희생을 맞이함은 陰氣를 이르게 한 것이다.

≪集說≫

周人은 尙氣臭하야 而祭에 必先求諸陰이라 故牲之未殺에 先酌鬯酒하야 灌地以求神하니 以鬯之有芳氣也라 故曰 灌用鬯臭라 又擣鬱金香草之汁에 和合鬯酒하야 使香氣滋甚이라 故云 鬱合鬯也니 以臭而求諸陰에 其臭下達於淵泉矣라 灌之禮는 以圭璋爲瓚之柄[310]하야 用玉之氣하니 亦是尙臭也라 灌後에 乃迎牲하니 是欲先致氣於陰하야 以求神이라 故云 致陰氣也라

周나라 사람은 氣臭(냄새)를 숭상하여 제사할 때에 반드시 먼저 陰에서 구하였다. 그러므로 희생을 잡기 전에 먼저 울창주를 떠서 땅에 부어 神을 구하였으니, 이는 울창주에 향기가 있기 때문이다. 그러므로 "降神할 적에 울창주의 냄새를 사용한다."라고 한 것이다. 또 鬱金香草를 찧은 즙에 창주를 합하여 향기를 더욱 진하게 한 것이다. 그러므로 "울금에 창주를 합하였다."라고 한 것이니, 냄새로써 陰에서 구함에 그 냄새가 아래로 깊은 못에까지 도달한 것이다. 강신하는 예는 圭璋으로 瓚의 자루를 만들어서 玉의 기운을 사용하니, 이 또한 냄새를 숭상한 것이다. 강신한 뒤에 비로소 희생을 맞이하니, 이는 먼저 음에 기운을 이르게 하여 신을 구하고자 한 것이므로 "陰氣를 이르게 한 것이다."라고 한 것이다.

---

310) 以圭璋爲瓚之柄 : 瓚은 강신을 위해 울창주를 뜨는 국자인데, 그 자루를 圭와 璋 등의 귀한 옥으로 만들었다.

○ 石梁王氏曰 四臭字 本皆句絶[311]이라 然細別之하면 鬯灌之地는 此臭之陰者也요 蕭焫(설)上達은 此臭之陽者也라 亦有義하니 姑從釋文[312]이라

石梁王氏 : 네 개의 '臭'자에서는 본래 다 句를 뗀다. 그러나 세세히 구별하면 울창주를 땅에 붓는 것은 냄새 중에 陰이고, 쑥을 태워 위로 도달하게 함은 냄새 중에 陽이다. 이 또한 意義가 있으니, 우선 釋文을 그대로 따른다.

113304 **蕭合黍稷**하야 **臭陽達於墻屋**이라 **故**로 **旣奠然後**에 焫(설)**蕭合羶薌**(형향)[313]이니 **凡祭**에 **愼諸此**니라

쑥에 黍稷을 합하여 〈태워서〉 냄새의 陽이 올라가 담장과 지붕에 도달하게 한다. 그러므로 이미 술잔을 올리고 난 뒤에 쑥에 서직을 합하여 태우니, 모든 제사에서 이것을 삼간다.

≪集說≫

蕭는 香蒿也니 取此蒿及牲之脂膋(료)하야 合黍稷而燒之하야 使其氣로 旁達於墻屋之間하니 是以臭而求諸〔陽也니 此是周人이 後求諸陽之禮라 旣奠은 謂薦孰之時니 蓋堂上事尸禮畢에 延尸於戶內하야 而薦之孰할새 祝이 先酌酒하야 奠於鉶羹[314]之南이로되 而尸猶未入하니 蕭脂黍稷之燒 正此時也라 馨香은 卽黍稷也라 旣奠以下는 是明上文焫(설)蕭之時요 非再焫也라 此는 是天〕[315]子諸侯之禮요 非大夫士禮也니라

'蕭'는 향쑥이니, 이 쑥과 희생의 창자 기름을 취해 서직과 합하여 태워서 그 기운

311) 四臭字 本皆句絶 : 石梁王氏의 설은 해당 經文에서 '周人尙臭', '灌用鬯臭', '鬱合鬯臭'로 句를 끊고, 아래 경문에서도 '蕭合黍稷臭'로 구를 끊어야 함을 말한 것이다.

312) 姑從釋文 : 陸德明의 ≪經典釋文≫에 "'灌用鬯臭'에서 구를 뗀다.〔灌用鬯臭 絶句〕" 한 것을 따른다는 말이다.(≪禮記正義≫)

313) 羶薌(형향) : 五穀의 향기로, 인신하여 제사에 사용되는 黍稷 등의 곡물을 가리키는 말로 쓰인다. 羶은 '馨'과 통하고, 薌은 '香'과 통한다.

314) 鉶羹 : 채소를 넣고 다섯 가지 맛으로 조미한 고깃국으로, 국그릇인 鉶에 담아 제사에 올리므로 '형갱'이라고 한다.

315) 陽也……是天 : 저본에는 이 구절이 없으나, 藏書閣 소장본(K1-73)에 의거하여 보충하였다.

(냄새)이 담장과 지붕 사이로 사방에 도달하게 하니, 이는 냄새로써 陽에서 구하는 것이다. 이는 周나라 사람이 뒤에 陽에서 구하는 예이다. '旣奠'은 익힌 음식을 올릴 때를 말하는데, 堂 위에서 尸童을 섬기는 예가 끝나고 시동을 문 안으로 맞이하여 익힌 고기를 올릴 적에, 祝官이 먼저 술을 따라서 鉶羹의 남쪽에 올리되 시동이 아직 들어오지 않았으니, 쑥에 기름을 묻혀서 서직을 태우는 것이 바로 이때이다. '馨香(羶薌)'은 바로 서직이다. '旣奠' 이하는 윗글의 쑥을 태우는 때를 밝힌 것이고, 다시 쑥을 태우는 것이 아니다. 이는 천자와 제후의 예이고, 大夫와 士의 예가 아니다.

≪大全≫

延平周氏曰 有虞氏尚氣하고 殷人尚聲하고 周人尚臭者는 皆以宗廟之祭言之也라 至於天地之祭하야는 則天以升煙爲主하고 地以薦血爲主者는 百王之所不易也라 所謂尚氣者는 凡血告於室하고 腥爓薦於堂이니 有虞氏則血與腥爓을 皆以爲祭라 是故로 爲尚氣也라 所謂尚聲者는 先作樂以求諸陽然後迎牲이요 所謂尚臭者는 先灌以求諸陰然後迎牲이니 然則有虞氏之尚氣者는 亦求諸陰陽之間而已矣니라

延平周氏 : 有虞氏는 기운을 숭상하고 殷나라 사람은 소리(樂)를 숭상하고 周나라 사람은 냄새를 숭상한 것은, 모두 宗廟의 제사를 가지고 말한 것이다. 천지의 제사에 이르러는 하늘은 연기를 올리는 것을 주장하고 땅은 피를 올리는 것을 주장하니, 이는 百王이 바꾸지 않은 것이다. 이른바 '기운을 숭상한다.'는 것은 무릇 피는 室 안에서 고하고 날고기와 데친 고기는 堂에 올리는 것이니, 유우씨는 피와 날고기, 데친 고기를 모두 제사에 차례로 올렸기 때문에 기운을 숭상함이 되는 것이다. 이른바 '소리를 숭상한다.'는 것은 먼저 樂을 일으켜서 陽에서 구한 뒤에 희생을 맞이하는 것이고, 이른바 '냄새를 숭상한다.'는 것은 먼저 울창주를 땅에 부어서 陰에서 구한 뒤에 희생을 맞이하는 것이니, 그렇다면 유우씨가 기운을 숭상한다는 것 또한 陰과 陽의 사이에서 구했을 뿐이다.

○ 馬氏曰 有虞氏之意는 以謂鬼神之所享이 在於敬而不在於味하니 敬之所至면 則味有所遺라 故로 祭以血腥爲始라 記曰 血祭는 盛氣也라하고 又曰 郊는 血이요 大饗은 腥이요 三獻은 爓이요 一獻은 孰[316]이라하니 皆不敢用褻味而貴氣也라 有虞氏之尚氣를

316) 郊血……一獻孰 : 鄭玄의 注에 "郊는 하늘에 드리는 제사이고, 大饗은 선왕들에 대한 祫

殷人從而文之라 故로 尙聲하니 樂由陽來하니 則凡聲은 皆陽也라 蓋人之死也에 魂氣歸于天하니 非求諸陽이면 不足以報其魂也니 殷人尙聲은 所以迎其魂之來也라 臭味未成에 滌蕩其聲하야 樂三闋然後出迎牲하니 此擧其尙聲之時也요 聲音之號는 所以詔告於天地之間이니 此擧其尙聲之意也라 鬼神이 處於天地之間而不可度(탁)이니 聲音之號는 所以詔告之而已라 殷旣尙聲이어늘 周人從而文之라 故尙臭하니 臭는 氣也로되 而氣有陰陽之別이라 周人尙臭하야 灌用鬯臭하니 所以致陰氣也라 灌者는 禮之始而敬之至者也라 傳曰 禘自旣灌而往者는 吾不欲觀之矣[317]라하고 又曰 觀은 盥而不薦[318]이라하니 推此면 足以知周尙臭之意也라 鬯者는 以秬黍로 合鬱草而爲之니 旣成然後에 和之以鬱金之汁이라 蓋人之死也에 形魄歸于地하니 非求諸陰이면 不足以格其神也라 故로 臭陰達於淵泉은 先求諸陰也라 灌以圭璋은 用玉氣하니 此는 擧其尙臭之意也요 旣灌然後에 出迎牲은 致陰氣니 此는 擧其尙臭之時也라 迎牲이 在於祭之始어늘 而旣灌之後然後에 出迎牲而殺之하니 是所以尙臭也라 臭陰達於淵泉은 以下之深者言之也요 臭陽達於牆屋은 以宗廟之所有言之也니 蓋魂魄具然後에 爲人이라 以周人旣以求(謂)〔諸〕[319]陰하고 又以求諸陽言之하면 則知有虞氏之用氣가

祭이고, 三獻은 社稷과 五祀에 드리는 제사이고, 一獻은 여러 小祀에 드리는 제사이다.〔郊 祭天也 大饗 祫祭先王也 三獻 祭社稷五祀 一獻 祭群小祀也〕" 하였다.(≪禮記正義≫)

317) 禘自旣灌而往者 吾不欲觀之矣 : ≪論語≫ 〈八佾〉의 孔子의 말에 보이는데, 朱子의 註에 "노나라의 임금과 신하가 강신할 때를 당해서는 성의가 아직 흩어지지 않아 그래도 볼만한 것이 있었는데, 이로부터 이후는 점차 태만하여 볼만한 것이 없어진 것이다.〔魯之君臣 當此之時 誠意未散 猶有可觀 自此以後 則浸以懈怠而無足觀矣〕"라고 하였다.(≪論語集註≫)

318) 觀 盥而不薦 : ≪周易≫ 觀卦의 괘사에 "손만 씻고 제수를 올리지 않았을 때처럼 하면 백성들이 정성을 다하여 우러러 존경하리라.〔盥而不薦 有孚顒若〕"라고 보이는데, 이에 대해 ≪程傳≫에서 "'盥'은 제사하는 초기에 손을 씻고 땅에 울창주를 부어 神을 찾는 때를 이르며, '薦'은 날고기를 올리고 익은 고기를 올리는 때를 이른다. '盥'은 일(제사)의 시작이니 인심이 막 정성을 다하여 엄숙함을 지극히 하지만, 이미 제사를 올린 뒤에 禮數가 번다해지면 인심이 흩어져 精一한 마음이 처음 손을 씻을 때만 못하다. 그러므로 윗사람이 된 자가 表儀를 바르게 하여 백성들의 우러름을 받고자 하면, 마땅히 처음 손을 씻는 초기와 같이 장엄하게 하고, 정성스러운 뜻이 이미 제수를 올리고 난 뒤처럼 조금이라도 흩어지게 하지 말아야 하니, 이렇게 하면 천하 사람들이 모두 그 윗사람을 진실로 믿어서 顒然히 우러러볼 것이다.〔盥 謂祭祀之始盥手 酌鬱鬯於地 求神之時也 薦 謂獻腥獻熟之時也 盥者 事之始 人心方盡其精誠 嚴肅之至也 至旣薦之後禮數繁縟 則人心散而精一不若始盥之時矣 居上者正其表儀以爲下民之觀 當莊嚴如始盥之初 勿使誠意少散 如旣薦之後 則天下之人 莫不盡其孚誠 顒然瞻仰之矣〕"라고 하였다.

非不用味也요 殷人先求諸陽하고 非不求諸陰也로되 謂之尙氣하고 謂之尙聲하고 謂之尙臭는 皆以始言之하야 而其意各有主也니라

馬氏 : 有虞氏의 뜻은 '귀신의 흠향하는 바가 공경에 있고 맛에 있지 않다.'라고 생각하였으니, 공경이 지극하면 맛은 버리는 바가 있다. 그러므로 제사는 피와 날고기를 시작으로 하는 것이다. ≪禮記≫ 〈郊特牲〉에 "피로 제사함은 성한 기운(기운의 성함을 드러내는 것)이다." 하였고, 또 "郊祭에는 피를 사용하고, 大饗에는 날고기를 사용하고, 三獻에는 데친 고기를 사용하고, 一獻에는 익은 고기를 올린다." 하였으니, 이는 모두 감히 사람의 입에 맞는 설만한 맛을 사용하지 못하고 기운을 귀하게 여긴 것이다.

유우씨가 기운을 숭상한 것을 殷나라 사람들이 따르고 문채가 나게 하였다. 그러므로 소리를 숭상한 것이다. 樂이 陽으로부터 오니, 그렇다면 모든 소리는 다 양이다. 그런데 사람이 죽을 때에 魂氣는 하늘로 돌아가니, 양에서 구함이 아니면 그 魂에게 보답할 수가 없으니, 은나라 사람이 소리를 숭상함은 그 혼이 오는 것을 맞이하려는 것이다. 냄새와 맛이 아직 이루어지지 않았을 때에 그 소리(樂)를 전파해서 樂이 세 번 끝난 뒤에 나가서 희생을 맞이하니 이는 그 소리를 숭상하는 때를 든 것이고, 聲音의 울부짖음은 천지의 사이에 고하는 것이니 이는 그 소리를 숭상하는 뜻을 든 것이다. 귀신이 하늘과 땅 사이에 있어 헤아릴 수가 없으니, 성음의 울부짖음은 귀신에게 고하려는 것일 뿐이다.

은나라가 이미 소리를 숭상하였는데 周나라 사람이 이를 따르고 문채가 나게 하였다. 그러므로 냄새를 숭상한 것이다. 냄새는 기운인데 기운에는 음과 양의 구별이 있다. 주나라 사람은 냄새를 숭상해서 강신할 때에 울창주의 냄새를 사용하니, 이는 陰氣를 이르게 하려는 것이다. 강신할 때에 울창주를 땅에 붓는 것은 예를 시작하고 공경을 지극히 하는 것이다. 傳에 이르기를 "禘祭는 이미 술을 땅에 부어 강신한 뒤로부터 이후는 내 보고 싶지 않다."라고 하였고, 또 이르기를 "觀은 손만 씻고 올리지는 않는다."라고 하였으니, 이것을 미루어보면 주나라가 냄새를 숭상한 뜻을 충분히 알 수 있을 것이다.

'鬯'은 검은 기장을 가지고 鬱金草와 합하여 만드니, 술이 이미 이루어진 뒤에 鬱金의 즙과 섞는다. 사람이 죽을 적에 形魄은 땅으로 돌아가니, 陰에서 구함이 아니

319) (謂)〔諸〕 : 저본에는 '謂'로 되어 있으나, 藏書閣 소장본(K1-72)에 의거하여 '諸'로 바로잡았다.

면 그 神을 이르게 할 수가 없다. 그러므로 냄새의 陰이 아래로 깊은 못에 도달함은 먼저 음에서 구하는 것이다. 강신하기 위하여 술을 땅에 부을 때에 圭璋을 사용함은 玉의 기운을 쓰는 것이니, 이는 그 냄새를 숭상하는 뜻을 든 것이다. 이미 술을 따라 강신한 뒤에 나와서 희생을 맞이함은 陰氣를 이르게 하는 것이니, 이는 그 냄새를 숭상할 때를 든 것이다. 희생을 맞이함이 제사의 시작에 있는데 이미 강신한 뒤에 나와서 희생을 맞이하여 죽이니, 이것은 냄새를 숭상하는 것이다. 냄새의 陰이 아래로 깊은 못에 도달함은 깊이 내려가는 것을 가지고 말한 것이고, 냄새의 陽이 위로 담장과 지붕에 도달함은 宗廟가 있는 바를 가지고 말한 것이니, 魂과 魄이 갖추어진 뒤에 사람이 될 수 있는 것이다.

周나라 사람이 이미 陰에서 구하고 또 陽에서 구한 것을 가지고 말하면, 유우씨가 기운을 쓴 것이 맛을 사용하지 않은 것이 아니고, 殷나라 사람이 먼저 陽에서만 구하고 陰에서 구하지 않은 것이 아니라는 것을 알 수 있다. 그런데 〈유우씨는〉 '기운을 숭상한다.'고 말하고, 〈은나라 사람은〉 '소리를 숭상한다.'고 말하고, 〈주나라 사람은〉 '냄새를 숭상한다.'고 말한 것은, 모두 시작을 가지고 말하여 그 뜻에 각기 주장함이 있는 것이다.

113305 **魂氣**는 **歸于天**하고 **形魄**은 **歸于地**하나니 **故**로 **祭**는 **求諸**(저)**陰陽之義也**니라 **殷人**은 **先求諸陽**하고 **周人**은 **先求諸陰**하니 **詔祝於室**하며 **坐尸於堂**하며 **用牲於庭**하며 **升首於室**하야 **直祭**에 **祝于主**하고 **索祭**에 **祝于祊**[320]은 **不知神之所在 於彼乎**아 **於此乎**아 **或諸遠人乎**아니 **祭于祊**은 **尙曰求諸遠者與**인저

〈사람이 죽으면〉 魂氣는 하늘로 돌아가고 形魄은 땅으로 돌아가니, 그러므로 제사는 陰과 陽에서 구하는 뜻이다. 殷나라 사람은 먼저 陽에서 구하고 周나라 사람은 먼저 陰에서 구하였으니, 祝에게 廟室에서 神에게

---

320) 直祭……祝于祊 : 直祭는 神主가 있는 사당 안에서 祝官이 신주에 직접 축사를 고하는 것으로 正祭를 말하고, 索祭는 신령을 찾아서 제사 지낸다는 뜻으로 정제를 지낸 다음에 다시 廟門 등 신령이 있음직한 곳에 시동을 맞아 신령에게 제사 지내는 것을 말한다.

아뢰게 하며 尸童을 堂에 앉히며 희생을 뜰에서 잡으며 희생의 머리를 묘실에 올려서 正祭할 때 축이 神主에게 告由하고 索祭할 때에 축이 祊(宗廟의 문)에서 고유하는 것은 신의 所在가 저기인지 여기인지 혹은 사람에게서 멀리 떠났는지 알지 못해서이니, 팽에서 제사함은 거의 먼 데서 구한다는 뜻일 것이다.

≪集說≫

詔는 告也니 詔祝於室은 謂天子諸侯之祭 朝事之時에 祝이 取牲之膟膋(율료)하야 燎於爐炭하고 而入告神於室也라 坐尸於堂者는 (濯)〔灌〕[321]鬯之後에 尸坐戶西南面也라 用牲於庭은 謂殺牲也요 升首於室은 升牲之首也라 直祭는 正祭也니 祭以薦孰爲正이라 正祭之時에 祝官이 以祝辭로 告於神主하니 如云薦歲事于皇祖伯某甫[322]是也라 索은 求也니 求索其神靈而祭之하니 則祝官이 行祭于祊也라 祊有二하니 一是正祭時에 設祭于廟하고 又求神於廟門之內而祭之라 詩云 祝祭于祊이라하니 此則與祭同日이요 一是明日繹祭니 祭於廟門之外也라 於彼於此는 言神이 在於彼室乎아 在於此堂乎아 或諸遠人者는 或遠離於人而不在廟乎아니라 尙은 庶幾也니 祭于祊은 庶幾可求之於遠處乎인저

詔는 고함이니, '詔祝於室'은 천자와 제후의 제사에서 아침에 宗廟에 제사할 때 祝이 희생의 膟膋(창자 사이의 기름)를 취해서 화롯불에 태우고 廟室에 들어가 神에게 고함을 이른다. '坐尸於堂'은 울창주를 땅에 부은 뒤에 尸童이 문 서쪽에 南面하고 앉아 있는 것이다. '用牲於庭'은 희생을 잡음을 이르고, '升首於室'은 희생의 머리를 올리는 것이다.

'直祭'는 正祭이니, 제사는 익힌 고기를 올리는 것을 正으로 삼는다. 정제를 지낼 때에 祝官이 祝辭로 神主에 고하니, 예컨대 '歲事를 皇祖伯某甫에게 올린다.'는 것과

---

321) (濯)〔灌〕: 저본에는 '濯'으로 되어 있으나, 藏書閣 소장본(K1-73)에 의거하여 '灌'으로 바로잡았다.

322) 薦歲事于皇祖伯某甫 : ≪儀禮≫ 〈少牢饋食禮〉에 따르면, 正祭 때에 祝은 주인을 대신하여 다음과 같이 축원한다. "孝孫 某가 삼가 柔毛(양), 剛鬣(돼지), 嘉薦(菹와 醢), 普淖(黍稷)로 歲時의 제사를 皇祖伯某께 올리고, 아울러 某妃를 皇祖某氏께 배향하오니 부디 흠향하소서.〔孝孫某 敢用柔毛剛鬣嘉薦普淖 用薦歲事于皇祖伯某 以某妃配某氏 尙饗〕"

같은 것이 이것이다. '索'은 구함이니, 그 신령을 구하여 찾아 제사하는데 축관이 祊에서 제사를 행한다. '祊'은 두 가지가 있으니, 하나는 정제할 때에 사당에 제사를 진설하고 또 사당문 안에서 신을 구하여 제사하는 것이다. ≪詩經≫ 〈小雅 楚茨〉에 "축이 팽에서 제사한다."라고 하였으니, 이는 제사하는 날과 같은 날에 하는 것이다. 또 하나는 다음날의 繹祭이니, 사당문 밖에서 제사하는 것이다.

'於彼於此'는 '신이 저 묘실에 계신가? 이 당에 계신가?' 하는 뜻이고, '或諸遠人'은 '혹은 사람에게서 멀리 떠나 사당에 계시지 않는가?'라고 말하는 것이다. '尙'은 庶幾(거의)이니, '祭于祊'은 거의 먼 곳에서 구할 수 있다는 뜻이다.

≪大全≫

嚴陵方氏曰 詔祝於室은 卽毛血詔於室이요 坐尸於堂은 卽羹定[323)]詔於堂이요 用牲於庭은 卽納牲詔於庭이니 納之는 將以用焉이라 故로 言用이라 升首於室은 卽升首報陽이니 若羊人祭祀割牲에 登其首라 直祭祝于主는 凡室事是也요 索祭祝于祊은 凡門事是也라 索卽求之어늘 不曰求而曰索者는 以神之散이 無不之也일새라 彼此之間은 不過近人而已니 又疑神之遠人然하야 不可舍是以他求也라 以祊在廟前之旁이로되 猶爲遠而已라 故로 覆祭于祊하고 而繼之以尙曰求諸遠者與인저하니라 夫廟門之旁이 豈實爲遠人乎아 故로 以尙言之하니라

嚴陵方氏 : '詔祝於室'은 바로 祝에게 털과 피를 室에서 고하게 하는 것이고, '坐尸於堂'은 바로 羹定(고깃국과 익힌 고기)이 마련되면 堂에서 고하는 것이고, '用牲於庭'은 바로 희생을 바쳐 뜰에서 고하는 것이니, 희생을 바치는 것은 장차 제사에 쓰려고 해서이다. 그러므로 '用'이라고 말한 것이다. '升首於室'은 바로 희생의 머리를 올려 陽에게 보답하는 것이니, ≪周禮≫ 〈夏官 羊人〉의 "제사에 희생을 베어 그 머리를 올린다."는 것과 같다.

正祭할 때에 神主에게 기원하는 것은 모든 室 안에서 거행되는 제사가 이것이고, 索祭할 때에 祝이 祊에서 고유하는 것은 모든 문 안에서 거행되는 제사가 이것이다.

---

323) 羹定 : 〈禮器〉 '102903'에 대한 陳澔의 集說에 "羹은 고깃국이고 定은 익힌 고기이니, 삶아서 이미 익으면 장차 시동을 맞이하여 묘실로 들어가려 할 적에 마침내 먼저 도마에 고깃국과 삶은 고기를 담아서 堂에서 神에게 고하는데, 이것은 익힌 고기를 올려 아직 먹기 전의 일이다.〔羹 肉汁也 定 熟肉也 煮之旣熟 將迎尸入室 乃先以俎盛羹及定 而告神於堂 此是薦熟未食之前也〕"라고 보인다.

索은 바로 구하는 것인데, '求'라고 말하지 않고 '索'이라고 말한 것은 神이 흩어져서 가지 않은 곳이 없기 때문이다.

저기와 여기의 사이는 사람과 가까이 있음에 지나지 않을 뿐이니, 또 신이 사람을 멀리하는가 의심해서 이곳을 버리고 다른 데서 구해서는 안 된다. 팽은 사당 앞의 곁에 있는데도 오히려 멀다고 여기는 것일 뿐이므로, '祭于祊(팽에서 제사함)'이라는 말을 앞에 덮어씌우고 "거의 먼 데서 구하는 뜻일 것이다."라는 말로 이은 것이다. 사당문의 곁이 어찌 실제로 사람과 멀겠는가. 그러므로 '거의〔尙〕'라고 말한 것이다.

113306 **祊之爲言**은 **倞**(량)**也**요 **肵**(기)**之爲言**은 **敬也**요 **富也者**는 **福也**요 **首也者**는 **直也**요 **相**은 **饗之也**요 **嘏**(하)는 **長也**며 **大也**요 **尸**는 **陳也**요 **毛血**은 **告幽全之物也**니 **告幽全之物者**는 **貴純之道也**니라

祊이라는 말은 멀다는 뜻이고, 肵라는 말은 공경한다는 뜻이고, 富라는 것은 福이고, 首라는 것은 만남이고, 相은 더 흠향하라는 뜻이고, 嘏는 장구하고 광대한 뜻이고, 尸는 진열함이고, 털과 피는 그윽하고 온전함을 아뢰는 물건이니, 그윽하고 온전함을 아뢰는 물건이라는 것은 순전함을 귀하게 여기는 道이다.

≪集說≫

倞은 遠也니 承上文求諸遠者而言이라 尸有肵俎하니 是主人敬尸之俎也라 人君嘏(하)辭에 有富는 以福言也라 牲體에 首在前하니 升首而祭는 取其與神坐相直也라 相은 詔侑也니 所以詔侑於尸는 欲其享此饌也라 尸使祝으로 致嘏辭于主人하니 嘏有長久廣大之義也[324)]라 尸는 神象이니 當爲主之義어늘 今以訓陳하니 記者誤耳라 殺牲之時에 先以毛及血로 告神者는 血在內하니 是告其幽요 毛在外하니 是告其全也라 貴純者는

324) 尸使祝……嘏有長久廣大之義也 : 尸童이 祝에게 명하여 주인에게 전하는 嘏辭는 다음과 같다. "皇尸께서 이 工祝에게 명하여 너 孝孫에게 한량없이 많은 복이 내려지기를 전하노라. 너 효손에게 많은 복이 내려져서 네가 하늘에서 복록을 받아 밭에서 농사가 잘되고 만년토록 장수하기를 축원하노니, 받은 복록을 길이 하여 끊어짐이 없게 하라. 〔皇尸命工祝 承致多福無疆于女孝孫 來女孝孫 使女收祿于天 宜稼于田 眉壽萬年 勿替引之〕" (≪儀禮≫〈少牢饋食禮〉)

貴其表裏皆善也라

'倞'은 멂이니, 윗글의 '먼 데서 구한다.'는 것을 이어 말한 것이다. 尸童에게 肵俎(희생의 심장과 혀를 올리는 도마)가 있으니, 이는 주인이 시동을 공경하는 俎이다. 군주의 嘏辭에 '富'자가 있음은 福을 〈내려줌을〉 말한 것이다. 희생의 몸통에는 머리가 앞에 있으니, 머리를 올려 제사함은 神의 자리와 서로 만나는 뜻을 취한 것이다. '相'은 권하는 것이니, 시동에게 더 드시기를 권하는 것은 이 祭饌을 흠향하게 하고자 해서이다. 시동이 祝으로 하여금 嘏辭를 주인에게 전달하게 하니, 嘏에는 장구하고 광대한 뜻이 있다. 시동은 신의 象이므로 마땅히 主(주인)의 뜻이 되어야 하는데 이제 陳으로 訓하였으니, 기록한 자가 잘못한 것이다. 희생을 잡을 때에 먼저 털과 피를 가지고 신에게 고하는 것은, 피가 안에 있으니 이는 그 그윽함을 고하는 것이고, 털은 밖에 있으니 이는 그 온전함을 고하는 것이다. '貴純'이라는 것은 그 겉과 속이 모두 좋음을 귀하게 여기는 것이다.

≪大全≫

嚴陵方氏曰 福而有嘏之義라 中庸에 言大德之得祿壽[325)]라하니 以得其壽故로 長이요 以得其祿故로 大라 故로 曰 嘏는 長也大也라하니라 且壽祿爲五福之先이라 故로 必以長大言之라 天保曰 降爾遐福[326)]이라하니 此福은 所謂長也요 楚茨曰 以介景福[327)]이라하니 此福은 所謂大也라

嚴陵方氏 : 福에는 嘏의 뜻이 있다. ≪中庸≫에 "大德은 祿과 壽를 얻는다." 하였

325) 中庸 言大德之得祿壽 : ≪中庸章句≫ 제17장에 "孔子가 이르기를 '舜임금은 위대한 효자이셨도다. 덕은 성인이시고 존귀함은 천자이시고 부유함은 四海 안을 다 소유하시어, 오래도록 종묘의 饗祀를 받으시고 자손이 오래도록 보호를 받게 되었느니라. 그러므로 큰 덕을 지닌 분은 반드시 그에 걸맞은 지위를 얻고, 반드시 그에 걸맞은 녹을 얻고, 반드시 그에 걸맞은 명예를 얻고, 반드시 그에 걸맞은 수명을 누리느니라.' 하셨다.〔子曰 舜其大孝也與 德爲聖人 尊爲天子 富有四海之內 宗廟饗之 子孫保之 故大德 必得其位 必得其祿 必得其名 必得其壽〕"라고 보인다.

326) 天保曰 降爾遐福 : ≪詩經≫ 〈小雅 天保〉에 "하늘이 너를 안정시켜 너로 하여금 모두 좋게 하셨다. 다 마땅하지 않음이 없어서 하늘의 온갖 녹을 받는데, 너에게 장구한 복을 내리시면서도 날마다 부족하게 여기시도다.〔天保定爾 俾爾戩穀 罄無不宜 受天百祿 降爾遐福 維日不足〕"라고 보인다.

327) 楚茨曰 以介景福 : ≪詩經≫ 〈小雅 楚茨〉에 "술과 밥을 장만하여 올리고 제사 지내며, 편안히 모시고 권하여 큰 복을 크게 하도다.〔以爲酒食 以饗以祀 以妥以侑 以介景福〕"라고 보인다.

으니, 그 수를 얻었기 때문에 길고 그 녹을 얻었기 때문에 큰 것이다. 그러므로 "嘏는 장구하고 광대한 뜻이다."라고 한 것이다. 또 수와 녹은 五福 중에 우선이 되므로 반드시 길고 큼으로써 말한 것이다. ≪詩經≫ 〈天保〉에 "너에게 장구한 복을 내린다." 하였으니 이 복은 이른바 '길다'는 것이고, ≪시경≫ 〈楚茨〉에 "큰 복을 크게 하도다." 하였으니 이 복은 이른바 '크다'는 것이다.

113307 **血祭**는 **盛氣也**요 **祭肺肝心**은 **貴氣主也**요 **祭黍稷**에 **加肺**하며 **祭齊**에 **加明水**는 **報陰也**요 **取膟膋**하야 **燔燎**하며 **升首**는 **報陽也**요 **明水涚**(세)**齊**는 **貴新也**니 **凡涚**는 **新之也**라 **其謂之明水也**는 **由主人之潔著此水也**니라

피로 제사함은 기운이 성한 것이고, 희생의 肺·肝·心臟으로 제사함은 기운의 주장을 귀하게 여기는 것이고, 黍稷으로 제사할 적에 肺를 가하며 五齊로 제사할 적에 明水를 가함은 陰에 아뢰는 것이고, 膟膋를 취하여 화롯불에 태우며 머리를 올림은 陽에 아뢰는 것이고, 명수와 五齊를 걸러냄은 새로움을 귀하게 여기는 것이니, 무릇 오제를 걸러냄은 새롭게 하는 것이다. 이것을 명수라고 이르는 것은 주인의 깨끗한 정성이 이 물에서 밝게 드러남을 말미암은 것이다.

≪集說≫

有血有氣라야 乃爲生物이니 血은 由氣以滋하니 死則氣盡而血亦枯矣라 故血祭者는 所以表其氣之盛也라 肺肝心은 皆氣之所舍라 故云 氣主니 周祭肺하고 殷祭肝하고 夏祭心也라 祭黍稷加肺者는 謂尸隋(타)祭[328]之時에 以黍稷兼肺而祭也요 祭齊加明

328) 隋(타)祭 : ≪儀禮≫ 〈士虞禮〉의 "祝이 佐食에게 명하여 타제하게 한다. 좌식이 黍稷과 肺祭를 취해 시동에게 주면, 시동이 제사(고수레)한다.〔祝命佐食隋祭 佐食取黍稷肺祭授尸 尸祭之〕"에 대한 鄭玄의 注에 "아래로 고수레하는 것을 '隋'라고 하는데, '隋之'라는 말은 아래로 떨어뜨린다는 말과 같다. ≪周禮≫에 '고수레를 마치면 떨어뜨린 것을 갈무리한다.'라고 한 것은 이것을 말한다. 今文에는 隋가 '綏'로 되어 있고, 〈特牲饋食禮〉와 〈小牢饋食禮〉에는 혹 '羞'로 되어 있기도 하는데, 옛날의 바른 뜻을 잃은 것이다. 齊나라와 魯나라에서는 고수레를 隋라고 한다.〔下祭曰隋 隋之 猶言隳下也 周禮曰 旣祭則藏其隋 謂此也 今文隋爲綏 特牲少牢或爲羞 失古正矣 齊魯之間 謂祭爲隋〕"라고 보인다.(≪儀禮注疏≫)

水는 謂尸正祭之時에 陳列五齊之尊(준)하고 又加明水之尊也라 祖考形魄이 歸地하니 屬陰이요 而肺於五行에 屬金하니 金水는 陰也라 故加肺加明水하니 是는 以陰物而報陰靈也라 膟膋는 腸間脂也니 先燔燎于爐라가 至薦孰이면 則合蕭與黍稷燒之하니 黍稷은 陽也요 牲首亦陽體니 魂氣歸天하야 爲陽하니 此는 以陽物로 報陽靈也라 明水는 陰鑑所取月中之水[329]라 涚는 猶清也니 沛漉五齊而使之清이라 故云 涚齊라 所以設明水及涚齊者는 貴其新潔也라 凡涚는 新之也니 專主涚齊而言이라 故下文에 又釋明水之義하니라 絜著(저)는 潔淨而明著也니 自月而生이라 故謂之明이라 周禮五齊[330]에 一은 泛齊요 二는 醴齊요 三은 盎齊요 四는 緹齊요 五는 沈齊라

피가 있고 기운이 있어야 비로소 生物이 되니, 피는 기운으로 말미암아 불어나는데 죽으면 기운이 다하여 피 또한 고갈된다. 그러므로 피로 제사하는 것은 그 기운이 성함을 드러내 밝히는 것이다. 肺와 肝과 心臟은 모두 기운이 머무는 곳이다. 그러므로 "기운의 주장"이라고 말하였으니, 周나라는 폐로 제사하고 殷나라는 간으로 제사하고 夏나라는 심장으로 제사하였다. '祭黍稷加肺'라는 것은 시동이 隋祭할 때에 서직을 폐와 겸하여 제사함을 이르고, '祭齊加明水'라는 것은 시동이 正祭할 때에 五齊의 술동이를 진열하고 또 명수의 술동이를 가함을 이른다.

祖考의 形魄이 땅으로 돌아갔으니 陰에 속하고 肺는 五行에 있어 金에 속한다. 金

'佐食'은 제사를 지낼 때 시동에게 밥을 권하여 먹이던 사람을 말하고, '肺祭'는 祭肺로, 제사에 올리는 희생의 허파를 말한다.

329) 陰鑑所取月中之水 : '陰鑑'은 陰燧로, 고대에 달밤에 이슬을 받던 쟁반을 말한다. ≪周禮≫ 〈秋官 司烜氏〉에 "거울을 가지고 맑은 물을 달에서 취하여 제사에 바친다.〔以鑑取明水於月 以供祭祀〕"라고 보인다.

330) 五齊 : 고대에 술의 清濁에 따라 다섯 등급으로 나눈 술을 말한다. ≪周禮≫ 〈天官 酒正〉에 "주정은 술의 政令을 관장하여 술을 만드는 법식으로 〈쌀과 麴蘗 등〉 술의 재료를 酒人(술 빚는 일을 관장하는 관리)에게 주어서 술을 만들게 한다.……오제의 명칭을 변별하니, 첫 번째는 泛齊, 두 번째는 醴齊, 세 번째는 盎齊, 네 번째는 緹齊이고, 다섯 번째는 沈齊이다.〔酒正掌酒之政令 以式灋授酒材……辨五齊之名 一曰泛齊 二曰醴齊 三曰盎齊 四曰緹齊 五曰沈齊〕"라고 하였는데, 이에 대한 鄭玄의 注에 의하면, 泛齊는 술이 익으면서 술찌끼가 흥건하게 떠 있는 것이며, 醴齊는 술이 익으면서 술의 원액과 술찌끼가 같이 섞여 있는 것이며, 盎齊는 술이 익으면서 옹옹연히 淡青色을 띠는 것이며, 緹齊는 술이 익으면서 주홍색을 띠는 것이며, 沈齊는 술이 익으면서 술찌끼가 가라앉은 것인데, '예제'로부터 이상은 매우 탁하여 띠풀을 사용하여 술찌끼를 걸러내서 사용하고, '앙제'로부터 이하는 조금 맑다.(≪周禮注疏≫)

과 水는 음이므로 폐를 가하고 명수를 가하는 것이니, 이는 음의 물건을 가지고 음의 신령에게 아뢰는 것이다. '膟膋'는 희생의 창자 사이의 기름이니, 이것을 먼저 화로에 태우다가 익힌 고기를 올리게 되면 쑥과 서직을 합하여 태운다. 서직은 陽이고 희생의 머리 또한 陽의 體인데, 魂氣가 하늘로 돌아가서 양이 되었으니, 이는 양의 물건을 가지고 양의 신령에게 아뢰는 것이다.

'明水'는 陰鑑으로 달 가운데에서 취한 물이다. '涚'는 淸과 같으니, 五齊를 걸러서 맑게 하는 것이므로 '涚齊'라고 말한 것이다. 명수와 세제를 진설하는 까닭은 새롭고 깨끗함을 귀하게 여긴 것이다. 무릇 '涚'는 새롭게 하는 것이니, 오로지 세제를 위주로 말한 것이다. 그러므로 아랫글에 또다시 명수의 뜻을 풀이한 것이다. '絜著'는 청결하고 밝게 드러남이니, 달에서 생겨났기 때문에 明이라고 이른 것이다. ≪周禮≫의 五齊는 첫 번째는 泛齊, 두 번째는 醴齊, 세 번째는 盎齊, 네 번째는 緹齊, 다섯 번째는 沈齊이다.

≪大全≫

嚴陵方氏曰 血腥爓祭는 用氣也라 然腥爓之氣가 不若血之幽라 氣聚於幽而散於明하니 聚則盛矣라 故로 曰 血祭는 盛氣也라하니라 肺則金氣之所主也요 肝心은 木火氣之所主也니 獨言三者는 則以三代之所用者로 言之故也라 黍稷은 地產이니 皆陰類也라 爟燎之火는 則司烜(훼)氏所取於日[331]者也라 首者는 陽之體요 升者는 陽之事니 皆陽類也니 凡此는 皆取而祭之也라 上言祭하고 下言取는 互相備爾라 前曰求하고 此曰報는 何也오 求는 主乎人之情이요 報는 主乎物之理라

嚴陵方氏 : 피와 날고기, 데친 고기의 제사는 기운을 쓰는 것이다. 그러나 날고기와 데친 고기의 기운은 피의 그윽함만 못하다. 기운은 그윽함에 모이고 밝음에 흩어지니, 모이면 성하므로 "피로 제사함은 기운이 성하다."라고 한 것이다. 肺는 金氣가 주장하는 것이고, 肝과 心臟은 木氣와 火氣가 주장하는 것인데, 유독 세 가지를 말한 것은 夏·殷·周 三代시대에 사용한 것을 가지고 말했기 때문이다. 黍稷은 땅에서 생산되니, 모두 陰의 종류이다. 爟燎의 불은 司烜氏가 해에서 취한 것이다. 머리는 陽의 體이고 이것을 올림은 양의 일로 모두 양의 類이니, 무릇 이것은 모두 취하여

331) 爟燎之火 則司烜(훼)氏所取於日 : ≪周禮≫ 〈秋官 司烜氏〉에 "夫遂로 해에서 불을 취한다.〔以夫遂取明火於日〕"라고 보인다. 夫遂는 陽燧로, 고대에 햇빛을 모아서 불을 취하던 凹형의 구리 거울을 말한다.

제사하는 것이다. 위에서는 '祭'라고 말하고 아래에서는 '取'라고 말한 것은 서로 구비한 것이다. 앞에서는 '求'라고 말하고 여기에서는 '報'라고 말한 것은 어째서인가? 求는 사람의 情을 위주로 삼은 것이고, 報는 물건의 이치를 위주로 삼은 것이다.

○ 延平周氏曰 周官司尊(준)彝之職에 謂鬱齊獻酌하고 醴齊縮酌하고 及盎齊涚酌[332]이라 以五齊淸濁次之면 則泛齊醴齊는 同用縮酌이요 而緹齊沈齊는 與盎齊로 同用(嫌)〔涚〕[333]酌하니 此言明水涚齊는 蓋自盎而下三齊也라 涚者는 以水而和之解之也니 和解之則新矣니 貴新故로 不嫌於味之薄也라

延平周氏 : ≪周禮≫ 〈春官 司尊彝〉에 "鬱齊는 그대로 술을 올리고 醴齊는 술을 걸러서 올리고 盎齊는 술을 깨끗이 하여 올린다." 하였다. 五齊의 淸濁을 가지고 차례대로 말하면 泛齊와 醴齊는 똑같이 술을 걸러주고 緹齊와 沈齊는 盎齊와 똑같이 술을 깨끗이 해주니, 여기에서 "明水와 五齊를 걸러낸다."고 말한 것은 앙제로부터 이하의 三齊인 앙제, 제제, 침제이다. '涚'는 물을 섞어서 풀어주는 것이다. 섞어서 풀어주면 새로워지니, 새로운 것을 귀하게 여기기 때문에 맛이 薄함을 혐의하지 않는 것이다.

113308 君이 再拜稽首하고 肉袒親割은 敬之至也라 敬之至也는 服也니 拜는 服也요 稽首는 服之甚也요 肉袒은 服之盡也라 祭稱孝孫孝子는 以

332) 鬱齊獻酌……及盎齊涚酌 : 이 내용은 ≪周禮≫ 〈春官 司尊彝〉에 "무릇 六彝와 六尊(육준)의 술은, 鬱齊는 그대로 올리고 醴齊는 띠풀로 걸러서 올리고 盎齊는 술로 깨끗이 하여 올리는데, 모든 술을 뜰 때는 국자를 물로 씻어서 사용한다. 大喪에 彝와 奠을 두고 大旅에도 이와 같이 한다.〔凡六彝六尊之酌 鬱齊獻酌 醴齊縮酌 盎齊涚酌 凡酒脩酌 大喪存奠彝 大旅亦如之〕"라고 보이는데, 鄭玄의 注에 "'縮酌'은 띠풀로 거른 뒤에 술을 뜨는 것이고, '涚酌'은 술로 깨끗이 한 뒤에 술을 뜨는 것이다. 鬱齊는 띠풀로 거르지 않고 술을 떠서 올릴 뿐이므로 '獻酌'이라고 하고, 醴齊는 술을 깨끗하게 하지 않고 띠풀로 걸러 떠서 올릴 뿐이므로 '縮酌'이라고 하며, 盎齊는 국자를 물로 씻지 않고 술을 깨끗이 하여 떠서 올리므로 '涚酌'이라고 한다.〔縮酌 以茅縮而後酌也 涚酌 以酒涚而後酌也 鬱齊不縮也獻之而已 故曰獻酌 醴齊不涚也縮之而已 故曰縮酌 盎齊不脩也涚之而已 故曰涚酌〕"라고 하였다.(≪周禮注疏≫) '六彝'는 고대 제사에 사용하던 여섯 가지 酒器로 雞彝·鳥彝·斝彝·黃彝·虎彝·蜼彝이며, '六尊'은 고대 제사에 사용하던 여섯 가지 술동이로 犧尊(사준)·象尊·壺尊·著尊·大尊·山尊이다. '大喪'은 帝王이나 皇后·世子의 상이고, '大旅'는 五帝에게 드리는 제사이다.

333) (嫌)〔涚〕: 저본에는 '嫌'으로 되어 있으나, 藏書閣 소장본(K1-73)에 의거하여 '涚'로 바로잡았다.

其義로 **稱也**요 **稱曾孫某**는 **謂國家也**라 **祭祀之相**은 **主人**이 **自致其敬**하며 **盡其嘉**니 **而無與讓也**니라

군주가 재배하고 머리를 조아리고 肉袒(왼쪽 어깨를 드러냄)하고 친히 희생을 잡는 것은 공경함이 지극한 것이다. 공경함이 지극하다는 것은 복종함이니, 절하는 것은 복종함이고 머리를 조아리는 것은 복종함이 심한 것이고 육단을 하는 것은 복종함이 극진한 것이다. 제사에 孝孫과 孝子를 칭함은 제사하는 義를 가지고 칭하는 것이고, 曾孫 아무개라고 칭함은 나라와 집안을 소유함을 이른다. 제사의 相은, 주인이 직접 尸童에게 그 공경을 다하고 그 아름다움을 다하니, 겸양함에 참여할 것이 없는 것이다.

≪集說≫

服者는 服順於親也라 拜服也는 謂再拜是服順也라 稽首는 爲服順之甚이요 肉袒은 爲服順之盡이니 言服順之誠이 在內하고 今又肉袒이면 則內外皆服矣라 故云 服之盡이라하니라 祭主於孝하니 士之祭에 稱孝孫孝子는 是는 以祭之義로 爲稱也[334)]라 諸侯는 有國하고 卿大夫는 有家하니 不但祭祖與禰而已라 其祭自曾祖以上이 惟稱曾孫이라 故云 稱曾孫某는 謂國家也라하니라 蓋大夫는 三廟니 得事曾祖也요 上士는 二廟니 事祖禰요 中下士는 一廟니 祖禰共之라 相은 詔侑於尸也니 相者不告尸以讓은 蓋是主人이 敬尸하야 自致其誠敬하며 盡其嘉善하야 無所與讓也라

'服'은 어버이에게 服順(복종하여 순히 함)함이다. '拜服也'는 재배가 바로 복순임을 말한 것이다. '稽首'는 복순의 심함이 되고, '肉袒'은 복순의 극진함이 되니, 복순하는 정성이 안에 있는데 지금 또 육단을 하면 안과 밖이 모두 복순함이 됨을 말한 것이다. 그러므로 "복종함이 극진하다."라고 말한 것이다.

제사는 효도를 주장하니, 士의 제사에 孝孫과 孝子를 칭함은 이는 제사하는 義를 가지고 칭한 것이다. 제후는 나라를 소유하고 卿과 大夫는 집안을 소유하였으니, 할

334) 士之祭……爲稱也 : 이 부분에 대하여 孔穎達의 疏에 "제후와 대부가 조부와 부친을 섬길 때에도 효자와 효손이라고 칭한다.〔其諸侯大夫事祖禰之時 亦稱孝子孝孫〕"라고 하였다.(≪禮記正義≫)

아버지와 아버지를 제사할 뿐만이 아니다. 그 曾祖 이상을 제사할 때에만 오직 曾孫이라고 칭한다. 그러므로 "증손 아무개라고 칭함은 나라와 집안을 소유하였음을 이르는 것이다."라고 말한 것이다. 대부는 사당이 셋이니 증조를 섬길 수 있고, 上士는 사당이 둘이니 할아버지와 아버지를 섬길 수 있고, 中士와 下士는 사당이 하나이니 할아버지와 아버지를 함께 모신다.

'相'은 시동에게 음식을 더 드실 것을 고하는 자이니, 相이 된 자가 시동에게 겸양을 고하지 않는 것은, 주인이 시동을 공경해서 직접 정성과 공경을 다하며 아름다움을 다해서, 자신은 겸양에 참여할 일이 없기 때문이다.

≪大全≫

延平周氏曰 以天子不可屈之勢로 而爲之稽首肉袒이면 則天下莫不知有尊이요 而亦莫不知有親也니 蓋先王設教之意가 常寓於甚微之間하니라

延平周氏：굽힐 수 없는 천자의 권세로 조상을 위하여 머리를 조아리고 육단을 하면, 천하의 사람들이 높여야 하는 대상이 있음을 알지 못하는 이가 없고 또한 친애해야 하는 대상이 있음을 알지 못하는 이가 없을 것이니, 先王이 가르침을 베푸는 뜻은 항상 매우 은미한 사이에 깃들어 있다.

○ 山陰陸氏曰 凡祭에 稽首면 不必肉袒이요 肉袒이면 不必稽首니 兼之者는 此歟인저 蓋朝踐[335]以前엔 以素爲貴하야 父子之事多하고 饋食(사)[336]以後엔 以文爲貴하야 君臣之事多하니 服은 臣之事也요 非子之事也니라

山陰陸氏：무릇 제사에 머리를 조아리면 굳이 육단을 하지 않고 육단을 하면 굳이 머리를 조아리지 않으니, 그 둘을 겸하는 것은 이뿐일 것이다. 朝踐을 하기 이전

335) 朝踐：제사 의식 중 하나로, 朝事(종묘에 아침 일찍 제사하는 일)에서 쓸 豆를 올리는 것까지 포괄하는 의식이다. ≪周禮≫ 〈春官 司尊彝〉에 "조천에는 두 개의 犧尊(사준)을 쓴다.〔其朝踐用兩獻尊〕" 하였는데, 鄭玄의 注에 "조천은, 희생의 피와 날고기를 올리고 醴齊를 떠서 올리면 비로소 제사를 거행하는데 왕후가 이에 朝事의 豆와 籩을 올리는 것을 이른다.〔朝踐 謂薦血腥 酌醴 始行祭祀 后於是薦朝事之豆籩〕"라고 하였다.(≪周禮注疏≫) 獻尊은 犧尊을 이른다.

336) 饋食(사)：익힌 음식을 올리는 제사로, 고대의 천자나 제후가 매월 초하루 사당에서 행하던 제례이다. ≪周禮≫ 〈春官 大宗伯〉에 "궤사로써 선왕들에게 제향한다.〔以饋食享先王〕"라고 보인다.

에는 소박함을 귀하게 여겨서 父子의 일이 많고 饋食한 이후에는 문식을 귀하게 여겨서 君臣의 일이 많으니, 복종함은 신하의 일이고 자식의 일이 아니다.

○ 嚴陵方氏曰 稱曾孫某者는 名之也니 於曾孫曰某면 則孝孫孝子를 從可知矣라 然其序先孫而後子者는 對祖禰稱之故也니라

嚴陵方氏 : '曾孫 아무개라고 칭함'은 이름을 부르는 것이니, 증손에게 '아무개'라고 했으면 孝孫과 孝子를 따라서 알 수 있다. 그러나 그 순서가 손자를 앞에 두고 자식을 뒤에 둔 것은 할아버지와 아버지를 상대하여 칭했기 때문이다.

113309 腥肆(척)[337)] 爓腍(임)을 祭는 豈知神之所饗也리오 主人이 自盡其敬而已矣니라 擧斝角하고 詔妥尸하나니 古者에 尸無事則立하고 有事而后에야 坐也하더니 尸는 神象也요 祝은 將命也니라

희생의 腥體와 해체하여 발라낸 것과 데친 고기와 익힌 고기를 가지고 제사함은 어찌 神이 흠향하는 것을 알아서이겠는가. 주인이 스스로 그 공경을 다할 뿐이다. 斝와 角을 들어 올리고 명하여 尸童에게 편히 앉으라고 고하니, 옛날에 시동은 일이 없으면 서 있고 〈마시고 먹는 등의〉 일이 있은 뒤에야 앉았다. 시동은 神의 상징이고, 祝은 명령을 전달하는 자이다.

≪集說≫

祭之爲禮 或進腥體하고 或薦解剔하고 或進湯沈하고 或薦煮孰하나니 豈知神果何所享乎아 主人이 不過盡其敬心而已耳라 斝與角은 皆爵名[338)]이라 詔는 告也요 妥는 安也니 尸始卽席하야 擧斝角之時에 祝告主人하야 拜尸以妥安其坐라 前(薦)〔篇〕[339)]言

337) 肆(척) : 肆의 음을 '척'이라고 한 것은 陸德明의 音義에 "肆(척)은 勅과 歷의 반절이다.〔肆 勅歷反〕"라는 설을 따른 것으로, 鄭玄의 注에 "고기를 손질하는 것을 '肆'이라고 한다.〔治肉 曰肆〕" 하였고, 孔穎達의 疏에 "肆은 발라냄이다.〔肆 剔也〕" 하였다.(≪禮記正義≫)

338) 斝與角 皆爵名 : 孔穎達의 疏에 "천자는 斝라 하고 제후는 角이라 한다.〔天子曰斝 諸侯曰角〕" 하였다.(≪禮記正義≫)

339) (薦)〔篇〕: 저본에는 '薦'으로 되어 있으나, 藏書閣 소장본(K1-73)에 의거하여 '篇'으로 바로잡았다.

夏立尸而卒祭하니 此言古者는 蓋指夏時也라 夏之禮는 尸無事則立하고 有飮食之事然後에 得坐也라 尸는 所以象所祭者라 故曰 神象이라 爲祝者 先以主人之辭告神하고 後以神之辭嘏(하)主人이라 故曰 將命이라하니라

제사의 예는 혹 腥體를 올리고 혹 해체하여 발라낸 것을 올리고 혹 데친 것을 올리고 혹 익힌 것을 올리니, 어찌 神이 과연 어느 것을 흠향하는지를 알아서 그리하였겠는가. 주인이 그 공경하는 마음을 다함에 불과할 뿐이다. '斝'와 '角'은 모두 술잔의 이름이다. '詔'는 고함이고 '妥'는 편안함이니, 시동이 처음 자리에 나아가서 가와 각을 들 때에 祝이 주인에게 고하여 시동에게 절하게 해서 그 자리에 편안히 앉게 하는 것이다. 前篇(〈禮器〉)에 "夏나라는 시동을 세우고 제사를 마친다."라고 말하였으니, 여기에서 말한 '古者'는 아마도 하나라 때를 가리킨 듯하다. 하나라의 예는, 시동은 일이 없으면 서 있고, 마시고 먹는 일이 있은 뒤에야 앉았다. 시동은 제사를 흠향하는 분을 상징하므로 "신의 상징"이라고 한 것이다. 축이 된 자는 먼저 주인의 말로써 신에게 고하고, 뒤에 신의 말로써 주인에게 복을 내리므로 "명령을 전달하는 자"라고 한 것이다.

≪大全≫

嚴陵方氏曰 凡牲은 解而生之之謂腥이요 體而陳之之謂肆(척)이요 爚而未腍之謂爓이요 孰而爲殽之謂腍이라 詔妥尸는 卽士虞禮所謂主人及祝拜妥尸어든 尸拜遂坐 是矣라 蓋尸於主人은 則子行也니 以卑臨尊에 嫌或不安焉하야 爲是詔之也니 詩言以妥以侑[340] 是矣라 必於時乃詔之者는 以尸始入擧奠故也라 尸於無事之時엔 則子行而已니 子行爲卑라 故立이요 至於有事之時하야는 則神象也니 神象爲尊이라 故坐라 有事는 謂若擧斝角之類也라

嚴陵方氏 : 무릇 희생은, 해체한 날고기를 '腥'이라 이르고, 몸체를 진열함을 '肆'이라 이르고, 데쳤으나 완전히 익히지 않은 것을 '爓'이라 이르고, 익혀서 안주를 만드는 것을 '腍'이라 이른다. '명하여 시동에게 편히 앉으라고 고한다.'는 것은 바로 ≪儀禮≫ 〈士虞禮〉에 이른바 "주인과 축이 시동에게 절하여 편안하게 하면, 시동이 절하고 마침내 앉는다."라는 것이 이것이다. 시동은 주인에게 있어서는 자식

340) 詩言以妥以侑 : '妥侑'는 편안히 모시고 술을 권한다는 말이다. ≪詩經≫ 〈小雅 楚茨〉에 "술과 밥을 장만하여 올리고 제사 지내며, 편안히 모시고 술을 권하여 큰 복을 크게 하도다.〔以爲酒食 以饗以祀 以妥以侑 以介景福〕"라고 보인다.

의 항렬이니, 낮은 사람으로서 높은 사람을 대함에 혹 편안하지 못할까 혐의하여 이 때문에 고하는 것이니, ≪詩經≫ 〈楚茨〉에 "편안히 모시고 권한다."라고 말한 것이 이것이다. 반드시 이때에 바로 고하는 것은, 시동이 처음 들어와서 제수를 들기 때문이다. 시동은 일이 없을 때에는 자식의 항렬일 뿐이니 자식의 항렬은 낮으므로 서 있고, 일이 있을 때에는 神의 상징이니 신의 상징은 높으므로 앉는 것이다. 일이 있다는 것은 斝와 角을 드는 것과 같은 따위이다.

113310 縮酌用茅는 明酌也니라

〈醴齊를〉 걸러서 따를 적에 띠풀을 사용하니, 이때에는 明酌을 〈섞은 뒤에〉 거른다.

≪集說≫

縮은 泲也요 酌은 斟酌也니 謂醴齊濁하야 泲而後에 可斟酌이라 故云 縮酌也라 用茅者는 以茅로 覆(부)藉而泲之也라 周禮三酒에 一曰事酒요 二曰昔酒요 三曰清酒[341]니 事酒는 爲事而新作者니 其色이 清明하야 謂之明酌이라 言欲泲醴齊인댄 則先用此明酌하야 和之然後에 用茅以泲之也라

'縮'은 술을 거름이고, '酌'은 술을 따름이니, 醴齊가 탁해서 술을 거른 뒤에야 술을 따를 수 있음을 이른다. 그러므로 '縮酌'이라고 이른 것이다. '用茅'라는 것은 띠풀로 술을 덮어 받쳐서 거르는 것이다. ≪周禮≫의 세 가지 술에 첫 번째는 事酒이고, 두 번째는 昔酒이고, 세 번째는 清酒이다. 사주는 제사를 위하여 새로 만든 것이니, 그 색깔이 깨끗하고 밝아서 明酌이라 이른다. 예제를 거르고자 할 때에는 먼저 이 명작을 가지고 예제에 섞은 뒤에 띠풀을 사용하여 거름을 말한 것이다.

113311 醆(잔)酒를 涗(세)于清[342]하고 汁獻(사)[343]를 涗于醆酒하나니

341) 周禮三酒……三曰清酒 : 이 내용은 ≪周禮≫ 〈天官 酒正〉에 보이는데, 鄭玄은 注에서 鄭司農(鄭衆)의 말을 인용하여, '事酒'는 제사 등의 일이 있어서 이를 위해 새로 빚은 술이고, '昔酒'는 제사 등의 일이 없을 때 빚은 오래된 술이며, '清酒'는 제사에 사용하는 술이라고 하였다.(≪周禮注疏≫)

342) 醆(잔)酒 涗(세)于清 : 孔穎達의 疏에 "緹齊와 沈齊는 거르는 방법이 醆酒(盎齊)와 똑같

醆酒를 淸酒로 거르고, 汁莎를 잔주로 거른다.

≪集說≫

醆酒는 盎齊也라 涚는 泲也요 淸은 謂淸酒也니 淸酒는 冬釀接夏而成하고 盎齊는 差淸하니 先和以淸酒而後에 泲之라 故云 醆酒를 涚于淸이라하니 以其差淸故로 不用茅也라 汁獻(사)는 謂摩挲秬鬯及鬱金之汁也니 秬鬯은 中有煮鬱하고 又和以盎齊하야 摩挲而泲之하야 出其香汁이라 故云 汁獻를 涚于醆酒也라

'醆酒'는 盎齊이다. '涚'는 거름이고, '淸'은 淸酒를 이른다. 청주는 겨울에 빚어서 여름에 익고, 앙제는 약간 맑은데 먼저 청주로 섞은 뒤에 거른다. 그러므로 "잔주를 청주로 거른다."라고 말하였으니, 약간 맑기 때문에 띠풀을 사용하지 않는다. '汁莎'는 秬鬯과 鬱金을 손으로 문질러서 짠 즙을 이르니, 거창은 가운데에 달인 울금이 있고 거기에 또 앙제를 섞어 손으로 문질러 짜고 걸러서 그 향기로운 즙을 낸다. 그러므로 "汁莎를 잔주로 거른다."라고 말한 것이다.

○ 疏曰 以事酒로 泲醴齊하고 淸酒로 泲盎齊어늘 今泲秬鬯[344]에 乃用盎齊하고 而不以三酒者는 五齊는 卑故로 用三酒泲之하고 秬鬯은 尊故로 用五齊泲之也라

〈孔穎達의〉 疏 : 事酒로 醴齊를 거르고 淸酒로 盎齊를 거른다. 그런데 지금 秬鬯을 거를 때에는 마침내 앙제를 사용하고 〈事酒, 昔酒, 淸酒의〉 세 가지 술을 사용하지 않으니, 이는 五齊는 낮기 때문에 세 가지 술을 사용하여 거르고, 거창은 높기 때문에 오제를 사용하여 거르는 것이다.

113312 猶明淸與醆酒于舊澤(역)之酒[345]也니라

다.〔其緹齊沈齊 泲之與醆酒同〕" 하였다.(≪禮記正義≫)

343) 汁獻(사) : 제사 때 降神을 위해 쓰이던 秬鬯酒를 이른다. 鄭玄의 注에 "獻는 마땅히 莎가 되어야 하니, 齊 지역의 발음상의 오류이다. 손으로 문질러서 향기로운 즙을 내기 때문에 이를 '汁莎'라고 한다.〔獻 當爲莎 齊語聲之誤也 以摩莎出香汁 故謂之汁莎〕" 하였다. (≪禮記正義≫)

344) 秬鬯 : 검은색이 나는 기장과 울금향초를 버무려서 빚은 술로, 고대에 제사 지낼 적에 降神을 하거나 공이 있는 제후에게 술을 하사할 때 쓰였다.

345) 舊澤(역)之酒 : 鄭玄의 注에 "'澤'은 '醳'으로 읽어야 하니, '舊醳之酒'는 昔酒를 이른다.〔澤讀爲醳 舊醳之酒 謂昔酒也〕"라고 하였다.(≪禮記正義≫) '昔酒'는 오래된 술을 이른다.

이것은 明酌과 淸酒와 醆酒를 오래 묵은 醳酒로 〈거르는〉 것과 같다.

≪集說≫

上文所泲三者之酒는 皆天子諸侯之禮니 作記之時에 此禮已廢하야 人不能知其法이라 故言此하야 以曉之曰 泲醴齊以明酌하고 泲醆酒以淸酒하고 泲汁獻(사)以醆酒者는 卽如今時明淸醆酒를 泲于舊醳之酒也라 猶는 若也라 舊는 謂陳久也라 澤은 讀爲醳이니 醳者는 和醳醴釀之名이니 後世에 謂之醳酒하니라

윗글에 보이는 거르는 세 가지의 술은 모두 천자와 제후의 예이니, ≪禮記≫를 지을 때에는 이 예가 이미 없어져서 사람들이 그 방법을 알지 못하였다. 그러므로 이것을 말하여 깨우치기를 "醴齊를 明酌으로 거르고 醆酒를 淸酒로 거르고 汁莎를 醆酒로 거르는 것은 바로 오늘날 明酌·淸酒·醆酒를 舊醳의 술로 거르는 것과 같다." 라고 한 것이다. '猶'는 같음이다. '舊'는 술이 묵어 오래됨을 이른다. 澤은 醳으로 읽으니, '醳'이라는 것은 맛좋은 단술을 섞어 빚어낸 것을 일컬으니, 후세에 이것을 醳酒라고 하였다.

≪大全≫

嚴陵方氏曰 醴齊를 必縮之者는 以其尤濁故로 必縮去其滓也라 醆酒는 不若醴齊之濁故로 以淸酒涚之而已요 汁獻(사)는 尤不若醴齊之濁故로 以醆酒涚之而已라 齊酒不止於此三者로되 以祼事用鬱齊하고 朝事用醴齊하고 饋食(사)[346]用盎齊하야 尊(준)彝之所實과 宗廟之所用이 常祀不過於此라 故指是言之라 此皆古禮니 後世以舊澤(역)之酒로 涚淸酒醆酒가 其理則同이니라

嚴陵方氏：醴齊를 반드시 거르는 것은 예제가 특히 탁하므로 반드시 걸러서 찌꺼기를 제거하는 것이다. 醆酒는 예제처럼 탁하지 않기 때문에 淸酒로 깨끗하게 할 뿐이고, 汁莎는 더욱 예제처럼 탁하지 않기 때문에 잔주로 깨끗하게 할 뿐이다. 齊酒(제사 때 신에게 올리는 술)가 이 세 가지에 그치지 않으나, 降神에는 鬱齊(울창주)를 사용하고 朝事에는 예제를 사용하고 饋食에는 앙제를 사용하여, 尊彝(술동이)에 담는 바와 宗廟에 사용하는 바가 평상시 제사도 이에 지나지 않으므로 이것을 가리켜

346) 饋食(사)：종묘에 제사 지낼 적에, 血腥을 올린 뒤에 익힌 희생과 黍稷으로 지은 밥을 올리는 것을 말한다.

말한 것이다. 이는 모두 古禮이니, 후세에 오래 묵은 醳酒를 가지고 청주와 잔주를 거르는 것이 그 이치는 똑같다.

○ 山陰陸氏曰 縮酌醴齊也는 以茅縮之而後에 酌이라 醆酒는 盎齊也니 以挹之在醆故로 謂之醆酒요 以(婦)〔涚〕[347]之在盎故로 謂之盎齊니 知然者는 以宗(涚)〔婦〕[348]執盎從이면 夫人薦涚水로 知之也라 且方涚之以水는 是齊而已니 凡盎言齊는 以此요 及涚于淸然後에 謂之醆酒라 汁獻(사)는 鬱齊也니 謂之汁하니 汁은 陰陽之和也라 月令曰 天時雨汁이라하니라

山陰陸氏 : 醴齊를 걸러서 따름은 띠풀로 거른 뒤에 술을 따르는 것이다. 醆酒는 盎齊이니, 술잔에 있는 것을 마시는 것이기 때문에 잔주라 이르고 술동이에 있는 것을 깨끗하게 하는 것이기 때문에 앙제라 이른다. 그러함을 아는 이유는 宗婦가 盎을 잡고 따르면 夫人이 涚水를 올리는 것을 가지고 아는 것이다. 또 막 물로써 깨끗하게 하는 것은 이 齊일 뿐이니 무릇 盎을 齊라고 말함은 이 때문이고, 청주로 깨끗하게 한 뒤에야 잔주라고 이른다. 汁莎는 鬱齊(울창주)인데 이것을 汁이라 이르니, 즙은 陰陽의 조화로움이다. 〈月令〉에 "하늘에서 눈비가 내린다.〔天時雨汁〕" 하였다.

113313 祭有祈焉하고 有報焉하며 有由辟(미)焉하니라

제사는 기원하는 것이 있고 보답하는 것이 있으며, 제사를 이용하여 재앙을 사라지게 하려는 것이 있다.

≪集說≫

此는 泛言祭禮又有此三者之例하니 如周禮所云 祈福祥求永貞祈年于田祖[349]와 詩言春夏祈穀之類 是祈也라 報는 謂獲福而報之니 祭禮는 多是報本之義라 由는 用也요 辟는 讀爲弭[350]니 如周所謂弭災兵遠罪疾之類니 由弭者는 用此以消弭之也라

347) (婦)〔涚〕: 저본에는 '婦'로 되어 있으나, 藏書閣 소장본(K1-73)에 의거하여 '涚'로 바로잡았다.

348) (涚)〔婦〕: 저본에는 '涚'로 되어 있으나, 藏書閣 소장본(K1-73)에 의거하여 '婦'로 바로잡았다.

349) 田祖 : 耕田을 처음 시작하여 백성에게 가르친 神農氏를 이른다.

이는 祭禮에 또 이 세 가지의 준례가 있음을 범범하게 말한 것이니, ≪周禮≫〈春官 大祝〉에 이른바 "복과 祥瑞를 기원하고, 길이 正命을 구한다."는 것과, ≪周禮≫〈春官 籥章〉에 이른바 "田祖에게 풍년을 기원한다."는 것과, ≪詩經≫〈周頌 噫嘻〉의 毛氏(毛亨)의 序에 "봄과 여름에 곡식이 잘되기를 기원하는 시이다."라고 말한 따위가 바로 기원이다. '報'는 복을 얻고서 보답함을 이르니, 제례는 대부분 근본에 보답하는 뜻이 많다. '由'는 사용함이다. '辟'는 弭로 읽으니, ≪주례≫〈春官 小祝〉에 이른바 "재앙과 병란을 그치게 하고 죄와 병을 멀리한다."는 것과 같은 따위이니, '由弭'는 이 제사를 이용하여 〈재앙 등을〉 사라지고 그치게 하는 것이다.

≪大全≫

嚴陵方氏曰 欲彼之有(子)〔予〕[351]也라 故로 有祈以求之하니 若噫嘻祈穀于上帝와 載芟之祈社稷之類 是也요 因彼之有施也라 故로 有報以反之하니 若豐年之秋冬報와 良耜之秋報社稷 是也니라

嚴陵方氏 : 저가 나에게 주는 것이 있기를 바라므로 기원하여 구함이 있으니, ≪詩經≫〈周頌 噫嘻〉의 "곡식이 잘되기를 上帝에게 기원한다."는 것과, ≪詩經≫〈周頌 載芟〉의 "社稷에 풍년을 기원한다."와 같은 따위가 이것이다. 저가 나에게 베풀어준 것이 있으므로 보답하여 갚음이 있는 것이니, ≪詩經≫〈周頌 豐年〉에 대한 毛氏(毛亨)의 序에 "가을과 겨울에 보답하는 시이다."라고 한 것과 ≪詩經≫〈周頌 良耜〉에 대한 모씨의 序에 "가을에 사직에 보답하는 시이다."라고 한 것과 같은 것이 여기에 해당한다.

○ 延平周氏曰 祈也報也는 人情之所不能免者니 聖人이 有以節文之也시니라

延平周氏 : 기원하는 것과 보답하는 것은 인정에 면할 수 없는 바이니, 聖人이 이것을 節文하신 것이다.

113314 齊(재)之玄也는 以陰幽思也라 故로 君子三日齊하야 必見其所祭者니라

350) 辟 讀爲弭 : ≪禮記正義≫의 鄭玄의 注에 보인다.

351) (子)〔予〕 : 저본에는 '子'로 되어 있으나, 衛湜의 ≪禮記集說≫ 등에 의거하여 '予'로 바로잡았다.

齋戒할 때 검은 冠을 쓰고 검은 옷을 입는 것은 陰幽의 생각을 〈지극히 하려는〉 것이다. 그러므로 군자가 3일 동안 재계하여 반드시 그 제사하는 대상이 되는 분을 보는 것이다.

≪集說≫

齊而玄冠玄衣는 順鬼神幽黯之意요 且以致其陰幽之思也라 見其所祭之親은 精誠之感也라

제계할 때 검은 관을 쓰고 검은 옷을 입는 것은 귀신의 그윽하고 어두운 뜻을 따르는 것이고, 또 그 음유한 생각을 지극히 하려는 것이다. 자신이 제사하는 대상인 어버이를 보는 것은 정성이 감동시킨 것이다.

≪大全≫

嚴陵方氏曰 凡物之理 陰則靜하고 陽則動하며 幽則深하고 淺則明이라 天機之動은 不足以守靜이요 天機之淺은 不足以極深이니 而哀樂欲惡(오) 貳其心矣면 豈所以致其思哉아 故必貴乎以陰幽也라 君子之服은 象其德이니 齊之服其色若是가 豈不宜哉아 故君子三日齊하야 必見其所祭者는 以其靜而深故也라 爲神而齊하면 必見其所祭之神하고 爲鬼而齊하면 必見其所祭之鬼니라

嚴陵方氏 : 모든 물건의 이치가 陰이면 고요하고 陽이면 움직이며, 그윽하면 깊고 얕으면 밝다. 天機가 動하면 고요함을 지키지 못하고 天機가 얕으면 깊음을 지극히 하지 못하니, 슬픔과 즐거움과 하고자 함과 미워함이 마음을 분산시키면 어찌 그 생각을 지극히 할 수 있겠는가. 그러므로 반드시 陰幽로써 함을 귀하게 여기는 것이다. 군자의 의복은 德을 상징하니, 재계하는 옷은 색깔이 이처럼 검은 것이 어찌 마땅하지 않겠는가. 그러므로 군자가 3일 동안 재계하여 반드시 자신이 제사하는 대상을 보는 것은 그 고요하고 깊음 때문이다. 神明(천지신명)을 위하여 재계하면 반드시 자신이 제사하는 바의 신명을 보고, 鬼神(조상의 영혼)을 위하여 재계하면 반드시 자신이 제사하는 바의 귀신을 보는 것이다.

附錄

1. ≪禮記集說大全 5≫ 參考書目

◇ 底本

• ≪禮記集說大全≫, 陳澔(元) 集說, 胡廣(明) 等 編, 藏書閣 所藏本(K1-71).

◇ 底本 관련 자료

• ≪禮記集說大全≫, 陳澔(元) 集說, 胡廣(明) 等 編, 藏書閣 所藏本(K1-73).
• ≪禮記集說大全≫, 陳澔(元) 集說, 胡廣(明) 等 編, 奎章閣 所藏本(奎中2112).
• ≪禮記集說≫, 陳澔(元) 撰, 明正統十二年司禮監刊本, 內閣文庫 所藏本.
• ≪禮記大全≫, 陳澔(元) 集說, 胡廣(明) 等 編, 文淵閣四庫全書 122, 臺灣商務印書館, 1983~1986.
• ≪五經大全≫, 胡廣(明) 等 撰, 明 內府刊本, 影印本, 日本國立國會圖書館 所藏本.
• ≪禮記正義≫, 阮元(清) 校刻, 十三經注疏(清 嘉慶刊本), 中華書局, 2009.
• ≪禮記正義≫, 十三經注疏整理委員會 整理, 北京大學出版社, 2000.
• ≪禮記正義≫, 呂友仁 整理, 上海古籍出版社, 2008.
• ≪禮記≫, 陳澔(元) 集說, 胡廣(明) 等 編, 影印本, 保景文化社, 1984.
• ≪禮記集說≫, 衛湜(宋) 撰, 文淵閣四庫全書 117~120, 臺灣商務印書館, 1983~1986.
• ≪禮記集解≫, 孫希旦(清), 中華書局, 1989.
• ≪禮記補註≫, 陳澔(元) 集說, 金在魯(朝鮮) 補註, 국립중앙도서관 소장, 1758.
• ≪禮記大文諺讀≫, 成三問(朝鮮) 等 撰, 朝鮮 內閣本, 국립중앙도서관 소장, 1707.
• ≪禮記類編≫, 陳澔(元) 集說, 崔錫鼎(朝鮮) 附註, 嶺南監營, 국립중앙도서관 소장, 1707.
• ≪經學資料集成 : 禮記≫, 대동문화연구원, 성균관대학교출판부, 1995~1997.

◇ 經部

• ≪周易注疏≫, 阮元(清) 校刻, 十三經注疏(清 嘉慶刊本), 中華書局, 1980.
• ≪論語注疏≫, 阮元(清) 校刻, 十三經注疏(清 嘉慶刊本), 中華書局, 2009.

- ≪孟子注疏≫, 阮元(淸) 校刻, 十三經注疏(淸 嘉慶刊本), 中華書局, 2009.
- ≪孝經注疏≫, 阮元(淸) 校刻, 十三經注疏(淸 嘉慶刊本), 中華書局, 2009.
- ≪爾雅注疏≫, 阮元(淸) 校刻, 十三經注疏(淸 嘉慶刊本), 中華書局, 2009.
- ≪毛詩正義≫, 阮元(淸) 校刻, 十三經注疏(淸 嘉慶刊本), 中華書局, 2009.
- ≪尙書正義≫, 阮元(淸) 校刻, 十三經注疏(淸 嘉慶刊本), 中華書局, 2009.
- ≪儀禮注疏≫, 阮元(淸) 校刻, 十三經注疏(淸 嘉慶刊本), 中華書局, 2009.
- ≪周禮注疏≫, 阮元(淸) 校刻, 十三經注疏(淸 嘉慶刊本), 中華書局, 2009.
- ≪春秋左傳正義≫, 阮元(淸) 校刻, 十三經注疏(淸 嘉慶刊本), 中華書局, 2009.
- ≪春秋穀梁傳注疏≫, 阮元(淸) 校刻, 十三經注疏(淸 嘉慶刊本), 中華書局, 2009.
- ≪春秋公羊傳注疏≫, 阮元(淸) 校刻, 十三經注疏(淸 嘉慶刊本), 中華書局, 2009.
- ≪論語集註大全≫, 朱熹(宋) 集註, 胡廣(明) 等 編, 朝鮮 內閣本, 影印本, 學民文化社.
- ≪孟子集註大全≫, 朱熹(宋) 集註, 胡廣(明) 等 編, 朝鮮 內閣本, 影印本, 學民文化社.
- ≪大學章句大全≫, 朱熹(宋) 章句, 胡廣(明) 等 編, 朝鮮 內閣本, 影印本, 學民文化社.
- ≪中庸章句大全≫, 朱熹(宋) 章句, 胡廣(明) 等 編, 朝鮮 內閣本, 影印本, 學民文化社.
- ≪周易傳義大全≫, 程頤(宋) 傳, 朱熹(宋) 本義, 胡廣(明) 等 編, 朝鮮 內閣本, 影印本, 學民文化社.
- ≪詩傳大全≫, 朱熹(宋) 集傳, 胡廣(明) 等 編, 朝鮮 內閣本, 影印本, 學民文化社.
- ≪書傳大全≫, 蔡沈(宋) 集傳, 胡廣(明) 等 編, 朝鮮 內閣本, 影印本, 學民文化社.
- ≪家禮≫, 朱熹(宋) 撰, 文淵閣四庫全書 142, 臺灣商務印書館, 1983~1986.
- ≪家禮輯覽≫, 金長生(朝鮮) 撰, 金集(朝鮮) 校, 國立中央圖書館 所藏本.
- ≪大戴禮記集註≫, 黃悔信, 三秦出版社, 2004.
- ≪四書或問≫, 朱熹(宋) 撰, 文淵閣四庫全書 197, 臺灣商務印書館, 1983~1986.
- ≪三經諺解≫, 朝鮮 校正廳 諺解, 影印本, 保景文化社.
- ≪禮書≫, 陳祥道(宋) 撰, 文淵閣四庫全書 130, 臺灣商務印書館, 1983~1986.
- ≪禮記淺見錄≫, 權近(朝鮮) 撰, 韓國經學資料集成 124~125, 成均館大學校出版部, 1998.
- ≪禮記訓義擇言≫, 江永(淸) 撰, 文淵閣四庫全書 128, 臺灣商務印書館, 1983~1986.
- ≪儀禮經傳通解≫, 朱熹(宋) 撰, 文淵閣四庫全書 141, 臺灣商務印書館, 1983~1986.
- ≪儀禮旁通圖≫, 楊復(宋) 撰, 文淵閣四庫全書 104, 臺灣商務印書館, 1983~1986.
- ≪儀禮集編≫, 盛世佐(淸) 撰, 文淵閣四庫全書 110~111, 臺灣商務印書館, 1983~1986.
- ≪周禮正義≫, 孫貽讓(淸) 撰, 續修四庫全書 82~84, 上海古籍出版社, 1995.
- ≪春秋考徵≫, 丁若鏞(朝鮮) 撰, 韓國文集叢刊 283, 民族文化推進會, 2002.

- ≪春秋毛氏傳≫, 毛奇齡(淸) 撰, 文淵閣四庫全書 176, 臺灣商務印書館, 1983~1986.
- ≪春秋繁露≫, 董仲舒(漢) 撰, 文淵閣四庫全書 181, 臺灣商務印書館, 1983~1986.
- ≪春秋傳服氏注≫, 服虔(漢) 撰, 續修四庫全書 117, 上海古籍出版社, 1995.
- ≪韓詩外傳≫, 韓嬰(漢) 撰, 影印本, 學民文化社.
- ≪說文解字注≫, 許愼(漢) 撰, 段玉裁(淸) 注編, 上海古籍出版社, 2011.
- ≪周易鄭康成注≫, 鄭玄(漢) 撰, 王應麟(宋) 輯, 文淵閣四庫全書 7, 臺灣商務印書館, 1983~1986.

◇ 史部

- ≪史記≫, 司馬遷(漢) 撰, 中華書局, 1974.
- ≪漢書≫, 班固(漢) 撰, 中華書局, 1962.
- ≪後漢書≫, 范曄(宋) 撰, 中華書局, 1965.

◇ 子部

- ≪孔子家語≫, 王肅(魏) 注, 文淵閣四庫全書 695 , 臺灣商務印書館, 1983~1986.
- ≪老子道德經≫, 王弼(魏) 注, 文淵閣四庫全書 1055, 臺灣商務印書館, 1983~1986.
- ≪揚子法言≫, 揚雄(漢) 撰, 文淵閣四庫全書 699 , 臺灣商務印書館, 1983~1986.
- ≪莊子集解≫, 王先謙(淸) 撰, 中華書局, 1987.

◇ 集部

- ≪唐宋八大家文鈔≫, 茅坤(明) 編, 文淵閣四庫全書 1383~1384, 臺灣商務印書館, 1983~1986.
- ≪朱子大全≫, 朱熹(宋) 撰, 中華書局, 1970.
- ≪宋子大全≫, 宋時烈(朝鮮) 撰, 韓國文集叢刊 108~116, 民族文化推進會, 1993.
- ≪朱子語類≫, 黎靖德(宋) 編, 標點校勘本, 中文出版社, 1970.
- ≪朱子全書≫, 朱熹(宋) 撰, 上海古籍出版社・安徽教育出版社, 2002.
- ≪晦菴集≫, 朱熹(宋) 撰, 朱子全書, 上海古籍出版社・安徽教育出版社, 2001.

◇ 字典 및 目錄類

- ≪康熙字典≫, 張玉書(淸) 等 撰, 文淵閣四庫全書 229~231, 臺灣商務印書館, 1983~1986.
- ≪經籍纂詁≫, 阮元(淸) 撰, 阮氏琅嬛仙館原刻本, 影印本, 中華書局, 1982.

- ≪經典釋文≫, 陸德明(唐) 撰, 文淵閣四庫全書 182, 臺灣商務印書館, 1983~1986.
- ≪經傳釋詞≫, 王引之(淸) 撰, 江蘇古籍出版社, 2000.
- ≪經學歷史≫, 皮錫瑞 著, 河洛圖書出版社, 1974.
- ≪古代漢語≫, 王力 著, 中華書局, 2004.
- ≪郡經平議≫, 兪樾(淸) 撰, 春在堂全書, 世界書局, 1963.
- ≪論鄭玄詩譜的貢獻≫, 王洲明 著, 人民文學出版社, 1986.
- ≪大漢和辭典≫, 諸橋轍次, 大修觀書店.
- ≪文獻學大辭典≫, 趙國璋・潘樹廣 主編, 廣陵書社, 2005.
- ≪三禮文化辭典≫, 白玉林・遲鐸, 商務印書館, 2019.
- ≪三禮辭典≫, 錢玄, 江蘇古籍出版社, 1998.
- ≪四庫全書總目提要≫, 紀昀(淸) 總纂, 孟蓬生(中) 外 點校, 河北人民出版社, 2000.
- ≪四庫提要辨證≫, 余嘉錫(淸) 撰, 雲南人民出版社, 2004.
- ≪中國歷史紀年表≫, 方時銘 著, 上海人民出版社, 2007.
- ≪中國歷史大事典≫, 張海鵬 主編, 山東大學出版部, 2000.
- ≪中國歷史地圖集≫, 程光裕・徐聖謨 編, 中華文化出版事業委員會, 1957.
- ≪漢詩原流字典≫, 谷衍奎 著, 華夏出版社, 2003.
- ≪漢語大詞典≫, 羅竹風 著, 漢語大詞典出版社, 1995.
- ≪欽定四庫全書簡明目錄≫, 永瑢(淸) 等 編, 淸 乾隆刊本.

◇ 單行本 및 飜譯書

〔韓國〕

- ≪懸吐完譯 禮記 上・中・下≫, 成百曉, 李霜芽, 延錫煥 譯, 傳統文化研究會, 2021.
- ≪國譯 禮記補註≫, 金在魯 補註, 成百曉 等 譯, 海東經史研究所, 2017~2018.
- ≪譯註 禮記集說大全 1~4≫, 申承云 等 譯註, 傳統文化研究會, 2004.
- ≪譯註 禮記集說大全≫, 鄭秉燮 譯, 學古房, 2009~2017.
- ≪譯註 禮記類編大全≫, 崔錫鼎 著, 鄭秉燮 譯, 學古房, 2020.

〔中國〕

- ≪經學研究論文選≫, 彭林, 上海書店出版社, 2002.
- ≪北宋新學研究≫, 張鈺翰, 北京師范大學出版社, 2022.

- ≪三禮硏究論集≫, 李曰剛, 孔孟學說叢書, 1981.
- ≪三禮硏究論著提要≫, 王鍔, 甘肅敎育出版社, 2007.
- ≪新譯禮記讀本≫, 姜義華, 三民書局, 2007.
- ≪呂氏春秋集釋≫, 陳奇猷, 學林出版社, 1984.
- ≪禮記今註今譯≫, 王夢鷗 註譯, 臺灣商務印書館, 1974.
- ≪禮記譯註≫, 楊天宇, 上海古籍出版社, 2004.
- ≪禮記譯解≫, 王文錦, 中華書局, 2001.
- ≪禮記集說≫, 万久富 整理, 鳳凰出版社, 2010.
- ≪禮學概論≫, 周何 著, 三民書局, 1998.
- ≪中國經學史≫, 皮錫瑞 著, 李鴻鎭 譯, 同和出版社, 1984.
- ≪中國古代儀禮文明≫, 彭林, 中華書局, 2004.
- ≪陳氏禮記集說補正整理與硏究≫, 張琪, 北京圖書館出版社, 2022.
- ≪陳澔≪禮記集說≫硏究≫, 都昌縣陳澔硏究會 編, 江西人民出版社, 2017.
- ≪讖緯文獻與漢代文化構建≫, 徐興无, 中華書局, 2003.

〔日本〕

- ≪大戴禮記≫, 栗原圭介 著, ≪新釋漢文大系≫, 明治書院, 1987.
- ≪禮記≫, 下見隆雄 譯, 明德出版社, 1987.
- ≪禮記≫, 市原亨吉 著, ≪全釋漢文大系≫, 集英社, 1983.

〔英美〕

- ≪The Li Ki≫, James Legge, Kessinger Publishing, 2004.

◇ 電子文獻 및 Web DB

- 동양고전종합DB(http://db.cyberseodang.or.kr)
- 한국고전종합DB(http://db.itkc.or.kr)
- 상우천고(http://www.s-sangwoo.kr)
- 한국사데이터베이스(http://db.history.go.kr/)
- 電子版 文淵閣四庫全書, 上海古籍出版社.
- 中國基本古籍庫, 黃山書社.

2. ≪禮記集說大全 5≫ 參考圖版 目錄 및 出處

(53) 〈鳳(봉)〉, 王圻(明) 撰, ≪三才圖會≫ / 104
(54) 〈罍(뇌)〉, 聶崇義(宋), ≪新定三禮圖≫ / 107
(55) 〈束帛(속백)〉, 黃以周(淸) 撰, ≪禮書通故≫ / 121
(56) 〈璧(벽)〉, 臺灣故宮博物院 소장 / 121
(57) 〈圭瓚(규찬)〉, 王圻(明) 撰, ≪三才圖會≫ / 141
(58) 〈鼎(정)〉, 鄂爾泰(淸) 外 撰, ≪欽定周官義疏≫ / 150
(59) 〈竽(우)〉, 黃以周(淸) 撰, ≪禮書通故≫ / 158
(60) 〈笙(생)〉, 黃以周(淸) 撰, ≪禮書通故≫ / 158
(61) 〈篪(지)〉, 黃以周(淸) 撰, ≪禮書通故≫ / 158
(62) 〈笛(적)〉, 黃以周(淸) 撰, ≪禮書通故≫ / 158
(63) 〈扆(의)〉, 鄂爾泰(淸) 外 撰, ≪欽定周官義疏≫ / 171
(64) 〈玉磬(옥경)〉, 王圻(明) 撰, ≪三才圖會≫ / 173
(65) 〈鍚(양)〉, 錢玄(中), ≪三禮辭典≫, 江蘇古籍出版社, 1998 / 173
(66) 〈方相氏(방상씨)〉, 聶崇義(宋), ≪新定三禮圖≫ / 188
(67) 〈社稷(사직)〉, 鄂爾泰(淸) 外 撰, ≪欽定周官義疏≫ / 194
(68) 〈皮弁服(피변복)〉, 聶崇義(宋), ≪三禮圖≫ / 219
(69) 〈四圭有邸(사규유저)〉, 鄂爾泰(淸) 外 撰, ≪欽定周官義疏≫ / 223
(70) 〈黃彝(황이)〉, 聶崇義(宋), ≪新定三禮圖≫ / 250
(71) 〈斝彝(가이)〉, 聶崇義(宋), ≪新定三禮圖≫ / 251
(72) 〈緇布冠(치포관)〉, 聶崇義(宋), ≪新定三禮圖≫ / 253
(73) 〈冠緌(관유)〉, 王圻(明) 撰, ≪三才圖會≫ / 253
(74) 〈笄(계)〉, 聶崇義(宋), ≪新定三禮圖≫ / 254
(75) 〈頍項(규항)〉, 王圻(明) 撰, ≪三才圖會≫ / 254
(76) 〈委貌(위모) 4종〉, 聶崇義(宋), ≪新定三禮圖≫ / 258
(77) 〈章甫(장보)〉, 聶崇義(宋), ≪新定三禮圖≫ / 258
(78) 〈毋追(무퇴)〉, 聶崇義(宋), ≪新定三禮圖≫ / 258
(79) 〈周弁(주변)〉, 聶崇義(宋), ≪新定三禮圖≫ / 259

責任飜譯

成百曉

忠南 禮山 出生
家庭에서 父親 月山公으로부터 漢文 修學
月谷 黃璟淵, 瑞巖 金熙鎭 先生 師事
民族文化推進會 國譯硏修院 修了
高麗大學校 敎育大學院 漢文敎育科 修了
韓國古典飜譯院 附設 古典飜譯敎育院 名譽漢學敎授(現)
傳統文化硏究會 副會長(前)
海東經史硏究所 所長(現)
古典國譯賞 受賞

논문 및 역저

論文 〈艮齋의 性理說小考〉〈燕岩의 學問思想硏究〉
譯書 四書集註 《詩經集傳》《書經集傳》《周易傳義》《古文眞寶》《牛溪集》 등 다수
共譯 《宣祖實錄》《宋子大全》《茶山集》《退溪集》 등 다수

共同飜譯

延錫煥

慶北 奉化 出生
啓明大學校 漢文敎育科 卒業
高麗大學校 一般大學院 古典飜譯協同課程學科 碩·博士課程 卒業
韓國古典飜譯院 硏修課程Ⅰ 및 專門課程Ⅰ 卒業
海東經史硏究所 硏究員(現)

논문 및 역저

論文 〈晦隱 南鶴鳴의 〈雜說〉 硏究〉〈南鶴鳴의 《晦隱集》 譯注〉
共譯 《梅山集》《承政院日記》《槿域書彙》《譯註 禮記集說大全》 등

東洋古典譯註叢書 18

譯註 禮記集說大全 5　　32,000원

2023년 10월 20일 초판 인쇄
2023년 10월 31일 초판 발행

集說 陳澔　大全 胡廣 等

企劃編輯　東洋古典飜譯編輯委員會
飜譯硏究管理　南賢熙
責任飜譯　成百曉
共同飜譯　延錫煥
潤　　文　朴勝珠 李孝宰
校　　訂　李孝宰
編輯出版　白俊哲
裝　　幀　白俊哲

發 行 人　郭成文
發 行 處　社團法人 傳統文化硏究會
등록：1989. 7. 3. 제1-936호
서울시 종로구 삼일대로 428 낙원빌딩 411호
전화：(02)762-8401　전송：(02)747-0083
전자우편：juntong@juntong.or.kr
누리집：juntong.or.kr
사이버書堂：cyberseodang.or.kr
온라인서점：book.cyberseodang.or.kr

인쇄처：한국법령정보주식회사(02-462-3860)
총　판：한국출판협동조합(070-7119-1750)

ISBN 979-11-5794-560-3 94140
978-89-85395-71-7 (세트)

※ 이 책은 2023년도 교육부 고전문헌 국역지원사업 지원비에 의해 출판되었음.

전통문화연구회 도서목록

범례 : 周易正義 1~4〔全15〕- 전체 15책 계획, 현재 1~4책만 간행된 경우

新編 基礎漢文教材

新編 四字小學·推句 고전교육연구실 編譯 11,000원
新編 啓蒙篇·童蒙先習 고전교육연구실 編譯 11,000원
新編 明心寶鑑 李祉坤·元周用 譯註 15,000원
新編 擊蒙要訣 咸賢贊 譯註 12,000원
新編 註解千字文 李忠九 譯註 13,000원
新編 原文으로 읽는 故事成語 元周用 編譯 15,000원
新編 唐音註解選 權卿相 譯註 22,000원

漢文讀解捷徑시리즈

漢文독해 기본패턴 고전교육연구실 著 15,000원
四書독해첩경 고전교육연구실 著 20,000원
한문독해첩경 -文學篇 朴相水·李和春 외 著 15,000원
한문독해첩경 -史學篇 朴相水·李和春 외 著 15,000원
한문독해첩경 -哲學篇 朴相水·李和春 외 著 15,000원

五書五經讀本

論語集註 上·下 鄭太鉉 譯註 合 50,000원
孟子集註 上·下 田炳秀·金東柱 譯註 合 60,000원
大學·中庸集註 李光虎·田炳秀 譯註 15,000원
小學集註 上·下 李忠九 外 譯註 合 50,000원
詩經集傳 上·中·下 朴小東 譯註 合 90,000원
書經集傳 上·中·下 金東柱 譯註 合 90,000원
周易傳義 元·亨·利·貞 崔英辰 外 譯註 合 120,000원
詳說 古文眞寶大全後集 上·下 李相夏 外 譯註 合 64,000원
春秋左氏傳 上·中·下 許鎬九 外 譯註 合 109,000원
禮記 上·中·下 成百曉 外 譯註 合 90,000원

東洋古典國譯叢書

大學·中庸集註 -개정증보판 成百曉 譯註 10,000원
論語集註 -개정증보판 成百曉 譯註 27,000원
孟子集註 -개정증보판 成百曉 譯註 30,000원
詩經集傳 上·下 成百曉 譯註 合 70,000원
書經集傳 上·下 成百曉 譯註 合 70,000원
周易傳義 上·下 成百曉 譯註 合 80,000원
小學集註 成百曉 譯註 30,000원
古文眞寶 後集 成百曉 譯註 32,000원

東洋古典譯註叢書

〈經部〉

〔十三經注疏〕

周易正義 1~4 成百曉·申相厚 譯註 合 139,000원
尙書正義 1~7 金東柱 譯註 合 228,000원
毛詩正義 1~8〔全15〕 朴小東 外 譯註 合 259,000원
禮記正義 1~2, 中庸·大學 李光虎 外 譯註 合 77,000원
論語注疏 1~3 鄭太鉉·李聖敏 譯註 合 107,000원
孟子注疏 1~4〔全5〕 崔彩基·梁基正 譯註 合 119,000원
孝經注疏 鄭太鉉·姜珉廷 譯註 30,000원
周禮注疏 1~4〔全15〕 金容天·朴禮慶 譯註 合 122,000원
春秋左傳正義 1~2〔全18〕 許鎬九 外 譯註 合 59,000원
春秋公羊傳注疏 1〔全7〕 許鎬九 外 譯註 37,000원

春秋左氏傳 1~8 鄭太鉉 譯註 合 244,000원
禮記集說大全 1~5〔全10〕 辛承云 外 譯註 合 160,000원
東萊博議 1~5 鄭太鉉·金炳愛 譯註 合 153,000원
韓詩外傳 1~2 許敬震 外 譯註 合 62,000원
說文解字注 1~4〔全20〕 李忠九 外 譯註 合 141,000원

〈史部〉

思政殿訓義 資治通鑑綱目 1~22〔全39〕 辛承云 外 譯註 合 671,000원
通鑑節要 1~9 成百曉 譯註 合 275,000원
唐陸宣公奏議 1~2 沈慶昊·金愚政 譯註 合 80,000원
貞觀政要集論 1~4 李忠九 外 譯註 合 102,000원
列女傳補注 1~2 崔秉準·孔勤植 譯註 合 68,000원
歷代君鑑 1~4 洪起殷·全百燦 譯註 合 135,000원

〈子部〉

孔子家語 1~2 許敬震 外 譯註 合 71,000원
管子 1~3〔全4〕 李錫明·金帝蘭 譯註 合 91,000원
近思錄集解 1~3 成百曉 譯註 合 96,000원
老子道德經注 金是天 譯註 30,000원
大學衍義 1~5〔全7〕 辛承云 外 譯註 合 144,000원
墨子閒詁 1~6〔全7〕 李相夏 外 譯註 合 212,000원
說苑 1~2 許鎬九 譯註 合 50,000원
世說新語補 1~5 金鎭玉 外 譯註 合 171,000원
荀子集解 1~7 宋基采 譯註 合 224,000원
心經附註 成百曉 譯註 35,000원
顔氏家訓 1~2 鄭在書·盧㬓熙 譯註 合 47,000원
揚子法言 1〔全2〕 朴勝珠 譯註 24,000원

列子鬳齋口義 崔秉準·孔勤植·權憲俊 共譯 34,000원
二程全書 1~6〔全10〕 崔錫起·姜導顯 譯註 合 205,000원
莊子 1~4 安炳周·田好根 共譯 合 113,000원
政經·牧民心鑑 洪起殷·全百燦 譯註 27,000원
韓非子集解 1~5 許鎬九 外 譯註 合 174,000원

〔武經七書直解〕

孫武子直解·吳子直解 成百曉·李蘭洙 譯註 35,000원
六韜直解·三略直解 成百曉·李鍾德 譯註 26,000원
尉繚子直解·李衛公問對直解 成百曉·李蘭洙 譯註 26,000원
司馬法直解 成百曉·李蘭洙 譯註 26,000원

〈集部〉

古文眞寶 前集 成百曉 譯註 30,000원
唐詩三百首 1~3 宋載卲 外 譯註 各 25,000원~36,000원

唐宋八大家文抄

韓愈 1~3 鄭太鉉 譯註 合 78,000원
柳宗元 1~2 宋基采 譯註 合 44,000원
歐陽脩 1~7 李相夏 譯註 合 203,000원
蘇洵 李章佑 外 譯註 25,000원
蘇軾 1~5 成百曉 譯註 合 110,000원
蘇轍 1~3 金東柱 譯註 合 64,000원
王安石 1~2 申用浩·許鎬九 共譯 合 45,000원
曾鞏 宋基采 譯註 25,000원

明淸八大家文鈔

歸有光·方苞 李相夏 外 譯註 35,000원
劉大櫆·姚鼐 李相夏 外 譯註 35,000원
梅曾亮·曾國藩 李相夏 外 譯註 38,000원

東洋古典新譯

당시선 송재소·최경렬·김영죽 편역 22,000원
손자병법 성백효 역주 14,000원
장자 안병주·전호근·김형석 역주 13,000원
고문진보 후집 신용호 번역 28,000원
노자도덕경 김시천 역주 15,000원
고문진보 전집 上·下 신용호 번역 合 44,000원
신식 비문척독 박상수 번역 25,000원

동양문화총서

동양사상 해설과 원전 정규훈 外 저 22,000원
화합의 길 《중용》 읽기 금장태 저 20,000원
호설과 시장 신용호 저 20,000원
어느 노학자의 젊은 시절 심재기 저 22,000원

문화문고

경전으로 본 세계종교 그리스도교 이정배 편저 10,000원
〃 도교 이강수 편역 10,000원
〃 천도교 윤석산 외 편저 10,000원
〃 힌두교 길희성 편역 10,000원
〃 유교 이기동 편저 10,000원
〃 불교 김용표 편저 10,000원
〃 이슬람 김영경 편역 10,000원
논어·대학·중용 조수익·박승주 공역 10,000원
맹자 조수익·박승주 공역 10,000원
소학 박승주·조수익 공역 10,000원
십구사략 1~2 정광호 저 合 24,000원
무경칠서 손자병법·오자병법 성백효 역 10,000원
〃 육도·삼략 성백효 역 10,000원
〃 사마법·울료자·이위공문대 성백효 역 10,000원
당시선 송재소·최경렬·김영죽 편역 10,000원
한문문법 이상진 저 10,000원
한자한문전통교재 조수익·이성민 공역 10,000원
士小節 선비 집안의 작은 예절 이동희 편역 12,000원
儒學이란 무엇인가 이동희 저 10,000원
동아시아의 유교와 전통문화 이동희 저 13,000원
현대인, 동양고전에서 길을 찾다 이동희 저 10,000원
100자에 담긴 한자문화 이야기 김경수 저 12,000원
우리 설화 1~2 김동주 편역 合 20,000원
대한민국 국무총리 이재원 저 10,000원
백운거사 이규보의 문학인생 신용호 저 14,000원